Stuart Hall

Populismus Hegemonie Globalisierung

Ausgewählte Schriften 5

Herausgegeben von Victor Rego Diaz,
Juha Koivisto und Ingo Lauggas

Argument Verlag

Aus dem Englischen von Yasar Aydin, Thomas Barfuss, Manfred Behrens, Wieland Elfferding, Stefan Howald, Ines Langemeyer, Ingo Lauggas, Thomas Laugstien, Ulrich Meditsch, Brita Pohl, Victor Rego Diaz, Jan Rehmann, Katrin Reimer, Ingar Solty, Susan Steiner, Kolja Swingle, Markus Weidmann

Stuart Hall bei Argument:

Vertrauter Fremder. Ein Leben zwischen zwei Inseln

Ideologie, Kultur, Rassismus (Schriften 1)
Rassismus und kulturelle Identität (Schriften 2)
Cultural Studies (Schriften 3)
Ideologie, Identität, Repräsentation (Schriften 4)
Populismus, Hegemonie, Globalisierung (Schriften 5)

Schriften. Band I und II

Neu durchgesehene Ausgabe 2021:
Victor Rego Diaz, Koordinator des Editorial Boards der Hall-Autobiografie *Vertrauter Fremder*, das für Halls Begriffe den aktuellen Diskursen gerechte Übersetzungen erarbeitet hat, passte die Terminologie dieses Bandes entsprechend an. Paginierung gegenüber früheren Ausgaben geringfügig abweichend.

Die Deutsche Nationalbibliothek verzeichnet diese Publikation in der Deutschen Nationalbibliografie; detaillierte bibliografische Daten sind im Internet über http://dnb.d-nb.de abrufbar.

Glashüttenstraße 28, 20357 Hamburg
Telefon 040/4018000 – Fax 040/40180020
www.argument.de
Druck: CPI books, Leck. Printed in Germany
Gedruckt auf säure- und chlorfreiem Papier
ISBN 978-3-88619-323-3
Zweite Auflage 2021

Inhalt

Vorwort

Der Anspruch, theoretische Arbeit mit politischem Eingreifen zu verbinden, lag nicht nur dem Selbstverständnis der frühen Cultural Studies zugrunde, deren Pionierphase eng mit der Entwicklung der britischen *New Left* verbunden war, sondern auch der Arbeit am 1964 gegründeten, legendären *Birmingham Centre for Contemporary Cultural Studies*, dem Stuart Hall ab 1968 elf Jahre lang vorstand. Auch der vorliegende fünfte Band der *Ausgewählten Schriften* Halls trägt dem »politischen Anliegen intellektueller Arbeit« (Hall 1999, 16) Rechnung und ist demnach geprägt von einer Theoriebildung, die im Befreiungsinteresse sich stets politisch eingreifend versteht. Stuart Hall selbst hat wiederholt davon berichtet, wie ganz unmittelbar versucht wurde, »innerhalb der Cultural Studies eine institutionelle Praxis zu entwickeln, die organische Intellektuelle produzieren würde« (2000a, 41). Diese gramscianische Perspektive prägt nicht nur sein politisches Verständnis intellektueller Arbeit, sondern bekanntermaßen Halls ganzes Werk, das, anknüpfend an Gramscis »Erneuerung des Marxismus« (Hall 1989), Kulturanalyse als Gesellschaftsanalyse begreift und Fragen von Ökonomie und Ideologie, Identität und Alltag stets mit jener nach Macht verknüpft. Die hier versammelten Texte nun richten diese spezifische Perspektive auf Staat und Demokratie und gruppieren sich folgerichtig – auch dort, wo sein Name nicht fällt – um Antonio Gramscis Hegemoniekonzept.

Halls Texte zu Staat, Populismus und Globalisierung nehmen die zentralen Elemente und Wirkungsweisen von Hegemonie in den Blick, handeln somit von Herrschaft und Macht, Ideologie und Alltagsverstand, Repräsentation und Partizipation und setzen diese in Bezug zu den wesentlichen strategischen und institutionellen Akteuren in der Gesellschaft: Staat, Parteien, Intellektuelle, kulturelle Szenen usw. Die Arbeit Stuart Halls bewegt sich demnach bis in die Gegenwart nicht nur in »Hörweite des Marxismus« (Hall 2000a, 38), sondern macht sich – nachdem Hall schon vor Jahrzehnten neben Raymond Williams wesentlich zur Verbreitung Gramscis außerhalb Italiens beigetragen hat – auch um dem Nachweis verdient, dass das Hegemoniekonzept, sorgfältig angewendet, heute alles andere denn eine veraltete Kategorie ist. Wenn damit das Gerede von vorgeblich »posthegemonial« gewordenen Machtverhältnissen Lügen gestraft wird, wonach das Konzept lediglich »für eine bestimmte Epoche großen Wahrheitswert besessen hat«, die sich nun jedoch »ihrem Ende zuneigt« (Lash 2011, 96), stehen Halls Schriften gleichzeitig gegen post-strukturelle Verflachungen und Ideologisierungen und treten neu sich herausbildenden Herrschaftsverhältnissen und -weisen kritisch entgegen.

Damit lässt sich das Erbe der als ›politisches Theorieprojekt‹ angetretenen Cultural Studies mit Hall gegen seine Nachfolger verteidigen. Die hier zusammengestellten Texte verweisen anhand einer bis ins Jetzt reichenden Theoriegeschichte auf den heute minoritären Teil der Cultural Studies, der nicht wie ihr Mainstream »weitgehend in den Sog der neoliberalen Hegemonie geraten« ist (Ampuja/Koivisto 2012, 446). Sie nehmen das gesellschaftliche Ganze in den Blick, bringen »die gelebte Erfahrung von Individuen und sozialen Gruppen mit gesellschaftlichen Prozessen, Diskursen und Kämpfen in Zusammenhang« (ebd.) und analysieren deren Vermittlung. Die Kategorie der Hegemonie erweist sich für eine solche Analyse gesellschaftlicher Kämpfe und politischer Konjunkturen als unverzichtbares Instrument.

Die in diesem Band versammelten Texte wurden im Zeitraum zwischen 1980 und 2011 verfasst. Stuart Hall ist in seinen Analysen besonders an »historischen Differenzierungen« (siehe insbesondere *Zur Deutung der Krise* in diesem Band) interessiert. Mit der vorliegenden Textsammlung haben wir versucht, diesem Interesse in zweierlei Hinsicht Rechnung zu tragen. Zum einen bewegen sich die Texte im zeitlichen Maßstab von historischen Rekonstruktionen hin zu aktuelleren Entwicklungen. Erst die Kenntnis des Vergangenen legt die Spezifik des Neuen offen. Zum anderen sind sie in einer groben chronologischen Reihenfolge geordnet, die es möglich macht, die Entwicklung von Halls Forschungsarbeit nachzuvollziehen. In diesem Vorwort folgen wir nicht der Reihenfolge der Texte, sondern Halls analytischer Arbeitsweise, um herauszustellen, wie er bestimmte Themen und Positionen im Laufe der Zeit immer wieder aufgreift, kritisch umschreibt und erneuert fortschreibt; und wie er danach strebt, Zusammenhänge und Verknüpfungen zwischen seinen verschiedenen Analysen begründet und mit Nachdruck herzustellen.

Ein durchgehendes Anliegen ist die Analyse bestehender und sich verschiebender Kräfteverhältnisse, insbesondere in Perioden grundlegender Krisen bzw. bestimmter Konjunkturen. Auch wenn Krisen immer eine ökonomische Grundlage haben, interessiert Hall das komplexe Gefüge von ökonomischen und sozialen, politischen und kulturellen Verhältnissen und Wechselwirkungen, er fragt nach den darin wirkenden Institutionen und Akteuren, ihren herrschaftssichernden ideologischen oder herrschaftskritisch-emanzipatorischen Strategien und den sich dabei wandelnden Haltungen und Praxen. Ein Beispiel für eine umfassende Krisen- und Hegemonie-Analyse findet sich in *Die Entstehung des repräsentativen/interventionistischen Staates* (1984). Hall rekonstruiert die Transformation politischer und industrieller Repräsentation im Zeitraum von 1880 bis 1920 im Kontext des Niedergangs spätviktorianischer Repräsentationsverhältnisse und der sich durchsetzenden Massendemokratie; hegemoniepolitisch ortet er in dieser Zeitspanne die erfolgreiche Durchsetzung der Interessen der popularen Klassen und Bewegungen und zugleich ihre kontrollierte Einpassung in eine neue ökonomische und gesellschaftliche Entwicklungsstufe. – In *Die Stadt zwischen kosmopolitischen Versprechungen und multikulturellen Realitäten* (2003) wird die Frage diskutiert, wie sich die neoliberalen Globalisierungs- und neueren Migrationsprozesse in der zeitgenössischen ›globalen/multikulturellen‹ Stadt aufeinander beziehen. Hall analysiert die Verschiebung der Kräfteverhältnisse am Beispiel der Stadt London und identifiziert die globale/multikulturelle Stadt als Möglichkeitsraum für »multikulturelle Diversität« und als »Übergangszone« zwischen »komplexen Interaktions- und Verteilungsmustern der Aktivitäten, Ressourcen und Haltungen«; zugleich sieht er aufgrund der sich vertiefenden ökonomischen, politischen und kulturellen Ungleichheiten und Trennungen potenziell explosivere Konflikte auftreten, die insbesondere durch einen ›differenziellen Rassismus‹ angetrieben werden. – In *Eine permanente neoliberale Revolution* (2011) legt Hall eine aktuelle Krisenanalyse vor: er blickt auf die spezifische britische Konstellation nach der Finanzmarktkrise, dem Ende von New Labour und dem Machtantritt einer Koalition aus Konservativen und Liberaldemokraten. Er schreibt dem derzeitigen Neoliberalismus die herrschaftsmächtige Fähigkeit zu, die Gesellschaft mittels einer ideologischen Arbeit der »Desartikulation und Reartikulation« zu transcodieren, gestützt durch »kulturelle Praxen der Inwertsetzung und des Individualismus« wie auch durch den Zugriff auf eine autoritäre Staatsgewalt und globale militärische Einsätze, um die Märkte und Investitionen zu schützen und die Erfolgsbedingungen für das globale kapitalistische Unternehmertum zu gewährleisten. – In *Zur Deutung der Krise* (2010) entfalten Stuart Hall und Doreen Massey den Hegemonie-Begriff, um damit historische und aktuelle Konjunkturen bzw. Krisenperioden, die Verknüpfung von ideologischen Strategien zur Eroberung des Alltagsverstandes sowie die bestehenden und sich verschiebenden Kräfteverhältnisse genauer zu verstehen.

Ein wiederkehrendes Untersuchungsfeld ist die Auseinandersetzung mit der Labour Party und New Labour. Ihre besondere Bedeutung erhält die Partei für Hall, weil sie einst die Repräsentation breiter popularer Klassen und Bewegungen im Staat ermöglicht und später ihre emanzipatorische

Wirkungskraft im Dunst der Anpassung an Marktideologien und -politiken verloren hat. Während in *Entstehung des repräsentativen/interventionistischen Staates* der Aufstieg der Labour Party als organisatorische Kraft zu Beginn des 20. Jahrhunderts nachzuvollziehen ist, bietet die Krise der politischen Repräsentation seit den 1970er Jahren Anlass zu einer grundlegenden Kritik des »sozialdemokratischen Managements« der kapitalistischen Krise. In *Popular-demokratischer oder autoritärer Populismus* (1980) kontrastiert Hall den Hegemonieverlust sozialdemokratischer Regierungspolitiken und -diskurse mit den Strategien des aufsteigenden Thatcherismus. Dem Thatcherismus sei es gelungen, sich in der Phase einer sozioökonomischen Krise auf dem Feld der popularen Ideologien als reorganisierte Kraft darzustellen. Auf der Grundlage bereits existierender Law-und-Order-Politiken der herrschenden Sozialdemokratie artikulierte der Thatcherismus einen nach rechts gewendeten ›autoritären Populismus‹, der die traditionalistischen Elemente des Alltagsverstandes der Volksmoral zu aktivieren vermochte und einen Prozess der ›passiven Revolution‹ von unten konstituierte. – Die Regierungspolitik von New Labour in den 1990er Jahren, nach der neoliberalen Transformation von Gesellschaft und Ökonomie durch den Thatcherismus, ist Kern der Analyse in den Texten *Bewegung ohne Ziel* (1998), *New Labours doppelte Kehrtwende* (2003) und *»Die soziale Frage soll nicht mehr gestellt werden«* (2005). Halls Diskursanalysen durchforsten die Hegemonie der neoliberalen Doktrin in Sprache und Diskursen, in Haltungen der Labour-Politiker und ihrer spezifischen Regierungsweise, in Verwaltungsmodalitäten, Kampagnen und gesellschaftspolitischen Interventionen von New Labour. Die Durchsetzung der ›Modernisierung‹ von Staat, Gesellschaft und Politik im Sinne von New Labour wurde für Hall durch eine zwingende ›Transformation der Sozialdemokratie‹ ermöglicht, die durch semantische Beliebigkeit und (passive) Zustimmung zum ›Markt-Fundamentalismus‹ zugleich eine Deformation der Partei und des Alltagsverstands der Bevölkerung war. Die ideologische Kompetenz hierfür identifiziert er in der hybriden ideologischen Strategie von New Labour: die Propagierung der kapitalistischen Marktwirtschaft, gestützt durch das Anknüpfen an den thatcheristischen ›autoritäten Populismus‹, und die untergeordnete Berücksichtigung der Interessen der traditionellen Parteiflügel und der sozial Benachteiligten in der Bevölkerung.

Der Staat ist für Stuart Hall ein zentraler, strategischer Akteur und zugleich ein komplexes, institutionelles Gefüge in hegemonialen Konstellationen und Krisen-Perioden: In *Der strittige Staat* (1984) rekonstruiert er die Herausbildung des ›liberal-demokratischen‹ Staates und geht dabei bis auf die

Ursprünge der Herausbildung staatlicher Merkmale in der Antike zurück. Das Interesse bezieht sich auf den Einfluss bereits bestehender politischer, sozialer und kultureller Hegemoniemerkmale im Zuge der Durchsetzung einer kapitalistischen Ökonomie; und Hall ergänzt diese gramscianische Analyse um die grundlegende Bedeutung patriarchaler Geschlechterverhältnisse. Im Ringen um Hegemonie veränderten sich die Diskurse um die Legitimitätsform der Staatsgewalt genauso wie die um die Reichweite der demokratischen Partizipation der ›Staatsbürger‹. Hall geht hier auch auf den Einfluss der konkurrierenden liberalen, pluralistischen und marxistischen staatstheoretischen Ansätze ein, deren Entwicklungs- und Hegemoniefähigkeit sich an den empirisch stattfindenden Veränderungen ›des Staates‹ messen müssten.

Wissenschaftlich fundierte Positionierung und Kritik ist für Hall grundlegend für eine kritisch fortzuschreibende und zu erneuernde Begriffsbildung, aber auch für ein kritisch-eingreifendes gesellschaftspolitisches Engagement. Stuart Hall nutzt 1980 eine Rezension von Nicos Poulantzas' Buch *Staatstheorie*, um dessen kritisch erneuerte Positionierungen in der Auseinandersetzung mit anderen theoretischen Ansätzen, mit historischen Materialanalysen und mit empirischen Untersuchungen sich verändernder Staatsformen zu prüfen. Hall würdigt die neuen Dimensionen in Poulantzas' Begriffsbildung, die dieser aus der Auseinandersetzung mit Michel Foucault erarbeitet habe, kritisiert aber auch, dass er die theoretischen Probleme und Widersprüche, die sich aus der Kreuzung divergenter Theorieströmungen ergeben, nicht offen dargelegt und diskutiert habe. – In *Die Bedeutung des autoritären Populismus für den Thatcherismus* (1985) stellt sich Hall selbst der Kritik, und zwar jener, die Bob Jessop u. a. an seiner Begriffsbesetzung von ›autoritärer Populismus‹ geäußert haben. Hall nimmt diese Kritik an und nutzt sie offen, um seine Prämissen zu überdenken, seine politische Haltung zu reflektieren und neue Erkenntnisse für eine fortzuschreibende Begriffsbildung aufzunehmen. Er weist die Kritik aber auch zurück, indem er darlegt, dass einige wesentliche Argumente von Jessop u. a. theoretisch verkürzt, verfehlt oder überbewertet sind, was Hall dazu veranlasst, seine eigenen ideologie- und hegemonietheoretischen Argumentationen zum ›autoritären Populismus‹ bekräftigend darzulegen.

In dem Interview *»Jeder muss ein bisschen aussehen wie ein Amerikaner«* greift Stuart Hall sein zentrales Anliegen der Theoretisierung und Politisierung des Kulturellen wieder auf und äußert sich zur *Bedeutung des Kulturellen fürs Verstehen der Gesellschaft* (2007): Eine Analyse historischer und umbrechender ökonomischer und politischer Verhältnisse und der entsprechenden Veränderung der Haltungen und Praxen gesellschaftlicher Akteure ist ohne Einbeziehung des Kulturellen nicht zu denken, ebenso wenig die Formulierung menschenwürdiger Lebensperspektiven und demokratischer Gestaltungsverhältnisse, die Gerechtigkeit und Diversität zusammendenken. Hall hebt insbesondere die Bedeutung des Imaginären für das Verstehen des subjektiven Alltagsverstandes und kollektiver Handlungsbegründungen heraus; und diskutiert die für ihn bedeutende Verknüpfung von Kultur bzw. von Cultural Studies und politischer Subjektivität, die durch den neoliberalen Konsumismus umgeformt, gar zersetzt werde.

Wir danken allen Übersetzerinnen und Übersetzern für ihre Beiträge, ohne die das Buch nicht zustande gekommen wäre. Für ihre Unterstützung bei der Planung und Umsetzung des fünften Bandes der *Ausgewählten Schriften* von Stuart Hall danken wir Thomas Barfuss und Ines Langemeyer.

Hamburg, Tampere und Wien, November 2013
Die Herausgeber

Der strittige Staat

Der Staat ist eine *historische* Erscheinung: er ist ein Produkt gesellschaftlicher Vereinigung – von Frauen und Männern, die in organisierter Weise zusammenleben; der Staat ist kein natürliches Produkt. Es gab Zeiten, in denen ›der Staat‹ – so wie wir ihn kennen – nicht existierte. Clans und Sippschaften der Frühgeschichte, semi-nomadische Völker oder sesshafte Stämme mit sehr einfachen Formen sozialer Organisation, sie alle bildeten das heraus, was wir heute *Gesellschaft* nennen – ohne einen *Staat* zu besitzen. Hieraus muss noch lange nicht geschlussfolgert werden, dass sie führerlos sind oder dass es ihnen an geregelten Verfahren der Auseinandersetzung mangelt. Ordnung und soziale Kontrolle lassen sich durch viele andere Mittel und Möglichkeiten aufrechterhalten als durch eine zentralisierte Autorität oder einen Regierungsapparat. Gewohnheit und Brauch können die gleiche zwingende Macht über menschliches Verhalten erlangen wie das kodifizierte Recht. In einigen staatenlosen Gesellschaften nimmt der Vorstand des Haushaltes oder nehmen Anführer von Abstammungsgruppen die Funktion von Regelungsverfahren ein, ohne die Grundlage einer dauerhaften Herrschaftsordnung herauszubilden.

Diesen Kontrast mit ›staatenlosen Gesellschaften‹ zu bilden hilft uns festzulegen, was der Staat *ist*. Simon Roberts (1981) definiert den Staat folgendermaßen: »eine höchste Autorität […], die über ein bestimmtes Territorium herrscht; die anerkanntermaßen die Macht hat, Entscheide zu fällen, die ihre Herrschaft betreffen […], die ferner in der Lage ist, ihre Entscheide durchzusetzen und überhaupt die Ordnung im Staate aufrechtzuerhalten.« Demnach ist die Fähigkeit zum Ausüben von Zwangsgewalt ein entscheidendes Element: »Die elementarste Prüfung der Autorität eines Herrschers entscheidet sich mit der Frage, ob er Gewalt hat über Leben und Tod seiner Untergebenen.« (145f.) Dies definiert Staatsgewalt als einen rechtmäßigen Anspruch des Staates auf Gehorsam seiner Untertanen. Alle Staaten hängen von diesem besonderen *Verhältnis* zwischen Herrschaft und Unterwerfung ab. Herrschaft wird als die Macht verstanden, Entscheidungen über die ›grundsätzlichen Regeln‹ für die ganze Gruppe zu treffen. Zu prüfen ist, innerhalb welcher Grenzen und mittels welcher Personen der Staat seinen Rechtswillen durchsetzen kann. Innerhalb dieser Grenzen ist der Staat die höchste Autorität.

Früh-Geschichten des modernen Staates

Der Staat ist in einem weiteren Sinne historisch: er verändert sich im Laufe der Zeit und im Verhältnis zu spezifischen Bedingungen und Umständen. Seit der Antike existierte in Westeuropa eine organisierte öffentliche Gewalt, die Autorität beanspruchte und kontinuierlich als legitime Herrschaft agierte; obwohl der heutige Begriff ›Staat‹ lange Zeit mit seiner üblichen modernen Bedeutung gar nicht gebraucht wurde.

Aus den Clans und Stämmen der frühen griechischen Zivilisation heraus erschien eine überraschend ›fortschrittliche‹ Form des Staates – der Stadt-Staat oder die *polis*. Dies gab uns die Saat für zwei mächtige Begriffe, die mit dem modernen Staat verbunden sind: ›Demokratie‹ von *demos*, die Herrschaft des Volkes oder der Bürgerschaft; und *polis*, die Wurzel der Wörter wie z. B. ›politisch‹ oder ›Politik‹. Das antike Griechenland stellte auch zwei wesentliche Überlegungen zu Regierung und Herrschaft bereit, die weitgehend als Gründungstexte der politischen Philosophie in Europa angesehen werden: Platons *Der Staat* und Aristoteles' *Politik*.

Die Periode der hellenischen Stadt-Staaten dauerte ungefähr von 800 bis 500 vor Christus. Die frühen ›Tyrannen‹ brachen die Macht des Landadels über die Regierung der Städte, und nahezu die ganze Bürgerschaft, einschließlich der Klein- und mittelgroßen Bauern, erhielt Rechte. In der *polis* gehörten alle Bürger der Volksversammlung an, konnten wählen und direkt an der Regierung partizipieren: eine ›direkte Demokratie‹, manchmal bis zu 5000 – 6000 Bürger umfassend, mit einer wenig eingreifenden Verwaltung oder Bürokratie. Allerdings hatte die große Zahl der Sklaven, die die Basis der athenischen Demokratie ausmachten, weder Rechte noch den Status eines Staatsbürgers.

Später wurden die Stadt-Staaten durch das athenische und andere Imperien absorbiert, die in der Folge von territorialer Eroberung expandierten. Diese Expansion stellte die griechische Demokratie ernsthaft auf den Prüfstand. Es erwies sich als schwierig, das ortsgebundene Konzept von Bürgerschaft auf die anderen 150 Städte auszudehnen, die das athenische Imperium verschlang. Nach Alexander dem Großen wurde die Herrschaft eines alleinigen Machthabers mit einer königlichen Thronfolge eingeführt. Der königliche Regent wurde mit einem göttlichen Status gekrönt und seine eigene Person zu einem ›Gott‹ erhöht.

Auch Rom entstand aus einem mächtigen Stadt-Staat. Anders als sein griechisches Gegenstück wurde Rom nie ›demokratisiert‹. Die Römische

Republik (vom lateinischen *res publica*; ›die zur öffentlichen Sphäre gehörenden Dinge‹: ein Begriff, der oft gebraucht wird, um das zu bezeichnen, was wir heute ›den Staat‹ nennen) basierte auf einem Senat, der von aristokratischen Mächten dominiert wurde. Später wurde seine Basis erweitert: durch Volksversammlungen gewählte Konsuln wurden eingebunden. Römische Bürgerschaft wurde eher durch das Recht bestimmt und weniger durch strikte Territorialität. Weil es keine ›direkte Demokratie‹ war, war es einfacher, die römische Bürgerschaft um die herrschenden Klassen anderer Städte und Territorien zu erweitern, die von den Römern erobert wurden. ›Civis Romanus sum‹: ein römischer Bürger war ein Staatsbürger, der irgendwo und überall war.

Die soziale Basis der römischen Zivilisation war die grundbesitzende Klasse; das Land wurde von einer abhängigen und verschuldeten Bauernschaft bearbeitet, später ergänzt durch Sklavenarbeit. Die ländliche Gegend wurde zunehmend von Kleinbauern besiedelt, frei im Status, aber ›besitzlos‹. Die Unterklasse der Städte waren die ›proletarii‹ (Herkunft des Begriffs ›Proletariat‹). Das Ausmaß der Land-Transaktionen, der Handelsregulierung und der Vererbung von Privateigentum, die Definition von Staatsbürgerschaft und die Herausbildung von Unterschieden zwischen der öffentlichen Rolle der Grundeigentümer als Bürger und ihrer ›privaten‹ Rolle als Vorstand der Familienhaushalte – *pater familias* – führten zu einem weiteren wichtigen Beitrag Roms zum europäischen Staat: ein systematisierter Kodex des ›Römischen Rechts‹. Römisches Recht half die Unterscheidung zwischen ›Staat‹ und ›Gesellschaft‹ zu begründen, oder zwischen dem *Öffentlichen* (dem Staat und öffentlichen Angelegenheiten zugehörig) und dem *Privaten* (den Beziehungen privater Vereinigungen, der ›Zivilgesellschaft‹ und dem häuslichen Leben der patriarchalen Familie zugehörig).

Innere Spannungen entstanden aufgrund der ungleichen Verteilung von Land, der Forderungen der ›Landlosen‹ und der Sklavenaufstände, auch aufgrund der Probleme, die weit zerstreuten, von der römischen Armee eroberten Provinzen innerhalb eines vereinten Staates besetzt zu halten, sowie der Herausforderungen an die senatorische Macht – all dies trieb Rom zu einer zentralistischeren Herrschaftsform. Unter Augustus bildete sich das römische Kaisertum als neues System heraus. Trotzdem lehnte sich der römische Staat noch an ein System des Bürgerlichen Rechts an, und es wurde weiterhin erwogen, die Gesetze in unbestimmter Weise vom ›Volk‹ herzuleiten – aber nicht im Sinne eines souveränen ›Volkswillens‹, wie wir ihn aus heutigen modernen Demokratien kennen.

Dieser Ansatz, dass Staatsmacht sich aus dem Recht ableitet, war entscheidend für die nachfolgende Entwicklung des ›Rechtsstaatsprinzips‹ und des ›Verfassungsstaates‹. In der Ära der Republik formulierte Cicero die Grundlinie des senatorischen Regimes wie folgt: »Wir gehorchen den Gesetzen, um frei zu sein.« Im spätrömischen Imperium, als die Kaiser volle despotische Herrschaft ausübten und göttlichen Status einnahmen, erfolgte eine signifikante Verschiebung, die im 3. Jahrhundert von dem Philosophen Ulpian formuliert wurde: »Der Wille des Herrschers hat Gesetzeskraft.« Dennoch sollte das Recht weiterhin ein wichtiges Ideal der Herrschaft und des Staates darstellen.

Als die imperialen Grenzen des Römischen Reiches erreicht und geschlossen waren und die begrenzten Möglichkeiten für ökonomisches Wachstum auf der Grundlage der Sklaverei evident wurden, wurde Rom allmählich geschwächt: durch ›Verwässerung‹, da der ›Osten‹ des Reiches auf Kosten des mediterranen ›Westens‹ wuchs; durch Unruhen auf dem Lande und Aufstände der Sklaven; letztlich auch durch barbarische Invasionen aus dem Norden. Das späte Rom bereitete den Weg für ein neues Arbeits-Regime auf Grundlage der großen Grundbesitze: ›Freie Pächter‹ standen unter der direkten Herrschaft der großen agrarischen Grundherren; das Bauerntum (coloni) war an ein Pachtverhältnis mit dem Gutsbesitzer gebunden und zahlte ›Abgaben‹ in Form von Zins und Arbeitskraft. Dieses Element wurde später in den Feudalismus aufgenommen.

Als die Römer gen Norden voranschritten, trafen sie auf die sehr verschiedenen Regierungssysteme, die die germanischen Stämme organisierten. Diese wanderten ins äußere Hinterland des Römischen Reiches ein, siedelten an dessen Grenzen und bildeten möglicherweise einen Teil der barbarischen ›Horden‹, die Rom plünderten und es ins frühe Mittelalter trieben. Die germanischen Völker bestanden im Wesentlichen aus Sippen, d. h. aus großen, verwandtschaftlich organisierten Verbänden, die ihre Mitgliedschaft oft entlang der Verwandtschaftslinie der Mütter bestimmten. Sie besaßen und bearbeiteten das Land *gemeinsam*, mit wenig privatem Eigentum: eine kommunale oder ›primitiv kommunistische‹ Produktionsweise. Im Vergleich zu Griechenland oder Rom wurden sie eher lose durch aristokratisch besetzte Räte regiert. Ihnen untergeordnet waren mächtige Versammlungen freier Krieger und ihnen wiederum unterstand das Gefolge von Soldaten-Banden, oft mit eigenen ›Chefs‹. Diese Siedler- wie auch ›Krieger-Gemeinschaften‹ mit ihren Bindungen, die auf persönlicher Loyalität wie auch auf ausgeprägter Kriegs- und Schutzbereitschaft bestanden, trugen ein zweites wesentliches Element zum Feudalismus bei: die germanischen Siedlungen legten auffällig viel Wert auf Volks*versammlungen*. Sie praktizierten auch eine andere Rechtsform. Im Gegensatz zur Formalität des römischen Rechts wurde das germanische Recht sozusagen ›vom Volk‹ gesprochen, auf Grundlage ihres tradierten ›Volkstums‹ und der Summe der gemeinschaftlichen Bräuche. Auf diese Wurzeln lassen sich die ›Parlamente‹ der Engländer und das englische Gewohnheitsrecht (common law) zurückführen.

Feudale Staaten

Der europäische Feudalismus nahm eine Vielzahl von Formen an. Es ist hier nur möglich, die wesentlichen Verhältnisse und ihre Konsequenzen für die Staatsbildung darzustellen, die sich in Europa gegen 800 n. Chr. ausprägten (die Zeit der Krönung Karls des Großen, des Frankenkönigs, zum Kaiser durch den Papst). In diese Zeit fällt das Bemühen, das Römische Imperium – lange schon im ernstlichen Verfall – unter dem Patronat der katholischen Kirche zu erneuern. Dafür sollten die zersplitterten Staaten des westlichen Christentums in einem neuen Heiligen Römischen Reich vereint und zentralisiert werden. Diese Länder und Königreiche, die sich von Spanien bis Deutschland, von Nordfrankreich bis Italien erstreckten, standen unter der Herrschaft verschiedener Grafen, Herzöge und Prinzen, die dem Kaiser des Heiligen Römischen Reiches Gefolgschaft schuldeten. Dieses Bestreben, ein politisch einheitliches christliches Imperium zu schaffen, wurde durch die ihm zugrunde liegenden gesellschaftlichen und ökonomischen Verhältnisse ausgeglichen.

Unter diesen sozio-ökonomischen Bedingungen sprach der Herrscher oder der Lord seinen ihm ergebenen Vasallen Nutz- und Landrechte (›benefices‹) zu, gegen Rückzahlungen in Gold und in der Hoffnung auf fortdauernde Militärdienste. Es gab ebenso ein germanisches ›Vasallen‹-System, in dem führende Krieger sich an ihren Lord banden und ihm im Gegenzug für seinen Schutz ihre persönliche Loyalität und Huldigungen bekundeten. Feudalismus bildete sich aus der Verschmelzung oder Synthese dieser beiden Elemente heraus. Aus den Ländereien wurden ›Lehensgüter‹: begrenzte Lehen wurden als Gegenleistung z. B. für Militärdienste überlassen. Der Lord der Vasallen beutete diese Lehen ökonomisch mittels der Arbeit unfreier Bauern aus, die wiederum ans Land gebunden waren; die Bauern waren gezwungen, im Austausch für Schutz ihre Arbeitsdienste zu leisten und ihre Pacht und Abgaben in Form von Geld und Arbeitskraft zu zahlen.

Diese Kette gegenseitiger Verpflichtung war außerordentlich lang, weil der Lord der einen selbst Vasall eines anderen mächtigeren Feudalherren und dieser wiederum Vasall eines Adligen, eines Herzogs oder eines Königs sein konnte. Die breite Bevölkerung an der Basis, auf der die ganze Pyramide fußte, ist »Objekt der Herrschaft [...], aber nicht Subjekt eines politischen Verhältnisses« (Poggi 1978, 23). Das Verhältnis zwischen Herrscher und Leibeigenen war die Kernform der feudalen *Ökonomie*, das Verhältnis zwischen Herrscher und Vasallen war die Kernform der *politischen* Herrschaft.

Dieses ausgedehnte Netzwerk aus ineinander verschränkten Verbindungen und Verpflichtungen produzierte eine unvermeidliche »Fragmentierung eines jeden großen Systems der Herrschaft in kleinere, zunehmend autonome Systeme« (27). Macht wurde personengebundener und lokaler. In jedem Bereich ergaben sich konfligierende Systeme der Loyalität – eine »soziale Welt von sich überschneidenden Ansprüchen und Gewalten« (Anderson 1978, 178), auch als ›feudale Anarchie‹ bezeichnet.

Grundsätzlich (und mit einigen wichtigen Ausnahmen, in Nordfrankreich und in England, wo die Monarchie zu einer stärkeren und einheitlicheren Form neigte) war der klassische feudale Monarch von unterschiedlichem Stand als seine Lords – *primus inter pares*. Obwohl ›von Gott gesalbt‹, war er aufgrund des göttlichen Status nicht von ihnen losgelöst, sondern durch reziproke Verpflichtungen an sie gebunden. Die mächtigsten Lords konstituierten eine wirkliche Quelle alternativer Macht, mit der ein feudaler Monarch stets rechnen musste und die er daher regelmäßig konsultierte, da er ohne sie weder Steuern erheben noch eine Armee aufstellen konnte. Sie wurden zu seinen Beratern, zu seinem Gerichtshof und zu seiner Ratsversammlung. Einige Herrscher mussten eine formale Einwilligung ihrer Volksversammlungen einholen, um Steuern zu erheben. Dies waren in der Tat frühe Formen des ›Parlaments‹, die ab dem 13. Jahrhundert eine zunehmend wichtige Rolle spielen sollten.

Aufgrund dieser inneren Spannungen zwischen verschiedenen und sich überlagernden Quellen der Macht und der Autorität, befand sich der feudale Staat also ständig in einer Zerreißprobe. Die Monarchie trachtete danach, sich als eigenständige Autorität hervorzuheben. Die Lords hingegen nutzten ihre Ländereien und ihre lokale militärische Macht, um die tendenzielle Zentralisierung der königlichen Autorität zu kontrollieren. Der feudale Monarch war daher kein ›Souverän‹, sondern nur ein *Suzerän*: ein besonders begrenzter Typ der säkularen Autorität.

Innerhalb dieses lose verknüpften Gefüges des Feudalismus tauchten konkurrierende Zentren der Macht mit einem deutlich andersartigen Herrschaftssystem auf. Die Städte standen aufgrund ihrer privilegierten Rechte außerhalb des klassischen feudalen Systems. Sie hatten eine andere soziale und politische Struktur, da sie von Handel und Handwerk dominiert wurden und weil sie Finanzzentren waren. Mittelalterliche Städte waren »Inseln im Meer des Feudalismus« (Pirenne 1969), mit einer großen und wohlhabenden Klasse an Kaufleuten, ausgebildeten Handwerkern, Kunstgewerblern und Lohnarbeitern. Die größeren Städte bildeten ein autonomes Herrschaftssystem heraus – wie bei der italienischen *Kommune* –, das auf dem Loyalitätseid einer ›Gemeinschaft‹ gleicher Bürger gründete. Die führenden Bürger erhielten das Recht, die Stadt als Körperschaft im Rahmen der Stadtverfassung selbst zu verwalten. Innerhalb der Städte setzte sich ein Repräsentationssystem entlang des Besitzstandes durch: die höheren Statusgruppen – Geistlichkeit, Adel und die Elite der Bürger – hatten Repräsentationsrechte. Jenseits davon bildete sich eine Vielzahl besitzständisch besetzter Versammlungen und Parlamente, Reichstage und Stadträte heraus, die mit dem Herrscher oder den führenden Familien einer Stadt und des sie umgebenden Territoriums in Verbindung standen. Die großen Städte Norditaliens und Flanderns waren Beispiele dieses gesellschaftlichen Entwicklungstyps im späten Mittelalter. Die ›Bürger‹ waren die Vorreiter dieser Klasse, die erstmals in den mittelalterlichen Städten wirkungsvoll Macht ausübten und die Basis einer aufkommenden ›bourgeoisen‹ städtischen Klasse formen sollten.

Die Kirche war über das gesamte Zeitalter hinweg die wichtigste konkurrierende Machtinstanz für die feudale Aristokratie. Sie verfügte über großen Reichtum und institutionelle Macht, setzte eine Art konkurrierendes Netzwerk innerhalb von und zwischen Staaten ein, beanspruchte religiöse Herrschaft: all dies trieb sie an, mit den säkularen feudalen Strukturen zu wetteifern – mit Königen, Prinzen, Herzögen und mit dem Kaiser des Heiligen Römischen Reiches selbst. Die Kirche errang die Ansprüche einer höheren Autorität in säkularen wie in religiösen Angelegenheiten, denn, wie Augustinus darlegte: was sonst ist die Geschichte der Kirche als »der Marsch Gottes in der Welt« – eine Ansicht, die säkulare Herrscher weit unter Christus' Vikaren auf Erden und ihren religiösen Agenten einordnete. Vom 12. Jahrhundert bis zur Reformation, bevor der universelle Machtanspruch der Katholischen Kirche verfiel und ›nationale‹ Kirchen in Verbindung mit stärkeren und einheitlicheren nationalen Monarchien entstanden, herrschte ein unendlicher Kampf zwischen dem Papsttum und den weltlichen Herrschern über die Grenzen des Religiösen und Säkularen. Der Anspruch des Papsttums auf eine einzige und souveräne religiöse Macht provozierte auf der anderen Seite die Forderung der Monarchie nach einer uneingeschränkten, unabhängigen, säkularen Autorität. Letzteres war der Keim der modernen Auffassungen von Souveränität.

Absolutismus

In der Krise des Feudalismus zwischen dem 14. und dem 16. Jahrhundert tauchte aus den Trümmern mittelalterlicher Institutionen eine neue Staatsform auf, die in jenen unabhängigen, national vereinten Renaissance-Monarchien in Ländern wie Frankreich, Spanien und England verankert ist: der moderne *Absolutismus*. Dies bezog die Stärkung einer einheitlichen territorialen Herrschaft mit ein; die Einnahme schwächerer und kleinerer Territorien durch stärkere und größere; die Verschärfung des Rechts, der Ordnung und der Sicherheit im ganzen Königreich; die Anwendung einer mehr »zentralistischen, dauerhaften, berechenbaren und effektiven« Herrschaft, mit ihrer Macht, die sich auf einen einzigen, souveränen Kopf fokussiert (Poggi 1978, 61). Mehrere Faktoren trugen zu seinem Aufstieg bei: der Niedergang der feudalen Leibeigenschaft; die Umwandlung feudaler Abgaben in Geldzins; die Ausweitung von Markt und Handel; die Verdrängung feudaler Militärverpflichtungen durch anwachsende, neue, professionelle, stehende Heere; die zunehmend zentrale und beständige Steuererhebung durch den Staat (was wiederkehrende Aufstände der Armen gegen die Steuereintreiber provozierte).

Der absolutistische Staat ist der Übergang zwischen den vielen Variationen des feudalen Staates und dem ›bürgerlichen‹ Verfassungsstaat, der sich – zuerst in England – im 17. und 18. Jahrhundert herausbildet. Innerhalb des Absolutismus untergruben die Entwicklungsbewegungen des Handels, des Marktes und des Kapitals die dichten lokalen Strukturen des Feudalismus und schufen einheitlichere, staatsweite, nationale Ökonomien. Die territorialen Grenzen stimmten zunehmend mit den Grenzen überein, innerhalb deren der Staat ein einheitliches System des Rechts, der Ordnung und der Verwaltung effektiv durchsetzen konnte. Der ›Merkantilismus‹ stieg zur dominanten ökonomischen Doktrin des Absolutismus auf und legitimierte eine leitende Rolle des Staates und der Krone in Handelsunternehmen. Diese Staaten nahmen demzufolge zunehmend einen ›nationalen‹ Charakter an – wie der Protonationalismus des elisabethanischen Englands. Beziehungen zwischen Staaten ermöglichten »die Installierung eines verbindlichen Regeln verpflichteten zwischenstaatlichen Informationsaustauschsystems, mit dessen Hilfe entsprechender Druck ausgeübt werden konnte« (Anderson 1979, 47), fortdauernd gefestigt mittels formaler Diplomatie und dynastischer Heiratsallianzen – obwohl Anderson uns daran erinnert, dass der »lange Umweg über die Heirat [...] vielfach direkt zum kurzen Weg des Krieges zurück« führte (48). Die staatlichen Bürokratien wurden um Ämter erweitert, die mit aufstrebenden Adelsfamilien und anderen Angehörigen des Hofes besetzt wurden. Wechselnde Allianzen bildeten sich im Verhältnis zur Krone heraus und um. Der Adel suchte Ämter und Vorteile am Königshof. Absolute Monarchien nutzten zeitweise diesen Adel, zeitweise forcierten sie Allianzen mit anderen Elementen – z. B. mit merkantilen Klassen – als eine Möglichkeit, die Macht des Adels zurückzudrängen. Aber diese Höfe waren Beigaben der Herrschaft des Monarchen, nicht Mitwirkende an der Herrschaft. Der absolutistische Herrscher »herrschte *von* seinem Hofe *aus*, nicht *vermittels* des Hofes«; und das Recht wurde nicht »eine Rahmenordnung für Herrschaft«, sondern vielmehr »ein Werkzeug der Herrschaft«, angepasst an die souveräne Macht des Thrones (Poggi 1978, 70).

Im 16. Jahrhundert besiegelte Jean Bodin diese Entwicklung mit der Doktrin vom »göttlichen Recht der Könige«. Partnerschaftliche Herrschaft zwischen Monarch und Volk, eingeschrieben in die Ständeordnung im späten Feudalismus, verwelkte unter dem Absolutismus. In Frankreich wurden die Generalstände zwischen 1614 und 1789 nicht einbestellt, und ihre Einberufung löste den Prozess aus, der in die Französischen Revolution mündete. In England führten die Herrschaftsweisen der Stuart-Könige und ihre Steuererhebungen ohne Einwilligung des Parlaments zur Englischen Revolution der 1640er Jahre.

Verfassungsstaat oder Vertragsstaat

Gerade weil er jedes Element der Herrschaft innerhalb eines säkularen Zentrums vereinigte und konzentrierte und auch Anspruch auf eine absolute Herrschaft erhob, die säkular und national war, half der Absolutismus einen Pfad zum ›bürgerlichen‹ Verfassungsstaat zu bahnen oder einen Weg dorthin vorzubereiten. In England (wo der wesentliche Konflikt im 17. Jahrhundert aufbrach) und Frankreich (später, am Ende des 18. Jahrhunderts) wurden Teile des niederen Landadels neben entstehenden Händler-Klassen, städtischen Handwerkern und Arbeiterklassen in einen ›vermischten‹ Streit gegen die Ansprüche des Absolutismus, die Macht des Hofes und die Starrheit des Merkantilismus hineingezogen. Die Expansion des Handels dieser neuen ›Nationalstaaten‹ untergrub den Absolutismus. Als Folge der Aufstände gegen dieses *Ancien Régime* beschleunigte sich die moderne bürgerliche Entwicklung. Am Ende des 18. Jahrhunderts veränderte sich die britische Ökonomie durch das Anwachsen der marktförmigen Landwirtschaft und Lohnarbeit, das ungebremste Wirken der Gesetze des ›freien

Marktes‹, den sich ausdehnenden Verkauf und Erwerb von Grund und Boden, die vollständig ausgeformten Auffassungen von Privateigentum, die allgemeine Auflösung einer alten ›moralischen Ökonomie‹ und die Vorherrschaft eines agrarischen Kapitalismus. Eine neue Art von bürgerlicher Zivilisation begann sich zu manifestieren. Die Klassen waren mit dieser Entwicklung eng verbunden – die merkantilen Klassen, aber auch Teile der Klasse der Grundeigentümer, die ihr Eigentum zunehmend als ›fixes Kapital‹ einsetzten; sie traten als neue, machtvolle soziale Gebilde in der Gesellschaft auf. Aufgrund ihrer Vorherrschaft in der ›Zivilgesellschaft‹ nahmen sie allmählich eine dominierende Position im gesellschaftlichen und wirtschaftlichen Leben ein. Dann begannen sie für eine Beteiligung an Staatsmacht und Herrschaft zu kämpfen. Die Prinzipien des Marktes und des Vertrages, die die Grundlage ihres wachsenden Wohlstandes bildeten, wurden zum ersten Mal die Metapher für eine neue Auffassung vom Staat: ein *Vertragsstaat*, in dem Macht geteilt wurde; das Recht der oberen und mittleren Schichten der Gesellschaft, neben dem Herrscher an der Macht zu partizipieren, wurde durch die Verfassung garantiert und formalisiert.

Der lange Prozess hin zu einer Ausweitung der Basis des Gesellschaftsvertrages wurde im Zuge der Revolution von 1644 und der parlamentarischen Phase in England initiiert und mündete in eine gemäßigte und gemischte Form der ›parlamentarischen Monarchie‹. Unter den Bedingungen dieses konstitutionellen Systems fand die Industrialisierung statt. In den finalen Stadien richteten sich die Kämpfe auf die Ausweitung des Wahlrechts und die Schaffung eines umfassend demokratischen Staates im 19. Jahrhundert. In Frankreich zog sich der Niedergang des Absolutismus lange hin. Als er dann erfolgte, waren die popularen Klassen – die wirklichen Außenseiter in dieser langwierigen Verschiebung der Macht – direkt in die Kämpfe involviert und das ›Reform‹programm nahm folgerichtig seine ›radikalste‹ Form mit der jakobinischen Forderung nach »Freiheit, Gleichheit, Brüderlichkeit« an. Diese wurden eher von kapitalistischen denn von feudalen Formen ökonomischer und politischer Verhältnisse dominiert, mit einem neuartigen Typ von Gesellschaftsstruktur und einem ganz anderen Gleichgewicht zwischen verschiedenen Klassen; sie wirkten im Geiste neuer Auffassungen von Herrschaft, Autorität und Macht und entwickelten neue, ›vertragliche‹, liberale und verfassungsmäßige Formen der Herrschaft. Das markierte den Anfang der ›bürgerlichen‹ Revolutionen und führte an die Schwelle zum ›modernen Staat‹.

Entwicklung des modernen Staates

Es ist schwierig, die Ursprungsidee eines modernen Staates genau zu datieren, da das Wort ›modern‹ offen für verschiedene Interpretationen ist. Die nützlichste Definition bezieht sich nicht auf einen chronologischen Zeitraum, sondern auf das Auftauchen von bestimmten Merkmalen des Staates, die in zeitgenössischen Gesellschaften noch erkennbar sind. Diese Merkmale beschreiben Staaten, in denen Macht geteilt wird; in denen die Rechte auf Partizipation an der Regierung rechtlich oder verfassungsmäßig legitimiert sind; in denen Repräsentation umfassend, Staatsmacht vollständig säkular und die Grenzen nationaler Souveränität eindeutig bestimmt sind. Eine Staatsform dieses Typs tauchte sehr ungleichzeitig innerhalb Europas auf. Er manifestierte sich in Großbritannien bereits im 18. Jahrhundert, während er in Deutschland vor dem Ende des 19. Jahrhundert nicht anzutreffen war.

In Großbritannien bildete sich der klassische liberale Staat als Folge der parlamentarischen Zwischenregierung und des ›Großen Kompromisses‹ von 1688 während des 18. Jahrhunderts bis weit hinein ins 19. Jahrhundert heraus. Dies umfasst die Zeitspanne des agrarischen und frühen industriellen Kapitalismus und Großbritanniens Aufstieg zur Vormacht als Handels- und Produktionsmacht. Die zwei Bereiche sind organisch miteinander verbunden: Aufgrund der Forderungen der aufstrebenden Klassen, die mit dieser ökonomischen Entwicklung verbunden waren, war der Staat gezwungen, einen liberaleren und rechtsstaatlichen Pfad einzuschlagen. Diese Form des Staates wurde als ›liberal‹ bezeichnet: a. im Gegensatz zu den Rigiditäten des *Ancien Régime* und b. wegen seiner wesentlichen Funktion, die ›Rechte und Freiheiten‹ des Individuums zu garantieren. Die Organisationsprinzipien, die dem Handel und dem Gewerbe zu expandieren ermöglichten – der Freihandel, die Gesetze des Marktes und des Vertrages –, waren auch die Prinzipien, die die Beziehungen zwischen Staat und Individuum neu formierten. Individuen gingen mit dem Staat einen ›Gesellschaftsvertrag‹ ein, im Austausch für die Verteidigung *ihrer* Rechte und Freiheiten, die sie als ›natürlich‹ erachteten. Das macht die Individuen zum *a priori* des Staates, nicht umgekehrt. Diese Rechte sind sehr besondere: das ›Recht‹, Arbeitskraft zu kaufen und zu verkaufen; Privateigentum zu besitzen und darüber zu verfügen; ›frei zu handeln‹, außer jemand bevorzugt den Rechtsweg; (insbesondere vom Staat) ›unbehelligt eigene Privatgeschäfte zu tätigen‹; ›sein Zuhause als seine Burg zu verstehen‹.

Einmischung in diese Freiheiten können nicht mehr aus Lust und Laune der Krone oder des Staates erfolgen, sondern müssen rechtlich genehmigt sein. Selbst der Staat war dem Gesetz unterworfen, d.h. Herrschaft durch das Recht oder ›Rechtsstaatlichkeit‹. Der liberale Staat musste stark sein, um das Leben und das Eigentum der Individuen zu beschützen, um frei abgeschlossenen Verträgen Geltung zu verleihen und die Nation gegen äußere Angriffe zu verteidigen. Aber dieser Staat musste sich auch zurücknehmen und nicht in zu viele Bereiche intervenieren. Insbesondere sollte er sich aus ökonomischen Transaktionen heraushalten und sie dem freien Spiel der Marktkräfte überlassen (die Wurzel der Doktrin des *Laissez-faire*).

Dieser ›liberale kapitalistische‹ Staat war freilich keine Demokratie. Die Mehrheit durfte nicht wählen, sich nicht frei versammeln, nicht veröffentlichen, nicht Mitglied einer Gewerkschaft werden, als Andersgläubige kaum einen Posten annehmen. Frauen durften weder wählen noch über Eigentum verfügen. Die Kämpfe der Mehrheit des gemeinen Volkes und der Arbeiterklassen, um diese politischen und Bürgerrechte für sich zu erlangen, bildeten die Grundlage der Reformbewegungen des 19. Jahrhunderts. Sie veränderten zwar nicht die grundlegende Form des liberalen Staates, modifizierten ihn aber erheblich, indem sie seine Repräsentationsbasis und seine demokratische Substanz erweiterten. Am Ende wurde die ›Demokratie‹ in den liberalen Staat eingepasst, um jene hybride Variante zu schaffen, die vom klassischen Liberalismus unterschieden werden muss: den *liberal-demokratischen* Staat. In den letzten Jahren des 19. und zu Beginn des 20. Jahrhunderts bis zum Ersten Weltkrieg wuchs der Wettbewerb zwischen den sich industrialisierenden Weltmächten: das war ein Gerangel zwischen den imperialen Mächten. Großbritannien verlor seine führende Wettbewerbsfähigkeit: andere Nationen industrialisierten schneller und überholten die Briten. Es gab einen neuen Antrieb, die britische Wettbewerbsfähigkeit zu verbessern, die Gesellschaft zu modernisieren und sie ›effizienter‹ zu machen. Zusehends wurde das Argument gestärkt, dass der liberale, minimalistische, *Laissez-faire*-Typ des Staates diese Aufgabe nicht erfüllen könne. Großbritannien brauchte einen stärker steuernden, interventionistischen Staat, der in der Lage war, organisch im Interesse der ganzen Gesellschaft zu agieren und zu planen.

Dieser Schritt zum *Kollektivismus* wurde aus zwei Richtungen verstärkt: Unterstützung kam von den herrschenden Klassen im Namen einer größeren ›nationalen Leistungskraft‹; und auch von den arbeitenden Klassen, den Armen und den Arbeitslosen, weil sie glaubten, dass dem Industriekapitalismus nur durch den Staat Reformen auferlegt werden können, die ihre Lebensverhältnisse verbessern und weitergehende ökonomische Gleichheit und soziale Gerechtigkeit herstellen würden. Den Egalitarismus vertretende Bewegungen und Sozialisten sehr verschiedener Couleur forderten dementsprechend eine erweiterte Rolle für den Staat. Die Reformer glaubten, dass es ohne Staatsintervention niemals eine angemessene Versorgung für die Armen, die Arbeitslosen, die Alten und die Kranken geben werde. Die Sozialisten argumentierten, dass der Wohlstand ohne Staatsintervention niemals gerechter geteilt werde. Die Arbeiterbewegung engagierte sich zu dieser Zeit für ›gesellschaftliches‹ (praktisch Staats-) Eigentum und für die Kontrolle der Leitungspositionen der Wirtschaft. Im Großen und Ganzen waren es die evolutionären und reformistischen Versionen dieser Programme, die in der britischen Arbeiterbewegung institutionalisiert wurden.

Kollektivistische Staatspolitik wurde nur langsam und ungleichmäßig umgesetzt. Trotz Anstrengungen in dieser Richtung zwischen 1906 und 1911 und zwischen den Weltkriegen erreichten diese ›reformistischen‹ Tendenzen ihren Höhepunkt erst mit dem Nationalisierungsprogramm und den sozialstaatlichen Maßnahmen der Nachkriegs-Labour-Regierung im Jahre 1945.

Die ›Entstehung‹ des *Wohlfahrtsstaates* wird mit Recht den reformerischen Sozialprogrammen der Liberalen Regierung von 1906–1911 zugeschrieben; aber seinen Höhepunkt erlebt er in der Zeit der Labour-Regierung nach dem Zweiten Weltkrieg. In den 1950er Jahren wurde zuerst Großbritannien und in Folge auch alle anderen fortgeschrittenen kapitalistischen Gesellschaften ›Wohlfahrtsstaaten‹. Diese Tendenz wurde selbstredend von denen abgewehrt, die eine ›liberale‹ Auffassung von Staat gefährdet sahen, und von denen, die glaubten, dass sie ›überbesteuert‹ werden, um solch einen Wohlfahrtsstaat zu finanzieren. Aber die Versorgungsempfänger – die Volksmehrheit – sahen ihn positiver. Die Basis für eine ›Nachkriegs-Vereinbarung‹ über den grundlegenden politischen Rahmen für die britische Nachkriegsgesellschaft ergab sich aus der stillschweigenden Übereinstimmung zwischen den zwei wichtigsten politischen Kräften. Dieser Konsens umfasste staatlich unterstützte oder finanzierte Wohlfahrt, Leistungen, Wohnungen, Bildung; ebenso Vollbeschäftigung und eine bedeutendere Rolle des Staates in der Wirtschaftspolitik (um die Katastrophen der Zwischenkriegsperiode zu vermeiden). Die ›Vereinbarung‹ wurde unter dem Namen ›Butskellism‹ bekannt: Gaitskell (Vorsitzender der Labour-Partei) und Butler (Anführer der Reformer der Tory-Partei), die die politische Aushandlung leiteten, waren auch Namensgeber der Vereinbarung. Nachträglich wurde sie auf ihren Chefberater Keynes zurückgeführt. Bildeten die politischen Reformen des 19. Jahrhunderts den ersten Schritt des Reformismus, der den liberalen Staat modifizierte, war Wohlfahrt der Folgeschritt:

die Erweiterung der ›Bürgerschaft‹, die bestimmte soziale und ökonomische Rechte erhielt, und das Ende eines rigorosen *Laissez-faire* – genauso wie das beträchtliche Anwachsen des staatlichen Verwaltungsapparates.

Wir müssen dieser Entwicklung die Auswirkungen gegenüberstellen, die die diversen zur selben Zeit in Europa auftauchenden radikalen Tendenzen auf die politischen Einstellungen und Wahrnehmungsweisen in Großbritannien hatten. Evolutionärer, reformistischer Kollektivismus gipfelte im Wohlfahrtsstaat. Revolutionärer Kollektivismus gipfelte in der Herausbildung kommunistischer Staaten: die bolschewistische Revolution in Russland im Jahr 1917; die Entstehung des kommunistischen China in den 1940er Jahren; und die Ausbreitung dieses Regime-Typs innerhalb Osteuropas nach dem Krieg, weitgehend im Schatten sowjetischer Okkupation. In diesem Modell ›übernehmen‹ der Staat und die Politik das ›Kommando‹. Der Staat absorbiert die wesentlichen Funktionen der Zivilgesellschaft und der Wirtschaft und nimmt ihre positive Transformation in Angriff. Er führt ein Regime der nationalen Mobilisierung und strengen Reglementierung ein. Insbesondere das letzte Merkmal diskreditierte das Image des Kollektivismus in Großbritannien.

Parallel hierzu erfolgte der Aufstieg des *faschistischen Staates*: Mussolini in Italien, Hitler in Deutschland, Franco in Spanien, Salazar in Portugal. Paradoxerweise scheinen faschistische und kommunistische Staaten gemeinsame Merkmale zu teilen: sie sind Ein-Parteien-Staaten; sie sind diktatorisch in ihrer Form, ›faschistische Gewaltherrschaft‹ versus ›Diktatur des Proletariats‹. Diese Merkmale, die beide Staatsformen trotz ihrer radikalen Unterschiede in Politik und Ideologie teilen, erlaubten es Orwell, beide in einem gemeinsamen Modell zu synthetisieren: ein Bild vom *Totalitarismus*, das von da an die liberale Vorstellungswelt heimsuchte und nach 1947 im Zuge des Kalten Krieges zu einem Mahnmal erstarrte. Das ist der Moment, da die ›aufsteigende Kurve‹ der positiven Einstellung gegenüber dem Staat einen großen Umschwung erfuhr und unmerklich in eine ›absteigende Kurve‹ überging.

Diese Entwicklungsrichtung gewinnt im Lichte der 1960–70er Jahre an Kontur: Vorrangig unter ›sozialdemokratischen‹ (z.B. Labour-) Regierungen – aber nicht unähnlich unter konservativer Regierungsführung – wurde der liberal-demokratische Staat zunehmend ein *interventionistischer*. Dieser beteiligte sich an allen Sphären des Lebens. Er etablierte ein aktives Auftreten in der verbotenen Sphäre der Ökonomie. Der Staat besaß nun staatliche Unternehmen, war verantwortlich für die nationale Wirtschaftspolitik, übernahm die Feinabstimmung der Wirtschaft durch fiskalische und andere ›keynesianische‹ Maßnahmen, regulierte Einkommen und Löhne und stärkte eine alternative Form der Entscheidungsfindung jenseits des Parlaments – den Prozess einer korporatistischen Aushandlung zwischen Staat, Kapital (CBI) und Arbeit (TUC). Die Ausdehnung des Staates in die ganze Fabrik der Zivilgesellschaft und des Privatlebens hinein gehörte *par excellence* in diese Zeit.

Hier brechen die Sichtweisen über den modernen liberalen, demokratischen Staat auf und polarisieren sich. Reformisten stützten grundsätzlich die erweiterte Rolle des Staates als ein Instrument für mehr soziale Gerechtigkeit und Gleichheit. Einige ›Rationalisierer‹ glaubten, dass ein ›großer Staat‹ notwendig sei, um die komplexe Ökonomie und eine entwickelte Gesellschaft zu koordinieren. Andere Theoretiker wiederum waren der Ansicht, der fortgeschrittene Kapitalismus könne nicht überleben, ohne in eine Partnerschaft mit einem mächtigen Staat zu treten (›staatsmonopolitischer Kapitalismus‹). Sozialdemokraten sahen sich bestätigt, dass der Staat genutzt werden *kann*, um die ärgsten Effekte des kapitalistischen Wettbewerbs auszugleichen, ohne das System zu zerstören.

Andere wiederum wendeten sich energisch gegen die korporatistische Entwicklung insgesamt. Als die günstige britische Wirtschaftskonjunktur in den 1960er Jahren zu wanken begann, und noch entscheidender, als die weltweite kapitalistische Rezession sich ab der Mitte der 1970er Jahren vertiefte, war der interventionistische Staat weitreichender Kritik ausgesetzt. Er sei ineffizient und vergeuderisch: ein ›Verschwendungs‹-Staat. Zu viel Wohlfahrt, so wurde behauptet, habe die moralische Grundhaltung der Nation ausgehöhlt: der ›Versorgungs‹-Staat. Er wecke Erwartungen, die er nicht halten könne: der unregierbare Staat. Er stelle eine Bedrohung für die Rechte und Freiheiten des Individuums dar: ›schleichender Totalitarismus‹.

Was stattdessen vorgeschlagen wurde, war eine Umkehrung der bisherigen Entwicklung: Vorteil aus der Krise ziehen, um den ›Staat zurückzudrängen‹. Daher die Vorschläge, die Staatsintervention einzudämmen, Staatsbürokratie und öffentliche Ausgaben zu beschneiden, den Sozialstaat abzubauen, die staatlich geführten Unternehmen in die Privatwirtschaft zurückzuführen (›Privatisierung‹), den Trend zum Kollektivismus zu brechen, die Macht der Gewerkschaften zu begrenzen, den wettbewerbsorientierten Individualismus wieder zu stärken und die Doktrinen des Wirtschaftsliberalismus, die das Programm der ›Neuen Rechten‹ prägten, wieder durchzusetzen. In den 1980er Jahren wurde dieses Programm zum *vorherrschenden* Leitbild in Großbritannien. Es kennzeichnet eine Bewegung zur Restauration des Ideals vom klassischen liberalen Staat, aber unter den Bedingungen des Spätkapitalismus im 20. Jahrhundert: deshalb der *neoliberale Staat*.

Diese schematische Darstellung fokussiert auf eine außergewöhnliche historische Abfolge. Sie entwirft eine besondere Entwicklungslinie hinsichtlich des modernen ›großen Staates‹. Sie verdeutlicht, warum die Frage nach dem Staat wieder zum Kernpunkt in den Auseinandersetzungen der britischen Politik und in anderen liberalen Demokratien wurde.

Einige grundlegende konzeptionelle Auffassungen

Quentin Skinner (1978) erkannte in seiner Untersuchung *The Foundations in Modern Political Thought*, dass zu Beginn des 17. Jahrhunderts die Vorstellung vom Staat – sein Wesen, seine Macht und sein Recht, Gehorsam zu verlangen – zum wichtigsten Objekt der Analyse im europäischen Denken wurde. Er identifizierte diesen Moment bei Hobbes, der sich in seinem Werk einer »ernsthafteren Untersuchung der Rechte des Staates und der Pflichten seiner Untergebenen« zuwandte. Im 17. Jahrhundert »können wir sagen, dass die moderne Welt betreten wird: die moderne Theorie des Staates muss erst noch entworfen werden, aber ihre Fundamente liegen vollständig vor« (349). Welche Merkmale und Charakteristiken des Staates lassen Skinner dies behaupten?

Das erste Element ist die Auffassung von ›der Macht‹ des Staates – ›sein Recht, Gehorsam zu verlangen‹. Natürlich, Staaten haben auch Pflichten gegenüber ihren Bürgern, z. B. ihr Leben und Eigentum zu schützen oder sie gegen äußere Angriffe zu verteidigen. Und Bürger haben normalerweise auch Rechte; obwohl diese vom einen zum anderen Staatstyp beträchtlich variieren. Aber Hobbes' Betonung liegt auf Ersterem. Der Staat sei selbst eine Macht – die hauptsächliche und höchste Autorität – im Land. Und er übe diese Macht aus, indem er uns seine Herrschaft auferlege und von uns Gehorsam verlange. Der Staat habe viele andere Funktionen, aber im Wesentlichen gehe es beim Staat um *Herrschaft*.

Herrschaft kann viele Formen annehmen – Monarchie, Demokratie, Diktatur etc. Aber wo auch immer der Staat der Souverän ist – die *höchste* Autorität –, schließt dies die *Unterwerfung* seiner Untergebenen unter die Macht des Staates mit ein: es geht um ihre *Beherrschung*. Selbst in modernen Demokratien, in denen der ›Volkswille‹ angeblich der Souverän ist, bildet die Regierung, ursprünglich geformt und verantwortlich für die Maschinerie des Staates, eine Macht ›von oben‹, separat vom ›Volk‹, das half, diese zu formen.

Die Konzeption des modernen Staates bedingt demnach immer auch eine Vorstellung von *Macht*. Staatsmacht kann auf unterschiedliche Weise ausgeübt werden. Die Gesellschaft zu verwalten ist ein Teil der ›Macht‹ des Staates, so wie es auch die Kontrolle der Gesellschaft ist. Weiter gefasst kann ›Staatsmacht‹ als die Verdichtung dieser verschiedenen Weisen und Prozesse der Macht in einem Herrschaftssystem verstanden werden.

Demnach ist das Verhältnis zwischen Staat und Gesellschaft seiner Form nach *hierarchisch*. Jemand oder eine Macht ›von oben‹ setzt die Regeln des Spiels für uns ›dort unten‹ fest. In einigen Fällen mit unserer Einwilligung, in anderen Fällen ohne sie; aber trotzdem richtet sich der Druck der ausgeübten Staatsgewalt nach unten. Dies schließt die Macht ein, Grenzen zu setzen, Zwänge durchzusetzen wie auch direkt zu intervenieren. Regeln erlauben es, gewisse ›Bewegungen‹ durchzuführen – und wieder andere *auszuschließen*: andernfalls hätten wir keine Verwendung für sie. Sie ordnen und organisieren ›das Spiel‹ und sie bestimmen die Norm und die Abweichung. Der Staat umgrenzt die Regeln der Gesellschaft (Legislative) und wendet sie an (Exekutive). Ein Teil dessen, was Herrschaft umfasst, muss folglich die Aufrechterhaltung einer gewissen Art von Ordnung sein, wie die Gesellschaft sich verhält. Der Staat muss, sollte sonst alles misslingen, über die Macht oder Fähigkeit verfügen, seinen Willen *zu erzwingen*. Wie Hobbes bemerkte: »Denn die natürlichen Gesetze *wie Gerechtigkeit, Billigkeit, Bescheidenheit, Dankbarkeit* [...] sind an sich, ohne die Furcht vor einer Macht, die ihre Befolgung veranlasst, unseren natürlichen Leidenschaften entgegensetzt [...]. Und Verträge ohne das Schwert sind bloße Worte und besitzen nicht die Kraft, alle Menschen auch die geringste Sicherheit zu bieten.« (1984, 131)

Die Macht des Staates schließt folglich den Einsatz von Gewalt ein, um die Anpassungen an seine Regeln, Gesetze und Regulierungen *zu erzwingen*. Zwang ist in keinem Fall das einzige Mittel, mit dessen Hilfe der Staat regiert. Historisch betrachtet hat bislang keine Form des modernen Staates vollständig auf Gewalt und Zwang verzichtet. Theoretiker überhöhen stellenweise die Bedeutung der Zwangsgewalt des Staates, weil sie davon ausgehen, dass der Staat nichts anderes als ein Mittel zum Zwang ist. Tatsächlich finden wir im Geschichtsverlauf nur sehr wenige Fälle, in denen der Staat beliebig lange ausschließlich durch die Anwendung nackter Gewalt regiert hat. Zwang und Konsens schließen einander nicht aus, sondern sind komplementär. Selbst in Militärdiktaturen, wie z. B. unter General Pinochet in Chile, bemühte man sich letztlich, einen Teil der ›Herzen und Köpfe‹ des Volkes zu gewinnen. Andererseits verzichtet kein Staat – selbst der demokratischste – auf seine Zwangsgewalt als eine Stütze, um die öffentliche Ordnung aufrechtzuerhalten, die Kriminalität zu bekämpfen, das Land zu verteidigen und die Einhaltung der Landesgesetze abzusichern. Der Soziologe Max Weber stellte fest: »Gewaltsamkeit [ist] weder das einzige noch auch nur das normale Verwaltungsmittel. [...] Aber ihre Androhung und, eventuell, Anwendung ist allerdings [...] [ein] *spezifisches* Mittel«, das den Staat kennzeichnet (1976, 29).

Staatsgewalt ist nicht einfach ›erzwingend‹ als eine ihrer wesentlichen Ausführungsweisen. Das *Recht*, Gehorsam zu erzwingen, hat keinen Sinn ohne die Fähigkeit, es zu tun. Staatsgewalt ist zuerst eine Frage der Fähigkeit, erst dann eine Frage des Rechts. General Pinochet hatte vielleicht kein ›Recht‹ dazu, Salvador Allende im Jahr 1973 zu entmachten, aber er hatte die ›Fähigkeit‹, die Macht zu ergreifen und den Staat zu stürzen. Selbst dort, wo der Staat als Vertrag gefasst ist, wo freie Individuen ihm freiwillig angehören, hat das Volk nicht die Freiheit, beliebig wechselnd zu entscheiden, staatstreu oder landesverräterisch zu sein oder nicht. Auch der konsensorientierteste Staat erhält sich ein Fundament durchsetzungsfähiger Gewalt.

Das ist der Grund, folgt man Friedrich Engels, warum viele Staatstheoretiker so oft von der ›Instanz bewaffneter Männer‹ sprechen – eine spezialisierte Polizei als ›Vollstrecker‹ der Ordnung, getrennt vom Rest der Bevölkerung. Dies unterstreicht auch Webers berühmte Ausführung, dass der Staat »[erfolgreich] das *Monopol legitimen* physischen Zwanges für die Durchführung der Ordnungen in Anspruch nimmt« (ebd.). Beachte ›Monopol‹! Es ist maßgeblich, dass der Staat, wenn er souverän ist – die höchste Autorität –, innerhalb seines Rechtssystems keine andere Macht mit physischem Gewaltvermögen tolerieren kann, die mächtiger ist als der Staat selbst und faktisch nicht seiner Gerichtsbarkeit oder seiner Kontrolle unterliegt. Rebellion ist die Zurückweisung des Staates. Deshalb reagieren moderne Staaten so empfindlich auf den Grenzbereich zwischen ›gewaltfreiem‹ und ›gewalttätigem‹ Protest oder zwischen legitimer und illegitimer Gewalt. Daraus folgt: Wenn der Staat den popularen Protest einzuhegen wünscht, ist es taktisch günstig, die Opposition als ›gewalttätig‹ darzustellen, gleich ob es wahr ist oder nicht.

Dies legt nahe, dass die Schlüsselfrage nicht einfach die nach der Gewalt oder der Macht des Staates ist, sondern es ist die Frage nach der *Legitimität*. Gewiss ist der Staat physisch in der Lage, viele Dinge zu tun, einschließlich Foltern von Gefangenen, Verschwindenlassen lästiger Bürger oder Auslöschen ganzer ethnischer Gruppen. Aber was Weber im Sinn hatte, war nicht, was der Staat vernichten kann, sondern was in der Gesellschaft hinsichtlich des Staatshandelns als rechtens und angemessen angesehen wird, z. B. *legitime* Gewalt.

Die Frage nach der Legitimität umfasst das ganze Spektrum, das man sanktionierte Vorherrschaft nennen könnte – wobei physische Gewalt nur ein extremer, spezieller Fall ist. Wenn der Staat reguliert, leitet, Gesetze verabschiedet und ›legitim‹ erzwingt, dann, weil er Anspruch auf die *Autorität* erheben kann, es zu tun. Autorität ist Macht, zu deren Ausübung der Staat befugt oder ›autorisiert‹ ist.

Die Legitimität der Staatsmacht, in modernen Gesellschaften zu herrschen, kann sich aus jeder der folgenden Weisen ergeben:

1. Der Staat kann sich auf die seit langem bestehende, übliche und traditionelle Weise berufen, mittels der der Staat faktisch in der Vergangenheit geherrscht hat. Was Weber »die Autorität des ewig Gestrigen« nennt, ist einen sehr weiten Weg zur Schaffung einer rechtsstaatlichen Legitimität gegangen.
2. In Zeiten extremer Gefahren oder Erschwernisse für den Staat können Personen, Gruppen oder gesellschaftliche Kräfte mit herausragenden oder charismatischen Fähigkeiten die Legitimität erlangen, besondere Macht im Staat auszuüben: Diktatoren, Militärführer, Anführer von popularen Bewegungen, die dafür das vorherige Regime, die Präsidenten in Kriegszeiten etc. stürzen.
3. Staatsgewalt wird legal erworben. Dies ist die vorherrschende Weise der Legitimität in modernen liberalen Demokratien. Die Macht wird formell festgelegt und beansprucht, wird in einem formalen, korrekten öffentlichen Verfahren eingesetzt, nimmt Gestalt an durch das Recht, durch Regulierungsvorschriften, durch die Verfassung oder verschiedene ›Gründungsdokumente‹. Das Recht ist ein abstraktes System von Regeln: für alle eingeführt und gültig, universell anwendbar, nicht nur für den Einzelfall. Daraus folgt: Wenn Macht legal erworben wurde, trägt sie den Stempel der Legitimität. Legalität und Legitimität sind in modernen Rechtsstaaten eng miteinander verknüpft. Die Tatsache, dass die Macht, die legal bestimmt wird, durch denselben Prozess widerrufen werden kann, legt nahe, dass sie nicht absolut ist und ewig währt, sondern vorbehaltlich, veränderlich bleibt – und somit ein Prüfstein für den willkürlichen Gebrauch der Staatsgewalt ist. Legalität garantiert weder, dass der Staat solche Macht innehaben *sollte*, noch dass er *sie ordnungsgemäß nutzt*.

4. In modernen, liberal-demokratischen Staaten umfasst Legitimität die Formen, durch die die Bürger repräsentiert werden oder durch die sie in formalen Wahlverfahren zustimmen, dass der Staat Macht ausüben soll. Dies bedeutet, dass jeder Staat, der erfolgreich den Anspruch monopolisiert, dass er »dem Volk gibt, was es wünscht«, gut aufgestellt ist, um seinen eigenen Mächten und Politiken Legitimität zu verleihen.

Die Frage nach der Souveränität

Die Auffassung vom modernen Staat ist eng verknüpft mit der Vorstellung von Souveränität. Souveränität bedeutet, dass der Staat die *höchste* Autorität ist und daher weder einer ausländischen Macht noch einer rivalisierenden Macht im Inland unterworfen ist. In Russland gab es zwischen der Februar- und der Oktoberrevolution im Jahr 1917 nicht ein, sondern zwei miteinander konkurrierende Machtzentren: die Kerenski-Regierung und die rivalisierenden ›Sowjets‹ der Arbeiter, Soldaten und Bauern. Dies war eine Situation der ›dualen Macht‹: die Stabilität des Staates war deswegen eindeutig ›provisorisch‹. Der Staat »kann innerhalb seines eigenen Territoriums keine Rivalen als gesetzgebende Macht und als Objekt der Gefolgschaftstreue haben« (Skinner 1978, 351).

Andere Machtzentren innerhalb des Staates müssen ihm *untergeordnet* werden; oder der Staat *delegiert* Macht an sie, z. B. bestimmte Machtbefugnisse an lokale Autoritäten; der Staat ermächtigt andere gesellschaftliche Kräfte oder – bei einem Mangel an Gesetzgebung – er ›bewilligt‹ ihnen die entsprechende Aufgabe und Funktion.

Der Staat ist kein alleiniges Machtzentrum; er hat viele Zentren der Autorität. Aber es muss eine stringente bzw. hierarchische Machtordnung bestehen. Richter verfügen über sehr umfangreiche Machtbefugnisse in ihren Gerichten; aber sie müssen den Präzedenzfällen, die ihre Gerichte beschließen, und auch bei ihren Gerichten eingelegten Berufungen folgen, weil die Gerichte in der rechtlichen Hierarchie über ihnen stehen – in einer geschlossenen Machtkette bis hin zum Britischen Oberhaus als rechtsprechende Berufungskommission. In diesem Sinne ist die Vorstellung vom modernen Staat zentralistisch.

Souveränität ist ebenso in komplexer Weise an das ›Territorium‹ gekoppelt. Es hat sich als unmöglich erwiesen, den Begriff ›Staat‹ im Verhältnis zu einer Bevölkerung ohne dauerhaftes Siedlungsgebiet zu gebrauchen. Die

Bindung zum Land bleibt ein machtvolles Element im Komplex der Haltungen und Gefühle, die für Souveränität mobilisiert werden. Daher winden sich Nationalismus und Nation eng um die Wurzeln des modernen Staates. Z.B. argumentierte Enoch Powell während des Kriegs um die Falkland-Inseln im Jahr 1982, dass die britische Souveränität an diesem menschenfeindlichen *Fleck Erde an sich* hafte, selbst wenn kein einziger Siedler mehr auf den Inseln verbleibe. Der Staat muss der »alleinige Träger des Imperiums (der Herrschaft) innerhalb seiner eigenen Territorien sein« (352).

Wie das baskische Volk eine leidenschaftliche Loyalität für ein von Spanien getrenntes Territorium zeigt, verteidigt die Mehrheit der nordirischen Katholiken ihre Loyalität für eine geeinte irische Republik; aber in keinem dieser Fälle ist das ›Territorium‹ ihr Staat. ›Territorium‹ und ›Staat‹ sind daher nicht dasselbe. Dennoch hat das Territorium Bedeutung für die Definition von Souveränität, zum Teil im Sinne der ›Zugehörigkeit‹ (Loyalitätsempfindungen) als einem wichtigen Bestandteil für die Mitgliedschaft in einem Staat; aber hauptsächlich aufgrund der Notwendigkeit, die Grenzen der Macht und Rechtszuständigkeit festzulegen. Es muss einen Weg geben, zu bestimmen, welche Teile im Staat vereint werden, wie weit seine räumliche Herrschaft reicht, wo die Grenzen seiner Herrschaft verlaufen und wo die Zuständigkeit eines anderen Staates beginnt. Dies wird als ›territorial‹ bezeichnet – selbst wenn, wie im Fall der meisten Imperien, die Territorien nicht aneinandergrenzen, sondern weltweit verstreut sind.

Die Ansprüche auf Souveränität sind sicher nicht strikt ›rechtmäßig‹, aber sie gründen gänzlich im Besitz eines Territoriums oder in dessen Eroberung *mit Gewalt*. Der größte Teil des britischen Imperiums des 19. Jahrhunderts wurde durch solche Mittel erworben. Aber wenn Herrschaft effektiv durchgesetzt wurde – wenn der ›Besitz‹ vollständig und unbestritten ist –, wird die *de facto*-Souveränität der eingedrungenen Macht anerkannt. Großbritannien verblieb, als es erfolgreich die argentinische Okkupation der Falkland-Inseln bezwungen hatte, als ›souveräne Macht‹ – die einzige »ohne Rivalen innerhalb [des Territoriums] als gesetzgebende Macht und Objekt der Gefolgschaftstreue« –, wie auch immer die (sehr komplexe) rechtliche Position aussieht.

Eine öffentliche und separate Autorität

Eine weitere der charakteristisch modernen Vorstellungen vom Staat ist die des Staates als einer *öffentlichen Macht*, unabhängig vom Herrscher und von den Beherrschten.

Im Absolutismus waren Herrscher und Staat, Individuum und Öffentlichkeit oft ununterscheidbar. Die moderne Vorstellung vom öffentlichen Wesen des Staates entstand demnach im Zuge des Kampfes *gegen* den Absolutismus. In der modernen Auffassung sollte der Staat nichts Geheimes, keine private Angelegenheit sein. Es ist etwas im Gange in der Welt, allseits bekannt und anerkannt, es nimmt die Macht einer etablierten rechtmäßigen Autorität ein, allgemein bewährt durch öffentliche Prozesse. Deshalb wurde es notwendig, zwischen Staats*amt* und Amtsinhaber zu unterscheiden. Die Staatsmacht wurde neu als *abstrakte* Macht bestimmt, unabhängig von den aktuellen Amtsinhabern. Herrscher kommen und gehen, aber die Autorität des Staates lebt weiter: »Der König ist tot. Lang lebe der König!« Das Amt im Staate kann somit als *unpersönlich* hinsichtlich seiner Rollen, Befugnisse und Funktionen bestimmt werden.

Das ist ein Teil des umfassenderen Prozesses, in dem die Staatsmacht nun als systematisch und planvoll begriffen wurde, und nicht mehr als willkürlich und unberechenbar. Der Staatsmacht wird nicht mehr unterstellt, dass sich ihre Praktiken je nach Laune und Willkür des Herrschers wandeln – wie es seinerzeit Edward Coke, Oberrichter, im 17. Jahrhundert während des Kampfes des Parlaments gegen den König auf den Punkt brachte: es sei recht für das Recht, sich »mit der Fußgröße eines Justizministers« zu wandeln. Das mächtigste Druckmittel, das gegen einen König eingesetzt werden konnte, der Anspruch auf Göttlichkeit erhob und dessen willkürliche Launen keine Restriktion erfuhren, war das Beharren darauf, dass seine Herrschaft verantwortungsvoll und durch das Recht begrenzt sein sollte. Das Recht verlieh dem Volk ein *öffentliches* Kriterium, um das Staatshandeln zu bemessen. Dies wurde in die *rechtsstaatlichen* Grenzen der Herrschaft eingeschrieben, die die Bedingungen förmlich festlegen, unter denen der König seine Herrschaft im Staat ausüben bzw. nicht ausüben kann, und/oder die durch Gewohnheit und Tradition des Volkes anerkannt werden.

Der Staatsapparat

Ein besonderes Merkmal des modernen Staates, das die Vorstellung vom Staat als ›öffentlicher Gewalt‹ kennzeichnet, ist die Ausweitung des institutionellen Staatsapparates – der »sich vergrößernde Apparat der bürokratischen Kontrolle«, der »ausgeprägte Machtapparat« in Skinners Worten. Es gab eine lang anhaltende Debatte darüber, ob die Begriffe ›Regierung‹ und ›Staat‹ austauschbar sind. Das komplexe Wesen des Staates kann nicht auf die Weisen reduziert werden, mittels deren die institutionelle Maschinerie der Regierung funktioniert. Der Staat umfasst eine viel größere Bandbreite an Aufgaben als die technischen und administrativen Fragen, wie die Maschinerie der Regierung arbeitet. Die Begriffe ›Regierung‹ und ›Staat‹ beziehen jeweils sehr unterschiedliche Bedeutungsebenen ein. Andererseits sollte der Staat eine abstrakte und allgemeine Kraft sein, muss seine Macht *materialisiert* werden – d. h. er muss eine wirkliche, konkrete, gesellschaftliche Organisationsform mit realen Aufgaben erlangen; er muss über reale Ressourcen verfügen und sie gebrauchen können, mittels einer Reihe von Verfahren in den Apparaturen der modernen Staatsmaschine. Dies zeichnet die Macht des modernen Staates mit weiteren besonderen Merkmalen aus: das Phänomen der Bürokratie und die Formung eines rationaltechnischen administrativen Ethos einer Regierung im großen Stil. Staatsapparate erwerben eigenständige politische und strategische Ausprägungen. Sie können eine Machtbasis für recht verschiedene Interessen werden, mit einer eigenen, ›relativ autonomen‹ Effektivität in Bezug auf die Handlungsweise des Staates.

Staat und Gesellschaft

Bislang haben wir erwogen, was der Staat *ist*. Nun müssen wir zum Verhältnis zwischen Staat und Gesellschaft übergehen. Wo enden die Grenzen des Staates und wo beginnen die der Gesellschaft? Wie sind die Beziehungen zwischen ›Staat‹ und ›Gesellschaft‹ zu verstehen?

Der Staat geht mit öffentlichen Angelegenheiten einher – *res publica*: Gesellschaft, insbesondere in der liberalen Tradition, ist verknüpft mit *dem Privaten*. Mit *öffentlich* ist alles gemeint, was direkt vom Staat besessen, organisiert oder verwaltet wird. Das *Private* ist alles, was außerhalb der direkten Kontrolle des Staates liegt; also das, was freiwilligen, nicht vorgeschriebenen Arrangements überlassen wird, die von privaten Individuen organisiert werden. Es gibt in der modernen Gesellschaft *zwei* durch und durch ›private‹ Sphären. Eine ist die *Familie*: Persönliche, familiäre, emotionale und sexuelle Beziehungen wurden lange als eine ›häusliche‹ Angelegenheit betrachtet, in die der Staat sich nicht einmischen sollte. Die Familie mit ihrer Autorität, die üblicherweise nur dem männlichen Haushaltsvorstand zugestanden wurde, wurde früher als Modell für den Staat angesehen: der Herrscher als ›Vater seines Volkes‹. Die häusliche Sphäre wurde lange wie ein Himmel betrachtet: ein ›Ort der Zuflucht aus der öffentlichen Welt‹. Die Unterscheidung zwischen öffentlich und privat hat eine spezifische *geschlechtliche* Prägung angenommen: das Öffentliche ist die Sphäre der Arbeit, Autorität, Macht, Verantwortlichkeit, der Gestaltung der Welt durch Männer; das Private ist das ›häusliche Reich‹, in dem Frauen und weibliche Tugenden herrschen. Diese Unterscheidung gründet demnach auf einer bestimmten geschlechtlichen Arbeitsteilung und ist eines der wesentlichen Mittel, mit dem der Ausschluss von Frauen aus öffentlichen Angelegenheiten begründet und abgesichert wurde. Die Aufrechterhaltung des Trennungszusammenhangs öffentlich/privat durch den Staat wird zuweilen zu Hilfe genommen, um die *patriarchale* Schlagseite des Staates zu veranschaulichen.

Die andere ›private‹ Sphäre in liberalen Gesellschaften ist die der Wirtschaft und des Freihandels. In der Zeit des Merkantilismus nahm der Staat im Wirtschaftsleben eine stark direktive Rolle ein. Aber mit der zunehmenden Bedeutung einer privat getragenen kapitalistischen Wirtschaft – auf der Grundlage von Privateigentum und Lohnarbeit, Kapitalverkehr und Marktgesetzen – setzte sich auch zunehmend die Auffassung durch, dass der Staat ›die Wirtschaft in Ruhe lassen‹ sollte (*laissez-faire*), den Marktkräften erlauben sollte, ohne Staatseinmischung zu wirken, und die Regulierung des Wirtschaftsverkehrs allein den privaten Individuen überlassen sollte, die hierfür freiwillige Verträge aushandeln. Es waren Adam Smith und die frühen Volkswirtschaftler (und nach ihnen Marx), die für diese gesamte Sphäre der ›privaten‹ *wirtschaftlichen* Aktivitäten in kapitalistischen Gesellschaften den Begriff *bürgerliche Gesellschaft* prägten.

Diese Abgrenzung ist allerdings beileibe nicht mehr so konturenscharf, wie sie einst war. Beachte die ›öffentlichen Schulen‹, die aber *privat* gegründet wurden! Dies stellt einen anderen Gebrauch des Begriffs ›öffentlich‹ dar im Vergleich zu dem, den wir zuvor erörtert haben. Der zweite Gebrauch kennzeichnet Dinge als ›öffentlich‹, weil sie im ›öffentlichen Raum‹ stattfinden. Sie wurden formell und institutionell gegründet, wie öffentliche Unternehmen; oder sie finden in der Gesellschaft vor den Augen anderer statt, wie öffentliche Versammlungen. Im gleichen Sinne repräsentiert die öffentliche Meinung die Sichtweisen des Volkes – jedoch außerhalb des Bereichs der staatlichen Verfügungsmacht. Der Begriff ›Zivilgesellschaft‹ weitete sich aus, um *alle* Formen des sozialen Umgangs oder der freiwilligen Vereinigung abzudecken, ob ökonomisch oder nicht – vorausgesetzt, diese Praktiken wurden nicht vom Staat organisiert oder kontrolliert[1]. In

1 Anmerkung der Herausgeber: Während im Englischen diese Begriffsumdeutung im selben Begriff ›civil society‹ fortgeschrieben ist, erfolgte im Deutschen eine Begriffsverschiebung von ›bürgerlicher Gesellschaft‹ zu ›Zivilgesellschaft‹.

modernen liberal-demokratischen Gesellschaften existiert heute eine Reihe von gemischten oder hybriden öffentlich-privaten Formen.

Diese Verwirrung – öffentlich = Staat und öffentlich = im öffentlichen Raum – entstand im 18. Jahrhundert. Die aufstrebenden Geschäftsleute und Akademiker nutzten ihre Führungsposition und platzierten ihren Einfluss in der Zivilgesellschaft mittels ihrer privaten wirtschaftlichen Interessen und Geschäfte und auch mittels der Einrichtung unzähliger privat gegründeter und kontrollierter freiwilliger Vereinigungen, Clubs, Handelskammern, Forschungsgesellschaften, Bibliotheken, Wohlfahrtsvereine, Fonds, Berufsverbände etc. Diese Aktivitäten stärkten ihre gesellschaftliche Macht und Autorität und zwangen den Staat zunehmend, sie in formaler und ›öffentlicher‹ Weise vermehrt zu berücksichtigen. Es ist wohl überflüssig zu erwähnen, dass in diesen ›öffentlichen‹ Vereinigungen *Männer* vorherrschend waren. Es waren vermögende Männer, ›öffentliche Personen‹. Im gleichen Zuge wurden Frauen zunehmend in die ›getrennte häusliche Sphäre‹ abgesondert.

Die Grenzen zwischen ›Staat‹ und ›Zivilgesellschaft‹ waren nie festgeschrieben, sondern ständig im Wandel. Öffentlich und privat sind keine natürlichen, sondern gesellschaftlich und historisch konstruierte Teilungen. Eine der Weisen, mittels der der Staat seine Reichweite ausdehnte, war das Ziehen neuer Grenzen zwischen öffentlich und privat und damit auch die Neuaufstellung der Definition des Privaten, was das Intervenieren des Staates in Bereiche legitimierte, die bisher als unantastbar galten.

Ist der Staat autonom gegenüber der Gesellschaft?

Auch wenn die ›Separiertheit‹ des Staates von der Gesellschaft in den verschiedenen Staatsapparaten der Regierung und der Staatsmaschine institutionalisiert ist, heißt das deswegen nicht, dass der Staat von der Gesellschaft unabhängig ist. Wenn der Staat unabhängig wäre, dann wäre er gänzlich außerhalb des Spiels gesellschaftlicher Kräfte und Verhältnisse und triebe sich selbst an. Tatsächlich entspringt der Staat der Gesellschaft und wird durch die gesellschaftlichen Verhältnisse, die ihn umfassen, machtvoll geformt und beschränkt. Zur gleichen Zeit stellt der Staat selbst ein organisiertes und verdichtetes Kräfteverhältnis dar, ausreichend separiert, um in die Gesellschaft in seinem Sinne zurückzuwirken, in sie zu intervenieren und sie zu formen.

Deshalb das *relationale* Wesen des Staates: Der Staat steht in kontinuierlicher Interaktion mit der Gesellschaft; er reguliert, ordnet und gestaltet sie. Wir haben bereits die Notwendigkeit betont, dass der Staat den Gehorsam seiner Untertanen verlangen oder ihnen ihre Pflichten auferlegen muss. Aber wir haben auch gesagt, dass dieser Prozess ›Zustimmung‹ einschließt – die allgemeine Bereitschaft der Bevölkerung, trotz vieler Vorbehalte die staatliche Herrschaft zu unterstützen und mit ihr konform zu gehen. In liberalen Demokratien wurde diese Zustimmung genau genommen durch das Wahlrecht und eine repräsentative Staatsführung *formalisiert*, auf der Grundlage einer territorial bestimmten Wählerschaft (hinzu kommen gewisse rechtsdefinierte soziale und Bürgerrechte). In diesem Fall helfen die Bürger, den gesetzgebenden Teil des Staates formal durch den Wahlvorgang *zusammenzustellen* und *zu konstituieren*. Solch ein Staat kann offensichtlich nicht autonom gegenüber der Gesellschaft sein. Das Entgegenkommen des Staates gegenüber der Gesellschaft erschöpft sich nicht in formalen Systemen der Volksrepräsentation. In solchen Gesellschaften ist die öffentliche Meinung oft das sensibelste Barometer für die Zustimmung des Volkes und die Wandlungen in seinen Einstellungen.

Der Staat kann nicht völlig außerhalb der sozialen, politischen, ökonomischen und kulturellen Verhältnisse und Institutionen der Gesellschaft stehen. Eine seiner Hauptfunktionen ist das Bewahren von Recht und Ordnung; aber die ›Ordnung‹ in einem kommunistischen Staat ohne Privateigentum und mit seiner Verschmelzung von Wirtschaft und Politik ist sehr verschieden von der Ordnung in westlich-liberalen kapitalistischen Gesellschaften, die auf Privateigentum, Lohnarbeit, Transaktionen am Markt und der formellen Trennung zwischen Wirtschaft und Politik gründen. Staaten ›erhalten‹ nicht bloß die ›Ordnung‹ aufrecht. Sie erhalten *besondere Formen der gesellschaftlichen Ordnung* aufrecht: eine bestimmte Reihe an Institutionen, eine bestimmte Ausgestaltung von Machtverhältnissen, eine bestimmte Sozialstruktur und Wirtschaft. Der ›leere‹ Staat – ein Staat ohne gesellschaftlichen Inhalt – existiert nicht.

Da der Staat aus einer spezifischen Ausgestaltung sozio-ökonomischer Verhältnisse und Institutionen entsteht, reflektiert er bei seinen Staatshandlungen die Form, Struktur und Ausgestaltung dieser gesellschaftlichen Formationen. Eine *feudale* Gesellschaft kann nicht von einer *kapitalistischen* Staatsform regiert werden. Der kapitalistische Staat basiert auf einer Gesellschaft und ist für eine solche geeignet, die über Kapitalverkehr funktioniert: in der die Wirtschaft hinsichtlich ihrer Profitabilität beurteilt wird, wo Einnahmen von der systematischen Erhebung von Steuern abhängen, wo die Macht›pyramide‹ sich aus den Klassen der modernen Industriegesellschaft heraus bildet, nicht aus feudalen Ständen; und die allgemeine Gesinnung ist nicht religiös, sondern säkular und individualistisch mit einem demokratischen oder ›egalitären‹ Ethos. Trotz der formalen Trennung zwischen Wirtschaft und Politik gibt es gewichtige Gründe, warum beide bis zu einem gewissen Grad dazu tendieren, sich zu entsprechen.

Der Staat ist demnach nicht autonom gegenüber der Gesellschaft. Das heißt nicht, dass der Staat in Form und Funktion *gänzlich* durch die Gesellschaft bestimmt wird. Es gibt komplexe Wechselbeziehungen und Wechselwirkungen zwischen der Form des Staats und der Art der Gesellschaft. Aber der Staat wird von der Gesellschaft mit der ultimativen Macht der höchsten Autorität ausgestattet, autorisiert, über der Gesellschaft zu stehen und sie zu regieren. Der Staat lässt sich nicht vollständig auf die Gesellschaft *reduzieren*. Etwas ist hinzugefügt, wenn Macht in der Gesellschaft in einer separaten und besonderen Herrschaftsinstanz organisiert wird. Aus dieser Perspektive scheint es klar, dass der Staat die Gesellschaft *konstituiert*, wie auch er selbst von ihr konstituiert wird. Staaten sind somit nicht autonom gegenüber der Gesellschaft. Sie sind nur ›relativ autonom‹.

Diese Frage, ob der Staat gegenüber der Gesellschaft autonom oder auf sie reduzierbar ist, ist eins der wichtigsten Kriterien, um die verschiedenen Theorien über den Staat voneinander zu unterscheiden. Schlichte pluralistische Theorien gehen davon aus, dass der Staat weitgehend autonom ist. Inputs von konkurrierenden Interessengruppen münden in den Staat ein: der Staat agiert als Schiedsrichter zwischen ihnen. Seine Neutralität gegenüber den verschiedenen Interessengruppen der Gesellschaft wird durch seine Separatheit und Autonomie garantiert. Schlichte marxistische Theorien wiederum halten den Staat für ein Werkzeug der herrschenden Klasse. Sein Gehalt, sein Ziel und seine Strategie sind identisch mit denen der herrschenden Klasse. Seine Funktion ist die Verwaltung der Gesellschaft zugunsten der Interessen der herrschenden Klasse. Seine ›Separatheit und Autonomie‹ sind eine Illusion, ein Trick, um die Machtlosen zu täuschen, damit sie denken, der Staat sei neutral und stünde über und neben solch verkommenen Vorgängen. Staatstheorien schwanken weitgehend zwischen diesen zwei Polen der ›Autonomie‹ und ›Identität‹.

Repräsentation und Konsens

Der Staat ist in gewisser Weise ›repräsentativ‹ gegenüber der Gesellschaft. Aber Repräsentation ist ein schlüpfriger Begriff. Der absolute Monarch fühlte, dass er ›der Vater seines Volkes‹ war und die Pflicht hatte, sein Volk zu behüten, sich um seine Wohlfahrt zu kümmern und seine Interessen zu vertreten. Aber das gemeine Volk hatte keine *formalen* Rechte der Repräsentation. Repräsentation ist nie ein einfacher, transparenter Prozess. Ein Abgeordneter des Parlaments mag sich Ihre Sichtweisen anhören und versuchen, ›diese‹ so gut er oder sie kann zusammen mit den Standpunkten anderer im Parlament zu ›repräsentieren‹. Aber es wäre naiv zu glauben, dass er oder sie das, was Sie sagen oder wünschen, direkt und ohne Modifikation weitervermittelt. Politiker und Politikerinnen können das Volk allgemein in dem Sinne ›repräsentieren‹, dass die einzelnen Bürger und Bürgerinnen etwas Bestimmtes erwarten – z. B. verschärfte Gesetze, Sicherheitspolitiken, die Wiedereinführung der Hinrichtung durch den Strang – wobei ›diese Einzelnen‹ nicht wissen, dass sie dies wollten, bevor es für sie formuliert wurde.

Die Vorstellung, dass der Staat bezogen auf ›Repräsentativität‹ und ›Konsens‹ definiert werden sollte, spielte für den Staatsbegriff bis zu den bürgerlichen Revolutionen des 17. und 18. Jahrhunderts keine Rolle. Der wesentliche Bruch erfolgte mit Hobbes, der begann, Individuen als eigenständige, besitzergreifende und eigennützige Einheiten im ›Naturzustand‹, in Abwesenheit jeglicher Gesellschaft zu fassen und, daran anschließend, den Staat als Ergebnis eines Gesellschaftsvertrages zwischen einwilligenden Individuen zu erklären.

Seit diesem Zeitpunkt stand das Regieren *im Einverständnis* im Zentrum der modernen Vorstellung vom Staat. In der liberalen Theorie wurde dies gänzlich individualistisch bestimmt. Die Klasse derer, deren Einverständnis zählte, war strikt beschränkt – obgleich dieses Einverständnis der Bevölkerung mittels einer universellen Sprache von ›Rechten und Freiheiten freier Engländer‹ zugestanden war. John Locke definiert ›Individuen‹ als besitzende Individuen und meint damit Männer. Frauen, nicht vermögende Arbeiter oder Dienerschaft sind nicht einbezogen. »Mit dem Ausdruck ›freie Männer‹ meinten die Whigs immer einen Mann mit eigenem Vermögen.« (Dickenson 1977, 68)

›Konsens‹ ist ein kritisches Konzept für alle Gesellschaftsverträge und liberalen Staatstheorien. Aber seine Bedeutung bleibt mehrdeutig. Muss Zustimmung positiv und begeistert sein? Kann Zustimmung stillschweigend, widerwillig, gewohnheitsmäßig erfolgen – oder erzwungen werden? Die Versöhnung der Theorie der Individualrechte und des Konsens mit der unveräußerlichen Tatsache der Staatsmacht bleibt seither eine heikle Frage für liberal-individualistische Staatstheorien.

Ein Staat sei notwendig, so argumentierte Hobbes, »um festzusetzen, auf welche Weise alle Arten von Verträgen zwischen Untertanen (wie Kaufen,

Verkaufen, Tauschen, Leihen, Pachten und Verpachten) abgeschlossen werden« (zit. n. Macpherson 1967, 114; vgl. Hobbes 1984, 131). Hiermit ist ein Grundstein liberaler Staatstheorien in Marktgesellschaften und -ökonomien identifiziert. Theorien des Gesellschaftsvertrages hoben diese neuen sozio-ökonomischen Bedingungen der Gesellschaft des 17. Jahrhunderts auf die Stufe eines abstrakten Prinzips. Hobbes hingegen konnte nicht erklären, wie seine Individuen im Naturzustand, in Abwesenheit jeglicher Gesellschaft, hinreichend »die gesellschaftlich erworbenen Verhaltensweisen und Begierden des Menschen« besitzen (Macpherson 1967, 35), die sie befähigen, ihre Zustimmung zum Gesellschaftsvertrag zu formulieren. In Wirklichkeit werden Individuen nicht in ein natürliches Nichts hineingeboren, sondern in bereits funktionierende Gesellschaften, in bestimmte Sozialordnungen innerhalb gesellschaftlich geformter Verhältnisse und mit bereits bestehenden Pflichten gegenüber dem Staat. Ihre Zustimmung muss demnach ebenso gesellschaftlich geformt sein. Zudem muss Zustimmung nicht notwendigerweise spontan sein. Wir können machtvoll vom Staat beeinflusst werden, um zuzustimmen. Sie kann im wahrsten Sinne ›hergestellt‹ werden.

In liberalen Demokratien sind Konsens und Repräsentation oft untrennbar miteinander verbunden. Die konsensuelle Basis des Staates ist durch den formalen Prozess der repräsentativen Staatsführung besiegelt. Noch mal: das ›repräsentative‹ Wesen des Staates trat *nicht* zuerst mit der liberalen Demokratie auf. Die Armen und die Entrechteten konnten gegenüber den Mächtigen immer Beschwerden oder ›Bittgesuche‹ vorbringen. Absolute Herrscher fühlten sich verpflichtet, diese Repräsentationen anzuerkennen – wenn nicht zu einem anderen Zweck, dann um Rebellionen, Unruhen und Beutezügen vorzubeugen. Das System der Entsendung eines ›Vertreters‹ derer, die dem König Abgaben schuldeten oder die wünschten, ein Gesuch bei ihm vorzubringen, ließ im 13. und 14. Jahrhundert eine Fülle von unabhängigen Experimenten mit frühen Formen einer repräsentativen Staatsführung entstehen: die Grundlegung der modernen parlamentarischen Regierung (Hexter 1983). Keine dieser Formen allerdings entspricht den modernen Formen der demokratischen Repräsentation auf der Grundlage ›eine Person, eine Stimme‹.

Nur mit den Werken radikaldemokratischer Theoretiker wie z. B. Jean-Jacques Rousseau und später im Gefolge der Französischen Revolution und auch der popularen Reformbewegungen, die im Kontext des industriellen Kapitalismus und moderner Klassenformationen aufstiegen, entstand das Interesse an einem Staat auf der Grundlage eines *universellen* Systems der Repräsentation, verankert in einer schwachen Version des ›souveränen Volkswillens‹ (wie ihn Rousseau nannte) oder des *Gemein*willens. Dies wurde der Prototyp für die *formalen* Prozesse der repräsentativen Staatsführung. Dieses liberal-demokratische Herrschaftssystem musste sich hin zum ›liberalen‹ Staat transformieren. Dieser Prozess wurde in Großbritannien erst mit den Reformbewegungen der popularen und Arbeiterklasse des frühen 19. Jahrhunderts eingeleitet und war nicht vor dem erreichten Wahlrecht von Frauen im 20. Jahrhundert vollendet.

Der Staat und gesellschaftliche Interessen

Die Gesellschaft ist angefüllt mit machtvollen und konkurrierenden Interessen. Auf wessen Seite ist die Staatsmacht nun eingespannt? In welchem Interesse funktioniert der Staat?

Gesellschaftliche Interessen sind sehr schwierig zu definieren. Die meisten Interessen konfligieren: Arbeiter brauchen höhere Einkommen, wollen aber den Preis für ihre Arbeitskraft nicht derart verteuern, dass sie ihre Lohnarbeit gefährden. Interessen sind auch historisch bestimmt: sie verändern sich im Laufe der Zeit und unter anderen Bedingungen. Geschichte erzeugt ›neue‹ Bedürfnisse und dementsprechend auch neue Interessen. Es gibt keine festgeschriebene, ewige Liste verallgemeinerter Bedürfnisse, die man einfach aus dem ›Menschsein‹ ableiten könnte. Unsere Interessen sind gesellschaftlich und kulturell bestimmt. Zudem können uns Interessen nicht schlicht auf der Grundlage unserer kollektiven Identitäten oder sozialen Position zugeordnet werden. Nicht alle ›Kleinbürger‹ wollen die Welt wie einen Kaufladen betrieben sehen. Nicht alle Arbeiter wollen eine revolutionäre Umwälzung der Gesellschaft. Nicht alle Bosse verfolgen ihr Interesse, indem sie die Armen immer weiter ausbeuten. Interessen neigen dazu, sich in bestimmten Weisen als eine Folge unserer sozialen oder Klassenposition, unserer Bildung und unserer Perspektiven herauszubilden. Aber es gibt keine festgeschriebene und unveränderliche Agenda der Klasseninteressen, die den gesellschaftlichen Gruppierungen formell zuschrieben werden kann, losgelöst von dem Prozess, in dessen Verlauf Interessen geformt und verändert werden, umkämpft sind und durch Kämpfe transformiert werden. Wenngleich die materiellen Interessen einen besonders starken Antrieb für das aktive Handeln bilden, sind sie nicht unwiderstehlich. Arbeitslosigkeit treibt nicht *alle* Arbeitslosen zwangsläufig dazu an, die Linken zu wählen. Probleme lassen sich nicht allein dadurch lösen, dass man sich auf die ›materiellen Interessen‹ beruft – auch wenn sie zugleich zu bedeutend sind, um sie außer Acht zu lassen. Auch ›Köpfe und Herzen‹ sind interessenlastig. Diese Voraussetzungen müssen berücksichtigt werden, wenn wir Theorien analysieren oder wenn wir Handlungen und Strategien von Gruppen erklären und uns dabei auf ihre Interessen beziehen, die sie gegenüber dem Staat durchsetzen wollen.

Staatstheorien können auch dahingehend kategorisiert werden, wie sie gesellschaftliche Interessen und den Staat begreifen. Wie schon erwähnt, vertritt der Staat in liberalen Theorien die Interessen von individuellen Staatsbürgern. Seine Funktion ist das Schaffen von Bedingungen, unter denen Leben, Leib und Eigentum der Individuen geschützt und ihre ›Rechte und Freiheiten‹ gesichert werden können. In dieser Lesart werden Individuen als autonome Einheiten angesehen, angetrieben durch Eigennutz und durch ihr natürliches Wesen, das sie besitzergreifend konkurrieren lässt. Das ›Interesse‹ solcher Individuen *dem Staat gegenüber* ist die Öffnung der Gesellschaft für diese Antriebskräfte, *aber* zugleich, dass er den Zusammenbruch der Gesellschaft und ihr Zerfallen in einen destruktiven Wettbewerb verhindert: Hobbes' Krieg aller gegen alle.

Die pluralistische Vorstellung von Interessen und vom Staat erkennt an, dass moderne Gesellschaften *nicht* nur aus konkurrierenden Individuen bestehen. Es gibt große gesellschaftliche Gruppierungen – Klassen, ökonomische oder andere ›Interessengruppen‹ –, deren Interessen durchaus konfligieren können und in der Gesellschaft miteinander wetteifern. Um der ›freien Gesellschaft‹ willen muss es zulässig sein, dass dieser Wettbewerb fortschreitet; aber es muss nicht zugelassen werden, dass dieser Wettbewerb in Gewalt als Mittel der Konfliktbewältigung umschlägt. Eine ›Autorität‹ ist erforderlich, die die Konkurrenz innerhalb einer festgelegten Ordnung von ›Spielregeln‹ gewaltfrei hält; aber die ebenso gewisse gemeinsame Kompromisslösungen zustande bringt, die geeignet sind, den Konsens der Mehrheit des Volkes zu gewinnen. Dieser Schlichter ist der Staat. (Natürlich existieren noch weitere wohldurchdachte pluralistische Ansätze.)

Der liberal-demokratische oder reformistische Ansatz argumentiert, dass es jenseits der Partikularinteressen, die der Staat repräsentiert, noch etwas anderes geben muss: z. B. die Gesellschaft oder die Gemeinschaft *als ein Ganzes*. Der Hüter dieses ›Gemeininteresses‹ ist der Staat. Der Reformismus erkennt an, dass, indem Individuen, Gruppen oder Klassen frei sind, um für ihren eigenen Vorteil in liberalen Marktwirtschaften zu konkurrieren, ein Bereich oder eine Klasse einen größeren Anteil an Wohlstand, Kapital, Profit und Macht akkumulieren wird. Der Staat muss daher zweifellos eingreifen, um die Bedingungen für eine Ausweitung von Gleichheit und sozialer Gerechtigkeit zu schaffen, ohne den zugrunde liegenden Wettbewerbsrahmen zu zerstören.

Aber was, wenn konfligierende Interessen aus der Gesellschaftsstruktur selbst heraus entstehen? Marxistische Auffassungen vom Staat argumentieren, dass Klassen die tragenden Interessengruppen in der Gesellschaft sind; ihre Interessen stehen unvermeidlich im Widerstreit zu anderen (der Klassenkampf, nicht nur friedvolle Konkurrenz); diese Interessenkonflikte werden von der Struktur kapitalistischer Gesellschaften erzeugt. Klasseninteressen sind eigensinnig und strukturbedingt. Die Staatsmacht wird deswegen monopolisiert, entweder unmittelbar durch die herrschenden Klassen der Gesellschaft, oder sie wird eingespannt, um *deren* Gemeininteressen auszuweiten, zu schützen oder voranzubringen. 1884 schrieb Engels über die demokratische Republik: »In ihr übt der Reichtum seine Macht indirekt, aber umso sichrer aus.« (MEW 21, 167)

Manche marxistische Auffassungen sehen den Staat als ein strukturelles Element, das beim Austarieren der Gewichte dem Gemeininteresse der herrschenden Klasse systematisch seine Überlegenheit sichert. Eine andere Auffassung sieht den Staat dergestalt eingreifen, dass er die Bedingungen für das ganze System erhält oder schafft, um es profitabler für die zu gestalten, die darin bereits bevorteilt sind. Es gibt gewiss noch weitere Auffassungen in marxistischer Perspektive.

Solch vielfältig bestimmte – liberale, pluralistische, reformistische, marxistische – Auffassungen zielen darauf ab, alle möglichen Diskussionen über den Staat zu vermitteln. Diskussionen über den Staat mögen sachlich bestrebt sein, diese Auffassungen im Lichte empirischer Untersuchungen zu prüfen und weiterzuentwickeln. Aber all diese Debatten sind von ideologischen und theoretischen Vorverständnissen geprägt.

Aus dem Englischen von Victor Rego Diaz

Die Entstehung des repräsentativen/interventionistischen Staates, 1880er–1920er Jahre

Einleitung: 1880er–1920er Jahre. Ein prägender Moment

Der Zeitraum zwischen den 1880er und den 1920er Jahren war für die britische Gesellschaft *prägend.* Viele der herrschenden Muster und Verhältnisse, die den Charakter der britischen Gesellschaft und die Rolle des Staates in den früheren Jahrzehnten des 19. Jahrhunderts bestimmt hatten, erodierten oder wurden transformiert. Neue gesellschaftliche Kräfte betraten die politische Bühne, kämpften um eine breitere Repräsentation im Staat und gewannen diese auch in einem signifikanten Ausmaß. Tatsächlich wurde das gesamte Feld der politischen und industriellen Repräsentation in diesen Jahrzehnten umgebaut; das Gleichgewicht der gesellschaftlichen Kräfte wurde erheblich verändert. Das Wesen des Staates veränderte sich nicht über Nacht; alte Auffassungen im Sinne des *Laissez-faire* wurden langsam hinterfragt, neue ›Philosophien‹ des staatlichen Handelns nahmen Gestalt an, das Ausmaß der staatlichen Aktivität vergrößerte sich und der Staat begann, den Weg für neue, interventionistischere Handlungsweisen zu ebnen.

Ein zentraler Faktor in den Beziehungen zwischen Staat und Zivilgesellschaft in diesem Zeitraum ist die Verschiebung im Wesen der Repräsentation. Unter ›Repräsentation‹ verstehe ich hier in einem sehr weiten Sinne jede Art und Weise, wie Klassen oder andere gesellschaftliche Kräfte in der Gesellschaft Macht im oder Einfluss über den Staat gewinnen, um ihn ihren Interessen besser anzupassen. Formal war der Höhepunkt dieses Prozesses der Schritt zum allgemeinen Erwachsenenwahlrecht – ein Prozess, der in Großbritannien erst am Ende dieses Zeitraums abgeschlossen war. Unter ›Intervention‹ verstehe ich all die Arten, wie der Staat in die Gesellschaft eingreift, um sie in eine bestimmte Richtung zu führen, bestimmte Politiken abzusichern oder eine bestimmte Struktur in den gesellschaftlichen Verhältnissen aufrechtzuerhalten. Dieser Prozess vergrößert den Handlungsspielraum des Staates und definiert die Zivilgesellschaft neu. In diesen vier Jahrzehnten machte der britische Staat in dieser Richtung beträchtliche Fortschritte.

Wir haben uns entschlossen, einen Abschnitt der Geschichte des britischen Staates zu behandeln, der sich in diesen beiden Punkten als kritisch erwiesen hat. Zwischen dem *Reform Act* von 1867 und dem *Representation of the People Act* von 1928 wurde Großbritannien zum ersten Mal eine vollwertige, formale Massendemokratie. In demselben Zeitraum gab die britische Gesellschaft ihr Bekenntnis zum *Laissez-faire* auf, und zwischen dem Staat und den gesellschaftlichen Kräften entwickelten sich Beziehungen einer interventionistischeren Form. Der Begriff ›interventionistischer Staat‹ sollte wahrscheinlich am besten den 1960ern und 1970ern vorbehalten bleiben, als der ›Interventionismus‹ für den britischen Staat eine Zeitlang zur normalen und regulären Arbeitsweise wurde. Es ist aber allgemein anerkannt, dass der kritische Schritt in diese Richtung in der Periode zwischen den 1880ern und den 1920ern seinen Anfang nahm. Es ist daher angebracht, diesen Zeitraum als ›prägend‹ anzusehen, sowohl in Bezug auf die moderne Demokratie *als auch* bezüglich des interventionistischen Staates.

Da diese Veränderungen sich im selben Zeitraum vollzogen, liegt die Frage nahe, ob diese beiden Prozesse in Verbindung stehen oder nicht. Steht der ›Aufstieg der Demokratie‹, der seinen Höhepunkt in den letzten Jahrzehnten des 19. und den ersten des 20. Jahrhunderts fand, im Zusammenhang mit dem ›Anstieg des Interventionismus‹ und ›kollektivistischeren‹ Staatskonzepten, die für dieselbe Periode typisch sind? Wird der Staat etwa interventionistischer, *weil* er nun repräsentativer geworden ist? Und wie wurde dieser scheinbare Widerspruch gelöst? Was geschah mit den Klassenverhältnissen in der Gesellschaft, als der Staat ›demokratisiert‹ wurde? Wenn die populär-demokratische Basis des Staates erweitert wurde, legitimierte dies eine Ausweitung seiner interventionistischen Macht?

Dieses Kapitel soll nicht nur zeigen, wie sich diese Übergänge tatsächlich historisch vollzogen, sondern auch Antworten auf einige weitergehende theoretische Fragen austesten und provisorische Lösungen finden. Wie definieren oder beschreiben wir theoretisch die Beziehung zwischen ›Gesellschaft‹ und ›dem Staat‹? Welche Art der theoretischen Perspektive ermöglicht uns die zufriedenstellendste Erklärung, warum sich diese Beziehungen zwischen der Gesellschaft und dem Staat zu bestimmten historischen Zeitpunkten so signifikant verschoben haben?

Die gängigste Beschreibung dieser Übergänge basiert auf einer liberaldemokratischen und reformistischen Perspektive. Sie könnte als ›der Triumph von Demokratie und Reform‹ zusammengefasst werden. Die britische Gesellschaft sei – nicht ohne starken Widerstand und im letzten Moment nachgebend – fähig gewesen, so wird behauptet, die Herausforderung von Massendemokratie und Reform aufzunehmen, ohne dass dies zum Untergang oder Umsturz des gesamten Systems geführt hätte. Dies zeigt, dass zwischen Staatsform und Gesellschaft kein festgelegtes, determinierendes Verhältnis besteht – oder, um es exakter auszudrücken, zwischen dem Staat und seiner determinierenden ›Basis‹, der Wirtschaft. Schließlich blieben die britische Gesellschaft und Wirtschaft kapitalistisch, und das in dem Zeitraum, als der Staat demokratisch wurde. Jene, die im Besitz der kapitalistischen Industrie waren und sie kontrollierten, akkumulierten weiterhin Kapital, häuften Reichtum an und dominierten das Wirtschaftsleben. Die Wirtschaft ist heute weiterhin kapitalistisch organisiert und funktioniert nach kapitalistischen Maßstäben. Wenn jedoch die wirtschaftliche Basis tatsächlich die Staatsform bestimmen würde, dann müsste die wirtschaftlich dominante Klasse herrschen und die Gesellschaft auch politisch dominieren. Sie würde ihre wirtschaftliche Macht dazu gebrauchen, den Staat politisch zu kolonisieren, und selbst die formale Demokratisierung der politischen Macht verhindern. Die Minderheitsklasse, die die Wirtschaft kontrolliert, würde verhindern, dass politische Macht in die Hände der Mehrheitsklassen der Gesellschaft fällt. Die Tatsache, dass ›Demokratie‹ *wirklich* eingeführt wurde, wird daher als Zeichen dafür gelesen, dass das System reformiert werden *kann*. Wirtschaftlicher Reichtum und ökonomische Macht *können* von politischer Macht getrennt werden. Die Wirtschaft bestimmt die Natur des Staates *nicht* völlig. Jenen, denen politische oder gesellschaftliche Rechte fehlen, können ›Rechte erteilt‹ werden, ohne das gesamte Klassensystem zu stürzen. Oder wie Thomas H. Marshall (1992), einer der führenden Exponenten dieser reformistischen, liberal-demokratischen Perspektive es ausdrücken würde: Das kapitalistische Klassensystem kann ›gemäßigt‹ werden, ohne den Kapitalismus als solchen zu zerstören. Der Zeitraum 1880 bis 1920 erlebte so die große Aussöhnung zwischen Kapitalismus und Demokratie.

Nun, Reformismus oder liberale Demokratie erklären die Entwicklungen so, weil sie die Verbindung von Gesellschaft und Staat auf eine bestimmte Art und Weise theoretisieren. Im Grunde beruht ihre Perspektive auf einer pluralistischen Theorie über die Beziehungen zwischen Staat und Gesellschaft. Der Pluralismus in all seinen Varianten sieht das Klassensystem *nicht* als dominant an. Aus dieser Sicht ist ›die herrschende Klasse‹ nicht so homogen oder so einheitlich in all den verschiedenen Sphären des gesellschaftlichen Lebens (Wirtschaft, Politik, Kultur etc.), als dass sie Reformen daran hindern könnte, starke Wirkung zu entfalten. Für Pluralisten in der liberal-demokratischen Tradition hat die ökonomische Basis *keine* absolut bestimmenden Auswirkungen auf Politik oder Staatsform (was Karl Marx den politischen Überbau nannte). So kann sich ein Gliederungsprinzip – z. B. kapitalistischer Wettbewerb und Konzentration – für den Pluralisten in einem gesellschaftlichen Sektor durchsetzen (z. B. der Wirtschaft), während sich ein anderes

Prinzip – Demokratie – im Bereich der Politik durchsetzt. Zudem hat der Staat keinen einheitlichen gesellschaftlichen oder Klassencharakter. Er ist zum großen Teil eine administrative Einheit, die den Wettbewerb zwischen verschiedenen Interessengruppen reguliert und Kompromisse aushandelt, die nicht im Interesse einer bestimmten Klasse sind, sondern der beste Kompromiss im Interesse jedes Teils – im Gemeininteresse. Für Pluralisten gibt es keine übergreifenden Klasseninteressen, die den Staat dominieren, weder im unmittelbaren noch im langfristigen Sinne.

Der Kontrast, den ich hier hauptsächlich darstellen möchte, besteht zwischen dieser reformistisch-liberalen Perspektive und der marxistischen Tradition. Marxisten würden argumentieren, dass die wirtschaftliche Macht über diesen Zeitraum weitgehend intakt in den Händen der herrschenden kapitalistischen Klassen blieb. Die Bedürfnisse des Kapitals oder die Interessen der kapitalistischen Klasse lieferten daher die wichtigsten Imperative für die Gesellschaft, die der Staat irgendwie zu erfüllen hatte. In diesem System ›Demokratie‹ einzuführen – den souveränen Volkswillen – löste diese fundamentale Verteilung von Reichtum und Macht nicht ab. Daher muss die Demokratie ein Weg gewesen sein, das Drängen der Arbeiterklasse nach mehr Macht und Partizipation am politischen Leben aufzunehmen und einzudämmen. Daher die klassische marxistische Behauptung: Die formale Demokratie setzt die beherrschten Klassen in einer dauerhaft sekundären oder untergebenen Position in die Machtgleichung ein. Sie mag ›dem Volk‹ die Illusion einer größeren politischen Macht geben; diese ist jedoch eher formal als real. Demokratische Zugeständnisse fragmentieren die Arbeiterklasse in einzelne Wähler und schwächen so ihre kollektive Macht gegenüber dem Kapital, konstruieren aber die irreführende Vorstellung, dass das Stimmrecht echte Macht bedeutet. Der ›Vormarsch der Demokratie‹ war also in Wahrheit die Form, in der die öffentliche Einwilligung der Beherrschten zur fortgesetzten Macht der herrschenden Klassen über sie gewonnen wurde.

Unter marxistischen Autoren gibt es grob zwei Auffassungen darüber, wie diese Determinierung des Staates durch die Wirtschaft funktioniert (vgl. Jessop 1982). Die erste leitet den Staat sozusagen von den ›Bewegungsgesetzen‹ oder Bedürfnissen einer kapitalistischen Wirtschaft ab (kapitaltheoretisch). So könnte man für unseren Zeitraum argumentieren, dass eine stärker entwickelte, vermehrt durch Großunternehmen geprägte Form der kapitalistischen Wirtschaft einen kollektivistischeren Staat gebraucht habe – und ihn bekommen hat! Die zweite erklärt die Staatsform über die Klassenverhältnisse und die Logik des Kampfes zwischen gesellschaftlichen

Klassen (klassentheoretisch). Aus diesem Blickwinkel kann der kollektivistische und demokratische Staat in unserem Zeitraum nur als Produkt des Klassenkampfes erklärt werden.

In letzter Zeit sind unter manchen Marxisten Zweifel über den extrem logischen, rationalistischen Charakter des ›Kapitalansatzes‹ bezüglich der Beziehungen zwischen Staat und Gesellschaft aufgekommen sowie über den instrumentalistischen Charakter von Erklärungen, die den Staat schlicht als ›Werkzeug‹ der kapitalistischen Klasse behandeln. Ein Problem beider Ansätze ist, dass sie den Staat im Grunde auf die Wirtschaft reduzieren – ob in Form des Kapitals als solchem oder in Form einer einheitlichen herrschenden Klasse. Die wirtschaftliche Basis determiniert Veränderungen im Staat: Die Bedürfnisse des Kapitals *werden* durch den Staat erfüllt; der Staat ist nur ein Werkzeug zur Erfüllung der Interessen der wirtschaftlich dominanten Klasse. Diese Ansätze scheinen besonders in ihren einfacheren Formen übermäßig reduktionistisch.

Es gibt jedoch einen subtileren, weniger reduktionistischen Weg, die Beziehungen zwischen Gesellschaft und Staat zu analysieren, der sich in den Schriften des italienischen Marxisten Antonio Gramsci (1971/1991ff.) findet. Gramsci war ausreichend Marxist, um zu glauben, dass man der Beziehung zwischen Wirtschaft und Staat und der zwischen den grundlegenden Klassen der kapitalistischen Gesellschaft und den Kämpfen um den Staat viel Gewicht beimessen muss. Aber, so Gramsci, wir dürfen die Letzteren nicht auf die Erstere reduzieren. Wir müssen den Staat als das betrachten, was die spezifische Rolle der Schaffung von politischen und ideologischen Bedingungen erfüllt, in denen die ganze Gesellschaft den grundlegenden Trends oder Tendenzen der Gesellschaftsformation angepasst oder mit ihnen auf eine Linie gebracht werden kann. Die Bedingungen, unter denen diese ›Rekonstruktion‹ erfolgen kann, sind jedoch von der effektiven Beherrschung des politischen und ideologischen wie des wirtschaftlichen Terrains abhängig; ebenso von der Formierung eines gesellschaftlichen Blocks, der Teile verschiedener Klassen umfasst und den notwendigen Unterbau des Staates bildet; und von der Gewinnung eines signifikanten Teils der popularen Klassen für diesen Block. Diese Perspektive gibt dem Staat nicht nur eine signifikantere und relativ unabhängige Rolle. Sie verleiht auch den realen Auswirkungen, die die Ankunft der Demokratie auf Austragung und Ausgang von politischen Kämpfen um den britischen Staat hatte, sehr viel mehr Gewicht. Sofern Bedingungen für die politische Führung im Staat geschaffen wurden (denn für Gramsci gibt es keine bestimmende Notwendigkeit dazu), so repräsentiert dies einen Moment dessen, was er ›Hegemonie‹ nennt.

Wir haben vor allem eine liberal-demokratische, reformistische und pluralistische Perspektive einigen marxistischen Perspektiven (logisch, mechanistisch, ›gramscianisch‹) gegenübergestellt. Jede enthält bestimmte zentrale Aspekte, die diesen Zeitraum charakterisieren. Jede beruft sich auf bestimmte theoretische Annahmen. Jede beruht auf einer bestimmten Art, die Beziehungen zwischen Gesellschaft und Staat zu verstehen. Ich möchte nun diese Erklärungen weiter untersuchen, nicht mit weiteren theoretischen Argumenten, sondern indem ich mich stattdessen einigen der tatsächlichen historischen Prozesse und Ereignisse dieser Periode zuwende.

Krise? Welche Krise?

Bisher haben wir nicht nur angenommen, dass in diesem Zeitraum ein Wechsel von einer Staatsform zu einer anderen stattfand, sondern auch, dass dieser als Ergebnis einer Krise der alten Ordnung eintrat, die dazu beitrug, die Bedingungen für das Auftauchen einer Reihe von neuen Beziehungen zwischen Gesellschaft und Staat zu schaffen.

Der Begriff ›Krise‹ selbst ist unter Analysten und Historikern ein Zankapfel. Manche erheben Einwände gegen seinen Gebrauch, da er davon auszugehen scheint, dass es einen entscheidenden historischen Wendepunkt gegeben habe und dass diesem etwas qualitativ anderes folgen *musste*. Andere sind grundsätzlich skeptisch gegenüber *jedem* allgemeinen Konzept, das versucht, eine Reihe komplexer historischer Trends mit dem Gebrauch einer einzigen solchen Verallgemeinerung zusammenzufassen. Sie würden seinen Gebrauch auf gewaltige historische Aufwallungen wie den englischen Bürgerkrieg und die Französische oder russische Revolution beschränken. Meiner Meinung nach wird der Begriff ›Krise‹ in Bezug auf einen Zeitraum durchaus zutreffend gebraucht, in dem ein signifikanter Bruch, Einschnitt oder Zusammenbruch der Prozesse oder Institutionen stattfindet, die die Basis für das Funktionieren einer Gesellschaft bilden. Eine Krise ist ein Einschnitt in die gesellschaftlichen Verhältnisse und die Institutionen, die die Gesellschaft einen; oder die es ihr ermöglichen, sich auf derselben Basis wie zuvor zu erhalten und zu reproduzieren. In diesem Sinne wird der Begriff ›Krise‹ hier gebraucht.

Historiker unterschiedlicher Richtungen scheinen alle darin übereinzustimmen, dass das alte System in den 1880ern in eine solche Periode ernsthafter Schwierigkeiten eintrat. Sie stellen übereinstimmend fest: »Der plötzliche Wechsel von der führenden, dynamischsten Industriewirtschaft zur trägsten und konservativsten innerhalb von dreißig oder vierzig Jahren (1860/90–1900) bildet das Kernproblem der britischen Wirtschaftsgeschichte« (Hobsbawm 1969, 13). Ich würde sagen, dass es zur wirtschaftlichen Dimension der Krise vier Gedankengänge gibt:

1. Ein scharfer Rückgang in der wirtschaftlichen Leistung Großbritanniens: Preisdruck nach einem langen Hoch; Rückgang der Erträge; ein dramatischer Rückgang der Inlandsinvestition in die Manufakturproduktion; ein starker Rückgang der Hauptexportindustrien, die das Wachstum gestützt hatten. Die durchschnittliche Wachstumsrate in Großbritannien fiel von 3,6 Prozent in den 1860ern auf 2,1 in den 1870ern und 1,6 in den 1880ern.
2. Der Verlust der britischen Weltführung in Manufakturproduktion und Handel. Großbritannien wurde in diesem Zeitraum rasch von seinen sich industrialisierenden Rivalen überholt. Bis 1913 hatten sowohl Deutschland als auch die USA Großbritannien in den neuen chemischen Industrien, in der Elektrotechnik, bei Werkzeugmaschinen, Eisen und Stahl bezüglich Produktion und Export überflügelt.
3. Das langsame und schwerfällige Tempo, in dem Großbritannien bei der wirtschaftlichen Organisation auf eine modernere Basis überging (groß angelegte Produktion, neue Technologien etc.), auf der seine Rivalen sich industrialisierten. In diesen Ländern war die Industrie zunehmend konzentriert und in großen Konzernen oder Aktiengesellschaften zentralisiert; Fusionen und Zusammenschlüsse wurden geschaffen. Aus kleinen Familienunternehmen wurden größere Firmen und Wirtschaftseinheiten. Die Produktion wurde mehr und mehr auf Basis moderner ›Durchsatz-‹ und Fließbandverfahren organisiert, mit einer hochentwickelten Arbeitsteilung, einer viel größeren wissenschaftlichen und technischen Komponente pro Arbeiter, größerer Standardisierung und intensivierten Formen der ›wissenschaftlichen Verwaltung‹. Großbritannien bewegte sich langsam, sporadisch, ungleichmäßig und unvollständig in diese Richtung.
4. Die Kapitalbildung floss mehr und mehr aus der heimischen Produktion ab und in ausländische Investitionen und die Finanzierung des Handels. Die Überseeinvestitionen wuchsen von £ 1200 Millionen 1870 (als sie die heimischen Investitionen überholten) auf £ 4000 Millionen 1914 an, mit einem jährlichen Gewinn von £ 200 Millionen. Eine Auswirkung davon war, dass die ›imperialistische‹ Verbindung, die City und Finanz- und Versicherungsunter-

nehmen gegenüber der Manufakturproduktion gestärkt wurden: Mit Wertpapieren und Aktien ›Geld zu machen‹ war der Ehrgeiz der neuen ›Plutokratie‹, im Gegensatz zum Unternehmen, dem sich die frühere Industriebourgeoisie gewidmet hatte – *Dinge* herzustellen. Großbritannien wurde aus der Werkstatt der Welt zu ihrem Finanzzentrum.

In seiner bahnbrechenden Studie über den Zeitraum 1910–1914 thematisierte George Dangerfield die eher *politische* Dimension der Gesellschaftskrise, wie der Titel seiner Studie *The Strange Death of Liberal England* (Der seltsame Tod des liberalen Englands) andeutet:

> »Ich bin mir natürlich bewusst, dass das Wort ›liberal‹ immer eine Bedeutung haben wird, solange auf der Welt noch eine Demokratie oder ein Überbleibsel einer Mittelschicht existiert; doch der echte Vorkriegsliberalismus – der sich, wie das noch 1910 der Fall war, auf den Freihandel, eine Mehrheit im Parlament, die Zehn Gebote und die Illusion des Fortschritts stützte – kann niemals zurückkehren. 1913 wurde er getötet oder tötete sich selbst. Und das ist auch gut so.« (Dangerfield 1961, viii)

Dangerfield identifizierte den ›Bruch‹ mit zwei verwandten Faktoren: dem Kollaps der liberalen Partei – der politischen Formation, die die politische Szene über den gesamten Zeitraum der frühen Industrialisierung und den Aufstieg Großbritanniens zur weltweit führenden Macht auf der Basis des Freihandels stabilisiert hatte. Er bezieht sich jedoch auch auf die Auflösung des gesamten ideologischen Komplexes des Liberalismus. Dieser bezeichnet die Ideenströmung, mit der sich die breite Mehrheit der Menschen durch die ersten drei Viertel des Jahrhunderts ›gedacht‹ hatte. Der Liberalismus war der Fundus, aus dem die herrschenden Vorstellungen vom historischen Prozess geschöpft wurden.

Albert V. Dicey, der Apologet des viktorianischen *Laissez-faire* und ein bedeutender Professor der Rechtswissenschaft, lenkte in einem zu dieser Zeit veröffentlichten Buch, *Law and Public Opinion in England* (Recht und öffentliche Meinung in England), die Aufmerksamkeit auf das, was er als die große Verschiebung der ideologischen Auffassungen des klassischen Liberalismus weg von Staat und Rechtsprechung betrachtete:

> »Diese Meinungsströmung läuft seit etwa dreißig bis vierzig Jahren langsam immer stärker in Richtung Kollektivismus, mit der natürlichen Konsequenz, dass bis 1900 die Doktrin des Laissez-faire trotz des großen Anteils an Wahrheit, den sie enthält, ihren Griff auf das englische Volk mehr oder weniger verloren hatte.« (Dicey 1963, xxxi)

Für Dicey war ›Kollektivismus‹ nur ein höflicher Ausdruck für ›Sozialismus‹. Er identifizierte das Ende des *Laissez-faire* mit dem Aufstieg der Arbeiterklasse zu politischer Macht, dem Verlust der Führung durch die liberalen Mittelschichten und dem wachsenden Einfluss eines fremden Glaubens – des Sozialismus.

Ein weiterer zentraler Aspekt dieser Periode ist das, was als ›Krise des Imperialismus‹ bezeichnet worden ist (Shannon 1974). Archibald P. Thornton (1959), einer der vielen Historiker des Imperialismus, stellte fest: »Er war eine Idee, die sich bewegte, eine Idee, die sich ausbreitete, eine Idee, die sich weiter bewegen und ausbreiten musste, um ihre Vitalität und Tugend zu bewahren.« Er wurde der Traum einer herrschenden Klasse; das Juwel in der Krone einer Monarchin (Queen Victoria – die ›große Weiße Königin‹); der Rettungsanker einer nationalen Partei (die Basis für Benjamin Disraelis Bemühungen um einen populären Konservativismus). In Form eines ›Hurrapatriotismus‹ beflügelte er eine Zeitlang die Phantasie der Öffentlichkeit. Wir denken gewöhnlich bei ›Imperialismus‹ hauptsächlich an Großbritanniens Schicksal als koloniale und imperiale Nation im Ausland. Und tatsächlich intensivierte sich in dieser Zeit die Rivalität europäischer Nationen um die endgültige Aufteilung kolonialer Territorien und Märkte, die manchmal höflich mit ›Wettlauf um Afrika‹ umschrieben wird. Dennoch bezog sich ›Imperialismus‹ zu dieser Zeit immer *sowohl* auf die internationale *als auch* auf die innenpolitische Bühne. Seine politische Bedeutung entstand eben aus der Tatsache, dass er beide betraf. Er verknüpfte den Traum von einer großen imperialen Weltformation und das Versprechen einer geschützten Handelszone für britische Produkte mit der Vorstellung von einem Tauschgeschäft der Vorteile des Empire gegen nicht-sozialistische ›soziale Reformen‹ für die Arbeiterklasse im Inland. Paradoxerweise erlebte die imperiale Idee in diesem Zeitraum ihren Höhepunkt, er ist aber *auch* der Anfang der Krise des Imperialismus.

Schließlich sind da die unmittelbareren *sozialen* Auswirkungen der wirtschaftlichen Veränderungen:

> »Die Jahre zwischen 1880 und dem Ersten Weltkrieg veränderten Großbritannien schneller und tiefgreifender als jede andere vergleichbare Ära. Die britische Gesellschaft wurde städtischer und vorstädtischer, säkularisierter, demokratisierter; allgemeine Annahmen über gesellschaftliche Beziehungen und politisch legitimes Verhalten verschoben sich von ihrer Basis in vertikalen und hierarchischen lokalen Gruppierungen zu stratifizierten Klassen; mit einem Wort, die Gesellschaft wurde ›modern‹.« (Shannon 1974, 11)

In Richard Shannons Idee, dass eine gesellschaftliche Formation durch eine Krise modernisiert werden kann, liegt etwas Neues und Herausforderndes. Er behauptet, dass Krisen formativ und produktiv ebenso wie destruktiv sein können. Während Großbritannien jedoch im Laufe der Krise des Imperialismus ›modernisiert‹ worden sein mag, so wurde es im Vergleich zu seinen internationalen Rivalen auch strukturell geschwächt – und dies auf Dauer. Großbritannien trat in ›die Krise‹ als führende Manufakturnation und ›Werkstatt der Welt‹ ein. Es ging aus dem ›Übergang‹ in den 1920ern und 1930ern als eins der schwächsten Glieder in der Kette imperialistischer Nationen hervor (und blieb dies, wie viele behaupten, bis in die 1970er und 1980er), mit einer formal ›modernen‹, aber schwerfälligen und nachlassenden Wirtschaft.

Wir müssen jedoch noch zeigen, wie diese unterschiedlichen Dimensionen der Krise miteinander in Verbindung gesetzt werden können und worin die tatsächlichen historischen Prozesse bestanden, die dazu beitrugen, den Staat zu transformieren. Im folgenden Abschnitt betrachten wir detaillierter neue Spannungen und gesellschaftliche Kräfte, die innerhalb der Gesellschaft – ›von unten‹ – entstanden, die die alten Repräsentationsbeziehungen in Frage stellten und eine bedeutende Verschiebung des Wesens des Staates auszulösen halfen.

Das Problem der Demokratie

Zwischen 1880 und 1920 wurde Großbritannien zur ›Massendemokratie‹. Das Rückgrat dieses Prozesses bildeten die sukzessiven umstrittenen Ausweitungen des Wahlrechts, die über diesen Zeitraum hinweg stattfanden. Dieser Prozess veränderte völlig die Repräsentationsbasis, auf der der Staat beruhte. Bis zu diesem Zeitraum

> »beanspruchten die Viktorianer nicht, dass ihr System demokratisch sei, ein Begriff, der einen Beigeschmack von kontinentaler Abstraktion hatte […], vielmehr schuf es zweckmäßige Regierungen, es garantierte ›Freiheit‹ und es war repräsentativ. Wen es direkt repräsentierte, waren jene, die aufgrund ihrer Unabhängigkeit, ihrer materiellen Beteiligung an der Gesellschaft, ihrer Erziehung und ihres politischen Wissens als dazu fähig betrachtet wurden, das parlamentarische Wahlrecht mit nützlichen Auswirkungen auf das politische Leben auszuüben. Es war unwahrscheinlich, dass Männer, die völlig vom täglichen Existenzkampf in Anspruch genommen waren, die Fähigkeit zu politischem Urteilsvermögen entwickeln würden« (Pugh 1982, 3).

Was sich veränderte, war nicht einfach, dass die ›unteren Stände‹ und die Frauen das formale Wahlrecht erhielten – die Entstehung ›der Demokratie‹. Der Eintritt dieser neuen gesellschaftlichen Kräfte in die politische Nation veränderte die gesamte Dynamik des politischen Lebens – und somit den Staat. Die Mobilisierung, Organisation und Kontrolle der ›öffentlichen Meinung‹ wurde zum zentralen Faktor der Wahlpolitik in der Massendemokratie. Dadurch wurde die hochviktorianische Grundlage der politischen Beziehungen in der britischen Politik aufgebrochen.

Das ›Problem der Demokratie‹ hatte seine Wurzeln in der wirtschaftlichen und sozialen Dimension ›der Krise‹, die wir eben kurz skizziert haben. Wirtschaftshistoriker sprechen von dieser Zeit nicht mehr so, als habe sie den ›einheitlichen Charakter‹ einer ›Großen Depression‹. Doch selbst jene, die am aktivsten die Demontage dieses ›Mythos‹ betreiben, stimmen darin überein, dass »das letzte Viertel des 19. Jahrhunderts für Großbritannien einen Wendepunkt darstellte, als sich in Übersee die Konkurrenz entwickelte und die Wachstumsrate sich deutlich verlangsamte« (Saul 1969, 54). Die Hauptmerkmale dieser Zeit waren fallende Preise und sinkende Gewinne. Arbeitslosigkeit wurde wieder eine dauernde Einrichtung – besonders in den 1880ern und 1890ern. Die Reallöhne wurden insgesamt langsam besser, obwohl sie nach 1900 stagnierten oder sanken. Gutachten und Ermittlungen enthüllten das Ausmaß der städtischen Armut, besonders unter Hilfskräften und Gelegenheitsarbeitern. Langsam und ungleichmäßig wurden neue technische Verfahren eingeführt, was zu einer neuerlichen internen Spaltung der Arbeiterschaft führte. Es kam zu einer erneuten Anstrengung, die Gewinne zu verteidigen, die teilweise die Ausbeutung der Arbeitskräfte und die Einführung neuer Arbeitsdisziplinarmaßnahmen intensivierte.

Die sozialen Auswirkungen all dieser Entwicklungen auf die einfachen Klassen waren komplex. Zunächst zeigte es den Abstand zwischen der Minderheit der qualifizierten, besser bezahlten Arbeiter – den ›Arbeiteraristokraten‹ – und der ungelernten, nicht organisierten und schlechter bezahlten Mehrheit auf und akzentuierte ihn. Die Ersteren, die durch den *Reform Act* von 1867 das Wahlrecht erhielten, blieben dem radikalen Flügel der liberalen Partei mehr oder weniger eng verbunden. Die Letzteren waren angelernt oder ungelernt, nicht von Gewerkschaften geschützt und den schweren Fluktuationen in den wirtschaftlichen Geschicken Großbritanniens ausgesetzt, zum Großteil die Leidtragenden von prekarisierter Arbeit und urbaner Armut. Charles Booth (1903) und Seebohm Rowntree (1901) schätzten in ihren Studien über London und York, dass am oberen Ende 15 Prozent der Arbeiterschaft in relativ bescheidenem Komfort, während am anderen Ende 40 Prozent in bitterer Armut lebten; zwei Drittel von ihnen –

der Bodensatz – würden als Almosenempfänger enden. Es war ein Teil dieser zweiten Gruppe, der die Speerspitze der neuen Formen der industriellen Repräsentation und der begleitenden Arbeiterunruhen der 1880er bildete; und in diesem Humus schlug der wiederbelebte Sozialismus Wurzeln.

Später, als Mechanisierung und groß angelegte Produktion ungleichmäßig eingeführt waren und die Arbeit intensiver ausgebeutet wurde, begann die gesamte Grundlage der alten Handwerkergewerkschaften zu erodieren. Neue Sektoren begannen sich zu entwickeln. Auf lange Sicht verwischte sich die Linie zwischen qualifiziert und unqualifiziert, was eine homogenere und klassenbewusstere Klasse schuf. Die politischen Allianzen, die sich aus diesem größeren Klassenzusammenhalt entwickelten, standen an der Spitze der Kampagne für unabhängige politische Repräsentation im ersten Jahrzehnt des 20. Jahrhunderts, lösten die endgültige Trennung der Masse der Arbeiter vom Liberalismus aus und führten zur Formierung einer neuen politischen Kraft – der Labour Party. Dieser Prozess veränderte die Art, wie die Arbeiterklassen politisch und industriell repräsentiert wurden, radikal; er erneuerte das gesamte politische Gesicht der Nationen und veränderte dauerhaft das Gleichgewicht der politischen Kräfte.

Die Revolte der Arbeit

Die Verhältnisse der städtischen Armut wurden mit neuen Techniken wie investigativem Journalismus und Sozialwissenschaften erneut untersucht. Diese enthüllten das Ausmaß der ›tief verwurzelten und hartnäckigen Armut‹, in der der Bodensatz existierte. Booth (1903) machte sich daran zu beweisen, dass die Schätzung von Hyndman, dem marxistischen Führer der Social Democratic Federation, dass 25 Prozent der Lohnempfänger unterhalb des Existenzminimums lebten, eine wilde Übertreibung sei. Stattdessen entdeckte er, dass Hyndmans Schätzung untertrieben war (Shannon 1974, 120). In einer Serie von Studien, die die Frage nach dem ›Zustand Englands‹ erforschten, untersuchten diverse Royal Commissions im Auftrag des Staates die sozialen Zustände: die *Royal Commissions on the Housing of the Working Classes* (1885, Unterkunft), *on Labour* (1891–94, Arbeit), *on the Aged Poor* (1895, Altersarmut), das *Interdepartmental Committee on Physical Deterioration* (1904, körperlicher Verfall) und die Revision des *Poor Law* (der Armengesetze, deren berühmter, von Sidney und Beatrice Webb verfasster Minderheitenbericht ein Gründungsdokument des modernen Wohlfahrtsstaates wurde), um nur einige der bedeutenderen zu nennen. Die chronische Arbeitslosigkeit verschärfte all diese Probleme.

Aber just als die unteren Stände das Objekt von Studien, Enqueten und des liberalen Gewissens wurden, nahmen sie die Dinge in die eigenen Hände und gingen einen unabhängigen Weg. Die neuen unqualifizierten Arbeiter begannen ihre eigenen, allgemeineren Industriegewerkschaften zu bilden: die National Labour Federation 1886, die Dockers' Union 1887, die Miners' Federation 1888, und die Gas Workers' Union 1889. An der Spitze dieser Bewegung stand eine neue, militantere Führung, für die Tom Mann, Will Thorne, Ben Tillett und John Burns typisch waren. Sie lehnten die alte Garde des TUC ab und waren stark von sozialistischen Sekten wie der Socialist League und der Social Democratic Federation beeinflusst, deren Argumente schließlich in einige Teile der industriellen Arbeiterklasse einzudringen begannen. Dieser ›neue Unionismus‹ der Gewerkschaften stand bald mitten in einer breiten, klassenbasierten Agitation um Anerkennung und den Achtstundentag, den die Londoner Gasarbeiter erstritten. Die Streichholzmädchen bei Bryant and May, angefeuert von der Sozialistin Annie Besant, streikten 1887 ebenfalls erfolgreich für bessere Arbeitsbedingungen. Die Dockarbeiter, deren Mitglieder von der Geißel der Gelegenheitsarbeit stark betroffen waren, errangen im historischen Dockarbeiterstreik von 1889 einen bemerkenswerten Sieg für die neuen Formen der industriellen Repräsentation. Das Klima war rebellisch, als die Polizei den Trafalgar Square am ›*Bloody Sunday*‹ im November 1887 mit Gewalt räumte. 1890 war das Londoner East End bereits »ein wichtiges Zentrum der sozialistischen Kooperation und Agitation« (Adelman 1972). Die neue Gewerkschaftsbewegung hatte aber in den 1890ern einen leichten Rückgang zu verzeichnen. Es gab ständige Auseinandersetzungen zwischen ›alten‹ und ›neuen‹ Gewerkschaftern, Sozialisten und nicht-sozialistischen Elementen im TUC. Zusätzlich begann sich mit dem Einsetzen der Depression nach 1891, nach einem scharfen Gegenangriff der Arbeitgeberorganisationen und aufgrund einer Serie negativer Gerichtsurteile die Grenze zwischen ›altem‹ und ›neuem‹ Unionismus zu verwischen. Mehrere mächtige gewerkschaftsfeindliche Arbeitgebervereinigungen wurden gebildet, sozialismusfeindliche Organisationen wie die Liberty and Property Defence League und die Anti-Socialist Union wurden errichtet, und nicht organisierte freie ›Gewerkschaften‹ wurden gegründet. Aussperrungen (in der Kohle- und Baumwollindustrie nach Lohnkürzungen 1893, im Maschinenbau 1897–98) gehörten zur Tagesordnung.

Auf diese Offensive folgte über den Staat der Angriff auf die gewerkschaftliche Immunität und den Einsatz von Streiks als Kampfmittel. Die gewerkschaftliche Immunität vor gerichtlichen Schritten während eines

Tarifkonflikts, die in den 1870ern gesetzlich festgelegt worden war, wurde durch eine Reihe von Gerichtsurteilen ausgehöhlt, die Streiks als ›böswillig‹ konstruierten. Die erfolgreiche Schadenersatzklage gegen die Eisenbahnergewerkschaft, die die Taff Vale Railway Company 1901 führte, bestätigte die Angreifbarkeit der Gewerkschaften. Tatsächlich setzte diese Auseinandersetzung einen raschen Anstieg der Gewerkschaftsmitgliedschaften in Gang und beschleunigte die Dynamik in Richtung einer unabhängigeren politischen Vertretung. Als Teil ihrer Bemühungen, ihre Führung in diesem Block zu erhalten, hoben die Liberalen das Urteil zu Taff Vale schließlich im *Trade Disputes Act* 1906 auf. 1908 versuchten die Arbeitgeber jedoch eine andere Methode, den Weg der Arbeiter zu blockieren. Ein Mr. Osborne klagte mit starker Unterstützung der Arbeitgeber gegen die Eisenbahnergewerkschaft für sein Recht, den Anteil seines Gewerkschaftsbeitrags einzubehalten, der in den Fonds für politische Ziele floss. Er war erfolgreich – im heute berühmten ›Osborne-Urteil‹. Diese juristischen Auseinandersetzungen um die Rechte der Gewerkschaften wiesen auf den tiefsitzenden Widerstand gegen demokratischere Formen der industriellen Repräsentation und den Transfer legitimer industrieller Macht an eben die Klassen hin, die in den Wahlrechtsreformen von 1867 und 1884 das Wahlrecht erhalten hatten.

Die unbeabsichtigte Konsequenz dieses Klassenkampfes bestand darin, in ihrem Denken und ihren Zielen »jene enge Verknüpfung zwischen Gewerkschaftsbewegung und sozialistischer Bewegung« zu schaffen, wie Tillett es ausgedrückt hat, »die mit der Zeit die Labour Party hervorgebracht hat« (zit. n. Adelman 1972, 16). Die Independent Labour Party (ILP) wurde 1893 gegründet, und 1900 wurde das Labour Representation Committee (LRC) gebildet, in dem die ILP die führende Gruppe war. Der TUC stimmte dafür, sich anzuschließen – eine Entscheidung, die »eine echte Veränderung in der Haltung der Gewerkschaften gegenüber politischer Aktion verriet« (Pelling 1965, 206). Ein geheimes Wahlabkommen wurde zwischen den Liberalen und Ramsey MacDonald für das LRC geschlossen – woraufhin sich die Social Democratic Federation, angewidert über diesen Beweis des ›Ausverkaufs‹ an die Liberalen, zurückzog. (Die ILP trat schließlich in den 1930ern aus.) Das LRC zog also 1906 mit einem im Wesentlichen liberalen Programm in die Wahl (darunter etwa die Bestätigung des Bekenntnisses zum ›Freihandel‹), außer in Bezug auf Fragen der Gewerkschaftsgesetze und einem eher vagen, aber entschiedenen Bekenntnis zu größeren Sozialreformen. Dennoch wurden auf der Welle des liberalen Erdrutschsieges 29 LRC-Kandidaten gewählt. Und als sie sich entschlossen, im Unterhaus separat zu sitzen, hatte sich effektiv eine neue, unabhängige, parlamentarische Arbeiterpartei gebildet.

Arbeiterschaft und liberaler Reformismus

Häufig wird behauptet, es seien die Drohung von Arbeitsunruhen, Konfrontationen zwischen Arbeitern und Arbeitgebern und die stetige Entwicklung in Richtung einer politischen Selbständigkeit der Arbeiterschaft gewesen – allesamt eine Herausforderung für die liberale Hegemonie –, die den Reformeifer der liberalen Regierung von 1906 ausgelöst und zu den Gesetzen über Arbeitsunfallversicherungen, zum Abbau von ›ausbeuterischer Arbeit‹, zu Schulessen, medizinischer Untersuchung von Schulkindern, Pensions- und nationalen Versicherungssystemen geführt hätten – ein Programm, das oft als ›Ursprung des modernen Wohlfahrtsstaats‹ gefeiert wird.

Waren dies also die ersten Früchte eines erfolgreichen, allgemeinen Kampfes der Arbeiterklasse darum, die Grundlagen und Formen der gesellschaftlichen Repräsentation zu verändern und so die demokratische Basis des Staates auszuweiten und zu vertiefen? Führte die massive Agitation der 1880er und 1890er zu dem radikalen reformistischen und demokratischen Programm der neuen liberalen Regierung und leitete damit die ersten Schritte ein, die den Staat letztlich in Richtung eines *Wohlfahrts*staates transformierten? Um diese Fragen zu beantworten, müssen wir nicht nur etwas darüber wissen, wer repräsentiert wurde, sondern auch über diejenigen, die für das Repräsentieren sorgten.

Zu dieser Zeit war David Lloyd George die führende Figur des radikalen Flügels der liberalen Partei – und bekannte sich weiterhin zu Freihandel, Antiimperialismus, einem sozialen Reformprogramm und den Verbindungen zwischen Liberalismus und der Gewerkschaftsbewegung der Arbeiterklasse. Die radikalen Liberalen waren empört über den Burenkrieg, sehr misstrauisch gegenüber den Gestalten, die sich in seinen letzten Tagen im Liberalismus herumtrieben, ohne im Geiste ›Liberale‹ zu sein (wie Joseph Chamberlain), zutiefst angewidert vom Wiederaufleben eines ›imperialistischen Hurrapatriotismus‹ im Inland und davon, was sie als seinen korrumpierenden Einfluss betrachteten. Sie wollten die alte liberale Verbindung mit dem Reformismus der Arbeiterklasse beibehalten und waren von den Studien über Armut und Arbeitslosigkeit beeindruckt. John A. Hobson gehörte zu dieser Gruppe der ›neuen Liberalen‹, die versuchten, einen moderneren, ethischeren Reformismus zu entwickeln (vgl. Clarke 1978).

Die neuen Liberalen wussten, dass das alte Rezept von Selbsthilfe und *Laissez-faire* wegen Großbritanniens wirtschaftlichem Niedergang am Ende war. Sie sympathisierten aufrichtig mit der Sache der Arbeitsreformen. Gleichzeitig verweigerten sie die *Klassen*implikationen der Arbeiterpolitik und die radikale Stoßrichtung des Arbeitersozialismus. Sie wollten die Reform in etwas einordnen, was der gesamten Gesellschaft nutzen würde: die Klassenpolitik ersetzen durch die Vision einer wachsenden gesellschaftlichen Harmonie zwischen den unterschiedlichen Interessen, im Rahmen eines allgemeinen Programms zur Förderung des Allgemeinwohls. Sie glaubten, dass der Staat das Allgemeinwohl wirklich vertreten könne und solle, indem er die sozialen Bürgerrechte ausweitet und allen Klassen einen echten Anteil an der Gesellschaft gewährt; und insbesondere seiner ethischen Verantwortung nachkommt, diejenigen zu unterstützen, die im unregulierten Wettbewerb nicht überleben könnten, und Beihilfen an sie zu verteilen.

Die neuen Liberalen halfen so, eine neue politische Formation zu errichten, die die neuen Kräfte repräsentieren konnte. Sie halfen, eine ideologische Verschmelzung zwischen dem alten Liberalismus und der neuen Sozialdemokratie zu schaffen. Diese erwies sich als außerordentlich wichtige politische Formation, die – in einer Reihe unterschiedlicher Ausformungen – seither in Großbritannien reformistische politische Programme getragen hat. Sie war eine einflussreiche Kraft in der Labour Party, in der neubelebten Liberal Party nach dem Zweiten Weltkrieg und zuletzt in der Allianz zwischen SDP und Liberalen. In den 1930ern wurde sie mit einer keynesianischen Wirtschaftspolitik identifiziert. Noch wichtiger, sie steht für die Ideen, die effektiv dazu beitrugen, die große Welle staatlicher Intervention und Sozialreform zu untermauern, die nach 1945 zum Wohlfahrtsstaat führte. Wie genau man diese neue ideologische Formation nennen solle, beschäftigte die neuen Liberalen sehr stark. Hobson definierte sie 1908 als ›Sozialismus‹; später änderte er ihren Namen in ›der neue Liberalismus‹. Das ihr nächste moderne Äquivalent ist ›Sozialdemokratie‹.

Das Reformprogramm der neuen Liberalen und der liberalen Regierung von 1906–1911 wurde jedoch von zutiefst widersprüchlichen Impulsen getragen. Dangerfield fragte einmal: »Was war die Reform denn anderes als der geschickte Ausgleich von Unvereinbarem, der raffinierte Ausdruck dieser Mittelschichtsphilosophie, die daran glaubt, gleichzeitig den Angriffen der Reichen und den Ansprüchen der Armen standhalten zu können?« (Dangerfield 1961, 226). Zu diesen widersprüchlichen Impulsen gehörten:

1. der Druck, den die Entstehung von unabhängigeren und militanteren ›Arbeiterinteressen‹ ausübte;
2. die Forderungen nach größerer ›nationaler Effizienz‹ und wirtschaftlicher Regeneration;

3. der Wunsch, die Allianz zwischen Liberalen und Arbeitern und darin die Hegemonie des Liberalismus über den Sozialismus zu erhalten;
4. der moralische Imperativ, die Not der ärmeren Klassen zu lindern;
5. der Druck, ältere liberale Staatskonzepte durch eine neue Staatsphilosophie zu ersetzen, die um die Begriffe des Allgemeinwohls und der allgemeinen Bürgerrechte organisiert war.

Dies war ein schwieriger Komplex von Imperativen, und sie führten, so wie sie sich in den folgenden Jahren unseres Zeitraums entwickelten, zu höchst widersprüchlichen und unerwarteten Ergebnissen.

Die Erziehung von Labour

Die Haltung der Arbeiter alldem gegenüber war selbst widersprüchlich. Zunächst waren viele der neuen Führer der Labour Party in der und durch die Lib-Lab-Allianz geprägt. So blieb der Einfluss des Liberalismus erhalten, selbst als das Bekenntnis zu einer formellen Allianz nachließ. Zweitens spiegelte das unklare Verhältnis zum Liberalismus die Gemengelage innerhalb von Labour wider. Die Labour Party war damals schließlich selbst eine Koalition, die sowohl engagierte Sozialisten und pragmatischere Reformisten und Gewerkschafter umfasste. Drittens bekannte sich die neue Labour Party zu erweiterten Sozialreformen und besseren sozialen Bedingungen. Aber sie hatte kein detailliertes Sozialprogramm ausgearbeitet. Außerdem waren die Einstellungen gegenüber einer staatsorientierten oder ›kollektivistischen‹ staatlichen Versorgung in der Arbeiterklasse gemischt. Manche waren dem Staat gegenüber – zu Recht – misstrauisch und verorteten ihn grundsätzlich ›auf der anderen Seite‹. Sie fürchteten, dass vom Staat betriebene Sozialleistungen dem Staat schlicht einen Vorwand bieten würden, sich in das Leben normaler arbeitender Menschen einzumischen und es zu bestimmen oder zu kontrollieren (vgl. Hinweise auf einige Sympathie für Hilaire Bellocs [1912] ziemlich reaktionäres staatsfeindliches Traktat *The Servile State* innerhalb der Labour-Bewegung).

Im Allgemeinen jedoch war das Argument für vermehrte staatliche Intervention zur Förderung von Reformen innerhalb der Arbeiterbewegung weithin akzeptiert und wurde intellektuell von den Fabiern angeführt. Im Parlament bemühte sich Labour, den demokratischen Inhalt vieler liberaler Wohlfahrtsmaßnahmen zu vertiefen, verlor aber nach 1908 die Initiative. Die Liberalen konnten gegen die Arbeitslosigkeit oder die allmählich sinkenden Löhne und Lebensstandards wenig ausrichten. Während die Labourpartei dem neuen Krankenversicherungs- und Pensionssystem –

der kollektivistischen Antwort der Liberalen auf die Arbeitslosigkeit – aufrichtig misstrauisch gegenüberstand, sah sie sich außerstande, sich offen dagegen zu stellen. Kurz, der Reformimpetus ging eindeutig an die Liberalen, die von Lloyd George und Winston Churchill brillant geführt wurden. Selbst für Beatrice Webb war es eine »schlichte Tatsache«, dass sie »die Labour Party ausgestochen hatten« (Adelman 1972, 41).

Vor dem Hintergrund des Entgegenkommens der Labourpartei setzte in den neu gebildeten Rängen von Labour selbst Ernüchterung und Empörung ein. 1911 spaltete sich die British Socialist Party, die Vorläuferin der British Communist Party, von Labour ab. Was den Staat und die Kräfte, die die politische Macht innehatten, viel mehr bedrohte, war der Beginn der am längsten anhaltenden Periode von Arbeitsunruhen, die das Land seit den frühen Jahren des vorhergehenden Jahrhunderts erlebt hatte. Eine neue und andere Art von Sozialismus hatte sich einiger der führenden Elemente in der Arbeiterrevolte bemächtigt. Der *Syndikalismus* (Holton 1976) wurzelte im industriellen Unionismus und im eigenständigen Handeln der Arbeiterklasse. Sein Schwerpunkt lag auf direkter Aktion, spontanen Massenaufständen, die zum Umsturz des Staates in einem Generalstreik führen sollten. Er hatte seine Basis direkt im Kampf um die Kontrolle in Fabriken oder Werkstätten, in der Bewegung der unabhängigen Vertrauensleute (*shop stewards)* und in der Politik des Klassenkampfes (Hinton 1973). Seine Betonung des eigenständigen Handelns der Arbeiterklasse bedeutete, dass sie der Kontrolle und Einflusssphäre der gemäßigteren Gewerkschaftsführer entglitt, mit denen Leute wie die Webbs und Lloyd George zu verhandeln bestrebt waren. Der Syndikalismus war in die Ränge der Gewerkschaften der Transportarbeiter, Dockarbeiter und Eisenbahner, bei den Maschinenbauern am Clyde und den Minenarbeitern von Südwales eingedrungen und bildete 1914, kurz vor dem Krieg, die Speerspitze bei der Bildung der Triple Alliance (Transport-, Bergbau- und Eisenbahnergewerkschaften). Der erste Ausbruch ereignete sich bei den Dockarbeitern und Seeleuten 1909, stark unter dem Einfluss von Mann und Tillett, die den Syndikalismus begeistert aufgenommen hatten. 1911 breitete er sich auf die Eisenbahnen aus, und es drohte ein Generalstreik. 1912 gab es im ganzen Land schwere Arbeitsunruhen. Ein Generalstreik schien unmittelbar bevorzustehen. Hinzu kam das Gespenst der Bündelung der Kräfte mit der neu gegründeten Transport Workers' Union, die Jim Larkin in Dublin aufgebaut hatte – wodurch die Verknüpfung der Arbeitsunruhen mit der Irischen Frage drohte.

Zusätzlich kam seit 1908 die Bewegung für das Frauenwahlrecht rasch in Schwung. Wütend über die endlosen Verzögerungen, Aufschübe und

Ausflüchte der Liberalen und ihres Führers Herbert H. Asquith übertrugen einige der aktivistischen Suffragetten ihre Gefolgschaft auf Labour (wo viele, mit wenigen ehrenhaften Ausnahmen, davon eher peinlich berührt waren). Die Mehrheit aber wandte sich unter Führung von Emmeline und Sylvia Pankhurst und der neuen Women's Social and Political Union der heftigsten Kampagne direkter Aktion zu. Sie brannten Kirchen nieder, zerstörten Briefkästen, beschmierten Gemälde, ketteten sich an Geländer, verweigerten im Gefängnis die Zwangsernährung und warfen sich nach ihrer Entlassung sofort wieder ins Getümmel eines offenen Kleinkriegs mit Polizei und Staat. Die Fortschritte der Arbeiter waren in engem Zusammenhang mit dem Kampf um die Ausweitung des Wahlrechts erfolgt; nun waren die Frauen, die in der Gesellschaft vermehrt vorangekommen waren und bezüglich ihres Platzes darin eine weitgehend unabhängige Haltung einnahmen, entschlossen, auch gleiche politische Rechte zu haben – eine Forderung, die ein Staat, der kaum beanspruchen konnte, ›allgemein repräsentativ‹ zu sein, solange die Hälfte der Bevölkerung kein Wahlrecht hatte, schwerlich ablehnen konnte.

Am Vorabend des Krieges 1914–18 befand sich das Land also im Aufruhr: Die Ansprüche der Unrepräsentierten, ›der Demokratie‹, und die radikalen Formen, in denen sie vorgebracht wurden, hatten die populär-demokratische Herausforderung extrem vergrößert. Wie reagierte der Staat? Wurde er vor allem durch populären demokratischen Druck von unten verändert?

Die wichtigste Figur, die die strategische Antwort des Staates auf diese populäre Agitation orchestrierte, war Lloyd George. Er beschwor eine Reihe von radikal-populistischen Anlässen herauf – die Landreform, einen Angriff auf das Oberhaus und die Versicherungs- und Gesundheitspläne. Wichtig war auch die Arbeit, die er und Churchill geleistet hatten, um die Staatsmaschinerie dafür einzurichten, mit der wachsenden Herausforderung der Arbeitnehmer-Arbeitgeber-Beziehungen zurande zu kommen. Das Labour Department im Handelsministerium wurde in dieser Zeit eine außerordentlich wichtige strategische Abteilung unter der fähigen Führung von Llewellyn-Smith, der einem neuen Typus von Staatsbeamten entsprach. Mit der Entwicklung der ›Arbeiterfrage‹ expandierte die Abteilung in Größe, Rolle und Funktionen. Als die Serie von Gesetzen über Sozialreformen und Sozialleistungen vorgelegt wurde, bekam das Handelsministerium die Verantwortung für ihre Implementierung und Regulierung. Durch diese Abteilung wurde der Plan implementiert, Arbeitsvermittlungen einzuführen. Ebenfalls bedeutsam waren die Einführung von Schlichtungsausschüssen und die Berufung von George Asquith als offiziellem Schiedsrichter. Dieser Prozess von Zusammenarbeit und Schlichtung, der von einem wachsenden Ministerium betreut wurde und sich auf das ›neutrale‹ Territorium der Staatsverwaltung stützte, entwickelte sich *neben* den Arbeitsunruhen und syndikalistischen Revolten. Bis 1913 waren 325 derartige Schlichtungsausschüsse eingerichtet worden (Halèvy 1926, 477). Der Staat übernahm zunehmend die Rolle des ›Unterhändlers und Schlichters‹ und war als Schiedsrichter bei der Suche nach einer ›nationalen Lösung‹ aktiv. Und diese Arbeit erforderte eine größere Staatsmaschinerie. Élie Halèvy bemerkte: »England wurde bürokratisch« (262). Später fügte er hinzu: »Wir müssen zu dem paradoxen Schluss gelangen, dass während ebender Jahre, in denen der revolutionäre Syndikalismus so lautstark auftrat, die Kooperation zwischen den Gewerkschaften und der Regierung enger wurde als je zuvor.« (479)

Eine parallele Strategie war die Suche nach einer nationalen politischen Lösung. Diese Strategie bestand darin, die Herausforderung zu übertreiben, einzukapseln und zu kontrollieren, indem die Politik ›über die Politik hinaus‹ auf ein nationales Niveau gehoben wurde. Auch das konnte nur auf dem Territorium des Staates verfolgt werden. Lloyd George bot den Konservativen sogar mehrmals – ohne das Wissen seiner liberalen Kollegen – einen Handel und die Bildung einer *nationalen* Koalitionsregierung an (und zusätzlich, seinen Parteichef Asquith zu opfern). Er berief dazu eine Verfassungskonferenz ein, um die Pattstellung wegen des Budgets zu umgehen. Er veröffentlichte ein mehrdeutiges Memorandum, um für die National Insurance parteienübergreifende Unterstützung zu gewinnen; ›gemeinsame Aktion‹ in der Sache der ›nationalen Neuorganisation‹ – ein ›nationales Programm‹ gegen die ›extremen Parteigänger der politischen Splittergruppen innerhalb der Parteien; eine ›größere Lösung‹, um den Gefahren der Zeit entgegenzutreten. »In diesen Zeiten steht das Parteiensystem den höchsten nationalen Interessen ernsthaft im Wege«, sagte Lloyd George nach dem Scheitern seiner Initiative (Scally 1975, 210; vgl. Lloyd George 1933, 23). Der Angriff auf das Parteiensystem war ernsthaft eröffnet – und von einer Basis *innerhalb* des Staates aus.

1912 unternahm er noch einen dritten Versuch einer ›großen Koalition‹: diesmal angesichts der drohenden Gefahr eines Ausscherens nach rechts in den Rängen der Irischen Unionisten in der Frage der Home Rule für Irland, und am Vorabend des Krieges wiederum schlug er eine weitere Koalition der Gemäßigten vor, »um eine nationale Lösung für einige der großen Probleme unserer Zeit zu erreichen«. Zu diesem Zeitpunkt trainierten unionistische Ulstermen und abwesende Oberhaus-Tories bereits heimlich; die

Armee in Curragh weigerte sich, nach Norden zu marschieren, um Ulster daran zu hindern, sich unabhängig zu machen, und ranghohe konservative Abgeordnete erwogen ernsthaft einen Aufstand Ulsters gegen Westminster. Die ›bonapartistische‹ Stoßrichtung von Lloyd Georges Laufbahn zu dieser Zeit ist deutlich erkennbar – die Suche nach einer nationalen Lösung durch Eindämmung (*containment*). (›Bonapartistisch‹ nach dem Modell Napoleon Bonapartes, in einer krisenhaften Pattsituation als starker Mann aufzutreten, der sich anbietet, im ›nationalen Interesse‹ Ordnung zu schaffen.) Seine Ambitionen realisierten sich zu diesem Zeitpunkt nicht. Aber wie wir sehen werden, gab der Krieg ihm seine Chance; und 1916 gab er Asquith den Laufpass und übernahm die Führung der Kriegskoalitionsregierung. Und als der Krieg vorbei war, erhielt er sich seine politische Basis durch eine neue Koalition, machte seinen Frieden mit den Konservativen, ließ die liberale Sache im Stich und übernahm – von einer Basis weit innerhalb des Nationalstaats aus – die Lenkung des Prozesses, durch den die Arbeiter und die Frauen endlich die Erlaubnis erhielten, Teil ›der Nation‹ zu werden.

Hat die Demokratie triumphiert?

Es wird Zeit, innezuhalten und zwischendurch einige Konsequenzen aus der erzählten Geschichte zu ziehen. Wir haben eine Periode der Krise und des Übergangs aus dem Blickwinkel des ›Problems der Demokratie‹ betrachtet. Was uns beschäftigt hat, ist die Art, wie die Krise eine Reihe von Spannungen freigesetzt hat, die *von unten* auf das spätviktorianische sozioökonomische und politische System einwirkten. Diese neuen gesellschaftlichen Kräfte und Bewegungen griffen an verschiedenen Fronten in eine Reihe von Kämpfen ein, die darauf ausgelegt waren, die bestehende Machtverteilung in Frage zu stellen, ihre Ansprüche durchzusetzen, die Macht und den Einfluss, den sie auf das Wesen des Staates und die Richtung des staatlichen Handelns und die Politik hatten, zu erweitern.

Einige dieser neuen gesellschaftlichen Kräfte sind am besten in Klassenbegriffen zu beschreiben – die verschiedenen Sektoren der industriellen Arbeiterklasse; obwohl diese, wie wir gesehen haben, keinen vollständig homogenen Klassencharakter besaßen. Einige der neuen Kräfte hatten keinen eindeutigen Klassencharakter und werden besser als ›soziale Bewegungen‹ definiert; die Suffragetten waren vielleicht das beste Beispiel für diese letzte Gruppe. Wir haben sie alle als Teil der demokratischen Kräfte betrachtet, weil ihre Wirkung letztlich darin bestand, die Macht und den Einfluss der unteren Klassen und anderer unrepräsentierter gesellschaftlicher Schichten auszuweiten. Ziel ihrer Kämpfe war, den demokratischen Inhalt des politischen und sozialen Lebens allgemein zu vertiefen und den Staat – formal zumindest – weitgehender repräsentativ zu machen.

Wir sagen ›Kämpfe‹ anstatt ›Kampf‹, weil sie eine Bandbreite effektiver Formen annahmen und aus einer Anzahl verschiedener Strömungen entstanden und nicht aus einer einzelnen Quelle oder einem einzelnen gesellschaftlichen Widerspruch. Dazu gehörten die formale Ausweitung des Wahlrechts (für Männer und Frauen); auch neue Formen der industriellen und politischen Repräsentation; die Mobilisierung unterschiedlicher Kampagnen und anderer Formen des populären Protests und der Agitation; die Bildung neuer politischer Organisationen; das Aufkeimen neuer politischer Ideologien. Sie alle bedeuteten die Ausweitung demokratischer Formen der Repräsentation.

Dieser Fortschritt ›der Demokratie‹ hatte einigen Erfolg. Er trug dazu bei, den Charakter des Staates in der Mitte des 19. Jahrhunderts zu transformieren. Er zwang den Staat auf eine neue Basis – das allgemeine Erwachsenenwahlrecht. Er trug dazu bei, eine neue Art der ›Staatsbürgerschaft‹ zu etablieren. Er war einer der Faktoren, die den Staat dazu führten, eine neue Verantwortung dafür anzunehmen, die gesellschaftlichen Interessen *aller* zu vertreten – nicht nur jene der bereits wahlberechtigten politischen Klassen. Kurz, er verwandelte Großbritannien in eine Massendemokratie. Er zwang den Staat, seine Maschinerie beträchtlich auszuweiten, um seiner neuen Verantwortung nachzukommen (z.B. staatliche Sozialleistungen) und sich neuen Herausforderungen zu stellen. Er bewegte den Staat allgemein dahin, eine interventionistischere Rolle anzunehmen. Und je mehr der Staat versuchte, seine Legitimität auf die *gesamte* Gesellschaft zu stützen, desto mehr wurde der Staat selbst die einzige Basis, von der aus *nationale* Strategien, Kompromisse und Lösungen formuliert und implementiert werden konnten.

Hat ›das Problem der Demokratie‹ also den Staat völlig demokratisiert? Nicht in der weitreichenden Art, die damit angedeutet ist – obwohl Großbritannien nach diesem Zeitraum eindeutig mehr eine Demokratie *ist* als zuvor. Die mächtigen Klassen waren gezwungen, die Forderungen der neuen gesellschaftlichen Kräfte stärker zu beachten. Tatsächlich waren die Ersteren angesichts der populären Herausforderungen eine Zeitlang wie versteinert – sie konnten sich kein Problem vorstellen, das sich nicht letztlich um die Frage drehte, wie man auf ›das Problem der Demokratie‹ reagieren, es bewältigen oder kontrollieren solle. Von diesem Zeitpunkt an – in formalen, aber auch anderen Begriffen – konnten die Massen schlicht nicht mehr ignoriert werden. Sie mussten *in* den politischen Strategien organisiert, eingerechnet, mobilisiert werden. Sie wurden zu *dem* Faktor, ohne den die massendemokratische Politik nicht funktionieren konnte.

Was Erklärungen betrifft: Hat die Wirtschaft die endgültige Form, die der Staat in Reaktion anzunehmen gezwungen war, diktiert oder bestimmt? Meine Antwort darauf ist *ja – wenn* wir damit meinen, dass die wirtschaftliche Dimension der Krise Trends in Bewegung gesetzt und bestimmte Kräfte aktiviert hat, deren Konsequenz die Mobilisierung des Volkes und die Verschiebungen der staatlichen Politik waren, die sich daraus ergaben. Aber aus der Beschreibung, die ich hier vorgelegt habe, scheint es nicht möglich den Charakter der politischen und industriellen Kämpfe ›abzulesen‹ oder die endgültige Form des Staates allein aus einer Analyse der wirtschaftlichen Tendenzen vorauszusagen. ›Wirtschaft‹ und ›Staat‹ scheinen nicht in dieser direkten, unvermittelten Weise verbunden zu sein. Es ist angemessener, die Krise als Krise der gesellschaftlichen Formation *als Ganzes* zu sehen. Diese Kräfte, die auf wirtschaftliche Faktoren zurückgeführt werden können, bestimmen das Wesen von Gesellschaft und Staat nur *in, durch und über* die unterschiedlichen politischen Bewegungen, sozialen und ideologischen Formationen, die unter diesen Umständen entstehen. Die politischen und ideologischen Rahmenbedingungen und Kräfte vermitteln entschieden die Verbindungen zwischen Wirtschaft und Staat.

Die Entstehung des interventionistischen Staates

Wenden wir uns nun den Auswirkungen der Krise und der darauffolgenden Transformationen im Staat aus dem Blickwinkel der herrschenden Klassen zu. Sind hier *ebenfalls* neue gesellschaftliche Kräfte, neue politische Bewegungen und neue ideologische Formationen entstanden? Welche Rolle spielten Kämpfe *innerhalb* des dominanten Sektors in der langsamen und ungleichmäßigen Verlagerung des Staats hin zum Interventionismus? Beteiligten sich verschiedene Sektoren innerhalb des Machtblocks am Kampf um die Form des Staates, zusätzlich zum Kampf darum, die populärdemokratischen Kräfte zu schlagen oder einzugliedern?

Ein großer Teil der Diskussion wird sich auf das Konzept des Kollektivismus konzentrieren. Eine beliebte Art, den Übergang zu beschreiben, den der entwickelte kapitalistische Staat in dieser Periode durchmachte, ist ›der Übergang zum Kollektivismus‹. Dicey sah dies in der Rückschau als unaufhaltsame Tendenz. Tatsächlich wurde von verschiedenen politischen Kräften und Diskursen dieser Zeit eine Reihe unterschiedlicher ›Kollektivismen‹ konstruiert. Kollektivismen waren das hauptsächliche politisch-ideologische Programm, durch das vielfältige gesellschaftliche Kräfte versuchten, den Staat zu transformieren.

Grob gesprochen bedeutet Kollektivismus das Gegenteil von ›Individualismus‹. Kollektivisten glauben nicht mehr wie die Unterstützer des *Laissez-faire*, dass die Dinge am besten funktionieren, wenn Individuen die Freiheit haben, ihre Eigeninteressen zu maximieren, und der Staat so wenig wie möglich eingreift. Kollektivismus geht davon aus, dass die Gesellschaft nicht aus ›bloßen Individuen‹ besteht, sondern aus korporativen Klassen, Gruppen und Interessen. Der Staat sollte daher im Interesse einer Gesellschaft planen und handeln, die als organisches Ganzes betrachtet wird – eine ›Kollektivität‹. Der Aufstieg des Kollektivismus war daher mit der Aufnahme aller Erwachsenen in die politische Nation verbunden und brachte eine neuartige Konzeption der Staatsbürgerschaft mit sich.

Der Verfall des liberalen Blocks

Die politische Auswirkung der Krise auf den herrschenden Block war immens, obwohl sich dies nicht sofort bemerkbar machte. Zunächst löste sie die Fragmentierung und den Niedergang des Liberalismus aus. Mit seinem wirtschaftlichen und politischen Individualismus, seinem nonkonformistischen und nüchtern moralischen Ton, seinem Bekenntnis zu langsamen, evolutionären Reformen und Anpassungen, seinem standhaften Gefühl, dass die ›Klassen‹ führen, dabei aber ihre Pflicht zur Aufklärung der nicht wahlberechtigten ›Massen‹ im Auge behalten müssen, seinem inbrünstigen Glauben an Ordnung, Freiheit und Gewissen, Einsparung und Reform, war der Liberalismus über den Großteil des Jahrhunderts eine mächtige integrierende ideologische Kraft gewesen. Der Liberalismus beanspruchte für sich, mindestens drei unterschiedliche soziale Elemente zu vertreten. Er forderte die Gefolgschaft des Whig-Adels und der großen Landbesitzer ein – jener, die sich mit der ›Glorious Revolution‹ und der protestantischen Vorherrschaft identifiziert hatten, die ihre Unabhängigkeit von der Aristokratie in den frühen Stadien des Agrarkapitalismus etabliert hatten und dann ihren Reichtum aus Grundeigentum als Basis für den Eintritt in das kapitalistische Geschäft mit Renten und gewinnbringender Landwirtschaft genutzt hatten, indem sie die neuen Märkte über Handel und Gewerbe belieferten. Sie bildeten eine große Familienoligarchie mit ihrer Basis im Grundbesitz: das Interesse der Landeigentümer, das die alten aristokratischen Tory-Verbindungen ausschloss. Schrittweise verbündete sich dieses Whig-Element mit dem zweiten Element und repräsentierte es schließlich innerhalb des Staates: der neuen Bourgeoisie der Manufakturen, den industriellen und gewerblichen Klassen, die die wirtschaftlichen und industriellen Revolutionen des 18. und 19. Jahrhunderts gemacht hatten und begannen, endgültig Anspruch auf politische Macht und gesellschaftlichen Einfluss zu erheben. Drittens konnte man im Schatten des radikalen Flügels des Liberalismus noch immer die nicht wahlberechtigten Massen sich drängen sehen, insbesondere die gelernten Handwerker der viktorianischen Gewerkschaften.

Dieser politische Block begann langsam auseinanderzufallen und störte damit das empfindliche politische Gleichgewicht des Staates. Die Doktrinen des Individualismus, der aufgeklärten Reform und politischen Ökonomie, die mit dem *Laissez-faire*-Zugang zum Staat verbunden waren, wurden zuerst von liberalen Philosophen und politischen Theoretikern wie Thomas H. Green und David G. Ritchie kritisiert (Richter 1964), später von den neuen liberalen Intellektuellen wie Hobson, Leonard T. Hobhouse, Graham Wallas, Barbara und John L. Hammond.

Ein weiteres Symbol des Verfalls im liberalen Block war die beherrschende Gestalt von Joseph Chamberlain. Chamberlains Karriere begann in den Manufakturbesitzerklassen des industriellen Birmingham mit einem Versuch, den Liberalismus der Basis wiederzubeleben. Er engagierte sich für allgemeine, verpflichtende und freie Bildung, führte die nonkonformistischen und abweichenden liberalen Familien über das neue ›bürgerliche Evangelium‹ in eine aktive ›Parteikonferenz‹ über liberale Stadtpolitik und baute die National Liberal Federation auf. Und doch markierte Chamberlains Karriere nicht die Revitalisierung des Liberalismus, sondern seine Veränderung in etwas anderes. In Birmingham initiierte er ein weitreichendes städtisches Reformprogramm mit eindeutig ›sozialistischem‹ oder ›dirigistischem‹ Charakter: öffentliche Gebäude, Straßenplanung, Räumung von Slums, die neue Universität, Gas- und Wasserversorgung in städtischem Eigentum, die Errichtung von Parks, Büchereien und Schwimmbädern und vieles mehr. Dies war allgemein als ›Gas- und Wassersozialismus‹ bekannt, konnte aber auch als Schaffung eines ›lokalen Staates‹ gedacht werden. Tatsächlich war Chamberlain auch eine sehr autoritäre Figur, versiert in populistischer Agitation, aber frei von jeglichem Impuls, sich einer demokratischen Lenkung zu unterwerfen. Er war ein Staatsreformer ›von oben‹. Im Geiste war er kein Liberaler. Seine Karriere ist nur als Produkt des Übergangs aus einer alten politischen Formation zu verstehen. Später führte er wegen der Unionistenfrage (d.h. für die Erhaltung der Einheit von Nation und Empire und daher gegen die Home Rule für Irland) viele Radikale aus der Liberalen Partei, bildete eine Allianz mit den Konservativen und beendete sein Leben als führende imperialistische Figur, als Hauptarchitekt und Inspiration für die Zollreform und die protektionistische Handelsdoktrin.

In gewisser Weise ereignete sich der dramatischste Bruch der liberalen Allianz mit dem Auftauchen der Gewerkschaften der qualifizierten Arbeitskräfte und der ›Arbeiteraristokraten‹ der spätviktorianischen Zeit aus dem Schatten der Liberalen Partei und den langsamen Fortschritten, die die Arbeiterklasse allgemein in Richtung ihrer politischen Selbständigkeit machte.

Dieses Zerbrechen des politischen Gleichgewichts setzte unterschiedlichste neue Kräfte, seltsame Doktrinen und bizarre Querallianzen in Bewegung. Es formte auch den Machtblock um. Obwohl sie nie die dominante politische Klasse gewesen war, war die große dynamische Kraft innerhalb des liberalen Blocks natürlich die industrielle und kommerzielle Bourgeoisie. Sie regierte noch nicht, aber sie schaffte es zunehmend, über ihre Allianz mit ihrer landbesitzenden Whig-Verwandtschaft zu *herrschen* (d. h. die Richtung der Gesetze zu diktieren). Als der Rückgang in den Hauptexportindustrien einsetzte und Großbritannien die Führung im Welthandel verlor und hinter seine Rivalen zurückfiel, war das, was geschah, *nicht* so sehr ein Kollaps der herrschenden Klasse, sondern eine Neuzusammensetzung des herrschenden Machtblocks; eine neue Fraktion trat innerhalb des Blocks in einer führenden Position in Erscheinung.

Dieses Konzept eines Machtblocks ist für unsere Analyse wichtig. Es bezeichnet Fraktionen verschiedener Klassen, die in einem Block organisiert sind und den gesellschaftlichen Unterbau des Staates bereitstellen. Es erlaubt uns, das höchst vereinfachte Konzept einer mehr oder weniger homogenen oder einheitlichen herrschenden Klasse durch ein alternatives und historisch wesentlich genaueres Konzept eines herrschenden Blocks oder einer Allianz gesellschaftlicher Kräfte zu ersetzen, die um den Staat organisiert sind und aus verschiedenen Fraktionen bestehen. Politische Veränderungen treten oft zunächst über das Aufbrechen interner Differenzen *innerhalb* des Machtblocks in Erscheinung; in der Veränderung des Gleichgewichts zwischen den verschiedenen Elementen innerhalb der Kräfteallianz; oder in einer Verschiebung von einem Teil zum anderen, was das führende Element betrifft.

Was in den 1880ern und 1890ern geschehen zu sein scheint, ist, dass zu einem Zeitpunkt, als die Preise durch billige Importe aus neuen Versorgungsquellen fielen, die großen Landbesitzer begannen, sich nach nichtlandwirtschaftlichen Einkommensquellen umzusehen. Sie wandten sich zunehmend Erträgen aus städtischem Besitz, aus Rechten an Bodenschätzen und Honoraren für Direktorenposten in Unternehmen zu. Als die

Gewinne nach der Handelskrise von 1873 fielen, ereignete sich ein ähnlicher Prozess innerhalb der industriellen Bourgeoisie. Sie wandte sich ebenfalls Investitionen in städtische Immobilien, Regierungsanleihen, Aktien und Wertpapieren sowie Überseeinvestitionen zu, der Finanzierung und Versicherung von Handel und Einkünften aus ›unsichtbaren Exporten‹ (d.h. dem Transport von Gütern statt der Produktion von Handelswaren). Die großen Landbesitzer und die Großbourgeoisie traten in einen Prozess der Verschmelzung ein und bildeten das, was zeitgenössisch als die ›neue Plutokratie‹ bekannt wurde. Sie waren die Superreichen: zusammengerückt durch zunehmende Verbindungen über Ehen und Familie, gemeinsame Interessen und Lebensstile; und von den unter Druck stehenden kleinen und mittleren Sektoren ihrer jeweiligen Gruppe getrennt. Der Abstand zwischen den Wohlhabenden und den Armen wurde ausgeprägter.

Eine der Hauptkonsequenzen dieser internen Neuzusammensetzung war eine Veränderung im gesamten Gleichgewicht des Machtblocks. Der Einfluss der produzierenden Klassen begann abzunehmen, und mit ihm der unternehmerische Schwung, der Großbritanniens früheres Wachstum getragen hatte. Die schon immer starken finanziellen, imperialistischen und Investitionssektoren übernahmen an Stelle des produzierenden Sektors die Führung. Es handelte sich zunehmend um eine Finanzbourgeoisie von *Rentiers* und nicht mehr um eine Bourgeoisie der Produktion: eine neue plutokratische Unternehmerklasse.

Nationale Effizienz

Zusätzlich zur Neuzusammensetzung des Machtblocks äußerte sich die Krise auch in der Entwicklung von neuen Doktrinen und Bewegungen innerhalb der führenden Ränge der Gesellschaft, die danach strebten, für den Staat neue historische Aufgaben zu formulieren. Einer der Auslöser, die diesen Prozess in Gang setzten, waren die Auswirkungen des Burenkrieges. Die Beteiligung Großbritanniens an einem Krieg gegen die Burensiedler in Südafrika ergab sich aus dem wachsenden Imperialismus, der strategisch darauf ausgelegt war, Großbritanniens Wohlstand im Inland und seine wirtschaftliche Stärke im Ausland wiederherzustellen. Der Burenkrieg spiegelte die wachsende Bedeutung der ›imperialistischen Verbindungen‹ innerhalb des Machtblocks wider (diejenigen, deren wirtschaftliche und geschäftliche Interessen in Auslandsinvestitionen, der kolonialen Expansion und britischen Dominanz auf den Weltmärkten sowie in Bodenschätzen gebunden waren). Die britischen Interessen im südlichen Afrika hatten sich schrittweise in Richtung einer Politik der großen Vereinigung seiner riesigen Länder und Bodenschätze unter britischer Herrschaft bewegt. Cecil Rhodes, ein führender kapitalistischer Abenteurer mit Interessen in den neuen Minenunternehmen und überzeugter Imperialist, verstrickte Großbritannien in ein Komplott, die Burensiedler zu vertreiben und das südliche Afrika unter britischer Souveränität zu vereinen – mit Chamberlains taktischer Mitwisserschaft, wenn nicht mit seiner Ermutigung. Die Kriegsführung betrifft uns hier nicht, ihre Konsequenzen jedoch schon. Erstens stellte sie die Gefahren der neuen Politik des Imperialismus als Lösung für Großbritanniens Probleme bloß. Zweitens schockierte sie traditionelle Liberale, von denen viele lange der Theorie angehangen hatten, dass die Aufrechterhaltung des Freihandels nicht mit einem imperialen Schicksal kompatibel sei. Drittens führte sie zu militärischen Katastrophen. Die Buren erwiesen sich als enorm hartnäckige Gegner. Die britische Armee erlitt mehrere ernste Rückschläge; sie griff auf fragwürdige militärische Taktiken zurück, die ihre stolzen Generäle in öffentlichen Misskredit brachten. Das Hauptresultat war jedoch, dass eine gründliche Überprüfung der Konsequenzen der Krise im Inland und der Misere ausgelöst wurde, in die Großbritannien durch die abnehmenden wirtschaftlichen Erfolge geraten war.

Aus diesem Ferment entstand das Anliegen der ›nationalen Effizienz‹. Das Urteil über den Krieg lautete, das gesamte System sei radikal ineffizient und Großbritanniens Glück könne nur mit einem umfassenden nationalen Wiederaufbauprogramm – das durch einen aktiveren Staat angeführt würde – wiederhergestellt und seine imperialen Interessen nur so geschützt werden. Das war die Logik, durch die substanzielle Teile des herrschenden Blocks dazu gebracht wurden, die *Laissez-faire*-Politik aufzugeben, und für den Kollektivismus gewonnen wurden. Es wurde zunehmend deutlich, dass der ›freie Markt‹ und der ›Nachtwächterstaat‹ sich selbst überlassen die notwendige nationale Dynamik und weitreichenden Reformen *nicht* erreichen konnten. Das gewaltige Programm zur gesellschaftlichen Erneuerung benötigte den Impetus eines kollektivistischen Staates, der als treibende politische Kraft das gesamte Programm vorantreiben würde. Der Staat musste jedoch zu diesem neuen historischen Programm *bekehrt* werden. ›Nationale Effizienz‹ als Doktrin implizierte so auf Schritt und Tritt die Transformation des Staates in ein Werkzeug zur sozialen Intervention auf einer sehr breiten Front.

Geoffrey R. Searle (1971) hat dazu bemerkt: »›Nationale Effizienz‹ war keine homogene politische Ideologie. Sie diente als praktisches Etikett, unter dem eine komplexe Reihe von Glaubenssätzen, Annahmen und Forderungen eingeordnet werden konnte.« (54) Eine Vielzahl unterschiedlicher politischer Kräfte, Allianzen und Organisationen suchte nach einem grob ähnlichen Programm und rang darum, es umzusetzen. Eine prominente Strömung hing dem Glauben an, dass die mangelnde Effizienz in der Armee die drohende Degeneration der Race widerspiegele. Die Briten seien eine auserwählte Race, die zu historischen Leistungen bestimmt ist; daher müssten entschieden Wege eingeschlagen werden, um die ›Race zu verbessern‹. Wenn nötig, indem die Rechte der ›degenerierteren‹ Teile der Bevölkerung, sich zu vermehren, kontrolliert würden und ein Stimulans für die Geburtenrate entwickelt würde, besonders in den wohlhabenden Teilen der Gesellschaft. Nationale Effizienz erwies sich so als mächtiges Stimulans für den ›Sozialdarwinismus‹ von Menschen wie Benjamin Kidd und Karl Pearson, die Theorien über die ›Degeneration bestimmter nationaler Typen‹ vertraten (etwa der Juden und der Iren) und die Drohung des ›Rassenselbstmords‹ formulierten, der aus der fortgesetzten Vermehrung der ›weniger fähigen‹ Klassen folgen würde. Sie befürworteten zur Planung und Kontrolle der Reproduktionsrate der ›fähigeren‹ Klassen die Biotechnik – ein Schwerpunkt, der zur Eugenik-Bewegung führte.

Paradoxerweise nannte sich Professor Pearson weiterhin ›Sozialist‹; und Sidney Webb, der Gründer der Fabian Society, legte zur Lösung von Pearsons Problem *sein* Programm einer ›Mutterschaftsstiftung‹ vor. So gehörte der Kollektivismus gleichzeitig zur Rechten und zur Linken. Webb (1907) argumentierte, dass, »sobald die Produktion von gesunden, moralischen und intelligenten Bürgern als Dienst an der Gesellschaft geehrt wird und zum Thema von bewusstem Lob und Ermutigung vonseiten der Regierung gemacht wird, […] sie […] die besten und patriotischsten Bürger anlocken« wird (19). (Eine Darstellung dieser Bewegungen findet sich bei Semmel 1960.) Wir sollten besonders die Bedeutung der Eugenikbewegung erwähnen – weil sie sich in ihren Konsequenzen und Programmen direkt auf Mütter auswirkte und die Debatte über die strittige Frage der Geburtenkontrolle beeinflusste. Sie hatte so einen prägenden Einfluss auf feministische Kreise.

Sozialimperialismen

In der Praxis waren nationale Effizienz und Sozialimperialismus nur schwer zu unterscheiden. Beide Bewegungen setzten sich aus denselben ideologischen Elementen zusammen, die allerdings unterschiedlich betont wurden. In der Ersteren stand an vorderster Stelle die Aufgabe, die nationale Effizienz zu heben und Gesellschaft und Staat effizienter zu machen, vor dem imperialistischen Thema, das sie aber nicht ersetzte. In sozialimperialistischen Kreisen wurde der Imperialismus als das Mittel angesehen, durch das Effizienz erzielt werden konnte, ebenso wie als Ziel, auf das die Effizienz gerichtet sein sollte. Auf ihre unterschiedliche Art waren es Versuche, ideologisch zu definieren, welches die Ursachen der Krise waren und wie ihr abzuhelfen sei. Sie waren auch Programme für eine Gesellschaftsreform, um die sich neue politische Allianzen zu bilden begannen und um die der politische Kampf um den Staat zunehmend geführt wurde.

Der Begriff ›Sozialimperialismus‹ bezog sich zunächst auf Deutschland unter Otto von Bismarck, wo mit starker staatlicher Förderung eine Politik gesellschaftlicher Reformen eingeführt wurde, die dazu bestimmt waren, »die Sozialisten loszuwerden« und die Arbeiterklasse »für die nationalen Interessen« zu gewinnen, in Kombination mit Schutzzöllen für Landwirtschaft und Industrie und einer expansionistischen Außenpolitik (23). Chamberlain und die Tariff Reform League repräsentierten zu dieser Zeit die dominante Form des britischen Sozialimperialismus. Sie bezogen sich auf ein ›Greater Britain‹ mit 11 selbstregierten Kolonien, die 11 Millionen Quadratmeilen umfassten, einer Weißen Bevölkerung von 11 Millionen neben den indigenen Bevölkerungen und einem riesigen Potenzial an Land, Bodenschätzen und Märkten – und sahen darin die Antwort auf die britische Krise. Zweifellos waren sie im Geiste von den großen Ideen einer ›Mission‹, des imperialen Schicksals und nationalen Ruhms durchdrungen. Aber während die britische wirtschaftliche Beherrschung der Weltmärkte in der früheren Phase der Industrialisierung zwar unter dem Schutz der Marine erreicht worden war, hauptsächlich jedoch unter dem Schwung der Marktkräfte und dem Prinzips des *Laissez-faire*, würde das neue Imperium regelrecht organisiert werden müssen. Es würde im Inneren der erweiterten Handelszone eine Politik der imperialen Bevorzugung und nach außen Schutzzölle entwickeln müssen. Es würde ein neues System imperialer Allianzen benötigen. Nichts davon könnte geschehen, ohne dass der Staat ein wirklich imperialistischer/kollektivistischer Staat würde.

Wir dürfen jedoch die politischen und gesellschaftlichen Aspekte nicht vergessen. Chamberlains Gemeindereformen waren darauf ausgelegt, die Arbeiterklassen durch Reformen ›von oben‹ von radikalen Programmen abzubringen. Diese Strategie wurde nun auf die nationale Bühne übertragen. Die Früchte des Imperialismus, so Chamberlain, würden die nötigen sozialen Reformen zu Hause finanzieren: Unfallversicherung, Renten- und Krankenversicherungssysteme etc. So würde der Imperialismus die innenpolitische Unzufriedenheit ›aufkaufen‹; ein Tauschgeschäft, das als

Chamberlains ›*squalid argument*‹ (Elendsargument) bekannt wurde. Aber er hatte die nationale Erregung richtig eingeschätzt, die der Burenkrieg in der Bevölkerung zu Hause geweckt hatte. Die Gefühle und die Stimmung der Bevölkerung konnten – seiner Meinung nach – durch den ›Hurrapatriotismus‹, der das imperialistische Abenteuer begleitete, mobilisiert und möglicherweise von Klassenressentiments in nationalistische Kanäle umgelenkt werden. »Der Sozialimperialismus diente dazu, alle Klassen in der Verteidigung von Nation und Empire zu vereinen, und wollte den am wenigsten wohlhabenden Klassen beweisen, dass ihre Interessen mit jenen der Nation untrennbar verbunden seien« (24).

Der Imperialismus war so teilweise ein Ersatz für die gefährliche Alternative des Sozialismus. Die imperialistische Strategie bestand darin, die unteren Klassen für eine neue Art von politischem Block zu gewinnen und sie darin einzuordnen. Sicherlich in einer untergeordneten Position, wie sie es auch im Liberalismus unter Gladstone waren; aber eindeutig durch einen neuen Mechanismus – Reform – in die Nation eingegliedert. Chamberlain bemerkte: »Die Demokratie will zwei Dinge: Imperialismus und Gesellschaftsreform« (14). Indem sie ihr beides gaben, erwiesen sich die Sozialimperialisten als Pioniere einer neuen Basis für einen nationalen Konsens und die Integration um den Staat herum. Ihr Projekt war es, unabhängige populare Bewegungen in die Disziplin eines größeren nationalen Projektes einzubinden und zu kontrollieren; in Wirklichkeit eine national-populistische Politik unter massendemokratischen Bedingungen aufzubauen. Deshalb nennt Robert J. Scally (1975) den Sozialimperialismus einen ›Sozialismus der Rechten‹.

Rasch entwickelte sich innerhalb dieses Machtblocks ein Kampf um die Vorherrschaft. Die erste Phase kann mit dem Eintritt Chamberlains als mächtiger, populistischer, früher radikalliberaler Figur in die Konservative Partei und seinen Bemühungen identifiziert werden, von seiner Basis innerhalb des Staates (dem Kolonialministerium) aus die Konservative Partei von innen zu gewinnen. Dann startete er seinen Versuch, die Unterstützung der Öffentlichkeit zu gewinnen, indem er über die Partei hinweg an die Bevölkerung außerhalb des Machtblocks appellierte, mit einem wohldefinierten Programm, das den Vorrang der imperialen Interessen mit einer Gesellschaftsreform verband (in einer berühmten Rede in Birmingham) und dem Vorwurf begegnete, dass Zölle wegen hoher Abgaben für Getreideeinfuhren teureres Brot für die Arbeiterklasse bedeuten würden. Arthur J. Balfour, der Vorsitzende der Konservativen, wollte die Allianz zwischen pro-protektionistischen und anti-protektionistischen Elementen in seiner

Partei zusammenhalten. 1902 trat Salisbury, der Premierminister, zurück; der König schickte nach Balfour, nicht nach Chamberlain; und 1903 trat Chamberlain zurück. Das war das Signal nicht für Chamberlains Rückzug, sondern für eine Verlagerung hin zu einer anderen Art der politischen Auseinandersetzung: einer populistischen außerparlamentarischen Agitation. Das Hauptinstrument dieser Zollreformkampagne, die mit einer Tournee Chamberlains begann, war die Gründung einer hetzerischen Organisation, der Tariff Reform League. Die League begann dann eine Mobilisierung der Öffentlichkeit und versuchte diesmal, den Staat von außen anzugreifen und einen Teil der führenden Klassen in einer populistischen Erhebung gegen *beide* etablierten Parteien im Staat mit den Massen zu vereinen. Das sind die klassischen Schritte in einer Form des politischen Kampfes ›von oben‹.

Nach Chamberlains unzeitigem Schlaganfall ging die Führung der League an sogar noch zähere Kampagnenführer über: James L. Garvin, seinen großen Schüler und Herausgeber des *Observer*, und Viscount Milner, eine mächtige, wenn auch distanzierte Autoritätsfigur im sozialimperialistischen Lager mit einer aktiven Unterstützergruppe, die er im Dienst des Empire geschult hatte (›Milners Kindergarten‹). Milner betrachtete sich als Kollektivisten und unterstützte öffentlich, was er einen ›edleren Sozialismus‹ nannte, worunter er verstand, den Klassenantagonismus zu vermeiden und den Arbeiter in einen organischen, patriotischen Imperialismus einzubinden. Dieser Versuch, die Repräsentation der Arbeiterklasse zu erobern und sie auf eine Weise zu repräsentieren, die im eklatanten Gegensatz zu jener der sozialistischen Sekten und der neuen Independent Labour Party stand, war in der Propaganda für die Zollreform ein wiederkehrendes Thema.

Die Agitation für die Zollreform war nach ihren eigenen Maßstäben nicht erfolgreich. Sie führte zum Scheitern der Konservativen und Unionisten und zum Erdrutschsieg der Liberalen 1905. Die Initiative, die Krise zu definieren und eine Wiederaufbaustrategie voranzutreiben, ging an die Gegenseite. Dann kam der Erste Weltkrieg. Bis die Strategie der Tariff League angenommen wurde, hatte sich ihr politischer Einfluss verbraucht. Und dennoch war in anderer Hinsicht ihre Mission erfüllt. Sie half, die Doktrin von Freihandel und *Laissez-faire* zu zerstören. Sie zerbrach die alten Allianzen und schmiedete neue. Sie popularisierte die Idee, dass die alten Parteien und die Parteipolitik tot seien und ausgespielt hätten. Viscount Ridley, ein Unterstützer der League, sagte, dass es »eigentlich nur zwei Parteien im Staat gibt, die wissen, was sie wollen«. Nicht die Liberalen und die Tories, sondern die »Partei der Zollreform und die Independent Labour Party«! (Zit. n. Semmel 1960, 90) Tatsächlich wurden für diese Zeit mächtige parteiübergreifende Impulse charakteristisch, die jene Parteien vor Herausforderungen stellten, die früher den glatten Übergang von Macht und Legitimität innerhalb des Staates gesichert hatten. Mächtiger war sogar noch der Einfluss derer, die für die Überwindung des parteipolitischen Systems selbst und die Errichtung einer Führung argumentierten, die direkt im Staat begründet wäre.

Kollektivismus der Fabier und die ›Limps‹

Der Sozialimperialismus der Zollreform à la Chamberlain war keineswegs die einzige Art, wie Imperialismus und Kollektivismus verbunden wurden. Es gab auch innerhalb der Liberalen Partei eine mächtige Gruppe von Sozialimperialisten. Sie bekannten sich zu Imperialismus, nationaler Effizienz und zum kollektivistischen Staat; aber unterschieden sich von den Zollreformern durch ihre Unterstützung des Freihandels und die Ablehnung von Protektionismus. Sie waren ›Liberale Imperialisten‹ – oder ›Limps‹. Sie fanden im ehemaligen liberalen Premierminister Lord Rosebery eine politische Galionsfigur, über die sie ihre Sache vorantreiben konnten. Er kündigte seine Kandidatur 1901 in seiner berühmten ›Chesterfield-Rede‹ an. Die *Daily Mail* kommentierte am 17.12.2001: »Lord Rosebery warf kurzerhand sowohl Liberale als auch Tory-Partei über Bord und bot sich einer neuen Partei an, deren Parole Effizienz sein wird«.

Rosebery verachtete Parteien und hatte keine Geduld mit der repräsentativen Demokratie. Er wollte *beide* umgehen. Diesen Ehrgeiz teilte er mit Chamberlain, den Webbs, Milner und, wie wir noch sehen werden, heimlich auch mit Lloyd George. Roseberys Proklamationen hatten einen beunruhigend ›preußischen‹ oder ›bonapartistischen‹ Beigeschmack, und tatsächlich füllte sich die Bühne plötzlich mit lauter ›kleinen Cäsaren‹, die es besser wussten als der wankelmütige Pöbel. Zum richtigen Zeitpunkt würden sie die Pattsituation lösen und die Krise beenden, indem sie – widerwillig – die Kaiserkrone annehmen würden, um die Nation zu retten.

Unter Roseberys Unterstützern waren Milner und Richard B. Haldane, einer der unermüdlichsten ›Vermittler‹ und internen Problemlöser der britischen Politik. Außerhalb der liberalen Ränge erhielt er die stärkste Unterstützung von der Fabian Society, die Sidney und Beatrice Webb leiteten. Ursprünglich wollte die Fabian Society eine Gruppe von Experten und Intellektuellen versammeln, die einen nicht-marxistischen, evolutionären Sozialismus unterstützten. Aber die Fabier waren gegenüber den populäreren demokratischen Zielen der Arbeiterbewegung immer misstrauisch gewesen, und nachdem die Frage des Imperialismus ihre Ränge spaltete, wandte sich die Society zunehmend der Implementierung eines kollektivistischen Programms zu, nicht durch die Massenpolitik, sondern durch die *Beeinflussung* des einen oder anderen potenziell populären politischen Führers, die Eroberung des einen oder anderen Flügels der etablierten Parteien oder die allgemeine Verbreitung ihrer Vorstellungen und Pläne über das, was sie ›Durchdringung‹ nannten. Sidney und Beatrice Webb bildeten eine der beachtlichsten politischen Partnerschaften in der britischen Politik und prägten der Wissenschaft von der Regierung, dem späteren Charakter des britischen Wohlfahrtsstaats, der ›labouristischen‹ Philosophie der Labour Party und der britischen Arbeiterbewegung ihren Stempel auf. Haldane sah es ausdrücklich als seine Mission an, diese beiden Kräfte – die liberalen Imperialisten innerhalb der Liberalen Partei und die kollektivistischen Fabier – zusammenzubringen; diese Ehe scheiterte später jedoch.

Haldane und die Webbs kamen erstmalig über die zentrale kollektivistische Frage der Bildungsreform in Kontakt. In diesem Bereich waren die bedeutendsten rechtlichen Schritte das Gesetz von 1870, mit dem die Grundschulbildung in die Verantwortung des Staates überschrieben wurde, und das Gesetz von 1902, das Werk von Balfour, wesentlich unterstützt durch die inspirierte Beratung und die geschickten politischen Manöver eines weiteren kollektivistischen Staatsdieners: Robert Morant im Bildungsministerium. Morant wiederum war jedoch durch dessen zentrale Stellung im London County Council stark von Sidney Webb beeinflusst. Das Gesetz von 1902 trug dementsprechend die sichtbaren Zeichen und die Signatur des nationalen Effizienzgedankens und des Kollektivismus. Die Pflichtschule wurde im Wesentlichen als Teil der Bemühungen um nationale Effizienz gesehen. Der Staat musste Bildungsstandards für die ganze Gesellschaft setzen. »Schlechte Erziehung war wie schlechte Gesundheit, schlechte Unterbringung, Arbeitslosigkeit, mangelnde Hygiene« (Shannon 1974, 304). Staatliche Erziehung sollte die Nation in einer gemeinsamen regenerierenden Bestimmung zusammenschweißen.

Als Rosebery seine Bekehrung zur Sache der nationalen Effizienz ankündigte, beeilte sich Sidney Webb (1901), das zu begrüßen. In einer Reihe fabianistischer Abhandlungen arbeitete Webb ein ganzes kollektivistisches Programm aus: Reform der Slumwohnungen, des Armengesetzes, des Abwassersystems und der ausbeuterischen Gewerbe; Effizienz und ›Virilität‹ in der Regierung; ein ›nationaler Mindestlebensstandard‹, der vom Staat festgelegt und erhalten wird, um die Industrie für gewerblichen Wettbewerb zu rüsten; Bildungsreform, da es »die Schulklassen [sind] […], in denen die künftigen Schlachten des Empire um wirtschaftliche Prosperität bereits heute verloren werden«. Kurz, Schritte, »um die Aufzucht einer imperialen Race zu sichern« (zit. n. Semmel 1960, 73). Das beleuchtet gut die widersprüchlichen Stränge von bürokratischem Zwang und ungeduldigem Reformismus im Fabianismus, bei den Webbs selbst und im Kollektivismus dieser Zeit insgesamt.

Die Webbs nahmen gegenüber sozialen Problemen eine wissenschaftliche, sozialdarwinistische Haltung ein. Obwohl sie selbst Sozialisten waren, betrachteten sie Probleme im Sinne von Verwaltungsfragen anstatt als politische Probleme. Sie näherten sich ihnen im Geist einer rationalen Diagnose. Die Tatsachen sprachen für sich selbst: Alles, was man zu tun hatte, war, einen Berg von Tatsachen vorzulegen, und Menschen mit gesundem Menschenverstand würden sofort das Heilmittel erkennen. Rationale politische Gestalten würden unabhängig von ihrer politischen Einstellung ihre politische Unterstützung anbieten; und nachdem sie das politische Umfeld für ein Programm der nationalen Effizienz geschaffen hätten, würden sie vernünftig beiseitetreten und ›die Experten‹ Wege finden lassen, die Institutionen der britischen Gesellschaft neu aufzubauen. Ihr Leben lang warfen sie sich in eine Reihe von Kampagnen in der festen Überzeugung, dass diese von Gewerkschaftern, Staatsdienern und Kapitalisten Unterstützung erfahren und dass »alle rationalen Menschen sich letztlich von ihren Ansichten überzeugen lassen würden« (Harris 1982). Sie bekannten sich zum Sozialismus und bewiesen einen zutiefst dirigistischen und antidemokratischen Instinkt, einen leidenschaftlichen Glauben an administrativen Funktionalismus und Professionalismus. Der Kollektivismus der Webbs war gleichzeitig ›sozialistisch‹ *und* dirigistisch.

Die Webbs waren also schamlos elitär, trotz ihrer engen Verbindungen zur Arbeiterbewegung und zu Gewerkschaftsführern. Sidney Webb betrachtete den Kollektivismus als »die wirtschaftliche Kehrseite der Demokratie« (Hay 1978, 25). Der Elitismus von Intelligenz und Expertise muss, so dachten sie, erhalten werden. Ihre Vision war, unregulierten Individualismus und *Laissez-faire* durch einen organischen Kollektivismus zu ersetzen; und Verwaltung anstelle von Politik. Sie identifizierten sich mit der aufkommenden ›Philosophie‹ oder Ideologie, die besser an die Prozesse des sich allmählich ausbildenden kollektivistischen Staats angepasst war, und halfen bei ihrer Definition. Denn der Staat, der ›rational‹ und ›effizient‹ verwalten wollte, anstatt Privilegien und Interessen zu dienen, *musste* eine funktionierende Philosophie entwickeln (für den Staatsdienst ebenso wie für die Wohlfahrtsbürokratie), die sich auf die Überwindung der Politik und die Entstehung eines neutralen, unparteiischen Staates richtete. Im neuen Liberalismus und Sozialimperialismus, in der nationalen Effizienz und im Fabianismus sehen wir die vielen unterschiedlichen Spielarten, wie zentrale Teile des Machtblocks zur widersprüchlichen Sache des Kollektivismus bekehrt und in einen intensiven Kampf gegen *Laissez-faire* und die gesamte Konzeption der liberalen Politik und des liberalen Staates geführt wurden.

Lloyd George und der Ausnahmezustand des Krieges

Der Staat bekehrte sich in seiner Politik und Praxis jedoch nicht sofort zum ›Interventionismus‹: Bezüglich der Modernisierung und Umstrukturierung der britischen Wirtschaft z. B. – dem Problem im Zentrum der Krise, wie Eric Hobsbawm, Sidney Pollard und andere gezeigt haben – dauerte es bis in die 1930er, bis sich »die Wirtschaft Großbritanniens von einer, die sehr wenig, zu einer, die sehr stark konzentriert und gelenkt war, [wandelte], und zwar weitgehend durch direkte Eingriffe der Regierung« (Hobsbawm 1969, 79; auch Pollard 1969).

Der einzige bedeutende Bereich, in dem der Staat vor dem Ersten Weltkrieg direkten Einfluss auf die Wirtschaft hatte, waren die Sektoren, die mit der Rüstung zusammenhingen (1913 bereits 35 Prozent des nationalen Budgets), wo staatliche Aufträge den Schwung für »eine atemberaubende Serie von Großunternehmen [schufen], […] die durch eine atemberaubende Folge von Fusionen, Übernahmen und informellen Handels- und Kartellabkommen wuchs« (Schwarz 1985, 7).

Und doch, als der Krieg schließlich kam, *wurden* die Beziehungen zwischen Staat und Wirtschaft dramatisch transformiert.

> »1918 hatte die Regierung die Leitung mehrerer Industrien übernommen, kontrollierte andere dadurch, dass sie ihre Produktion beschlagnahmte oder konzessionierte. Sie organisierte selbst ihre Masseneinkäufe im Ausland, schränkte Kapitalverbrauch und Außenhandel ein, setzte Preise fest und überwachte die Verteilung der Konsumgüter. Die staatliche Finanzpolitik wurde – unbeholfen – dazu benutzt, mehr Mittel für den Krieg abzuzweigen, als die Leute von sich aus zu erübrigen bereit waren« (Hobsbawm 1969, 77).

Zunächst wurde angenommen, dass es vorzuziehen sei, sich »für die erfolgreiche Führung des Krieges auf privates Unternehmertum und die Gesetze von Angebot und Nachfrage zu verlassen« (Lloyd 1924, 261).

Erst als diese höchst traditionellen Mechanismen die Güter nicht liefern konnten, wurde das Land auf den Weg in Richtung einer massiv verstärkten staatlichen Intervention in die Wirtschaft gezwungen. Lloyd George hatte sich mit seiner Übernahme des neu gebildeten Rüstungsministeriums 1915 und der Führung der Koalition 1916 als starker Mann der Kriegsanstrengung erwiesen. Unter diesen Voraussetzungen übernahm der Staat in verschiedenen Bereichen die direkte Kontrolle über die Produktion und dehnte die staatliche Kontrolle schrittweise auf die Eisenbahnen, Kohleminen, die Getreidemühlen und bis zum Ende des Krieges auch auf den Transport aus. Er kontrollierte die Versorgung mit Kriegsgütern und Waffen durch direkte Produktion und ein ausgedehntes System von Auftragsvergaben.

Sogar noch dramatischer waren das Ausmaß und die Tiefe der Kontrolle über die Arbeitnehmer durch die staatliche Arbeitskräftepolitik. Anfang 1915 wurde eine Reihe von Weisungen in die Budgetvereinbarungen eingearbeitet, die Streiks in Regierungsbetrieben verboten und restriktive Praktiken vorschrieben, die mit Zustimmung der involvierten führenden Gewerkschafter unterschrieben wurden. Darauf folgte der *Munitions of War Act*, der Ausschüsse einsetzte, um Lohnfragen zu regeln, aber auch die Zustimmung der Gewerkschaften dazu sicherte, die ›Ausdünnung‹ von Facharbeit zu erlauben (das Besetzen von qualifizierten Stellen mit unqualifizierten Männern und insbesondere Frauen für die Dauer des Krieges), sowie zum Verzicht auf das Recht von Arbeitern in ›kontrollierten‹ Rüstungsbetrieben, ohne Erlaubnis ihr Arbeitsverhältnis zu kündigen, zu streiken oder das Arbeitsschiedsgericht anzurufen. Die Budgetvereinbarungen und der *Munitions of War Act*, die von Lloyd George als ›große Arbeitscharta‹ beschrieben wurden, repräsentierten tatsächlich »die weitestgehende Kontrolle des Arbeitsmarktes durch den Staat, knapp vor offener ›industrieller Konskription‹« (Burgess 1980, 162).

Im Ausnahmezustand des Krieges wurde der Staatsapparat selbst umfassend umgestaltet. Eine Reihe mächtiger neuer Ministerien wurde errichtet (Hubert Llewelyn-Smith wechselte vom Handelsministerium zum Rüstungsministerium, dem neuen Zugpferd der staatlichen Intervention). Geschäftsleute wurden direkt in die Arbeit der Staatsmaschinerie einbezogen. Staatsdiener und andere Intellektuelle (wie William H. Beveridge, von dem der Entwurf des Kriegsrüstungsgesetzes stammte und der später der ›Architekt‹ des Wohlfahrtsstaates nach 1945 war), die sich mit dem neuen kollektivistischen Geist identifizierten, ergriffen die Gelegenheit des Krieges, um ihn umfassender zu artikulieren und in der staatlichen Praxis zu verwirklichen. Sie wurden mit einer organischen Denkrichtung im Machtblock identifiziert. Sie waren – um Gramscis suggestiven Begriff zu verwenden – die neuen ›organischen Staatsintellektuellen‹ des Kollektivismus.

Das neue Regime hatte seine Grenzen. Die Requirierung wurde von Kompensationen oder einem ›fairen Preis‹ begleitet; die ursprünglichen Verwaltungsräte wurden beibehalten; die Modelle von Eigentum und betrieblicher Kontrolle wurden nicht ersetzt. Feste Preise federten oft nicht konkurrenzfähige Branchen ab. Hohe Frachttarife brachten Rekordgewinne, große Kapitalerträge – und veranlassten zum gut untermauerten Vorwurf des ›Kriegsgewinnlertums‹. Die staatliche Intervention garantierte den Kohlebesitzern Dividenden. Und sobald der Krieg zu Ende war, wurden die interventionistischen ›Fortschritte‹ beinahe sofort aufgegeben; sie wurden »mit ungehöriger Hast demontiert«, wie Hobsbawm es ausdrückt. Viele waren von »der enormen Ausdehnung der Regierungskontrolle [...], die in der Weltgeschichte ihresgleichen sucht«, schockiert (Pigou 1918, 53).

»Zurück zu 1914«, wurde laut Tawney (1943) zum oft gehörten Schlachtruf. »Industrielle wurden trotz des erheblichen Schutzes vor dem kalten Wind des Wettbewerbs, den die Kriegswirtschaft ihnen geboten hatte, vom falschen Versprechen neuer Chancen für die britische Industrie dazu gebracht, Kontrollen so schnell wie möglich abzuwickeln und zu den ›guten alten Zeiten‹ zurückzukehren.« – »Bis Mitte 1922 war praktisch die gesamte Maschinerie der Regierungskontrolle aufgelöst«, wie Pollard (1969, 53) bemerkt.

Der Interventionismus setzte sich also nicht durch. Tatsächlich ist seine Geschichte in Großbritannien extrem unregelmäßig (und unvollendet?). Es gab daher keine automatische und permanente Bekehrung des Staates zum Kollektivismus, die auf eine grundsätzliche Verschiebung in der zugrunde liegenden wirtschaftlichen Organisation der Gesellschaft gefolgt wäre. Dennoch erwies sich der Krieg als prägende Zeit. Während dieses kurzlebigen und außergewöhnlichen Zustands wurde zum ersten Mal dem Interventionismus der Weg bereitet, als wirkliche und beispielhafte Reihe von nationalen Praktiken für den Staat. Die Nachkriegsrückkehr zum *business as usual* ging schnell vonstatten; aber die Kriegszeit hinterließ unauslöschliche Spuren einer Alternative zum Staat des *Laissez-faire*. Sie legte die Basis für die Staatsmaschinerie, durch die nach 1945 der Wohlfahrtsstaat implementiert wurde, und schuf viele Präzedenzfälle für die umfassendere Arbeit des ›interventionistischen Staates‹ für die Zeit vom Zweiten Weltkrieg bis in die 1960er und 1970er Jahre.

Zusätzlich entwickelte sich, obwohl der Nachkriegsstaat bezüglich der Wirtschaft zu einer eingeschränkteren Rolle zurückkehrte, seine industrielle Vermittlungsrolle über die gesamte Zwischenkriegszeit weiter (vgl. Middlemas 1979), und er gab seine Beteiligung an der Wirtschaftspolitik nie wieder auf. Zudem wurde seine *politische* Rolle höchstens entscheidender.

Denn der Krieg dämmte die wachsende Welle industrieller und politischer Unruhen nicht ein. Die Zeit zwischen 1918 und 1921 erlebte die vielleicht ernsteste direkte Herausforderung des Staates durch die Arbeiter in diesem Jahrhundert, insbesondere in Glasgow. 1919 sah man auf den Straßen von Glasgow rote Fahnen und Panzer; eine Schlacht um den George Square folgte; und das letzte Aufflackern des Syndikalismus war erst besiegt, als die Führer am Clyde festgenommen waren und die volle Macht des Staates demonstriert wurde.

Mit dem Ende des Nachkriegsbooms 1920 und der wachsenden Arbeitslosigkeit eskalierte die Bedrohung in krisenhafte Proportionen – und löste öffentliche Panik und Angst, Gerüchte über eine Revolution und alarmistische Reaktionen des Staates aus (Mowat 1968, 123). Die Panik beschränkte sich nicht auf Großbritannien. In Deutschland gab es in den größten Städten revolutionäre Aufstände; in Ungarn wurde eine Sowjetrepublik ausgerufen; in ganz Norditalien wurden Fabriken besetzt; in Frankreich gab es eine Streikwelle – all dies im Gefolge des Erfolgs der bolschewistischen Revolution in Russland 1917. Man begann, die Ereignisse in Großbritannien in diesem Kontext zu sehen. Erst Verhandlungen in letzter Minute vertagten den Streik, den die Bergleute im Januar 1919 ausriefen. Nach einem Polizeistreik wurde die Triple Alliance der Gewerkschaften wiederbelebt, und die Weigerung der Koalition, die Empfehlung der Sankey-Kommission anzunehmen und die Kohleindustrie zu nationalisieren, führte zu einem drohenden Generalstreik. Die Koalition nahm Notstandsbefugnisse in Anspruch. Bei den Streitkräften wurde der Ausgang gestrichen, Reservisten wurden einberufen, Parks in Nahrungsmittel- und Munitionsdepots verwandelt und 75 000 ›Freiwillige‹ rekrutiert (Middlemas 1979). Erst fünf Minuten vor zwölf fanden Lloyd George und Hodges für die Minenarbeitergewerkschaft zu einem Kompromiss und der Streik wurde abgeblasen. Viel mehr als der Generalstreik von 1926 war dies der Wendepunkt in der Nachkriegsgeschichte. In der Labour-Bewegung wurde er als der ›Schwarze Freitag‹ bekannt. Mowat schreibt in seinem Standardwerk für diese Zeit, dass der ›Schwarze Freitag‹ in der Labour-Bewegung als Tag eines großen Verrats betrachtet wurde, als »nicht nur ein Generalstreik aufgegeben, die Triple Alliance zerstört und die Minenarbeiter geopfert, sondern auch die ganze Struktur eines vereinten Widerstands der Arbeiterklasse gegen einen erwarteten Angriff auf Löhne und Lebensstandards mit einem Schlag vernichtet wurde« (Mowat 1968, 123). Danach verfestigte sich die Rezession und die Schlangen bei der Ausgabe des Arbeitslosengeldes der Zwischenkriegszeit waren geboren. Die Arbeiterschaft wirkte danach nie wieder wie eine gesellschaftliche Kraft, die fähig wäre, die Führung in der Gesellschaft zu übernehmen oder den Staat umzugestalten. Die Koalition hatte ihre Arbeit getan. Sie hatte durch Erziehung, Verhandlung und Konfrontation die Arbeiterschaft auf ihren Platz verwiesen und die Labour Party auf die Verfassung verpflichtet und damit zu einem akzeptablen Teil des Staates gemacht. Nach dem Fall der Koalition und von Lloyd George erhielten die Konservativen wieder die Position der stimmenmäßigen Übermacht, die sie 20 Jahre lang behalten sollten. Als 1924 und 1929 Labour-Minderheitsregierungen die Macht im Staat übernahmen, verwalteten sie den Abschwung, wurden mehr von den Umständen beherrscht, als sie zu beherrschen, ergriffen zunehmend konservative steuerliche und wirtschaftliche Maßnahmen und fielen – mit der Bildung einer weiteren nationalen Regierung durch Macdonald 1931 – in eine Talsohle, aus der Labour nur durch den Zweiten Weltkrieg und den Sieg 1945 gerettet wurde (Skidelsky 1967).

Ein ›historischer Kompromiss‹

Diese Eindämmung wurde durch eine zweifache Strategie erreicht. Erstens gab es die ›harte‹ Antwort – der Staat mobilisierte gegen das, was als Bedrohung durch eine bolschewistische Revolution konstruiert worden war. Der Staat griff gegen das Clyde Workers' Committee und die Triple Alliance durch. Eric C. Geddes, der die Ausgabenaxt schwang, übernahm das Emergency Committee, das Informationen über die industriell-politische Landschaft und die Sicherung lebenswichtiger Güter koordinierte. Später koordinierte das Supply and Transport Committee die Aktivitäten gegen Streiks und gab dabei zu Propagandazwecken inoffiziell £ 100 000 pro Woche aus.

Zweitens gab es den Kampf darum, die öffentliche Meinung zu organisieren und für sich zu gewinnen, indem eine öffentliche Definition der Unruhen konstruiert wurde, die den allgemeinen Konsens gegen sie mobilisieren würde. »Die Partei, die ihrer Seite entweder die allgemeine Meinung oder die Meinung der Arbeiterklasse des Königreichs sichert, muss gewinnen«, erklärte Balfour. Lloyd George war geraten worden, dass »die große Masse der Arbeiter gegen eine gewaltsame Revolution ist, dass sie aber derzeit wegen einer Anzahl unbedeutenderer [sic] Punkte sehr verbittert sind«. Doch seine Antwort war die private Bemerkung, dass »der Bolschewismus für die Gesellschaft fast ein Schutz ist, weil er alle Klassen mit einem Grauen darüber erfüllt, was geschehen könnte, wenn die derzeitige Gesellschaftsorganisation gestürzt wird« (Middlemas 1979, 152f.). Er fügte hinzu: »Es ist entscheidend, dass die Presse auf der Seite der Regierung ist« – eine Loyalität, die er skrupellos anstrebte. Er war einer der ersten Politiker, der die Rolle der ›öffentlichen Meinung‹ und der Herstellung von Konsens in der Ära der massendemokratischen Politik verstand und einzusetzen wusste.

Der zentrale Punkt der Strategie war, die ›Gemäßigten‹ von den ›Extremisten‹ abzuspalten. Der Aufstand der syndikalistischen Basis in der Triple Alliance musste von den ›gemäßigten und verantwortungsvollen Gewerkschaften‹ getrennt werden. Die Trumpfkarte war die Erkenntnis, dass in diesem Unternehmen der TUC und die Labour Party tatsächlich die stärksten Verbündeten des Staates waren. Wie Balfour bemerkte: »Die gewerkschaftliche Organisation war das Einzige, was zwischen uns und der Anarchie stand.« So war es notwendig, nicht nur die außergewöhnliche, verfassungsfeindliche Herausforderung zu schlagen, sondern die Gemäßigten und Verfassungstreuen einzubinden und für sich zu gewinnen. Lloyd George betrieb dieses ›Teilen und Herrschen‹ mit großer Finesse – und setzte dafür alle Ressourcen des Staates ein. Eine Einbindung zu erreichen bedeutete, den Gemäßigten gegenüber Konzessionen zu machen, selbst dann, als der Rest isoliert und geschlagen war. Die Ausdehnung der formalisierten Maschinerie von Tarifverhandlungen, Vermittlung und Aushandlung über den Staat war ein Schlüsselelement. Hier können wir in zarten Umrissen den Ursprung dieses korporativen Dreiecks erkennen – die Einbindung der organisierten Repräsentanten von Kapital (die Arbeitgeberorganisationen), Arbeitern (der TUC) und Staat –, das später in den 1960ern und 1970ern zum Dreh- und Angelpunkt der Strategie des interventionistischen Staates wurde.

Kurz, die Kontrolle über die extremeren und problematischeren Formen ›der Demokratie‹ konnte nicht erreicht werden, indem die Massen von der Macht ausgeschlossen wurden, sondern indem sichergestellt wurde, dass sie in den Beratungsgremien des Staates anständig und gemäßigt repräsentiert wurden. Lloyd George und Stanley Baldwin erkannten beide, dass die Einbindung des richtigen Vehikels für die Repräsentation der Arbeiterklasse – der Labour Party – in den Staat für die Stabilität des Staates und die neuen Formen der nationalen Machtpolitik notwendig war. Zunächst »das Verschwinden der Liberalen Partei [...]. Der nächste Schritt muss die Eliminierung der Kommunisten durch Labour sein. Dann haben wir zwei Parteien, die Partei der Rechten und die Partei der Linken« (Ramsden 1978, 265). Auf diese Weise und aus diesen Gründen wurde die Grundform der britischen Politik im 20. Jahrhundert festgelegt (Cowling 1971, 1). So wurde eine nationale Lösung konstruiert, die die Bedingungen festlegte, aufgrund deren ›die Demokratie‹ repräsentiert werden sollte. Nicht nur stellte der Staat die Basis für die Abmachungen, Verhandlungen und Konfrontationen zur Verfügung, über die dieser Kompromiss erreicht wurde. Der Staat selbst war der Ort, an dem der ›Handel‹ zwischen Interventionismus und Demokratie geschlossen und abgesegnet wurde. Im Zentrum dieses Prozesses standen die Transformationen, die um die neue Konzeption des Staates selbst erarbeitet wurden – die mehrdeutigen Formen des modernen Kollektivismus. Der Kollektivismus repräsentierte *sowohl* die Form, in der die Kräfte der Massen ihre Interessen definierten, *als auch* die Form, in der der herrschende Block sich bemühte, die Gesellschaft und den Staat bei der Meisterung einer Reihe von neuen historischen Aufgaben zu führen. Seine Bedeutung für die Versöhnung scheinbar widersprüchlicher Kräfte lag eben in seinem janusgesichtigen Wesen. Seine politische Färbung – links oder rechts – war letztlich weniger bedeutend als sein gemeinsames Element – sein stark dirigistischer Schwerpunkt. Das Ergebnis war daher weder die vollständige Niederlage der Kräfte der Massen noch der Triumph der Demokratie, sondern vielmehr ein ›historischer Kompromiss‹ – eine Art ungeschriebenes Abkommen zwischen ›der Demokratie‹ und dem Machtblock. Die Frage ist: Zu wessen Bedingungen wurde dieses Abkommen geschlossen? Zu wessen Gunsten fiel insgesamt das Machtgleichgewicht aus? Dies zieht ein grundsätzliches Urteil über den britischen Staat nach sich, und jede Antwort muss vorsichtig und mit Einschränkungen erfolgen. Meiner Meinung nach wurde die Demokratie durch eben den Prozess unter Kontrolle gebracht, der es ihr letztlich erlaubte, repräsentiert zu sein. Anders ausgedrückt: Die Kräfte der Massen *bekamen* eine breitere Repräsentation im Staat; allerdings um den Preis, ein untergeordnetes und nicht führendes oder hegemoniales Element zu bleiben. Der Machtblock wurde daher modifiziert und umgestaltet: Er musste dem Erreichen eines öffentlichen Konsenses mehr Aufmerksamkeit schenken. Aber er wurde nicht radikal demokratisiert.

Schluss – Krise der Gesellschaft, Transformation des Staates?

In diesem Kapitel habe ich einen prägenden Moment in der Entstehung des demokratisch-repräsentativen und interventionistischen Staates in Großbritannien untersucht. Unsere erste Sorge galt der Beschreibung dieses Prozesses in seiner annähernd wahren Komplexität, als *Prozess* der Veränderung. Ein zweites Ziel war aber, diese Fallstudie als Zugang zu Fragen zu reflektieren, die sich breiter auf die Beziehungen zwischen ›Gesellschaft‹ und ›Staat‹ beziehen. Nun ist es an der Zeit, die Stränge dieser Untersuchungen zu verbinden und einige vorläufige Schlüsse zu ziehen.

Eine häufige Betrachtungsweise davon, wie eine Krise der Gesellschaft mit einer Transformation des Staates zusammenhängt, wurde anfangs skizziert, das heißt, dass die Wirtschaft der hauptsächliche Verbindungsstrang ist. Wenn wir diese Perspektive in Bezug auf unseren besonderen Fall anwenden, würde die These lauten: Es war die Krise der britischen Wirtschaft am Ende des 19. Jahrhunderts, die den Staat auf eine neue Entwicklungsstufe gedrängt und sein politisches Wesen, seinen Interventionismus und seine neuen Vorgangsweisen bestimmt hat.

Im Licht des historischen Materials, das wir betrachtet haben, scheinen zwei einigermaßen widersprüchliche Faktoren aufzutauchen: 1. Die Verbindung zwischen Wirtschaft und Staat *ist* eine mächtige Beziehung. Diese Beziehung hat erhebliche Aussagekraft für die Begründung von wichtigen historischen Krisen oder Übergangszeiten; 2. Andererseits ist ›Determinierung durch die Wirtschaft‹ nicht *für sich* eine adäquate Erklärung dafür, was historisch tatsächlich geschehen ist. Die Übereinstimmung zwischen korporativer Wirtschaft und interventionistischem Staat entwickelt sich keineswegs in der vorhersagbaren, notwendigen oder logischen Weise, wie es uns diese Theorie in ihrer doktrinäreren Form weismachen würde.

In den unterschiedlichen industriekapitalistischen Gesellschaften dieser Zeit gleicht etwa kein derartiger irreversibler Prozess unausweichlich und automatisch den Staat den funktionalen Erfordernissen der Wirtschaft an. Vielmehr vollzieht sich dieser Prozess in verschiedenen gesellschaftlichen Formationen in unterschiedlicher Geschwindigkeit; über signifikant unterschiedliche Wege; mit unterschiedlichen Graden der Vollständigkeit; und mit auffallend unterschiedlichen Resultaten. In Bezug auf die Geschwindigkeit hatte der preußische Staat im Vergleich zu Großbritannien bei der staatlichen Stimulierung der Industrialisierung einen sehr späten Start; dennoch bewegte er sich sehr viel schneller und entschiedener in Richtung einer kollektivistischen staatlichen Politik als der britische Staat. Bezüglich der Wege müssen wir wieder den ›autoritären‹ oder ›preußischen‹ Weg, den Deutschland und Japan wählten, dem ›demokratischen‹ gegenüberstellen, der für das amerikanische und britische Beispiel typisch ist. Was die Vollständigkeit betrifft, ist Großbritannien ein gutes Beispiel für eine nie vollständig oder erfolgreich abgeschlossene Bewegung von einer ersten zu einer zweiten, entwickelteren Stufe der kapitalistischen Gesellschafts- und Wirtschaftsorganisation. Schließlich muss man bezüglich der Resultate nur auf die vielen Spielarten hinweisen, in denen im 20. Jahrhundert Wirtschaft und Staat in den entwickelten kapitalistischen Gesellschaften tatsächlich verbunden sind.

Wenn also Übereinstimmungen in diesem Zeitraum am Werk sind, dann auf eine wesentlich losere, weniger vorhersagbare Art, als die kapitaltheoretische Version des marxistischen Zugangs es suggeriert. Das verändert die Weise, wie wir im Allgemeinen über die ›wirtschaftliche Determinierung‹ in Bezug auf den Staat denken. Die Wirtschaft mag ›determinieren‹, in dem Sinn, dass sie bestimmte Entwicklungslinien (Tendenzen) im Staat anderen vorzieht. Oder Wirtschaftskrisen mögen den Staat vor Aufgaben stellen, denen sich jeder Staat – unabhängig von seiner jeweiligen Form – stellen muss. Dies ist jedoch eine sehr viel losere Konzeption. Entwickelte kapitalistische Wirtschaften bewegten sich – mit vielen wichtigen Variationen – *tatsächlich* in Richtung der ›Monopolform‹. Und alle relevanten Staaten – selbst die Vereinigten Staaten – *tendierten* dazu, ihre Aktivitäten auszuweiten und interventionistischer zu werden. Aber in jedem historisch konkreteren Sinne kann die Wirtschaft nicht genauer als ›tendenziell‹ vorhersagen oder determinieren.

Unser Beispiel drängt uns sicherlich dazu, den historischen Prozess von einer Krise in der Gesellschaft und Veränderung im Staat als durch die Gesellschaftsformation als Ganzes verursacht anzusehen. Transformationen des Staates scheinen sich *nicht* außerhalb der für eine bestimmte Gesellschaftsformation spezifischen gesellschaftlichen, politischen und ideologischen wie wirtschaftlichen Prozesse zu erklären.

Die Hauptalternative zu dieser gesamten Sichtweise war die liberal-demokratische/pluralistische Perspektive. Vieles von dem, was wir diskutiert haben, könnte man als dem Konflikt zwischen Interessengruppen ähnlich bezeichnen, der für den pluralistischen Wettbewerb typisch ist. Wir haben dieser Form der politischen Auseinandersetzung mehr Bedeutung zugemessen als klassisch marxistische Perspektiven. Aber wir haben sie nicht als ›pluralistisch‹ charakterisiert. Obwohl ganze Klassen nur selten auf der politischen ›Bühne‹ anwesend sind, ermöglicht uns die Tatsache, dass wir sie als ›Fraktionen‹ oder Sektoren von zugrunde liegenden Klassen identifizieren, konkrete politische Kämpfe der Erhaltung langfristiger struktureller Klasseninteressen und Aufteilungen in der Gesellschaft zuzuordnen. Diese scheinen hinter dem Spiel politischer Kämpfe *wirklich* langfristig am Werk zu sein und sind nicht nur dadurch beeinflusst, wie diese ausgehen oder gelöst werden. Obwohl der Staat also nicht nur das Werkzeug einer herrschenden Klasse oder das Pfand ›der Wirtschaft‹ ist, *haben* die Kompromisse, Verhandlungen und Abmachungen, die der Staat der Gesellschaft auferlegt, strukturelle Konsequenzen für die Erhaltung von kapitalistischen Gesellschaftsformationen insgesamt.

Welche Rolle spielt dann die Krise beim Auslösen von Transformationen des Staates? Es scheint, dass Krisen, wenn die normale Funktion der Gesellschaft unterbrochen wird oder die Dinge zusammenbrechen, wahrscheinlich besonders günstige oder vorteilhafte Bedingungen für Veränderungen bieten. Sie bringen neue gesellschaftliche Kräfte auf die Bühne, die sich möglicherweise bereits lange entwickelt haben. Damit eine neue Konzeption des Staates sich durchsetzen oder eine bestimmte Krise durch den Staat gelöst werden kann, ist es notwendig, die bestehenden politischen Formationen und Parteien aufzubrechen, die die vorhergehende Phase stabilisiert haben. Die herrschenden ideologischen Konzeptionen des Staates müssen verdrängt werden. Dies führte in unserem Zeitraum zur Zerstörung der spezifischen Konstellation von politischen und gesellschaftlichen Kräften, die die mittelviktorianische Stabilität untermauert hatten, und zum Beginn einer Periode des intensiven politischen und ideologischen Streits und des Kampfes um die Führungsrolle. Sie ging mit dem Kampf um die ideologische Definition einer neuen Rolle des Staates einher; um den Aufbau einer Koalition von politischen Kräften, eines gesellschaftlichen Blocks, der eine führende Rolle im Staat übernehmen kann; um die Transformation des Staates und der Staatsmaschinerie selbst; und schließlich um das Erringen der gesellschaftlichen Führungsrolle und Autorität in der Gesellschaft (Hegemonie – mit Gramscis Begriff).

Impliziert diese Betonung unterschiedlicher Orte und Ausmaße des Konflikts auch eine Art ›pluralistischer‹ Interpretation? Verschiedene Konflikte, verschiedene Kämpfe, verschiedene Lösungen – aber keine übergeordnete Form der Abmachung, die getroffen wird, keine allgemeine Struktur der gesicherten dominanten Herrschaft? Alles in allem, nein. Die Dominanz bestimmter gesellschaftlicher Kräfte wurde am Ende auf eine bestimmte Art und Weise ›geregelt‹. Diese Regelung half dabei, eine bestimmte Verteilung von Macht und Reichtum durch einen bestimmten Kompromiss in der Gesellschaftsformation zu erhalten. Der Kompromiss war daher in seiner Wirkung nicht ›neutral‹, insofern er das Gleichgewicht zwischen verschiedenen Klassen betrifft. Sicher war er nicht das Resultat einer Klasse, die den Staat als reines Werkzeug ihres Willens benutzt. Dennoch blieb die britische Gesellschaft im Prinzip kapitalistisch und der herrschende Machtblock ging bedrängt, aber überlegen daraus hervor.

Mein Gebrauch des Begriffs ›Block‹ ist hier für unsere theoretische Zusammenfassung dennoch entscheidend, denn er suggeriert, dass ganze Klassen als solche selten, wenn überhaupt, politisch herrschen. Innerhalb der herrschenden Klassen ist ein Sektor oder Teil gewöhnlich in der führenden politischen Position – wie der Finanzsektor mit starken imperialen Verbindungen in unserem Zeitraum das führende Element im neuen Machtblock wurde und die Produktionsinteressen verdrängte. Dieser führende Sektor gibt der Politik des Staates während der Zeit seiner Dominanz wahrscheinlich eine eigene politische Färbung – wie wir es bei der vermehrten Dominanz der imperialistischen Interessen und Politik im britischen Staat vom Burenkrieg an gesehen haben. Dieser führende Teil ›repräsentiert‹ sozusagen das allgemeine Interesse der herrschenden Klasse als Ganzes innerhalb der politischen Arena. Aber er allein lenkt nicht direkt den Staat oder kolonisiert ihn als sein Werkzeug. Er muss mit Gruppierungen und Fraktionen anderer gesellschaftlicher Kräfte einen Block von gesellschaftlichen Kräften bilden, der den Staat unterstützt und untermauert. Tatsächlich scheint es ausschlaggebend, dass in einem demokratischen politischen System Sektoren der unteren Schichten ebenfalls dafür gewonnen werden, den Block zu unterstützen – wenn auch in einer untergeordneten Rolle. Nochmals, der Staat spielt eine zentrale Rolle bei der Bildung solcher ›Blöcke‹ und oft auch dabei, der führenden Fraktion die Konzessionen aufzuzwingen (z. B. Reformen, Wohlfahrtsmaßnahmen etc.), die notwendig sind, damit der Block genügend allgemeine Unterstützung anzieht, um den ganzen Vorgang stabil zu halten. Repräsentation und Intervention hängen daher zusammen: Die Ausweitung der demokratischen Basis des Staates lieferte die notwendige Legitimierung für seine erweiterten Interventionsmöglichkeiten. Zusammenfassend ist also ein Resultat unserer Untersuchung des Zeitraums 1880–1920, dass sie uns zu einer Neuformulierung der Begriffe führt, in denen wir die Beziehung zwischen ›Klassenkämpfen‹ in der Gesellschaft und politischen Konflikten und ihrer Lösung im Staat verstehen. Sie modifiziert auch erheblich unser Verständnis von der Rolle des Staates selbst in diesen politischen Kämpfen. Wenn die historische Aufgabe des herrschenden Blocks darin bestand, die Bedingungen für erfolgreiche Akkumulation in der Wirtschaft wiederherzustellen, dann war diese Aufgabe enorm komplex. Und das ›Werkzeug‹, um sie zu vollenden – der Staat –, ist auch ein Ort der Widersprüche – sowohl innerhalb seiner eigenen Strukturen als auch in Bezug auf externe gesellschaftliche Kräfte.

Aus dem Englischen von Brita Pohl

Nicos Poulantzas: Staatstheorie

Der unerwartete und tragische Tod von Nicos Poulantzas im Oktober dieses Jahres in Paris hat die marxistische Theorie und die sozialistische Bewegung eines ihrer bedeutendsten Genossen beraubt. Obwohl zum Zeitpunkt seines Todes erst 43 Jahre alt, hatte er sich bereits einen Ruf als Theoretiker von außergewöhnlicher und origineller Gestalt erworben. Für diejenigen, die das Privileg hatten, ihn auch zu kennen, war er zudem eine Person, die Respekt und Zuneigung gebot, vor allem aufgrund der Tiefe seines Engagements in den praktischen und theoretischen Kämpfen. In Griechenland geboren, war er während der 1950er Jahre in der griechischen Studentenbewegung aktiv, als er der Griechischen Demokratischen Allianz (EDA) beitrat, einer breiten, legalen Form der damals verbotenen Kommunistischen Partei. Nach seinem Studium der Rechtswissenschaften ging er nach Frankreich. 1968 trat er nach der Spaltung der Kommunisten im Gefolge des Militärputsches der Griechischen Kommunistischen Partei ›des Inlands‹ bei und blieb ihr Mitglied. In einem Interview mit Allan Hunt und mir, das kurz vor seinem Tod geführt wurde, teilte er uns mit, dass in seinen frühen Jahren die klassischen Texte von Karl Marx und Friedrich Engels nur schwer zugänglich waren und dass er größtenteils durch die französische Philosophie, vor allem durch Jean-Paul Sartre, zum Marxismus kam (Hall/Hunt 1979). In seiner Doktorarbeit in Rechtsphilosophie entwickelte er in Anschluss an Lucien Goldmann und Georg Lukács einen kritischen Rechtsbegriff. Sie wurde 1964 veröffentlicht; doch er begann bereits die Grenzen dieser Ausrichtung innerhalb des Marxismus zu spüren. Er entdeckte Antonio Gramsci und beschäftigte sich ernsthaft mit dessen Schriften. Durch einen frühen Artikel in *Les Temps Modernes* wurde Louis Althusser auf Poulantzas aufmerksam, der so Teil jener außergewöhnlichen Gruppe junger Marxisten um Étienne Balibar, Pierre Macherey, Jacques Rancière und Régis Debray wurde, die den Kern der ›Althusser‹-Gruppe bildete.

Zwischen 1968 und 1979 gelang Poulantzas eine Reihe größerer Interventionen, die seinen internationalen Ruf als marxistischer Gelehrter festigten und einige der intensivsten und heikelsten Debatten marxistischer Theorie beeinflussten: insbesondere jene um gesellschaftliche Klassen, den Staat und die Analyse ›des Politischen‹. Durch die Reichweite seiner theoretischen Eingriffe und die analytische Schärfe seines Denkens hat er sich nicht nur in den Debatten innerhalb des Marxismus und unter Marxisten, sondern auch auf dem widerspenstigen Terrain ›konventioneller‹ politischer Wissenschaft hervorgetan. Die ›Miliband/Poulantzas‹-Debatte, die in der Zeitschrift *Marxism Today* geführt wurde, wurde zu einem verbindlichen Referenzpunkt für jedes weitere Theoretisieren über den modernen kapitalistischen Staat. Poulantzas machte diese Debatte mit größtem politischem und theoretischem Nachhall zu seiner Sache. Daher ist es angemessen, dass das jüngste seiner Bücher, das ins Englische übersetzt wird, eines ist, das im Kern zu diesem Gegenstand zurückkehrt; es sollte ein Buch sein, das sich eindrucksvoll für neue Fragen öffnet und etablierte Positionen würdigt und fortschreibt.

Den Staat entschlüsseln

Dies ist nicht der rechte Ort für eine umfassende Beurteilung von Poulantzas' Werks. Doch es ist notwendig, *Staatstheorie* (Poulantzas 1978) in aller Kürze in den Kontext seiner früheren Arbeiten einzubetten: zum einen, um ihre Besonderheiten hervorzuheben, zum anderen, um die Weiterentwicklung und ›Wendungen‹ seines Denkens zu verorten, für die das neue Buch steht. *Politische Macht und gesellschaftliche Klassen* (1974) war Poulantzas' sorgsamster ›Althusser'scher‹ Text: *Das Kapital lesen* (Althusser/Balibar 1972) erscheint auf der ersten Seite der Einleitung als Fußnote. Dieses Buch ist eindeutig im Althusser'schen Schema verortet, als eine ›begrenzte‹ Studie der politischen Instanz. Im Eröffnungskapitel wird die Diskussion über Klassen und Staat im rigorosen Rahmen von Althussers Theorie der ›Instanzen‹ und der strukturellen Kausalität bearbeitet. Poulantzas versuchte, die Definition der Klassen als komplexe und überdeterminierte »Auswirkungen der Struktur*ebenen*« (Poulantzas 1974, 75) zu begründen. Zugleich versuchte er, innerhalb dieses theoretischen Ansatzes den konstitutiven Effekten des ›Klassenkampfes‹ einen Primat zuzuschreiben. Dies war bereits eine Art Korrektur des Hyperstrukturalismus von *Das Kapital lesen;* und auch des Funktionalismus in einigen Standpunkten von *Ideologie und ideologische Staatsapparate* (1977), wo der ›Klassenkampf‹ zwar immerzu im Mittelpunkt steht, jedoch nicht in die Argumentationsstruktur integriert ist und daher vor allem ›gestisch‹ bleibt. Viele würden behaupten, dass dies zu einer Spannung zwischen ›Struktur‹ und ›Praxis‹ in Poulantzas' Werk führte, die hier nicht gelöst wurde und sein Werk fortan heimsuchen sollte. In *Politische Macht und gesellschaftliche Klassen* gibt es zu jeder Frage ein doppeltes Konzept: Jedes Element erscheint zweimal, einmal als ›Auswirkung der Struktur‹ und einmal als ›Auswirkung der Praxis‹. Diese Spannung mag zum Teil für einen weiteren Aspekt dieses Werkes stehen: die

Tendenz zu einem *Formalismus* der Darstellung, von welcher sein gesamtes Werk nicht frei ist. Diese Tendenz ist auch in seinem späteren Buch *Klassen im Kapitalismus – heute* (1975) gegenwärtig, das einen ganz anderen Ausgangspunkt hat – die imperialistische Kette –, um sich dann jedoch formell von einer globalen Ebene hin zu den sich überschneidenden Auswirkungen auf die dominanten Klassen besonderer Gesellschaftsformationen zu arbeiten. Das Problem des ›Formalismus‹ kehrte in dem expliziter politischen Buch *Die Krise der Diktaturen* (1977) wieder, in dem das gleiche Schema auf die besonderen konjunkturellen Krisen in Griechenland, Spanien und Portugal, die zum Sturz von Diktaturen führten, angewendet wurde. Auch hier: Was an Klarheit gewonnen wird – beispielsweise bei der Erklärung der Fraktionierung der portugiesischen Bourgeoisie auf der Ebene einer globalen ›Krise der Inwertsetzung‹ –, geht verloren, wenn man sich den stärker auf Mutmaßungen basierenden Elementen nähert, die entscheidenden Einfluss sowohl bei der Entstehung der Krisen von Diktaturen hatten als auch bei der begrenzten Art der Schlichtungen, die sie ersetzten.

Trotz dieser Schwächen waren *Politische Macht und gesellschaftliche Klassen* wie auch *Klassen im Kapitalismus – heute* auf je eigene Weise zentrale theoretische Interventionen. *Politische Macht und gesellschaftliche Klassen* war besonders innovativ. Es ist verwunderlich, dass ›der Staat‹ nicht im Titel vorkommt, da ja – berechtigterweise – davon auszugehen war, dass dieses Buch gerade hierzu seine wichtigsten Beiträge liefern würde. Die grundlegenden Abschnitte »Grundzüge des kapitalistischen Staates« und »Die relative Autonomie des kapitalistischen Staates« sind Kapitel, auf die nachträglich besonders häufig Bezug genommen wurde. Poulantzas setzt sich sowohl von der ›instrumentalistischen‹ als auch der ›technisch-ökonomischen‹ Vorstellung vom Staat ab. Er bezog Stellung mit einer besonderen Lesart, wenn er von einer »wissenschaftlichen marxistischen Problematik« schreibt (1974, 129). In einer Reihe anspruchsvoller Auslegungen entwickelte er einen Begriff vom kapitalistischen Staat, der an Marx, Engels, Lenin und Gramsci anschließt. In seinen Ausführungen, die sich mit der Trennung des ›Ökonomischen‹ vom ›Politischen‹, der Rolle des Staates bei der Organisierung des Machtblocks, der Desorganisation der beherrschten Klassen und der Zersetzung des Klassenkampfes durch die Konstruktion eines ›Gemeininteresses‹ und des Vereinzelungseffekts (die Konstitution des individuellen Rechtssubjektes) befassen, beabsichtigte Poulantzas offensichtlich, Gramscis Konzept der ›Hegemonie‹ theoretischer und systematischer zu formulieren (142ff.) – selbst wenn seine (an anderer Stelle ausführlich ausgeführte) offenkundige Schuld gegenüber Gramsci eine große Ambiguität bei ihm bewirkte:

Gramsci wird nirgendwo gepriesen, ohne zugleich kritisiert zu werden. Dies verweist auf ein Problem: Poulantzas' Suche nach Konsistenz und nach ›Orthodoxie‹, wie auch seine rückwirkende Konstruktion einer tadellosen marxistischen Abstammung (die in anderer Form auch in seinem neuen Buch wieder auftaucht, worauf wir noch genauer eingehen werden). ›Außergewöhnliche‹ Formen des Staates lieferten die Grundlage für sein Buch über *Faschismus und Diktatur* (1973) mit seinen detaillierten historischen Beispielen und seinen Abgrenzungen der Unterschiede zwischen ›Faschismus‹, ›Cäsarismus‹ und ›Bonapartismus‹.

Sowohl *Politische Macht und gesellschaftliche Klassen* wie auch *Faschismus und Diktatur* wurden wegen ihrer Tendenz, den Staat ›überzupolitisieren‹, seinerzeit kritisiert. Poulantzas wies diese Kritik damals rigoros zurück; allerdings hat er seitdem (und auch im nun vorliegenden Buch *Staatstheorie*) viele dieser Kritikpunkte eingestanden. Ob er folgender Einschätzung zustimmte oder auch nicht, jedenfalls vertrat er in seinem weiteren großen theoretischen Werk *Klassen im Kapitalismus – heute* einen vornehmlich ›ökonomischen‹ Ansatz. Das Buch beginnt mit der ›imperialistischen Kette‹. Auch wenn die mittleren Teile sich dem ›Staat‹ und der ›Bourgeoisie‹ widmen, ist es der Ansatz der Wechselverhältnisse, mit dem er den Widersprüchen auf ›globaler‹ und auf ›nationalstaatlicher‹ Ebene nachgeht. Das Buch ist wahrscheinlich besser bekannt für seinen Beitrag zu einer ganz anderen, aber damit verbundenen Thematik: die leidige Frage nach der Abgrenzung von Klassenfraktionen innerhalb der marxistischen Theorie. Poulantzas' Thesen über neues und altes Kleinbürgertum wie auch über produktive und unproduktive Arbeit stellen seitdem einen produktiven Bezugspunkt für anknüpfende Debatten dar (zu der Braverman, Carchedi, Gorz, Wright, Hunt und andere beigetragen haben). Die Komplexität dieser Argumente muss uns hier nicht weiter beschäftigen.

Was daran bedeutsam *ist*, ist die Art und Weise wie diese hochtheoretischen und meist abstrakten Debatten zunehmend politisiert wurden. Schaut man sich zum Beispiel an, wie Poulantzas die Diskussion über das ›neue Kleinbürgertum‹ drei oder vier Jahre später in seinem Beitrag zu *Klassen und Klassenstruktur* (Hunt 1977) wieder aufgreift, wird klar, dass das Problem, wie die »Grenze der Arbeiterklasse bestimmt« wird, nicht »bloß eine theoretische Frage ist; sie schließt eine politische Frage von größter allgemeiner Bedeutung mit ein, die Frage nach der Rolle der Arbeiterklasse und nach Allianzen beim Übergang zum Sozialismus« (113). Dieses Thema verlieh dem Beitrag eine Klarheit in der Formulierung und einen Schub, der in den früheren Arbeiten fehlte. Von diesem Punkt an arbeitete Poulantzas auf eine direktere und sachbezogenere Weise am Theorie/Praxis-Nexus. Zum Teil prägte dies seine Reaktion auf konjunkturelle Entwicklungen: der Untergang der alten Diktaturen, die chilenische Erfahrung, das Auftauchen ›eurokommunistischer‹ Strömungen in Europa, seine intensive Beteiligung an der Grundlegung und den Dilemmata des ›Gemeinsamen Programms‹ der Linken in Frankreich, die widersprüchliche Entwicklung des ›historischen Kompromisses‹ der Kommunistischen Partei Italiens. Bezeichnenderweise beschäftigte dies in unterschiedlicher Weise auch andere aus der ursprünglichen Althusser-Gruppe: Althusser selbst, Balibar, Rancière, Debray. Doch im Fall von Poulantzas (wohl auch bei anderen) muss dies als symptomatisch aufgefasst werden: als eine tiefere ›Wende‹ in seinem Werk. Die Krise des kapitalistischen Staates wird immer bedrängender; gleichzeitig erscheinen Öffnungen gegenüber den Linken als reale historische Alternative; allerdings ist da der Schatten des Stalinismus und des Gulags. Sozialismus stand wieder auf der Agenda; und damit auch die ›Krise des Sozialismus‹/›Krise des Marxismus‹. Das kritische Interview von Henri Weber (1977), in dem er Poulantzas nach Staat und Demokratie im Kontext des ›Übergangs zum Sozialismus‹ befragte, deutete eine Verschiebung der Perspektive an, eine neue Agenda, und schlug einen neuen Ton der politischen Dringlichkeit an. Ebenso gab es den klaren Zerfall einiger früherer Gewissheiten, welche die ›Orthodoxie‹ seiner früheren Arbeiten zementierten. Diese ›Aufgeschlossenheit‹ gegenüber neuen Themen währte im (bereits erwähnten) Interview in *Marxism Today* fort. Der kapitalistische Staat wurde nicht nur in Begriffen des Widerspruchs, sondern auch der ›Krise‹ definiert. Einige der festen Referenzpunkte seines früheren Diskurses – z. B. Leninismus, die ›Diktatur des Proletariats‹ – wurden in Frage gestellt. Der Angelpunkt seines theoretischen Universums verschob sich. *Staatstheorie* ist nun wohl die vollständigste/unvollständige Stellungnahme von dieser sich wandelnden Position aus. Angesichts des verfrühten Todes von Poulantzas macht dies die Bedeutung, die Resonanz und ebenso die Schärfe dieses Buches aus.

Michel Foucault und die Materialität von Macht

›Offenheit‹ und ›Orthodoxie‹ sind Begriffe, die etwas näher betrachtet werden sollten. Offenheit ist ein Wert, der – im Kontext des sektiererischen Klimas, das die marxistische intellektuelle Kultur in Großbritannien entstellte – kaum hoch genug einzuschätzen ist. Aber wenn man theoretische Fragen ernsthaft behandelt, so wie es Poulantzas immer tat, ist Offenheit kein selbstverständliches ›Gut‹. In einer Zeit, da alles und jedes für sich den modischen Mantel des ›Materialismus‹ beansprucht, schärft ein Hauch von Orthodoxie den Verstand. Dies ist keine Nebensächlichkeit: sie trägt direkt zur Formierung und Deformierung einer marxistischen Kultur und zu den Politiken der intellektuellen Arbeit bei. Auf einer einfachen Ebene sind die verschiedenen Arten von ›Offenheit‹, die *Staatstheorie* an den Tag legt, nicht schwer zu erkennen. Poulantzas beschäftigt sich hier mit einer Reihe neuer Positionen und Argumente: das widersprüchliche Auftauchen von Foucault in diesen Texten ist nur das schlagendste Beispiel dafür. Einige dieser Konzepte beginnen Poulantzas' Diskurs zu verändern. Er zeigt sich bereit, eigene frühere Positionen zu erneuern. Er ist ›offen‹ dafür, einige zentrale Aspekte des ›Übergangs zum Sozialismus‹ zu hinterfragen. Diese grundlegenden Ungewissheiten zuzulassen, die der ›alte‹ Poulantzas als längst entschieden angesehen haben muss, muss eine zutiefst verunsichernde Erfahrung gewesen sein, persönlich wie intellektuell. Kurz gesagt: dies führt in *Staatstheorie* auf der einen Seite zur Eröffnung einer reichen, neuen Schicht von Auffassungen und Konzepten, die nicht Gegenstand seiner üblichen Tendenz zu orthodoxer Schließung wurden; auf der anderen Seite führt dies zu gewissen Schwankungen in Ton und Bezugnahmen, zu einer kontinuierlichen diskursiven Bewegung von Vorstoß und Rückzug, was unübersehbar den Eindruck eines unvollendeten Unternehmens hervorruft.

Die Einleitung zu *Staatstheorie* geht in drei kurzen Abschnitten auf die wichtigen Themen ein, die im Buch untersucht werden. Im ersten Abschnitt betont Poulantzas (1978, 18), dass es bei »den Klassikern des Marxismus« eine »allgemeine Theorie des Staates nicht geben kann«. Angesichts der vorherigen Tendenz von Poulantzas, sich auf eine konsistente ›klassische Tradition‹ zu berufen, wird nun paradoxerweise dem, was als »marxistisch-leninistische Staatstheorie« bezeichnet wird, ein »eschatologische[r] und prophetische[r] Dogmatismus« (19) vorgeworfen. Poulantzas' Kritik an »dem von Ökonomismus und Strukturalismus geprägten Text von Balibar [...] in *Das Kapital lesen*«, die er erstmals in einer höchst bedeutsamen Fußnote in *Klassen im Kapitalismus – heute* andeutete (1975, 13, Fn. 1), wird nun erweitert um die Kritik an »einer ökonomistisch-formalistischen Konzeption« (1978, 13), an der »Zweideutigkeit einer topologischen Darstellung von ›Basis‹ [und] ›Überbau‹« (ebd.) und daran, dass »das gesellschaftliche Ganze [...] in der Form von *Instanzen* und *Ebenen* dargestellt« wird (ebd.); später auch um die Kritik an Balibar als vehementem »Verteidiger der Diktatur des Proletariats« (18). Typischerweise wird von Poulatzas weder diese Auflösung der Bindung an den ›klassischen‹ Althusserianismus offen angesprochen, noch werden die Fragezeichen, die sich daraus für Poulantzas' vorausgehende Orthodoxie ergeben, sichtbar gesetzt; genauso wenig werden die entsprechenden theoretischen Auswirkungen offensiv erwogen. Poulantzas' Zurückhaltung ist hier Teil der bereits angemerkten Schwankungen in seinen Bezugnahmen. Hier ist zudem ein weiterer ›Gegner‹ involviert: die »Neuen Philosophen« (19ff.); deren aktive Präsenz in der französischen intellektuellen Szene und die von ihnen ausgehende Bedrohung, Foucault zu enteignen, treten als permanente Heimsuchung auf (und sie sind nicht die einzigen eloquenten Geister in der Maschine). Die These wird dahingehend weiterentwickelt (es ist sicherlich Poulantzas' letzter Versuch, dem problematischen Verhältnis zwischen dem ›Ökonomischen‹ und dem ›Politischen‹ in seiner Staatstheorie beizukommen), dass der Staat der Ort der politischen Verdichtung der Kämpfe ist, dass er den Produktionsverhältnissen nicht äußerlich ist, sondern diese durchdringt und tatsächlich konstitutiv für sie ist (23ff.). Der zweite Abschnitt hinterfragt die Annahme, dass der Staat adäquat als ›Zwang plus Konsens‹ begriffen werden kann (24ff.). An dieser Stelle tritt Foucaults Arbeit zum ersten Mal in relevanter und widersprüchlicher Weise auf. Foucault ist ›präsent‹, sowohl als streitbare Theorie, die kritisiert wird, *doch ebenso* als wichtiger neuer Einfluss in Poulantzas' eigenem Diskurs: nun spricht Poulantzas selbst von ›bourgeoisen Diskursen‹ und ›Disziplin‹, von ›körperlicher Ordnung‹ und ›Wissenstechniken‹ (27ff.). Wieder kommen die theoretischen Auswirkungen dieser ›Anleihen‹ nicht direkt zur Sprache. Der dritte Abschnitt behandelt das Konzept von ›Macht‹, zu dem Poulantzas schon zuvor geschrieben hat. Poulantzas diskutiert kritisch das abstrakte »Machtdiagramm« Foucaults (37) und seine jüngste Tendenz, Macht durch einen »Pluralismus der Mikromächte« zu verflüssigen und zu zerstreuen (41), was Poulantzas richtigerweise als eine Tarnung entlarvt, die die ›Neuen Philosophen‹ in Dienst nehmen, um von einem 1968er-Libertarismus der Linken zu einem 1979er-Anti-Gulag-Staat-›Libertarismus der Rechten‹ zu oszillieren. Macht, die von objektiven Positionen herrührt und in der Arbeitsteilung gründet, wird als adäquater als Foucaults These von einer ubiquitären Zerstreuung von Macht herausgearbeitet (36ff.).

Der Hauptteil des Textes ist in drei Kapitel gegliedert und behandelt die Prozesse des kapitalistischen Staates, den Staat und die politischen Kämpfe, den Staat und die Ökonomie. Jedes Kapitel legt eine streitbare These vor. Im ersten Teil betont Poulantzas die Bedeutung der »institutionelle[n] Materialität des Staates« (43) auf der Grundlage eines Komplexes von Apparaten. Im zweiten Teil präzisiert Poulantzas, dass der Staat im Verhältnis zu politischen Kämpfen als »ein Verhältnis, genauer als die materielle Verdichtung eines Kräfteverhältnisses zwischen Klassen und Klassenfraktionen« begriffen werden muss (119). Dieser Aspekt, der in verhaltenerer Form bereits in Poulantzas' vorangehenden Arbeiten vorkam, ersetzt hier seine frühere Vorstellung vom Staat als ›Zement‹ einer Gesellschaftsformation. Im dritten Abschnitt untersucht Poulantzas die ökonomischen Funktionen des Staates im Zusammenhang mit dem Argument, dass der Staat nicht nur die »allgemeinen äußern Bedingungen« (152) der Produktion reproduziert (eine Phrase aus Engels' *Anti-Dühring*), sondern Staatshandeln konstitutiv für die Schaffung der Produktionsverhältnisse ist (vgl. MEW 20, 260). Jede dieser Thesen stellt in unterschiedlicher Weise eine Verschiebung gegenüber Poulantzas' früherem Werk dar, entweder der Gewichtung oder der Tendenz nach.

Das aufschlussreichste Kapitel ist in vielfältiger Weise das über die ›institutionelle Materialität‹: Das Interessante liegt hier nicht nur in der eigentlichen Neuheit der These (die noch weiterer Erkundung bedarf), sondern in der Art und Weise, wie Poulantzas' Argumente durch die fortlaufende Debatte mit Foucault ständig abgewandelt, häufig abgelenkt und unterbrochen werden. ›Institutionelle Materialität‹ ist mehr als eine Fortschreibung von Althussers früherer Betonung der *Apparate*. Die materiellen Prozesse des Staatshandelns wurden hier mittels Foucaults Begriffen transformiert: die Art und Weise, wie der Staat die Teilung von Hand- und Kopfarbeit ordnet, wird mittels Foucaults Verbindung von ›Wissen‹ und ›Macht‹ diskutiert; wir hören nun von der »Umsetzung und Beherrschung eines Wissens und eines Diskurses« (Poulantzas 1978, 49). Zugleich wird Foucaults abstraktes Machtdiagramm für sein Scheitern kritisiert, da es die Kristallisierung von Wissen und Macht im »*organisatorischen Gerüst* des Staates« (52) nicht erkennt.

Es gibt viele fesselnde Thesen und fruchtbare Überlegungen auf diesen Seiten. Gleichwohl ist die Art und Weise, wie sie verarbeitet und entwickelt werden, letztlich nicht zufriedenstellend. Hier sind auch die theoretischen Schwankungen besonders ausgeprägt. Zentrale Begriffe, Konzepte und Formulierungen sind von Foucault ›entliehen‹. Sie fügen dem Denken von Poulantzas neue Dimensionen hinzu. Die übergreifenden theoretischen Auswirkungen, die nicht nur den oberflächlichen Diskurs, sondern auch die Problematik verändern, an der Poulantzas arbeitet, werden nirgendwo adäquat behandelt. Dies verweist auf die Tatsache, dass Foucault nicht nur einfach ein Bündel neuer Vorstellungen zusammenfügt; er entwickelt eine andere Problematik – eine, die an verschiedenen Kernpunkten theoretisch unvereinbar ist mit Poulantzas' Ansatz des ›klassischen Marxismus‹. Foucault weist auf verschiedenen Ebenen nicht nur auf die Ausbreitung von Diskursen hin; er bringt auch eine Theorie ihrer *notwendigen Heterogenität* hervor. Foucaults abstraktes Machtdiagramm, das überall im positiven Antlitz der Macht und in der Mikrostruktur aller Arten gesellschaftlicher Verhältnisse gegenwärtig ist, ist einem Begriff von Macht diametral entgegengesetzt, der Macht auf ein komplexes Zentrum zurückführt. Der kapitalistische Staat fehlt größtenteils in Foucaults Schema, nicht aufgrund von Unachtsamkeit, sondern aufgrund der konzeptionellen Leerstelle. Folglich ist es theoretisch für Poulantzas eigentlich nicht möglich, Foucaults Begriffe aufzunehmen und sie lediglich durch ihr Eingliedern in ein eher konventionelles Konzept von Staat, Staatsmacht und Klassenverhältnisse zu ›korrigieren‹. Auf Poulantzas' Diskurs hat dieses Vorgehen den Effekt eines Rückgriffs auf einen Satz inklusiver ›Wahrheiten‹, die lediglich behauptet werden. Foucault wird für seine Einsichten gelobt, dann jedoch kritisiert und nach einem Prozess marxistischer Berichtigung zurechtgerückt. Ich möchte hier kein dogmatisches Argument für eine absolute Unvereinbarkeit zweier theoretischer Paradigmen befördern, aber möchte doch vor einem Verfahren selektiver Zusammenführung warnen. Auch wenn Foucaults Spuren heute irgendwie überall sind, entsteht dieses Problem zum Teil deswegen, weil es keine umfassende Darstellung und Kritik seiner Standpunkte gibt, wie wir sie z.B. in Peter Dews' (1979) jüngstem, hellsichtigem Artikel *The Nouvelle Philosophie and Foucault* finden. Es ist wahr, dass ein Teil von Poulantzas' Projekt die Rettung der fundierten Einsichten Foucaults vor der Veruntreuung durch das Lager der ›Neuen Philosophen‹ zu sein scheint. Doch die vorrangige Frage muss sein – ungeachtet der realen Differenzen in der politischen Perspektive –, ob es eine konsistente Konvergenz auf der Ebene der Problematik geben muss, bevor bestimmte Begriffe entlehnt und verändert werden können. Tatsächlich *sieht* Foucault Wissen/Macht (*savoir/pouvoir*) in der bloßen Tatsache der Institutionalisierung inbegriffen. Jede Regulation ist ein Ausschluss und jeder Ausschluss ist ein Wirken von Macht. Dews zeigte auf, dass kein Unterschied gemacht wird »zwischen einem politisch erzwungenen Schweigen und einem Schweigen durch Abwesenheit, welches bloß die Kehrseite der Positivität einer gegebenen kulturellen Formung ist« (148). Für Foucault ist Macht »eine ›abstrakte Maschine‹, die jedem einzelnen Feld immanent« und »jedem besonderen Feld, das sie konkretisiert, vorausgesetzt« ist (Poulantzas 1978, 60). Da Macht überall ist, ist Widerstand letztlich ein Konzept ohne Heim: es gibt keinen theoretischen Grund, warum er auftauchen sollte, keinen Beleg für sein Erscheinen und nichts, um die Zuschreibung zu überprüfen, er sei bloß ein weiterer Aspekt der ›Positivität der Macht‹ – ›deckungs- und zeitgleich‹ mit ihr. Es ist bekannt, dass Foucault (1976), indem er der Frage nach dem Verhältnis zwischen der Verschiebung der Bedingungen der ›Disziplin‹ und anderen Verhältnissen, die zur selben Zeit vorkommen, ausweicht, nebenbei einem ›vulgären‹ Ökonomismus verfällt. Aber das ist nicht bloße Vergesslichkeit. Foucault ist vielmehr deutlich skeptisch gegenüber solchen Konvergenzen, um seine These über die notwendige Heterogenität der Instanzen beizubehalten. Seine ›Macht‹ ist zerstreut, und genau deshalb kann sie theoretisch nicht zu einer einzelnen organisierenden Instanz wie ›dem Staat‹ zurückverfolgt werden. Dies entleert die Frage nach dem Ökonomischen genau deshalb, weil Macht seiner Ansicht nach nicht in irgendeinem Satz globaler Verhältnisse – z. B. Klassenverhältnisse – vereindeutigt werden kann. Foucaults impliziter ›Anarcho-Libertarismus‹ mit seinen typischen Oszillationen – Macht/Körper, Macht/Widerstand – ist nicht, wie Poulantzas zeitweise behauptete, lediglich der Effekt seines ›epistemologischen Diskurses zweiten Grades‹ (Poulantzas 1978, 60). Das will nicht heißen, dass seine Vorstellungen nicht in einen anderen theoretischen Ansatz versetzt werden können. Aber es bedeutet, dass Poulantzas' Versuch einer Synthese zu voreilig ist und gewisse offenkundige Widersprüche hinterlässt.

Eine weitere Auswirkung des sozusagen eiligen Umgangs mit Foucault ist, dass Poulantzas sich selbst keinen Raum zugestand, neue und positive Einsichten weiterzuentwickeln. Z. B. das Wissensmonopol des Staates hätte nützlicherweise zu einer ausgedehnteren Diskussion über die Rolle von ›organischen Staatsintellektuellen‹ führen können. Das Gleiche gilt, wenn wir zum Kapitel über den Staat und den politischen Kampf übergehen. Die Erkenntnis, dass der Staat als materielle Verdichtung eines Kräfteverhältnisses zwischen Klassen und Klassenfraktionen verstanden werden muss und dass diese widersprüchlichen Verhältnisse dem Staat nicht äußerlich, sondern in seiner Materialität und in seinem Funktionieren eingeschrieben sind, ist eine willkommene Weiterentwicklung des recht allumfassenden Bildes vom Staat in *Politische Macht und gesellschaftliche Klassen*. Dies sind einige der fesselndsten und innovativsten Abschnitte in *Staatstheorie* (117–129). Sie beginnen den Knoten in der marxistischen Theorie zu lösen, der die Entwicklung einer adäquaten Staatskonzeption so lange einschnürte – wohlbekannt durch begriffliche Polarisierungen zum Staat als ›funktionales Erfordernis/Logik des Kapitals‹ bzw. als ›nichts anderes als das Produkt des Klassenkampfes‹. Es gibt sicherlich Weiteres zu diesem Thema zu sagen, insbesondere zur organisatorischen Rolle, die der Staat in Gramscis ›instabilem Gleichgewicht der Kompromisse‹ und seiner Artikulation mit popularen Kämpfen spielt. Die hier gebotene scharfe Kritik an Foucault ist willkommen und angebracht (134–142) – aber angesichts der Neuigkeit der Argumentation ein eher ungerechtfertigter Umweg.

Eine produktive Offenheit

Das Kapitel zum Staat und zur Ökonomie ist umfassend, dafür weniger originell. Beide Kapitel sind durch die intensive Beschäftigung mit einer ganzen Galaxie von Feinden und von Irrtümern gekennzeichnet – Balibar, die Thesen zum ›staatsmonopolistischen Kapitalismus‹ in der Kommunistischen Partei Frankreichs, die Schule der ›Logik des Kapitals‹, die Italiener, Carillo. Das Buch nimmt im letzten Abschnitt wieder Fahrt auf: Der erste Teil untersucht die ›Krise‹ des kapitalistischen Staates, im zweiten Teil werden die Aussichten für ›einen demokratischen Sozialismus‹ dargelegt. Poulantzas' Charakterisierung des ›Staates in der Krise‹ als einen Staat des ›Obrigkeits-Etatismus‹ ist eine wichtige Erkenntnis, die zentrale Aspekte der westeuropäischen kapitalistischen Staaten in einer Krisenphase kritisch auf den Punkt bringt und in nützlicher Weise vom ›Faschismus‹ unterscheidet. Mein einziger Vorbehalt ist, dass Poulantzas nicht ausreichend ausführt, wie dieser Fortgang zum ›autoritären Etatismus‹ an der Basis auf der Grundlage einer komplementären Verschiebung der popularen Zustimmung-zur-Autorität abgesichert wurde – Produkt eines bemerkenswerten und intensiven ideologischen Kampfes, für den der ›Thatcherismus‹ ein symptomatisches Beispiel ist. Das führte mich schon an anderer Stelle zu dem Argument, dass die Untersuchung über den ›autoritären Etatismus‹ durch eine Theorie zum ›autoritären Populismus‹ ergänzt werden muss, um die Herausbildung einer unmittelbareren disziplinarischen Staatsform erklären zu können. Poulantzas versäumte es auch, den spezifischen Beitrag herauszuarbeiten, den der ›Etatismus‹ der Sozialdemokratie an der Macht während einer Krisenphase des Kapitalismus leistete, indem er einen ›autoritären Populismus‹ mit seinen bekannten Widersprüchen bereitstellte, auf dessen Grundlage die Sozialdemokratie erst regierungsfähig war. Aber diese Debatte ist inzwischen breit geführt worden.

Die Leser werden die bemerkenswert offene Diskussion über die Staatsform und politische Organisation im ›Übergang zum Sozialismus‹ wie auch über die Relevanz der Demokratie als ein organisatorisches Thema interessanter finden. Die Kritik an einigen Aspekten des Leninismus und die aufgegebene Formel von der ›Diktatur des Proletariats‹ sind ein Zeichen für den Weg, den Poulantzas gegangen ist. Das Aufgeben des Konzepts von der ›dualen Macht‹ zugunsten dessen vom ›Stellungskrieg‹ ist plakativ dargelegt, wenn auch kurz geraten. Die Bekräftigung, dass »eine wirkliche Dauerhaftigkeit und Kontinuität der Institutionen der repräsentativen Demokratie« »eine wesentliche Bedingung des demokratischen Sozialismus« ist, lässt unsere Herzen höher schlagen – und schärft ohne Zweifel die Messer. Die stützenden Argumente – gegen eine Bollwerk-Vorstellung vom Staat, von Luxemburg gegen Lenins *Was tun?* und wie eine Strategie von ›realen Brüchen‹ vom Reformismus zu unterscheiden ist – sind aufreizend knapp. Versprechungen, Versprechungen … Ihre Ausarbeitung ist das Vermächtnis – *Staatstheorie* muss nun in andere Hände übergehen.

Es sollte nun klar sein, dass *Staatstheorie* ein zutiefst unstetes und daher beunruhigendes Buch ist. In seiner Unabgeschlossenheit sind Fragen aufgeworfen, die Poulantzas in seinem Rahmen kohärenter und integrierter Argumente nicht ausreichend beantworten konnte. Das Buch öffnet eine Reihe von Büchsen der Pandora. Oftmals wird allzu voreilig versucht, den Deckel dieser Büchsen wieder zu schließen, bevor ihr unzähmbare Geister entweichen können. Dies verursacht eine erhebliche theoretische Unausgeglichenheit im Buch. Aber diese Unausgeglichenheit schafft wiederum auch seinen großen Reiz. Poulantzas' frühere Bücher gewannen viel von ihrer Kraft gerade aus ihrer Lückenlosigkeit und Konsistenz: einige würden sagen, aufgrund des Anscheins von Konsistenz, der einen gewissen Eindruck des voreiligen Abschlusses, des Dogmatismus und der Orthodoxie erweckt. Er lässt uns mit einem Buch zurück, das sich vielfach und deutlich an den Säumen auflöst; kein einzelner konsistenter theoretischer Ansatz erweist sich als weitreichend genug, um seine innere Diversität völlig zu erfassen. Das Buch ist erstaunlich *unbeendet*. Es bietet uns ein Bild von einem der fähigsten und gewandtesten ›orthodoxen‹ marxistisch-strukturalistischen Denker, der sich selbst und seine Auffassungen aufs Spiel setzte. Das ist das Poulantzas-Abenteuer … Das Muster, das es hinterlässt, ist – vor allem in der Entschlossenheit, Fragen von größtmöglicher und unmittelbarer politischer Relevanz zu stellen – in besonderer Weise exemplarisch. Der ›allumfassende und exakte Text‹ muss auf einen anderen Moment warten. Und dennoch: Gemessen daran, welche systematischen Verzerrungen der theoretischen Arbeit von Marx durch die um Richtigkeit bemühte Flut an Althusser'schen, post-Althusser'schen, Lacan'schen und nun auch Foucault'schen Positionen verschuldet wurden, ist dieses unvollendete Spätwerk wohl doch keine schlechte Sache.

Aus dem Englischen von Kolja Swingle und Victor Rego Diaz

Popular-demokratischer oder autoritärer Populismus

Die Krise der politischen Repräsentation

Im Rahmen der »Krise des britischen Staates«, mit der wir gegenwärtig konfrontiert sind, ist die Frage der Demokratie kein Gegenstand abstrakter Spekulation mehr und wird konkret und politisch zwingend. »Die Krise« schien seit zwei Jahrzehnten die Existenzbedingung der Gesellschaftsformation zu sein – einige würden behaupten, seit nahezu einem Jahrhundert. Doch nur wenige würden bestreiten, dass die Krise seit den politischen Debakeln von 1972 und 1974 und der ökonomischen Rezession nach 1975/76 ein qualitativ neues Stadium erreicht hat. Die Heath'sche Übergangsregierung (1970–74) war ein gewagter, widersprüchlicher Versuch der »Erneuerung«, in dem das doppelte Instrumentarium freien ökonomischen Wettbewerbs und gesetzlichen Zwangs eingesetzt wurde. Sie endete in Trümmern, beendet durch ihre inneren Widersprüche und durch eine wachsende, jedoch defensive Klassenmilitanz. Die Callaghan-Episode (1976–79) restaurierte das heute schon klassische *Repertoire* des sozialdemokratischen Managements der kapitalistischen Krise, allerdings auf einer merklich schwindenden politischen Grundlage. Als das sozialdemokratische *Repertoire* zunehmend ausgehöhlt und verbraucht war, wurden die Risse in der britischen Gesellschaft überall offensichtlicher. Die Gleichzeitigkeit der langfristigen Krise der britischen Ökonomie mit der weltweiten kapitalistischen Rezession zerstörte jegliche Aussichten auf die »Wiederbelebung« der ökonomischen Bedingungen. In dieser Phase begann die ökonomische Rezession, einen Sektor des gesellschaftlichen Lebens nach dem anderen zu erfassen. Die heftige Runde von Lohnkämpfen in den ersten Monaten 1979 war ein Symptom der Ausweglosigkeit: einer Strategie konservativer Eindämmung stand eine kämpferische Verteidigung des sinkenden Lebensstandards gegenüber, die eine Seite unfähig, die sozialen und politischen Bedingungen für eine Wiederbelebung herzustellen, die andere bloß in der Lage, in einem verlorenen Kampf gegen die Aushöhlung der Reallöhne durch die Inflation dem Gegner momentan Schaden zuzufügen.

Wichtiger waren in unserem Zusammenhang die politischen und ideologischen Bedingungen der »Krise«, die dieses Zwischenspiel enthüllt hat. Diese Periode ließ die *de facto*-Aushöhlung der Zwei-Parteien-Herrschaft in der parlamentarischen Szene erkennen und die opportunistische Konstruktion vorübergehender parlamentarischer Koalitionen, Allianzen und Bündnisse für die kurzfristigsten und pragmatischsten Ziele – der Wirrwarr von Cliquen und Intrigen, das Kungeln in den Lobbys sind Zeichen der Untergrabung des repräsentativen parlamentarisch-demokratischen Systems und charakteristisch für das langsame Hintreiben zu einer »Regierung des nationalen Interesses«. Es gab auch versteckte, aber unübersehbare Zeichen der Zersplitterung des Nationalstaats selbst in der Bewegung zu Dezentralisierung und Regionalisierung, die erste wirklich bedeutende Verschiebung dieser Art (ausgenommen Irland) seit dem »Act of Union«.

Der Wechsel parlamentarischer Fraktionen mag als solcher noch nicht von struktureller Bedeutung sein, doch liefert er den symptomatischen Beweis für eine allgemeine Krise der politischen Repräsentation. Es gab wichtige säkulare Verschiebungen und Kursänderungen im Verhältnis zwischen den Klassen und ihren traditionellen Formen politischer Repräsentation: jener Prozess, durch den »die großen Massen sich von den traditionellen Ideologien entfernt haben, nicht mehr an das glauben, woran sie zuvor glaubten«, was nach Antonio Gramsci daran liegt, »dass das Alte stirbt und das Neue nicht zur Welt kommen kann« (Gramsci 1991ff., Bd. 2, H 3, 354). Zusammen mit den neuen Kräften der »radikalen« Rechten und dem Zerbrechen der traditionellen politischen Ideologien der sozialdemokratischen Linken deuten diese Veränderungen, wenn nicht auf die »Streitmacht von Parteilosen [...], die mit paternalistischen Banden bonapartistisch-cäsaristischen Typs an die Regierung gebunden sind« (423), so doch auf ein Moment, das Gramsci als tiefgreifenden *Transformismus* bezeichnet und dem man nicht zu Unrecht unterstellt, dass es die Bedingungen für eine ›parlamentarische Diktatur‹ schafft. In diesem Rahmen wird die Frage der Demokratie zu einem grundsätzlichen Ort und Einsatz im Kampf – zum entscheidenden Ziel der Strategien des Transformismus von rechts wie von links. Einige der wichtigsten Gefechte im »Stellungskrieg« sollten in der kommenden Zeit auf diesem Gelände aufgenommen werden.

Alles hängt deshalb davon ab, wie die gegenwärtige Krise im Verhältnis zum Problem der Demokratie verstanden wird. Angesichts der Krise hat es der Linken allmählich gedämmert, dass – was die klassischen Texte und revolutionären Rezepte auch immer vorschreiben – die Möglichkeit, die Krise nun beim Schopf zu fassen und so zu gestalten, dass günstige Bedingungen für einen Fortschritt zum Sozialismus geschaffen werden, untrennbar verknüpft ist mit der Vertiefung des demokratischen Lebens und der Ausweitung des popular-demokratischen Kampfes. Allein in diesem Weg liegt die Möglichkeit, die Klassen entlang der Linie Ausgebeutete/Ausbeuter zu spalten, was wiederum allein die Bedingungen für einen sozialistischen Vorstoß mit breiter Unterstützung herstellen könnte. Dies ist die einzige Strategie – die Theorie einen Moment beiseitelassend –, die für jenen »cäsaristischen« Moment relevant ist, wenn die ›Unterschichten‹ das Alte nicht mehr wollen und die ›Oberschichten‹ in der alten Weise nicht mehr können. Über solch ein instabiles Kräftegleichgewicht bemerkte Lenin zutreffend: »Mit anderen Worten kann man diese Wahrheit so ausdrücken: Die Revolution ist unmöglich ohne eine gesamtnationale (Ausgebeutete wie Ausbeuter erfassende) Krise.« (LW 31, 71) Gramsci erinnert uns: »Man kann cäsaristische Lösungen auch ohne einen Cäsar [...] haben. Auch das parlamentarische System hat einen Mechanismus für solche Kompromisslösungen bereitgestellt. Die ›Labour‹-Regierungen MacDonalds waren auf einer gewissen Stufe Lösungen dieser Art« (Gramsci 1991ff., Bd. 7, H 13, 1593). Diese Art von Alternative könnte ein längerer Prozess sein, in dem »verschiedene Abstufungen von Cäsarismus aufeinanderfolgten, bis hin zu einer reineren und dauerhafteren Form [...]. Jede Koalitionsregierung ist ein Anfangsstadium von Cäsarismus« (ebd.). Die »Krankheitssymptome«, die in solch einer Übergangsregierung auftauchen, sind sicher nicht mehr nur Wahnvorstellungen der fiebrigen Phantasien von Ideologen der äußersten Rechten. Die Probleme für die Linke sind hier sowohl das »Was« als auch das »Wie« einer Veränderung: In welcher Form kann eine populare Demokratie nach links vorangetrieben werden (konfrontiert mit einer stark rechtslastigen populistischen Demokratie)? Wie kann ein Anschluss an die Rechte verhindert werden? Und (bei ihrer strategischen Schwäche angesichts dieser qualitativ neuen historischen Aufgabe) mit welchen Mitteln?

Die Reorganisation der Rechten

Diese Fragen haben eine neue Dringlichkeit bekommen, weil vielleicht zum ersten Mal in der politischen Nachkriegsgeschichte des britischen Staates auch die Rechte überzeugt ist, dass es »nicht weitergehen kann wie bisher«. Dies schafft ein ganz anderes, qualitativ neues Stadium der politischen Konjunktur. Denn nun ist es nicht länger ein Problem der populardemokratischen Kämpfe von links, den sozialen und politischen Kräften entgegenzutreten, die der »Verteidigung des Alten« verpflichtet sind. Die Krise hat sowohl die Linke als auch die Rechte über ihren »passiven« Punkt hinausgeführt – jenen Punkt, wo die politische Aufgabe für die herrschenden Klassen bloß darin besteht, die Integrität des Staates unter den Bedingungen ökonomischer Rezession zu *erhalten*.

Die Rechte hat sich von Grund auf erneuert und »reformiert«. Sie stellt eine politisch-ideologische Kraft einer gänzlich neuen Art dar. Und trotz der Gesten, die die Führung gelegentlich gegenüber der Tradition macht, muss sie nun als eine *aktive* politische Kraft begriffen werden, die aktiv der »Philosophie« verpflichtet ist, dass sie reformieren muss, um zu erhalten, und revolutionieren muss, um zu bewahren. Sie betrachtet die gegenwärtige Krise nicht als einen zu verteidigenden passiven *Status quo,* sondern als ein strategisches politisches Kräftefeld, das rekonstruiert werden muss – natürlich nach rechts. Außerdem betrachtet sie auch – wie die Linke – »Demokratie«, in ihren populistischen Aspekten, als Ort, den sie besetzen muss, als Einsatz, den sie ergreifen muss. Mr. Callaghan hatte ganz recht – obgleich er die Bedeutung dessen, was er sagte, nicht verstanden hat –, als er den Höhenflug des »Thatcherismus« als eine Kraft beschrieb, die bestimmt sei, »das Gebäude der britischen Gesellschaft bis zu seinen Fundamenten einzureißen«. In diesem Sinne ist die Anordnung politischer Kräfte auf dem Terrain des Staates bereits in bedeutsamer Weise umgruppiert worden. Die Sozialdemokratie versucht, den Staat (das gegebene Kräfteverhältnis) und einen bankrotten Monopolkapitalismus zu erhalten. Durch pragmatische politische Technologie will sie weiter die Macht behalten über die politische und ökonomische Krise, die als eine dauernde passive Bedingung aufgefasst wird. Die Rechte – die »radikale« Rechte – weiß dagegen, dass »es nicht so weitergehen kann wie bisher«. Noch am Rande tatsächlicher Regierungsgewalt hat sie sich selbst zu einem Instrument geformt, das in der Lage ist, ein neues Gleichgewicht herzustellen, welches das System nur auf Kosten *seiner* radikalen *Transformation* erhält. Mehr noch: die Rechte weiß, dass in diesem Prozess der Restauration/Revolution die demokratisch-populistische Karte Trumpf ist. Ihr Ziel ist, »das Volk zu gewinnen« (und *so* die repräsentative Form des parlamentarisch-demokratischen Staates zu erhalten) für »Politiken« und »Philosophien«, um den demokratischen Inhalt des Staates in seiner gegenwärtigen Funktionsweise zu transformieren. Deshalb kreuzt sie sich mit den Linkskräften genau im strategischen Feld des »popular-demokratischen Kampfes«.

Es sollte hinzugefügt werden, dass dies nicht ausschließlich ein von der Rechten gewonnenes Terrain ist. Es ist teilweise ein Erbe der Periode des Scheiterns der Sozialdemokratie selbst. Mit ihren fieberhaften Versuchen, die ökonomischen und politischen Kämpfe zum Vorteil des staatsorientierten Großkapitals in den Griff zu bekommen, hat die Sozialdemokratie ihre eigene Art von Restrukturierung durchgemacht. Dies brachte eine weitreichende Erosion der demokratischen Elemente im politischen und sozialen

Leben mit sich. Die Sozialdemokratie nahm in zunehmendem Maße jene Haltungen von pragmatischem und schleichendem Autoritarismus ein, die als einen ihrer Effekte eine allmähliche Suspendierung von vielen der traditionellen Stützpunkte demokratischer Repräsentation und Gegenmacht bewirkten; aber dies ging einher mit ihrer formalen Erhaltung als Mittel zur Sicherung eines passiven popularen Konsensus. Diese doppelte Bewegung – schleichender Autoritarismus, verkleidet durch die Rituale formaler Repräsentation – gibt der gegenwärtigen Phase der Staatskrise/Hegemoniekrise eine eigentümliche historische Spezifik. Nicos Poulantzas (1978) beschrieb diese »neue Form des Staates« als Trend zu einem »autoritären Etatismus«:

> »[...] ein gesteigertes Eingreifen des Staats in sämtliche Bereiche des sozio-ökonomischen Lebens, das mit dem einschneidenden Verfall der Institutionen der politischen Demokratie sowie drakonischen und vielfältigen Einschränkungen der sogenannten ›formalen‹ Freiheiten einhergeht, die man erst wirklich schätzen lernt, wenn sie einem genommen werden.« (185f.)

Dies ist ein allzu durchsichtiges Szenario. Es übergeht die ständigen und unablässigen Operationen, die dazu dienen, in diese neuen Formen eines staatlichen Autoritarismus einen popularen Konsensus hineinzubinden oder zu konstruieren. Dieses Element – das in die Gleichung die Kernfrage von »popularer« versus »populistischer« Demokratie hineinbringt – würde uns dazu führen, den gegenwärtigen Prozess umzubenennen als eine Bewegung zu einem »autoritären Populismus«. Der übrige Teil dieses Aufsatzes befasst sich mit der Analyse dieses Phänomens.

Wir wenden uns nun der Betrachtung von *drei* Aspekten der Krise zu, die von der Linken nicht sehr ausführlich untersucht werden und von denen jeder einen bestimmten Einfluss auf das »Demokratie«-Problem hat; von denen jeder das Kampffeld so anordnet, dass es die Entwicklung popular-demokratischer Initiativen *begrenzt; von* denen jedoch jeder »das Volk« (*the people*) und »das Populare« (*the popular*) in die »Krise des Staates« hineinkonstruiert. Wir können sie bestimmen als: 1) die sozialdemokratische »Lösung«, 2) Recht und »soziale Ordnung«, 3) den Aufstieg des »autoritären Populismus«.

Die sozialdemokratische »Lösung«

Der Kern des Problems kann hier in zwei Behauptungen zusammengefasst werden: Die Formulierung ökonomischer Politiken und Strategien erfordert eine direkte Intervention des Staates in den politischen Klassenkampf.

Die Form der Staatsintervention ist charakteristischerweise von spezifisch »sozialdemokratischer« Art gewesen.

Die Hauptstrategie war die Konstruktion *korporatistischer* Verhandlungs- und Kompromissformen, indem versucht wurde, innerhalb der Logik und Grenzen des Kapitals eine »Partnerschaft« zwischen den Repräsentanten des Kapitals (vor allem in Gestalt der »Confederation of British Industry«), der Arbeit (vor allem in Gestalt des »Trade Unions Congress«) und des Staates (»Repräsentant des Volkes«) herzustellen. Das Ziel war, diese Elemente durch ihre Repräsentationsformen in eine Anordnung von Strategien einzugliedern, die entworfen wurde, um Lösungen für die Krise der Kapitalakkumulation zu finden. Dieser Eingliederungsprozess hatte einen schwachen »repräsentativen« und einen starken »interventionistischen« Aspekt. Dass die arbeitende Bevölkerung durch ihre Führungen im Zentrum der politischen Entscheidungsprozesse »vertreten« ist, hat immer wieder die Hoffnung aufrechterhalten, für die Arbeiterklasse günstigere Bedingungen durchzusetzen (wie in den frühen Tagen des »Sozialvertrags«, bei der Bildung der neuen Labour-Regierung 1974). Dies hat einiges zur Rechtfertigung der ideologischen Konstruktion der Regierung als Schutzpatron der »arroganten Gewerkschaftsmacht« beigetragen. Aber dies hatte, als die Würfel gefallen waren, eine geringe oder gar keine Auswirkung auf die Art und Weise, wie die ökonomischen Politiken tatsächlich formuliert oder ausgeführt wurden. Die Betonung lag auf der Nutzung dieser *korporatistischen* Strategie als Basis für die *Disziplinierung des Klassenkampfes.* Die Labour-Regierung – zwischen 1966 und 1970 und wieder zwischen 1974 und 1979 – spielte auch eine aktive ideologische Rolle dabei, populare Begriffe der Krise, ihrer Ursachen und Bedingungen durch eine Serie von Diskursen zu konstruieren, die klassischerweise ›die Gewerkschaften‹ gegen ›die Nation‹ setzen, ›die Klassen‹ gegen ›das Volk‹, ›den Verbraucher‹ gegen ›den Produzenten‹, die ›Teil-Interessen der Arbeiter‹ gegen das ›Nationalinteresse‹ (und, ein untergeordnetes, aber wirkungsvolles Thema, ›die Hausfrau‹ und ›die Familie‹ gegen den ›militanten Gewerkschafter‹ – der natürlich immer ein *Mann* ist).

In »korporatistischen« Eindämmungsstrategien dieser Art beutet die durch die Gewerkschaften und Repräsentationsformen der Labour Party organisierte Sozialdemokratie einen klassischen sozialdemokratischen Begriff vom Staat als neutralem Schiedsrichter zwischen den Klassen aus. Sie nutzt ihre historische Position als Hauptform der politischen Repräsentation der arbeitenden Klassen. Mit der kurzen Ausnahme von Mr. Heaths ersten zwei schnell dahingegangenen Jahren kann zu Recht gesagt werden – und

Mrs. Thatcher hat sich nicht gescheut, es zu sagen –, dass, egal ob ›Labour‹ oder die ›Konservativen‹ am Ruder waren, beim politischen Management des ökonomischen Klassenkampfes in Wirklichkeit die ›Sozialdemokratie‹ ›das Kommando‹ hatte. Mit ihren fabianischen und »Webb'schen« Traditionen, der Gleichsetzung von Sozialismus und Etatismus befand sich die Sozialdemokratie in der besten und günstigsten Position, um die arbeitenden Klassen *für* kapitalistische ökonomische Lösungen »zu gewinnen«. (Paradoxerweise wurde gerade in den Zwischenspielen konservativer parlamentarischer Herrschaft für ›Labour‹ eine klarere, oppositionellere Rolle möglich.) Die Sozialdemokratie mit ihrer Verpflichtung auf bestimmte Formen des Staatskollektivismus und ihrer Illusion, dass sie durch die Vermittlung von ›Labour an der Macht‹ ›Zugeständnisse‹ *für* die Arbeiterklasse gewinnen könnte (ohne die Klasse zu mobilisieren), während sie das ›Nationalinteresse‹ repräsentiert und die Logik des Kapitals verteidigt, hat auch den Weg gewiesen zum Umgehen aller Organe popular-demokratischer Macht und popular-demokratischer Kämpfe, nicht selten unter Einschluss des Parlaments durch die Konstruktion von Quasi-Regierungs-Initiativen, die die Staatsapparate direkt mit ökonomischen Strategien verbinden.

Der »korporatistische« Stil der Labour-Regierungen ist ein wirklicher Index ihrer dominierenden politischen Tendenz. Die desorganisierende Wirkung auf den politischen und ökonomischen Kampf – die arbeitenden Klassen und ihre Verbündeten, im Zaum gehalten durch die politischen Repräsentanten von »Labour« – war unabsehbar. Dies ist der Kern der sozialdemokratischen »passiven Revolution« von oben: wie

> »vermittels des gesetzgeberischen Eingriffs des Staates und über die korporative Organisation mehr oder weniger tiefe Veränderungen in der ökonomischen Struktur des Landes eingeführt [werden], um das Element ›Produktionsplan‹ zu betonen, dass also die Vergesellschaftung und Kooperation der Produktion betont [werden], ohne deshalb die individuelle und gruppenmäßige Aneignung des Profits anzutasten (bzw. sich darauf zu beschränken, sie nur zu regulieren und zu kontrollieren« (Gramsci 1991ff., Bd. 6, H 10.1, 124).

Das Monopol auf den Staat und seine politischen Maßnahmen durch die Sozialdemokratie, vor allem in Zusammenarbeit mit den staatsorientierten Fraktionen des Großkapitals, hat der »radikalen Rechten« ein wirkungsvolles, alternatives Operationsgebiet eröffnet. Indem sie die Überreste ihrer Verpflichtung auf »zentristische« Verhandlungs- und Kompromissformen mit der Beseitigung der Heath-Führung über Bord warf, hat die neue Rechte Raum für strategische Manöver gefunden. Sie hat die Widersprüche innerhalb der Sozialdemokratie ausgebeutet. Sie hat die desorganisierte

Unzufriedenheit der popularen Klassen ausgenutzt. Sie hat einen alternativen »Block« konstruiert, der um die mächtigen Themen »Anti-Etatismus«, »Anti-Kollektivismus«, »gegen schleichenden Sozialismus« und »*gegen* den Machtblock« (d. h. die Sozialdemokratie an der Macht) organisiert ist. Dies hat sich als wirksame, dauerhafte und in der Tat gewaltige Kraft und »Philosophie« erwiesen – mit, und dies ist der entscheidende Punkt, großer popularer Anziehungskraft.

Das Recht und die »soziale Ordnung«: Law and Order

Der zweite Aspekt bezieht sich darauf, dass die Disziplinierung des ökonomischen und politischen Kampfes im Rahmen der Krise sich zunehmend auf autoritären Zwang und die repressiven Staatsapparate stützt. Wir denken hier an die seit längerer Zeit stattfindende Ausdehnung der Polizeigewalt und Überwachung politischer Gruppen und Individuen; den Einsatz der Polizei und der Rechtsapparate (*legal apparatusses*) in einem großen Bereich sozialer Konflikte; die Rolle der Justiz bei der Eindämmung des ökonomischen und industriellen Klassenkampfs; die Verwendung neuer rechtlicher Instrumentarien – den »Industrial Relations Act« von 1971, gesetzliche Pressionen gegen Streikposten und Streiks; die Ausweitung geheimdienstlicher Überwachung und politischer Prozesse; den Missbrauch des *habeas corpus* aufgrund einer lockeren Auslegung des »Notstands«. Ebenso wichtig war die Ausarbeitung gesetzlicher und rechtlicher Vorstellungen und Diskurse rund um die Themen der Verteidigung des Staates, des Schutzes der politischen Ordnung vor Unterwanderung und deren Verbindung mit Verbrechen als einem »Symptom« moralischen Verfalls und des Zusammenbruchs gesellschaftlicher Autorität.

Die Rolle der Rechtsapparate bei der Eindämmung des sozialen und industriellen Konflikts ist durch die Linke ausführlich kommentiert worden; doch die Art und Weise, in der öffentliche und populare Ängste über »die zunehmende Kriminalität« mit den stärker »politischen« Aspekten verknüpft worden sind, ist größtenteils der Aufmerksamkeit entgangen. Es ist indessen der Letztere, der dem Ersteren seine »populare« Schärfe gibt. Es gibt hier eine Vorgeschichte, die tatsächlich das vollständige Ausbrechen der Krise ankündigt. Das »Law and Order«-Element tauchte zum ersten Mal in den frühen Phasen politischer Polarisierung Mitte der 60er Jahre auf und richtete sich in erster Linie auf Ziele, die im traditionellen Verständnis »unpolitisch« waren: die Studentenbewegungen und Gegenkulturen Mitte der 60er Jahre, die sogenannte Tendenz zu »moralischer Permissivität«, den

Hedonismus der Jugend, die »Krise« von Autorität und sozialen Werten. Gramsci indessen erinnerte uns:

> »Der Aspekt der modernen Krise, der als ›Materialismuswelle‹ beklagt wird, ist mit dem verbunden, was ›Autoritätskrise‹ heißt. Wenn die herrschende Klasse den Konsens verloren hat, das heißt nicht mehr ›führend‹, sondern einzig ›herrschend‹ ist, Inhaberin der reinen Zwangsgewalt, bedeutet das gerade, dass die großen Massen sich von den traditionellen Ideologien entfernt haben.« (Gramsci 1991ff., Bd. 2, H 3, 354)

Er ergänzte, dass dieser Gedanke notwendig zu vervollständigen sei durch einige Beobachtungen »über die sogenannte ›Jugendfrage‹ [...], die von der ›Autoritätskrise‹ der alten führenden Generationen determiniert ist (ebd.). In der Tat handelte es sich um das Zerbrechen der »traditionalistischen« popularen Ideologien. Diese ideologische Krise nahm jedoch nicht die Form einer tiefgreifenden Krise der traditionalistischen Werte an, sondern vielmehr die einer Sammlung der traditionalistischen gesellschaftlichen Kräfte – eines Kreuzzugs zur Verteidigung der Alten Ordnung. Der »Ruf von unten« nach Wiederherstellung der moralischen Prinzipien nahm zunächst die unmittelbaren Symptome der Unordnung – Anstieg der Verbrechen, Kriminalität, moralische Permissivität – und konstruierte sie mit Hilfe von organisierten ideologischen Kräften an der Basis zum Szenario einer allgemeinen »Krise der moralischen Ordnung«. In den späteren Phasen wurden diese mit den mehr politisierten Drohungen konnotativ verknüpft, um das Bild einer Gesellschaftsordnung am Rande des moralischen Zusammenbruchs zu komponieren, deren Feinde »innen und außen« wuchern. Dies ist »die Krise«, wie sie auf der popularen Ebene der universalen, entpolitisierten und erfahrungsbezogenen Sprache popularer Moral erlebt wurde.

Die Themen Verbrechen und abweichendes Verhalten, artikuliert durch die Diskurse der popularen Moral, berühren die unmittelbare Erfahrung, die Ängste und Unsicherheiten der normalen Leute. Dies führte zur Eingliederung des »Rufs nach Disziplin« von unten in den Ruf nach einer gewaltsamen Wiederherstellung der sozialen Ordnung und Autorität »von oben«. Diese Gliederung bildet die Brücke zwischen den wirklichen materiellen Ursachen der popularen Unzufriedenheit und ihrer Repräsentation durch spezifische ideologische Kräfte und Kampagnen wie das allgemeine Bedürfnis nach einer »disziplinierten Gesellschaft«. Ihr Haupteffekt ist die Erweckung popularer Unterstützung für eine Wiederherstellung der Ordnung durch Verordnung: die Basis einer populistischen »Law and Order«-Kampagne. Dies wiederum hat dem Umschlagen der staatlichen Maßnahmen zum repressiven Pol große Legitimität verschafft, bei Beibehaltung seiner popularen Legitimität. Bei diesem offeneren Heranziehen der rechtlichen Kontrollapparate – »das Recht« im Dienst der moralischen Ordnung – haben populare ideologische Kräfte eine aktive organisierende Rolle gespielt. Dazu gehören die Lobbys »gegen moralische Verschmutzung«, die Anti-Abtreibungs-Kreuzzügler, die Lobby gegen »den Anstieg der Kriminalität«, die kleineren, aber virulenten Propagandisten einer »Wiedereinführung der Todesstrafe« und vor allem die Rolle der Polizeiapparate selbst als offen organisierte ideologischer Kraft – die in bisher unbekannter Weise Kampagnen für die Ausweitung der Polizeibefugnisse führte, für eine Verschärfung strafrechtlicher Verfahren, für die Aufhebung gesetzlich garantierter Rechte, für schärfere Strafen, härtere Urteile und ein strafferes Gefängnisregiment. Der Schlüssel zu diesem Aspekt der Krise – eine wesentliche Grundlage der Tendenz zu »außerordentlichen« Formen der Kontrolle für »außerordentliche« Zeiten – ist die Macht popularer moralischer Ideologien und Diskurse durch das Aufgreifen realer Erfahrungen und materieller Bedingungen, die sie gleichzeitig als »Ruf nach Disziplin« von unten artikulieren, der die Einsetzung eines Regimes des moralischen Autoritarismus »im Namen des Volkes« begünstigt. Dies ist deshalb für die beherrschten Klassen eine der Hauptforderungen, die Krise zu »leben« – als eine Zerstörung »traditioneller« Lebensweisen, als Zusammenbruch traditioneller Orientierungsmarken und sozialer Werte. Ihr langfristiger Effekt besteht jedoch darin, den Umschwung zu einem autoritären Regime zu legitimieren.

Der Aufstieg des »autoritären Populismus«

Diese kurze Diskussion der Formen, in denen das Feld popularer Moral in einer Krisenperiode um die Themen Verbrechen, Disziplin und soziale Ordnung re-artikuliert worden ist, bringt uns an die Grenze des »autoritären Populismus« selbst – und auf das eigentliche Gebiet des popularen ideologischen Kampfes. Wie andere Fronten im »Stellungskrieg« bilden die popularen Ideologien in Krisenzeiten ein besonders wichtiges und strategisches Terrain, ein Feld aktiver Intervention durch organisierte ideologische Kräfte. Es geht hier um die Transformation jener »praktischen Ideologien«, die die Lebensbedingungen für die Massen verständlich machen und eine praktische und materielle Kraft bei der Organisierung ihrer Aktionen ausüben. Es geht um die Produktion neuer Arten des Alltagsverstands unter den Bedingungen sozialer Umwälzung. Gramsci legte großes Gewicht darauf, dass »es nicht darum geht, ex novo eine Wissenschaft ins Individualleben ›aller‹ einzuführen, sondern eine bereits bestehende Aktivität zu erneuern und ›kritisch‹ werden zu lassen« (Gramsci 1991ff., Bd. 5, H 8, 1072). Hierbei dachte Gramsci an die ideologischen Interventionen der Linken. Es muss jedoch *pari passu* auf die ideologischen Initiativen jener sozialen Kräfte angewendet werden, die für die Erhaltung der bestehenden Ordnung der Dinge kämpfen. In einem anderen Abschnitt beschreibt Gramsci die ideologische Transformation im Feld des praktischen Alltagsverstands als einen

> »Prozess der Unterscheidung und der Veränderung im relativen Gewicht, das die Elemente der alten Ideologien besaßen: was zweitrangig [...] oder auch beiläufig war, wird als hauptsächlich aufgenommen, wird zum Kern eines neuen ideologischen und doktrinalen Komplexes. Der alte Kollektivwille zerfällt in seine widersprüchlichen Elemente, weil die untergeordneten dieser Elemente sich gesellschaftlich entwickeln« (1051).

Das heißt, den Prozess popularen ideologischen Kampfes nach dem Modell von »Dekonstruktion/Rekonstruktion« zu begreifen – oder, um es anders auszudrücken, als Gliederung eines ideologischen Feldes durch Kampf.

Diese Betrachtungsweise von Ideologien als praktischer materieller Kraft wurde kürzlich in anregender und origineller Weise von Ernesto Laclau entwickelt. Kurz zusammengefasst behauptet Laclau, dass einzelne ideologische Elemente keine notwendige »Klassenzugehörigkeit« oder Klassen-Zuschreibung haben. Von Bedeutung sind a) die besonderen Formen, in denen diese Elemente innerhalb der Logik verschiedener Diskurse miteinander verbunden sind; b) die Art und Weise, in der diese Diskurse wirkungsvoll zu und von verschiedenen Klassenpraxen artikuliert sind. Ideologische Diskurse arbeiten durch den Prozess der »Rekrutierung« konkreter sozialer Individuen durch den Prozess ihrer Anrufung als »diskursive Subjekte«. Verschiedene Diskurse können durch ihre Verdichtungspunkte zu einer wirksamen Hierarchie organisiert werden, in der ein angerufenes Element in einem Diskurs in der Lage ist, die Elemente anderer Diskurse in seiner »Logik« des Arrangements konnotativ zu verdichten. Diese Verdichtung kommt durch die konnotativen Resonanzen zwischen Diskursen zustande. Das innere Prinzip der Gliederung ideologischer Diskurse ist ihre konnotative und anrufende Konstitution; aber das Prinzip ihrer aktiven Artikulation ist durch den Klassenkampf gegeben, der deshalb im Feld des Ideologischen nicht als dauernde Klassen-Besetzung eines Diskurses »erscheint«, sondern durch die Arbeit *der Artikulation* dieser Diskurse *mit* verschiedenen politischen Klassenpraxen. Die Diskurse des »Populismus« und der »Demokratie« zum Beispiel gehören nicht wesensmäßig zu irgendeiner Klasse. Sie können als Resultat bestimmter ideologischer Kämpfe unter verschiedenen Bedingungen unterschiedlich artikuliert sein. Die Arbeit des ideologischen Kampfes ist deshalb gleichbedeutend mit der Arbeit der Artikulation/Desartikulation von Diskursen von ihrer bisherigen Position in einem ideologischen Feld. Laclau behauptet weiterhin, dass, soweit dies »popular-demokratische« Diskurse betrifft, diese um einen Widerspruch zwischen »dem Volk« und dem »Machtblock« konstruiert sind. Wenn solche Diskurse für die Rechten gewonnen werden sollen, folgt daraus, dass diese Widersprüche wirksam neutralisiert werden müssen.

Es gibt einige Probleme mit dieser anregenden Rahmentheorie. 1) Der Begriff »Anrufung« wird von Louis Althusser (von dem Laclau ihn übernimmt) mehrdeutig verwendet und kann entweder eine mehr klassische marxistische oder eine mehr revisionistische psychoanalytische Wendung bekommen. Nach Jacques Lacans Psychoanalyse (von der Althusser selbst den Begriff übernommen hat, obwohl er selbst schwankend gegenüber dieser Art der »Anleihe« war) ist die Anrufung wesentlich das Resultat des psychoanalytischen Prozesses, durch den das »soziale Subjekt« in einer Serie von widersprüchlichen Subjekt-Positionen konstituiert wird. Aus dieser Sicht vollzieht sich die Arbeit der ideologischen Anrufung in der »Ideologie im Allgemeinen« durch den gleichen Prozess, durch den das Subjekt als solches konstituiert wird. Dagegen scheint Laclau den Begriff zu benutzen, um zu bezeichnen, wie »bereits geformte« soziale Subjekte in die Subjekt-Positionen in den historisch-spezifischen Diskursen besonderer Gesellschaftsformationen eingezogen werden. 2) Wenn Ideologien nicht zu Klassen gehören, sondern mit ihnen durch den Klassenkampf artikuliert sind, bleibt es schwierig zu verstehen, was ideologiefreie »Klassenpraxen« sind und wie sie funktionieren. 3) Die These von der »Nicht-Klassenzugehörigkeit« ideologischer Elemente nutzt wirkungsvoll die Theorie der Vieldeutigkeit der Zeichen im Diskurs aus und dass, wie Valentin N. Vološinov es ausdrückte, »alles was zur Ideologie gehört, einen semiotischen Wert hat«. Aber einige Formulierungen Laclaus können dazu führen, eine ständige Bildung und Umbildung von Diskursen quer durch das ideologische Feld anzunehmen. Dies berücksichtigt zu wenig, dass die Artikulation bestimmter Diskurse mit den Praxen einzelner Klassen durch lange Zeiträume hindurch gesichert wurde. Und dass, obwohl es keine »notwendige Übereinstimmung« zwischen ihnen gibt, »auf allen ideologischen Gebieten« – wie Engels einmal feststellte – »die Tradition eine große konservative Macht ist« (MEW 21, 305). 4) Das Feld der Intervention, auf das Laclaus These zielt, ist insbesondere das des »popular-demokratischen« Kampfes.

Allerdings scheinen fast alle ideologischen Diskurse, die sich nicht auf ökonomische Kämpfe beziehen, von ihm allzu einfach unter die Kategorie »popular-demokratisch« subsumiert zu werden (sind zum Beispiel patriarchalische Ideologien Fälle des »Popular-Demokratischen«?).

Der »Volk/Machtblock«-Widerspruch, der im Zentrum dieser Diskurse steht, bildet für Laclau ein umfassenderes Kampffeld als diejenigen Diskurse, die sich auf den Kapital/Arbeit-Widerspruch beziehen, und das ist der Punkt: Hier kann ein Kampf entfaltet werden, der umfassender ist als der von Klasse-gegen-Klasse (Volk/Machtblock, Unterdrückte/Unterdrücker), und auf diese Weise kann ein umfassenderes Bündnis der popular-demokratischen Kräfte in Richtung auf den Sozialismus »gewonnen« werden. Doch scheint Laclaus Auffassung, besonders über die »populare« Seite des Kräftepaares, manchmal den lateinamerikanischen Kontext widerzuspiegeln, in Bezug auf den sie zuerst formuliert wurde: Sie zieht die Rolle, die »populistische« (eher als populare) Diskurse dabei gespielt haben, das »Volk« durch eine wirksame Anrufung für die Praxen der herrschenden Klassen zu sichern, nicht genügend in Betracht.

Aus Laclaus These folgt, dass im Feld des ideologischen Kampfes – scherzhaft formuliert – zwei Parteien mitspielen können. Unsere These ist, dass das Zerbrechen vieler traditioneller Ideologien in der Periode der Krise für die politische Rechte in ihrer »thatcheristischen Erscheinungsform« eine günstige Gelegenheit schuf – ohne Theorie, aber instinktiv (wie man sagt, dass alle echten Konservativen vorgehen) –, genau in dieses Gebiet wirkungsvoll einzugreifen und den Volk/Machtblock-Widerspruch wirksam in Richtung auf einen »autoritären Populismus« umzuarbeiten und zu neutralisieren. Als organisierte ideologische Kraft hat der Thatcherismus – lange vor seinem tatsächlichen Machtantritt – eine organisierende Rolle dabei gespielt, das Feld der popularen Ideologien scharf nach rechts zu artikulieren. Einige der Schlüssel zu diesem Erfolg liegen in seiner breiten Anziehungskraft und seinem »common touch«; seinem umfassenden Bezugsbereich (zum Beispiel seiner Fähigkeit, moralische, philosophische und soziale Themen, die normalerweise nicht als »politisch« angesehen werden, innerhalb seines politischen Diskurses zu verdichten); seiner bewiesenen Fähigkeit, in die traditionellen ideologischen Formationen von Teilen der Arbeiterklasse und des Kleinbürgertums einzudringen; seiner erbarmungslosen »Radikalität« (zum Beispiel begrub er die konkurrierenden Positionen der Heath'schen »respektablen« Rechten ohne großes Zeremoniell); seinem Aufgreifen von Themen, die in konkurrierenden Ideologien stark vernachlässigt waren.

Der Erfolg des Thatcherismus steht im Gegensatz zu seinem Scheitern bei der Hervorbringung eines glaubwürdigen ökonomischen Programms für das Monopolkapital mit seinem eingebauten Vertrauen auf staatliche Initiativen und Unterstützung. Ideologisch hat ihm dies jedoch größere Glaubwürdigkeit als Vorkämpfer des »selbständigen« Kleinkapitals und der Partei des »kleinen Mannes« gegen die großen Bataillone des Staates eingebracht. Diese archetypische kleinbürgerliche »Ladenbesitzer«-Figur hat einen gut eingerichteten Raum in traditionellen konservativen Ideologien – wenn nicht als wirkliche soziale Kategorie, so doch gewiss als diskursives Subjekt, als Äußerungssubjekt einer ganzen Serie konservativer »Philosophen«. Diese Anrufung repräsentiert die »respektable« Arbeiterklasse im Zentrum des »thatcheristischen« Diskurses in ihrer traditionellen kleinbürgerlichen Verkleidung. Diese rhetorische und diskursive Operation wird von den reaktionären Teilen der popularen Presse häufig benutzt, die ihre Leser aus der Arbeiterklasse ebenfalls durch diese Konstruktion anzurufen versucht – und mit der Mrs. Thatcher und ihre Verbündeten ein gewaltiges Bündnis geschmiedet haben.

Der Erfolg dieses Unternehmens muss im Kontext dessen gesehen werden, was es ersetzt und versetzt: das Auseinanderbrechen vieler traditioneller »Wir/Die«-Diskurse der Arbeiterklasse (die den Volk/Machtblock-Widerspruch, wenn auch in korporatistischer Form, erhielten) als eine Konsequenz des desorganisierenden Einflusses der vorher behandelten »sozialdemokratischen Lösung«; die Verschiebung der alternativen Tory-»Philosophie« – verbunden mit dem Scheitern der Heath-Regierung, die für eine Zeitlang mit radikalen »populistischen« Themen spielte, aber auf mehr »zentristisches« ideologisches Gelände zurückgedrängt wurde.

Alltagsverstand, populare Moral und Thatcherismus

Nun ist es möglich, die Verbindungen zwischen diesem wiederbelebten Stil des »autoritären Populismus« und den anderen oben behandelten Themen zu betrachten – der »sozialdemokratischen Lösung« und den »Law and Order«-Kreuzzügen. Das sozialdemokratische Monopol auf den bürokratischen Staat hat es den Diskursen des Thatcherismus ermöglicht, am negativen Pol Etatismus/Bürokratie/Sozialdemokratie/»schleichender Kollektivismus« zu verdichten. Dieser Repräsentation des »Machtblocks« werden als positiver Pol verschiedene Verdichtungen von Besitzindividualismus/persönlicher Initiative/«Thatcherismus«/Freiheit entgegengesetzt. So ist es dann möglich, Labour als Teil der »großen Bataillone« zu repräsentieren, die gegen den »kleinen Mann« (und seine Familie) gerichtet sind, der von einer unfähigen Staatsbürokratie unterdrückt wird. Auf diese Weise ist die Sozialdemokratie mit dem Machtblock verknüpft, und Mrs. Thatcher ist draußen »mit dem Volk«. Dadurch konnte der Thatcherismus den Volk/Machtblock-Widerspruch neutralisieren.

Auf dem Gebiet von Law-and-Order hat der Thatcherismus einen traditionellen Raum in popularen Ideologien wirksam ausgebeutet: den in konservativen »Philosophien« hausenden Moralismus. Die Sprache popularer Moral hat keine notwendige Klassenzugehörigkeit; aber es stimmt auch, dass der traditionelle und nicht durchgearbeitete Alltagsverstand eine stark konservative Macht ist, tief durchdrungen von religiösen Begriffen von Gut und Böse, von festen Vorstellungen über den unveränderten und unveränderlichen Charakter der menschlichen Natur und von Vorstellungen einer gerechten Strafe. Dies sind keinesfalls die einzigen moralischen Vorstellungen, die im popularen Alltagsverstand eingebettet sind; denn in seiner widersprüchlichen Struktur gibt es ebenfalls die Ideen von Ungerechtigkeit, Unterdrückung und Ausbeutung, die durch die »Wir/Die«-Verteilung von Macht, Reichtum und Prestige hervorgebracht werden. In diesem Sinne ist der »Alltagsverstand« eine widersprüchliche ideologische Struktur, die, obwohl durchgängig ein »historisches Produkt und ein geschichtliches Werden« (Gramsci 1991ff., Bd. 6, H 11, 1377), sich der popularen Erfahrung als überhistorisch präsentiert – das Fundament, universale Weisheit von Jahrhunderten. Er ist »zufällig und zusammenhangslos«, er enthält »Elemente des Höhlenmenschen und Prinzipien der modernsten und fortgeschrittensten Wissenschaft, Vorurteile aller vergangenen, lokal bornierten geschichtlichen Phasen und Intuitionen einer künftigen Philosophie (1376). Der traditionelle Alltagsverstand kann nur durch eine politische Intervention auf eine kohärentere Ebene gehoben werden, besonders in Ausnahmesituationen, wenn die »embryonale« Vorstellung einer Gruppe »sich in der Aktion […] äußert«: Unter anderen Umständen hat diese Gruppe »aus Gründen intellektueller Unterwerfung und Unterordnung eine Auffassung, die nicht die ihre ist, von einer anderen Gruppe übernommen, behauptet diese in Worten und glaubt auch, ihr zu folgen, weil sie ihr zu ›normalen Zeiten‹ folgt« (1378).

Die Sozialdemokratie als politische Kraft hat eine solche ethisch-soziale Führung der Klassen, die sie zu vertreten beansprucht, jedoch seit langem aufgegeben (wenn sie überhaupt je eine Vorstellung davon hatte). Seit langem hat sie aufgehört, den »gesunden Menschenverstand« der Klasse auszuarbeiten, ihren »spontanen« Klasseninstinkt, ihre Wahrnehmung der Welt als zu Unrecht in die unterdrückten und die unterdrückenden Klassen gespalten; sie hat sich darauf beschränkt, sich taktisch an die meist traditionalistischen und konservativen Elemente in der Volksmoral pragmatisch anzupassen. Sie hat keine Vorstellung von der erzieherischen und gestaltenden Funktion der »Parteien« im Verhältnis zu den »Klassen«, die sie vertreten wollen – und die sie, um sie zu vertreten, zuerst politisch und ideologisch *formen* müssen. Tatsächlich hat die gesamte Linke in ihrem einseitigen Rationalismus völlig dabei versagt, die Notwendigkeit zu begreifen, den Alltagsverstand des einfachen Volkes auszuarbeiten, um einen popularen Block, eine praktisch materielle Kraft gegen traditionalistische Vorstellungen zu bilden.

Der Thatcherismus mit seinem feinen populistischen Instinkt hat keinen solchen strategischen Fehler begangen. Tatsächlich baut er auf die Kraft der Geschichte – das heißt, die gefestigten Übereinstimmungen zwischen »dem Volk« und der »überlieferten Weisheit der Nation«: ein Feld popularer Vorstellungen, in das er eine Reihe strategisch wirksamer Eingriffe gemacht hat. Er kann nicht beanspruchen, jene Repräsentationen »des Volkes«, »der Nation«, »unserer Kultur und Lebensweise«, der »Instinkte des einfachen britischen Volkes« etc., die er ideologisch konstruiert, durch ideologischen Eingriff *erfunden* zu haben, sondern er hat sie einfach »wiedergefunden«, aus ihrem tiefen sozialdemokratischen Schlummer aufgeweckt. Entscheidend ist bei der Volksmoral, dass sie die praktischste materiell-ideologische Kraft in den popularen Klassen ist – die Sprache, die ohne Unterstützung von Ausbildung, Erziehung, kohärentem Philosophieren, Gelehrtheit oder Bildung die direkte und unmittelbare Erfahrung der Klasse berührt und die Macht hat, die Welt der problematischen sozialen Realität in klare und unzweideutige moralische Gegensätze einzuteilen. Deshalb hat sie einen wirklichen konkreten Zugriff auf die popularen Erfahrungen der Arbeiterklasse. In Phasen sozialer Umwälzung und Veränderung bietet sie einen moralischen Bezugspunkt, der die Erfahrung zugleich aufgreift und in seinen wertenden Kategorien ordnet. Unter den rechten Bedingungen kann »das Volk« in seiner traditionalistischen Repräsentation als ein Ensemble von Anrufungen in Diskursen verdichtet werden, die systematisch politische Probleme in herkömmliche moralische Absoluta verschieben.

Das Verbrechen ist genau ein solches Thema, das in der wirklichen Erfahrung der beherrschten Klassen als eine innere Bedrohung ihrer bereits beschränkten materiellen Ressourcen und ihres »Ordnungssinns« präsent ist. Und wenn das Verbrechen in die größeren Szenarien des »moralischen Verfalls« und der Krise von Autorität und gesellschaftlichen Werten eingezeichnet wird, ist es nicht weiter verwunderlich, wenn einfache Leute in

Kreuzzüge für die Wiederherstellung »normaler Zeiten« aktiv eingespannt werden – nötigenfalls durch eine außerordentliche Einsetzung moralisch-rechtlicher Gewalt. Deshalb ist das Thema »Law and Order« keine bloße Nebensache, kein Problem, das sich hauptsächlich auf die Kontrolle des Verbrechens und ausschließlich auf das System der Strafjustiz bezieht; deshalb ist es ein virulentes allgemeines soziales Thema in den Diskursen des Thatcherismus; und deshalb hat es so wirksame Dienste dabei geleistet, unter der schweigenden Mehrheit einen Sinn zu verbreiten von der Not des »einfachen Volkes«, sich für die Verteidigung der sozialen Ordnung zu erheben.

Der »Thatcherismus« hat unmittelbar auf dem Gebiet popularer Ideologien gearbeitet. Er hat ihre traditionalistischeren Elemente systematisch in eine autoritärere Richtung umgearbeitet. Er hat keinen Diskurs, sondern ein Feld von Diskursen geschaffen, in dem die Anrufungen des einen eine Serie von anderen zusammenrufen und verdichten. Auf dem Gebiet der Erziehung hat er sich zum Wächter der »Rückkehr zu den Maßstäben« und der Autorität im Klassenzimmer gemacht. Hier hat er im Zentrum seiner Anrufungsstruktur die Figur der besorgten Eltern konstruiert, die angesichts der harten Realitäten einer Konkurrenzgesellschaft, die »ihren Kindern kein Auskommen schuldet«, das Ziel haben, nicht eine ordentliche Erziehung für alle Kinder zu sichern, sondern eine Erziehung, die *ihrem* Kind helfen wird, »etwas zu werden und sich durchzusetzen« (hier die Verdichtung mit der Figur des Besitz-Individualisten); dieser Figur entgegengesetzt werden der »permissive« oder radikale Lehrer, die disziplinlose Schule, die mit dem Kind herumexperimentiert, der gutwillige Unternehmer, der ständig entdeckt, dass »die Kinder heutzutage weder lesen noch schreiben können«.

Für das Thema Wohlfahrt braucht das Ergebnis einer parallelen ideologischen Intervention hier kaum wiederholt zu werden. Der Diskurs vom »verschwenderischen Staat«, der sorglos Reichtümer verteilt, die die Nation nicht erarbeitet hat (hier wird das Ladenbesitzer-»Subjekt« verdichtet) und dabei die Selbständigkeit (*self-reliance*) der einfachen Leute untergräbt (hier taucht der Besitz-Individualist auf), erzeugt als seinen diskursiven Gegensatz den Wohlfahrtsempfänger, der auf Kosten der Gesellschaft lebt, ohne einen Handschlag zu tun (hier hat die protestantische Ethik eine späte Wiederkehr) – mit mehr als einem Fingerzeig darauf, dass dieses negative »er« oder »sie« meist eine »Person aus einer fremden Kultur« ist, die an »unseren Werten« nicht teilhat (hier werden die Diskurse von Race und Nation angerufen). Doch kreuzt und erwidert dieser Diskurs auch viele der Positionen in den Diskursen, die »Frauen«, »Mütter« und »die Familie« im Zentrum ihrer Anrufungsstruktur haben. »Frauen«, »Mütter« und »die Familie« sind in den Diskursen des thatcheristischen Populismus keinesfalls auf jene Themen beschränkt, die direkt Fragen der Wohlfahrt berühren. Denn Frauen, repräsentiert als »Hüterinnen« der Familie, werden durch diese Position auch konnotativ identifiziert mit der Bewahrerin traditionellen Wissens und der Wächterin der herkömmlichen Volksmoral; aber dieses Zusammengesetze »sie« ist gleichzeitig die »Praktische« – diejenige, die den »Wert des Geldes« und die »Auswirkungen steigender Preise in den Läden« kennt, d.h. die Figur, durch die die ökonomischen und monetaristischen Themen des Thatcherismus mit den empirischen Erfahrungen des Alltagslebens des einfachen Volkes verbunden werden können. »Sie« ist natürlich derselbe Elternteil, den wir vorher sahen, der sich um die Bildungschancen seines Kindes sorgt; die Frau, die abends nicht mehr allein über die Straßen gehen kann, ohne belästigt zu werden; die Hausfrau, die der Staat und die »permissiven Erzieher« aus ihrer traditionellen Rolle herauszureißen versuchen und »zwingen«, ihre Kinder und den häuslichen Herd zu »verlassen« und arbeiten zu gehen; und »sie« ist die Frau des militanten streikenden Gewerkschafters, die ihm die harte Wirklichkeit und die Konsequenzen eines Lebens ohne den wöchentlichen Lohn beibringt und ihn »sofort zurück an die Arbeit« drängt – natürlich wegen der Kinder. Überflüssig zu sagen, dass »sie« das Mutter-Symbol der herkömmlichen Sexualideologie ist, für die Abtreibung ein »Verbrechen gegen die Natur« ist. »Sie« hat eine ganz entscheidende Rolle bei der Konstruktion der Volksmoral in der letzten Zeit gespielt.

Im Bereich der Race hatte der »Thatcherismus« sogar einen noch schlagenderen Erfolg. Er hat den extremistischen Rassismus der Nationalen Front für das »legitime« Gebiet parlamentarischer Politik wiedergewonnen, und viele seiner Grundsätze flossen Anfang 1979 in einer aufwendigen Kampagne in die offizielle Parteiposition zum Thema Race ein, während sie von ihren anrüchigeren Assoziationen des Straßen-Faschismus getrennt wurden.

Die Geschichte des Rassismus und der Formierung der politischen Kräfte der radikalen Rechten würde selbst eine ausgedehnte Betrachtung erfordern; die Handlung müsste die erfolgreiche »Anpassung« des Powellismus ohne Powell enthalten, gefolgt von der wirksamen Übernahme eines einwandererfeindlichen Populismus, der den Extremismus der Nationalen Front vermeidet. Die Anrufungen der »Nation«, der »nationalen Kulturen/fremden Kulturen«, »unseres Volkes« sind hier die respektablen Anzeichen eines offeneren Rassismus. Es gibt in der Tat mehr als eine oberflächliche

Ähnlichkeit in der diskursiven Struktur beider Diskurse. Denn die Rhetorik der Nationalen Front arbeitet wie der »Thatcherismus« daran, einige derselben Widersprüche nicht zu neutralisieren, sondern zu desartikulieren; und seine Anziehungskraft auf »einfache, hart bedrängte« Leute gegen die Verschwörungen des liberalen Staates besetzt in etwa denselben Raum. Der entscheidende Punkt lässt sich gut zusammenfassen in der Wiedergabe eines antifaschistischen Schlagworts (zum Aufbau von Bündnissen): »Against the bosses, For the blacks«, das die Nationale Front durch eine einfache Änderung verwandelt hat in »Against the bosses, Against the blacks«. Der relativ neue Rückgang der Wahlaussichten der Nationalen Front sollte nicht zu schnell begrüßt werden, solange nicht die vollen Konsequenzen der Dialektik zwischen dem Rassismus der »extremistischen« und der »radikalen« Rechten berücksichtigt worden sind.

Mit der Auswahl dieser drei Bereiche von Antworten auf die Krise durch die politische Mitte und die Rechte haben wir zu zeigen versucht, dass die Krise kein gegebener Zustand ist, sondern ein wirkliches Kampffeld, in das die Kräfte der Rechten aktiv eingegriffen haben. Sie haben in der Tat einen erbarmungslosen Kampf geführt, genau wie Gramsci beschrieben hat – durch eine »Reihe ideologischer, religiöser, philosophischer, politischer und juristischer usw. Auseinandersetzungen« – deren Ziel nicht einfach darin besteht, zu erhalten und zu bewahren, sondern darin, »die bestehende Verteilung der gesellschaftlichen Kräfte [zu] verschieben« (Gramsci 1991ff., Bd. 7, H 13, 1557). Dies ist eine Form »passiver Revolution«; doch wenn die Ausführung sozialdemokratischer Politik durch die Betätigung des Staates die Züge einer »passiven Revolution« von oben hatte, so gab der strikt *populistische* Charakter der Interventionen der radikalen Rechten ihr den unverkennbaren Stempel einer passiven Revolution *von unten*. Diesen Charakter bekommt sie durch ihre ununterbrochenen Anstrengungen, die Bewegung zu einem stärker autoritären Regime von einer massiv populistischen Basis her zu konstruieren. Sie ist »populistisch«, weil sie nicht »popular-demokratisch« sein kann. Das meinen die gesellschaftlichen Kräfte der Rechten unter den Bedingungen der Krise heute mit dem »Ernstnehmen der Demokratie«.

Aus dem Englischen von Manfred Behrens und Thomas Laugstien

Weiterführende Literatur

Clarke, J., C. Critcher, S. Hall, T. Jefferson, B. Roberts (1978): Policing the Crisis. Mugging, the State, and Law and Order. London (Neuauflage 2013)

Clarke, P. (1979): Liberals and Social-Democrats. Cambridge

Emy, H. V. (1973): Liberals, Radicals and Social Politics. Cambridge

Finn, D., N. Grant, R. Johnson (1978): Social Democracy, Education and the Crisis, in: Center for Contemporary Cultural Studies (Hg.), On Ideology. Birmingham

Hall, S. (1978): Some Problems with the Ideology/Subject Couplet, in: Ideology and Consciousness 3, 2. Jg.

ders. (1978): Newspapers, Parties and Classes, in: J. Curran (Hg.), The British Press. A Manifesto. London

ders. (1979): The Great Moving Right Show, in: Marxism Today, 23. Jg., H 1, 14–20

ders., B. Lumley, G. McLennan (1978): Politics and Ideology in Gramsci, in: Center for Contemporary Cultural Studies (Hg.), On Ideology. Birmingham

Jessop, B. (1977): Capitalism and Democracy. The Best Possible Shell?, in: G. Littlejohn, B. Smart, J. Wakeford, N. Yuval-Davies (Hg.), Power and the State. London

Laclau, E. (1981): Politik und Ideologie im Marxismus. Kapitalismus – Faschismus – Populismus. Mit einem Anhang »Populistischer Bruch und Diskurs«. Berlin

Nairn, T. (1977): The Break-Up of Britain. London

ders. (1979): The Future of Britain's Crisis, in: New Left Review 113/114, 20. Jg., H 1

O'Shea, A. (1978): Laclau and Interpellation. Birmingham

Sassoon, A. S. (1978): Hegemony and Political Intervention, in: S. Hibbin (Hg.): Politics, Ideology and the State. London

Die Bedeutung des autoritären Populismus für den Thatcherismus

Bob Jessop, Kevin Bonnett, Simon Bromley und Tom Ling (1984) haben einen langen und wichtigen Artikel beigetragen, in dem sie sich mit dem »autoritären Populismus« und mit dem Gebrauch dieses Begriffs in meiner Arbeit über den Thatcherismus auseinandersetzen und eine weitreichende alternative These vorschlagen. Ich möchte mich mit einigen Aspekten ihrer Argumentation befassen, weniger um meine Arbeit zu verteidigen als vielmehr, wenn auch in der Form von Diskussion und Auseinandersetzung, um unser Verständnis des Phänomens »Thatcherismus« voranzubringen.

Meine Sicht ist, kurz gesagt, dass Jessop u. a. durch ihre eigene Absicht, eine *allgemeine* und abschließende Einschätzung des Thatcherismus als umfassendes Phänomen zu produzieren, dazu verleitet wurden, mein eigenes, begrenzteres Projekt mit ihrem anspruchsvolleren zu verwechseln. Dabei verdunkeln oder missverstehen sie viele meiner Argumente und produzieren letztendlich ein ziemlich konfuses Gewirr von wichtigen Argumenten und falschen Streitpunkten. Ich möchte an dieser Stelle kategorisch sagen: »Autoritärer Populismus« war niemals als eine *allgemeine* Erklärung des Thatcherismus gemeint, ja konnte gar nicht so gemeint sein, noch ist er in meiner Arbeit je so benutzt worden. Er geht direkt die Frage der sich verändernden Formen hegemonialer Politik an. Dadurch stellt er absichtlich und selbstbewusst die politisch-ideologische Dimension in den Vordergrund. Thatcherismus ist jedoch ein kompliziertes historisches Phänomen, und es wäre lächerlich anzunehmen, es könnte auf nur einer Analyseebene »erklärt« werden. In diesem Sinn, glaube ich, unterläuft der Kritik von Jessop u. a. ein grundlegender Fehler. Der Grund für dieses Missverständnis liegt, soweit ich feststellen kann, zunächst in der einseitigen und unzureichenden Darstellung der Entstehung des Konzepts.

Die Entstehung des Konzepts

Der »autoritäre Populismus« entstand, wie sie bestätigen, aus der Analyse der politischen Konstellation Mitte der 1960er bis Mitte der 1970er Jahre, die ich mit anderen zusammen in *Policing The Crisis* (Hall u. a. 1978) vorgelegt habe. Diese Untersuchung sagt den Aufstieg des Thatcherismus voraus, obwohl sie schon Mitte der 70er Jahre ausgearbeitet und 1978 veröffentlicht wurde. Sie verwies u. a. auf eine Verschiebung im »Gleichgewicht gesellschaftlicher und politischer Kräfte« (was Gramsci die »Kräfteverhältnisse« nennt), festgemacht an der Zersetzung des sozialdemokratischen Konsenses unter Callaghan und am Aufstieg der radikalen Rechten unter thatcheristischen Vorzeichen. Wir legten dar, wie der korporatistische Konsens – die Form, in der die Labour Party die Krise zu stabilisieren suchte – unter innerem und äußerem Druck zusammenbrach. Das Gleichgewicht der Kräfteverhältnisse bewegte sich jedoch – in jenem »instabilen Gleichgewicht« zwischen Zwang und Zustimmung, das *jede* demokratische Klassenpolitik kennzeichnet – entschieden gegen den »autoritären« Pol. Wir näherten uns einem Wendepunkt, in dem der Staat zunehmend eine zentrale »erzieherische« Rolle spielte. Wir bemerkten aber auch das Ausmaß, in dem diese Wende »von oben« von einer populistischen Unterströmung angekündigt, eingespannt und bis zu einem gewissen Grade legitimiert wurde. Die *Form* dieser populistischen Mobilisierung nahm in den 60er und 70er Jahren häufig die Gestalt einer Folge von »moralischen Paniken« (*moral panics*) an, um solche scheinbar nicht-politischen Themen wie Race, Gesetz und Ordnung, sexuelle Liberalisierung und gesellschaftliche Anarchie. Diese dienten dazu, der autoritären Wende den Glanz populistischer Zustimmung zu verschaffen (zur begrifflichen Unterscheidung zwischen »popularer« und »populistischer« Mobilisierung, die Jessop u. a. zu ignorieren scheinen, vgl. Hall 1982; siehe auch in diesem Band).

Der Terminus selbst, »autoritärer Populismus«, entstand erst 1978, nachdem ich den Schlussteil von Nicos Poulantzas' mutigem und bahnbrechendem Buch *Staatstheorie* (1978) gelesen hatte, zugleich – tragischerweise – seine letzte politische Stellungnahme. Poulantzas versucht darin, ein neues »Moment« in der Konjunktur der Klassendemokratien zu charakterisieren. Es besteht in einem gesteigerten »Eingreifen des Staates in sämtliche Bereiche des sozio-ökonomischen Lebens, das mit dem einschneidenden Verfall der Institutionen der politischen Demokratie sowie drakonischen und vielfältigen Einschränkungen der sogenannten ›formalen‹ Freiheiten einhergeht, die man erst wirklich schätzen lernt, wenn sie einem genommen werden« (186). (Besonders die letzte Wendung war nach meinem Geschmack, weil sie mich daran erinnerte, wie oft die fundamentalistische Linke die Bürgerfreiheiten verhöhnt, bis sie sich in einer Situation wiederfindet, wo sie selbst dringend welche gebrauchen könnte.) Ich glaubte, in dieser Einschätzung und damals in meinen kurzen Gesprächen mit Poulantzas viele Ähnlichkeiten zu entdecken zwischen seiner Lagebeschreibung und derjenigen, um deren Formulierung ich in *Policing The Crisis* (»Drifting Into a Law-And-Order Society«) gerungen hatte.

Poulantzas nannte dies das Moment des »autoritären Etatismus«. Er fügte u. a. hinzu, dass dieser mit »der Periodisierung des Kapitalismus in Stadien und Phasen« verknüpft sei; dass er »gemäß den eigenen Konjunkturen der je betroffenen Länder in unterschiedlichen Regierungsformen« existiere (ebd.); dass er im Besonderen sowohl »auf die *politische* Krise und auf die *Krise des Staats*« verweise; dass er uns helfen sollte, das Verhältnis »zwischen dem Staat und der politischen Krise« zu periodisieren. Er bestand darauf, dass er *weder* die Geburtswehen des Faschismus darstelle noch »die neue Form eines echten Ausnahmestaats« (191) oder gar die »erfolgreiche Realisierung totalitärer Keime, auch wenn sie jeder kapitalistische Staat in sich trägt« (190). Und in der Tat lag die Bedeutung des »autoritären Etatismus« darin, dass er eine neue Verbindung von Zwang/Zustimmung darstellte, die sich zur Zwangsseite des Spektrums neigte, wobei sie die äußeren Formen der demokratischen Klassenherrschaft der Klassenverhältnisse« intakt ließ. Er bezog sich, sagte Poulantzas, auf »beträchtliche Veränderungen der Klassenverhältnisse« (192f.) (und nicht – Anhänger von *Class Politics* [vgl. Fine u. a. 1984] mögen das bitte zur Kenntnis nehmen – auf das sogenannte »Verschwinden von Klassen oder von Klassenkampf«, was diese ihre völlig fiktive Konstruktion auch immer bedeuten mag). Er geht aber auch mit der Ausbreitung des Klassenkonflikts und anderer sozialer Kämpfe auf »neue Fronten« einher. Er stellte eine grundlegende Wende in der Art und Weise dar, wie ein herrschender Block versucht, Hegemonie in kapitalistischen Klassendemokratien aufzubauen. Weitere Ausführungen über den »autoritären Etatismus« erübrigen sich schon deshalb, weil Bob Jessop sich darin viel besser auskennt, denn er ist einer der gründlichsten und vorzüglichsten Kenner und Kritiker von Poulantzas.

Poulantzas' Begriff schien mir äußerst nützlich, aber schwach in zweierlei Hinsicht. Er missdeutete erstens die gerade entstehende Strategie, denn eine der grundlegenden Veränderungen, wie mir schien, war genau der Abschied von der »korporatistischen« Strategie, die für den Labourismus zentral gewesen war, und ihre Ersetzung durch eine »anti-etatistische« Strategie der »Neuen Rechten« (eine »anti-etatistische« Strategie sperrt sich übrigens nicht dagegen, mit Hilfe des Staates zu handeln; sondern sie sieht eine begrenztere Rolle des Staates vor und versucht, *sich selbst* für die Zwecke populistischer Mobilisierung ideologisch als anti-staatlich *darzustellen*). Diese äußerst widersprüchliche Strategie haben wir tatsächlich unter dem Thatcherismus am Werk gesehen: zugleich »anti-staatlich« in ihrer ideologischen Selbstdarstellung beim Abbau des Wohlfahrtsstaats *und* im höchsten Maße staatszentralistisch und dirigistisch in vielen ihrer strategischen Operationen – und ich unterstellte, sie würde die Politik auf neue Weise verändern.

Zweitens glaubte ich, dass Poulantzas diejenige Dimension vernachlässigt hatte, die in allen entwickelten kapitalistischen Demokratien seit dem Ersten Weltkrieg vor allem die Linke politisch und die marxistische Analyse theoretisch geschlagen hatte: nämlich die Weisen, wie Massenzustimmung (*popular consent*) durch einen nach Hegemonie strebenden historischen Block so bewirkt werden kann, dass zu seiner Unterstützung Unzufriedenheiten unter den Massen (*popular discontents*) nutzbar gemacht, die entgegenwirkenden Kräfte neutralisiert, die Gegner zersetzt und *einige* strategische Elemente der Volksmeinung in das eigene hegemoniale Projekt eingespannt oder »hegemonisiert« werden.

Diese beiden Überlegungen führten mich dazu, zwar auf Poulantzas' Einsichten aufzubauen, die Charakterisierung der Situation aber vom »autoritären Etatismus« zum »autoritären Populismus« zu verschieben. Ich hoffte, durch die Verwendung dieses absichtlich widersprüchlichen Terminus genau die widersprechenden Merkmale der sich herausbildenden Lage aufzunehmen: eine Bewegung in Richtung einer »autoritären« Form demokratischer Klassenpolitik von oben, paradoxerweise offenbar wurzelnd im »Transformismus« (Gramscis Begriff) der Unzufriedenheiten der Massen. Das wurde weiter ausgearbeitet in dem Artikel von 1980 (Hall 1982; siehe auch in diesem Band), in dem ich mich auf die fruchtbare Arbeit von Laclau stützte und seinen Begriff des »populistischen Bruchs« benutzte, aber meinen eher begrenzten Gebrauch des Begriffs von seinem weiteren abgrenzte. Ich versuchte, dadurch die eigenständige Mobilisierung von Massenbedürfnissen und -unzufriedenheiten von einer »populistischen« Mobilisierung zu unterscheiden, die an einem bestimmten Punkt ihrer Bahn überspringt oder von einer staatsorientierten politischen Führung eingeholt wird.

Ein konkreter Begriff

Ich gebe zu, dass diese Entstehungsgeschichte nirgends vollständig dargelegt ist; ich würde aber behaupten, dass sie vom Kontext und von der Entwicklungsfolge meiner Arbeit her klar genug ist. Ich gebe auch zu, dass es hier zu wenig rigorose oder logische »Begriffsbildung« gab. Die Begriffe wurden, fürchte ich, in der Hitze politischer Analyse hervorgebracht – ich versuchte, den Ruck hin zum Thatcherismus zu begreifen, als er gerade stattfand. Die Theorisierung erfolgte zugegebenermaßen oft in Rohform und eilig. Ich erforschte z. B. den Gedanken einer »passiven Revolution« und ich glaube immer noch, dass er zu unserem Begreifen von populistischen (im Gegensatz zu popularen) Strategien etwas beitragen kann. Aber ich konnte zu der Zeit die Verbindung nicht herstellen und habe es auch seitdem nicht geschafft. Wie auch viele sehr fruchtbare Begriffe von Gramsci bleibt der »autoritäre Populismus« »überdeskriptiv«. Vielleicht bin ich angesteckt worden. Ich habe jedoch den Verdacht, dass hier eine tiefergehende Meinungsverschiedenheit meine Position von der von Jessop u. a. trennt. Ich glaube gar nicht, dass alle Begriffe auf demselben Abstraktionsniveau wirksam sind, ja ich denke, eines der prinzipiellen Dinge, die mich vom wiederauflebenden fundamentalistischen Marxismus trennt, ist gerade, dass sie meinen, alle Begriffe, die Marx auf dem höchsten Abstraktionsniveau hervorgebracht hat (z. B. Produktionsweise, kapitalistische Epoche), könnten direkt auf die Analyse konkreter historischer Konstellationen übertragen werden. Meine eigene Ansicht ist, dass Konzepte wie »Hegemonie« (die Begriffsfamilie oder das Abstraktionsniveau, zu dem auch »autoritärer Populismus« gehört) notwendigerweise etwas »deskriptiv« sind, historisch spezifischer, zeitgebunden, konkret in ihrem Bezug – weil sie zu konzeptualisieren suchen, was Marx selbst vom »Konkreten« gesagt hat: dass es die »Zusammenfassung vieler Bestimmungen« sei (MEW 42, 35). Ich muss also bekennen, dass ich den Konkretionsgrad des »autoritären Populismus« nicht irrtümlich oder aus Nachlässigkeit so bestimmt habe. Er war ganz absichtlich und selbstbewusst *nicht* auf jene Ebene »reiner« theoretisch-analytischer Operation gestellt, auf der, wie Jessop u. a. zu unterstellen scheinen, *alle* Konzepte produziert werden müssten. Die Kosten dafür, sich auf diesem Abstraktionsniveau zu bewegen, sind klar. Aber für mich sind – im Kielwasser der Akademisierung des Marxismus und der theoretizistischen Welle der 1970er Jahre – auch die Ergebnisse entsprechend.

Hat der Thatcherismus die Hegemonie?

Jessop u. a. brauchen bestimmt von mir keine weitere Belehrung über den Hegemoniebegriff. Ich kann aber nicht widerstehen, auf dieser Stufe des Gedankengangs darauf hinzuweisen, dass ich *niemals* die Aussage gemacht habe, der Thatcherismus habe »die Hegemonie« erreicht. Der Gedanke ist nach meinem Verständnis unsinnig. Ich habe gesagt, dass die thatcheristische Politik – in scharfem Gegensatz zur politischen Strategie sowohl der labouristischen als auch der fundamentalistischen Linken – ihrer Konzeption und ihrem Projekt nach »hegemonial« ist. Sie *zielen* darauf, an verschiedenen Fronten zugleich zu kämpfen, nicht allein an der ökonomisch-berufsständischen. Sie wissen, dass politische, moralische und intellektuelle Führung mit ökonomischer Herrschaft verkoppelt sein muss, um eine Gesellschaftsformation wirklich zu dominieren und umzubauen. Sie wissen, dass sie sowohl in der Zivilgesellschaft als auch im Staat »gewinnen« müssen. Anders als die Linke im Allgemeinen begreifen sie die Folgen der Ausdehnung des Klassenkampfs auf neue Arenen und verstehen, dass man für sie auch eine Strategie braucht. Sie wollen, wenn möglich, das Feld dessen, was im gesellschaftlichen und politischen Denken als selbstverständlich gilt, umbauen und dadurch einen neuen Alltagsverstand (*common sense*) bilden. Wenn man beobachtet, wie sie – im Angesicht einer zähneknirschenden Opposition – die Unpopularität einiger Aspekte des Umgangs der Gewerkschaften mit ihren eigenen Mitgliedern ständig *benutzen*, um der ganzen Arbeiterbewegung schwere Wunden zu schlagen, oder wie sie nicht nur ständig die »Privatisierung« des öffentlichen Sektors vorantreiben, sondern auch »des Geldes Wert« ins Zentrum der Überlegungen *eines jeden* Arbeiterrats und jeder anderen gesellschaftlichen Institution gestellt haben: Gesundheitssystem, Schulspeisung, Universitäten, Straßenreinigung, Arbeitsämter, soziale Dienste – man würde diese politisch-ideologische Ebene des Kampfes etwas ernster nehmen, als es die Linke gegenwärtig tut. Das ist das *Projekt* des Thatcherismus, von dem – ich bin abtrünnig genug, das zu glauben – die Linke etwas lernen kann, was das Führen des politischen Kampfes angeht. Ich glaube aber *nicht* und habe auch nirgends behauptet, dass dieses Projekt schon eingelöst ist.

In Wirklichkeit habe ich einige Male auf die klaffende Diskrepanz zwischen den ideologischen Angeboten des Thatcherismus und seinen ökonomischen Misserfolgen hingewiesen. Ich habe beständig gegen die Auffassung gesprochen, dass der thatcheristische Neomonetarismus Lösungen für Großbritanniens strukturelle ökonomische Krise bieten könnte. Da das autoritäre Gesicht des Thatcherismus – in der Linie meiner Analyse – immer deutlicher hervorgetreten ist, versteht es sich, wie mir scheint, von selbst, dass der Thatcherismus *dominant* bleibt und *nicht* hegemonial. Er muss Zwang anwenden, weil er nicht die Führung ausüben kann. Aber ich habe auch versucht, ganz sorgfältig zu bestimmen, was wir unter seinem »Erfolg« verstehen könnten (Hall 1980). Ich habe u. a. geschrieben: »Er wird von inneren Gegensätzen zerrissen und ist realen Schranken unterworfen. Er hat ein gewisses Maß an Unterstützung in Wahlen gewonnen […]. Er kann nicht alle Versprechungen erfüllen [...]. Er rührt die strukturellen ökonomischen Probleme im Land nicht an [...] und er ist ohnmächtig, die barbarischen Wirkungen einer weltweiten kapitalistischen Rezession abzuwehren.« Ich gab aber auch zu bedenken, dass der Thatcherismus mit Langzeitwirkung an die Macht gekommen ist und »durch eine plötzliche Krise der Wählerunterstützung« nicht aus der Bahn geworfen werden würde. Ich fügte hinzu, dass es absolut möglich wäre, dass der Thatcherismus bei der Lösung der Wirtschaftskrise »scheitert«, aber doch »in seiner langfristigen Mission, das Gleichgewicht der Klassenkräfte nach rechts zu verschieben«, »erfolgreich« ist. Das große Kapital, stellte ich fest, habe den Thatcherismus unterstützt, weil es in ihm »die einzige politische Kraft« sieht, »die fähig ist, die Kräfteverhältnisse in einer für die Durchsetzung kapitalistischer Lösungen günstigen Weise zu ändern«. In diesem Sinne, argumentierte ich, »könnte die langfristige politische Mission der radikalen Rechten ›Erfolg haben‹, selbst wenn diese bestimmte Regierung entsprechend dem Wählerwillen einer anderen Regierung weichen müsste«. Insofern, schloss ich, »hat der Thatcherismus die alten Lösungen und Positionen unwiederbringlich untergraben«. Diese Analyse habe ich 1980 geliefert, aber ich glaube, sie ist grundsätzlich richtig gewesen und durch nachfolgende Entwicklungen bestätigt worden. Angesichts dessen ist es absurd zu unterstellen, ich hätte gemeint, der Thatcherismus habe die Hegemonie bereits gewonnen.

Zum Vorwurf des »Ideologismus«

Das bringt uns zu den von Jessop u. a. vorgebrachten Vorwürfen wegen »Ideologismus«. Sie sind so geballt, dass sie kaum zu entwirren sind. Vor allem, denke ich, liegen sie selbst falsch, wenn sie die Ebenen des politischen und ideologischen Kampfes außer Betracht lassen und – wider besseres Wissen – den Bedarf für Begriffe, die ihre Spezifik bestimmen, verdrängen. Sie mögen recht haben, wenn sie sagen, dass »autoritärer Populismus« zwischen diesen beiden Dimensionen des Kampfes nicht genügend unterscheidet. Ich bleibe jedoch bei der Position, dass ich in meiner eigenen Arbeit beständig *gegen* jegliche Bestimmung von Hegemonie gekämpft habe, die sie als ein ausschließlich ideologisches Phänomen identifiziert. Ich habe im Gegenteil bis zum Erbrechen wiederholt, dass man Gramscis Argumentation zur Hegemonie unmöglich begreifen oder konzeptualisieren kann ohne »den entscheidenden Kern ökonomischen Handelns«. Es ist deshalb besonders bitter, dessen angeklagt zu werden, eine Erklärung des Thatcherismus als ausschließlich ideologische Erscheinung vorzutragen, nur weil ich auf konkrete, wichtige Züge seiner ideologischen Strategie aufmerksam gemacht habe.

Es scheint in der Linken fast unmöglich zu sein, die Bedeutung und Besonderheit einer bestimmten Ebene der Analyse oder einer Kampfarena zu behaupten, ohne sofort missverstanden zu werden, als habe man gesagt, es sei – weil wichtig – die *einzige*. Ich habe in meiner eigenen Arbeit versucht, diesen einfachen Ausrutscher nicht zu machen. Ich arbeite zur politischen/ideologischen Dimension, a) weil ich auf diesem Gebiet zufällig einige Kompetenz habe und b) weil sie von der Linken allgemein und von einigen Marxisten vernachlässigt oder reduzierend behandelt wird. Die Annahme, man hielte, weil man auf dieser Ebene arbeitet, ökonomische Fragen für überflüssig oder unwichtig, ist absurd. Ich denke, die ideologische Dimension des Thatcherismus ist entscheidend. Ich bin sicher, dass die Linke sie weder versteht noch weiß, wie auf dieser Ebene der Kampf zu führen ist – und daher wird sie ständig irregeleitet. Deswegen habe ich mich entschlossen, diese Ebene der Analyse herauszustellen – und der »autoritäre Populismus« diente zum Teil genau dazu.

Da aber der »autoritäre Populismus« nie als eine allgemeine oder umfassende Erklärung vorgetragen worden ist, enthielt er auch keinerlei Vorentscheidungen die anderen Analyseebenen betreffend. Tatsächlich bleibt die Analyse des Thatcherismus bruchstückhaft und unvollständig, bis es diese anderen Dimensionen *neben* dem Konzept des »autoritären Populismus« gibt. »Den Bogen spannen« nach der am meisten vernachlässigten Seite, gegen den Strom der laufenden Diskussion, nannte es einmal Althusser. Jessop u. a. haben, denke ich, meine taktische Absicht nicht mitbekommen; sie haben sich selbst dadurch der Einsichten beraubt, von denen ihre eigene Analyse hätte profitieren können.

Wenn sie auf die Frage der Betonung des Ideologischen zu sprechen kommen, stellen sie, meiner Meinung nach, die Arbeit falsch dar, die mit Hilfe des »autoritären Populismus« geleistet worden ist. Sogar an der ideologischen Front hat sich der Thatcherismus auch anderer Strategien bedient, so die Schaffung einer intellektuellen Führerschaft, die Bildung einer neuen Schicht von »organischen« Intellektuellen, die Ebene des Organisierens theoretischer Gedanken in gewissen strategischen, akademischen, Forschungs- und anderen intellektuellen Institutionen – worauf ich auch aufmerksam gemacht habe –, was aber überhaupt nichts mit der Strategie des autoritären Populismus und mit der Schaffung von Massenzustimmung (*popular consent*) zur Macht zu tun hat. Der Thatcherismus hat auch eine spezifische politische Strategie zur Neuzusammensetzung des

Machtblocks und der Staatsmaschine, die nicht »rein« ideologisch ist – was immer das heißt –, was wenig mit dem autoritären Populismus zu tun hat. Es stimmt, dass ich, wenn ich mich der Beschreibung der ideologischen *Mechanismen* zuwende, die Einsichten der »Diskurstheorie« benutze. Und zwar, weil ich glaube, dass uns die Diskurstheorie viel darüber sagen kann, wie der Thatcherismus die Verdichtung verschiedener Diskurse in seiner widersprüchlichen Formation schafft und wie er »arbeitet«, um Menschen zu ihren verschiedenen, häufig gegensätzlichen Subjektpositionen heranzuziehen – auch wenn er nur teilweise Erfolg hatte mit seinem Projekt, eine neue Art von politischem »Subjekt« zu bilden. Aber ich habe mich schon lange getrennt von dem diskurstheoretischen Ansatz zur Analyse ganzer Gesellschaftsformationen oder gar von der Idee, dass die Produktion neuer Subjektivitäten in sich schon eine angemessene Ideologietheorie liefert (vgl. u. a. *Recent Developments in Language and Ideology*; in: Hall u. a. 1980). Ich habe dies als eine – in der Tradition des »westlichen Marxismus« lange beheimatete – Art von Neukantianismus charakterisiert. Dabei habe ich auch versucht, die enorm fruchtbaren Dinge, die ich aus Ernesto Laclaus (1981) früherem Buch gelernt habe, sorgfältig abzugrenzen gegen die Auflösung von allem und jedem in Diskurs, die, wie ich glaube, das letzte Buch – trotz seiner vielen Einsichten – beeinträchtigt (Laclau/Mouffe 1985). Diese Unterscheidungen wurden in der sogenannten »Hegemony Group« 1980–83 breit diskutiert, in der Jessop selbst eine führende Rolle spielte; daher finde ich es schwierig, nun von Jessop u. a. fälschlicherweise mit der letzteren Position identifiziert zu werden.

Die inneren Widersprüche des Thatcherismus

Von dem her, was ich bereits gesagt habe, ist es auch ziemlich schwierig, den Vorwurf aufrechtzuerhalten, dass ich den Thatcherismus als »unwidersprüchlichen Monolith« behandle. Die ganze Anstrengung meiner Arbeit über die Ideologie des Thatcherismus bestand darin, dass ich zu zeigen versuchte, wie es der Thatcherismus fertig gebracht hat, die gegensätzlichen Welten in seinem Diskurs zu vernähen oder zu »vereinigen« – »die widerhallenden Themen des organischen Toryismus – Nation, Familie, Amtsautorität, Maßstäbe, Traditionalismus, Patriarchalismus – mit den aggressiven Themen eines wiederbelebten Neoliberalismus – Eigeninteresse, Konkurrenzindividualismus, Anti-Staatlichkeit –«, wie ich es in der »Great Moving Right Show« formulierte (Hall/Jacques 1983, 29). In demselben Text zeigte ich die hochgradig widersprüchlichen Subjektpositionen auf, die der

Thatcherismus zu verdichten versuchte. Ich übernahm bewusst Andrew Gambles kurzes, aber sprechendes Paradox: »Freier Markt, starker Staat«. Wie all dies so beschrieben werden konnte, als würde ich den Thatcherismus als einen unwidersprüchlichen ideologischen Monolith darstellen, da komme ich nicht mehr mit. Jessop u. a. machen auch da keine Pluspunkte, wo sie zeigen, dass viele dieser Elemente im Thatcherismus nicht neu sind. »Einige davon«, sagte ich gleich im nächsten Satz, »wurden früher durch die großen Themen des One Nation-Volks-Konservatismus bewahrt: das Mittel, durch das der Toryismus die Demokratie umging. Ich hielt das für besonders wichtig, um Gramscis Argument Substanz zu verleihen, dass ideologische Wenden häufig nicht dadurch stattfinden, dass eine ganz neue Weltsicht eine alte ersetzt, sondern dadurch, dass eine neue Zusammensetzung von alten und neuen Elementen geboten wird – »ein Prozess der Unterscheidung und der Veränderung im relativen Gewicht, das die Elemente der alten Ideologien besaßen« (Gramsci 1991ff., Bd. 5, H 8, 1051). Ich sehe nicht, wie all das mit Verstand so zusammengebaut werden konnte, als versähe ich den Thatcherismus »mit einem übertrieben einheitlichen Aussehen«.

Der politische Charakter des Wohlfahrtsstaats

Aus den schon genannten Gründen gibt es eine Menge Dinge, die Jessop u. a. in den folgenden Teilen ihres Artikels vortragen, mit denen ich aus vollem Herzen übereinstimme. Ihre Analyse und meine konkurrieren miteinander, fürchte ich, lediglich in der ziemlich künstlichen Atmosphäre polemischen Wettstreits, die sie völlig unnötigerweise geschaffen haben. Dennoch glaube ich, dass die Fehler, die sich in ihrem Verständnis der Funktionsweise des autoritären Populismus zeigen, auf ihre eigene inhaltliche Analyse übergreifen. So wiederholen sie das jetzt gängige Linker-als-du-Argument, das Aufbrechen des Nachkriegskonsensus könne nicht von großer politischer Bedeutung sein, weil der »keynesianische Wohlfahrtsstaat« niemals »sozialistisch« war. Das soll dem Konzept des »autoritären Populismus« weiteren Schaden zufügen.

Ich weiß aber sehr wohl, dass der keynesianische Wohlfahrtsstaat nicht sozialistisch war. In *Policing The Crisis* habe ich dem viel Raum gewidmet, die Grenzen des Wohlfahrtsstaats zu analysieren und die Widersprüche von Labour an der Macht aufzudröseln, die ich sehr bestimmt als »sozialdemokratisch« und von ihrem politischen Inhalt her nicht als sozialistisch charakterisierte. Der Gedanke war *niemals*, dass der Wohlfahrtsstaat »sozialistisch« gewesen sei und dass wir nun deshalb zu ihm zurückkehren sollten. Das ist ein Kunstprodukt der fundamentalistisch-linken Einbildung. Was ich dachte und immer noch denke, ist, dass der keynesianische Wohlfahrtsstaat eine widersprüchliche Struktur war, ein »historischer Kompromiss«, der zugleich in einer reformistischen Richtung etwas für die Arbeiterklasse erreicht hat *und* zu einem Instrument wurde, sie zu disziplinieren. Warum sonst sollte irgendein Linker jetzt Kampagnen führen für die Rücknahme der Kürzungen im Wohlfahrtsstaat, wenn er *nichts* für die Arbeiterklasse genützt hätte? Ich habe auch argumentiert: Wenn wir nicht einmal eine entwickelte Massenagitation um die beschränkten Forderungen nach Erhaltung und Ausdehnung des »wohlfahrtsstaatlichen Reformismus« mobilisieren können, auf welcher Grundlage könnten wir dann zu der nachvollziehbaren Einschätzung gelangen, dass die politische Konjunktur wahrscheinlich zu einer »irreversiblen Machtverschiebung« in Richtung einer unmittelbaren Macht der Arbeiterklasse führt? Ich habe noch nie eine Antwort auf diese Rätselfrage bekommen, und es kommt mir vor, dass die Frage, wer am lautesten auf den Reformismus von Labour-Regierungen schimpfen kann, in der Linken wichtiger ist als harte Analyse. Es scheint angenehmer, nicht auf die von mir gestellte Frage zu antworten, sondern auf eine andere, fiktive, weil diese günstig dafür ist, den Grad meiner Abtrünnigkeit zu demonstrieren! Ich bin erstaunt zu sehen, dass Jessop u. a. sich gestatten, auf solche Tricks zu verfallen.

Zur Position von Jessop u. a.

Ich habe andere Probleme mit der von ihnen vorgetragenen Analyse, aber dazu kann ich mich kürzer fassen. Ich finde die »Zwei Nationen«-Hypothese ganz und gar nicht überzeugend. »Guter Bürger« und »fleißiger Arbeiter« scheinen mir schwache Kennzeichnungen der entscheidenden Bezugspunkte der thatcheristischen Strategie zu sein. Der Thatcherismus vermeidet bewusst – und von seinem Standpunkt aus richtigerweise – *jeden* Bezug auf das Konzept der *Bürgerschaft.* »Arbeiter« ist für ihn als Konzept ebenfalls schwer zu behandeln; er bevorzugt »Schöpfer von Vermögen« (*wealth creator*). Jessop u. a. stellen die »harte« Frage nach dem Verhältnis des Thatcherismus zu bestimmten Klasseninteressen. Doch können sie die von ihnen geforderte nicht-klassenreduktionistische Artikulation von Klassenpositionen selbst nicht vorbringen. »Ein schwieriges und instabiles Interessenbündnis«? Amen – aber so weit waren wir schon lange. Ich denke auch, Jessop u. a. sind noch zu sehr von einem Problem gefesselt, das in der soziologischen Form, in der es in den 1970er Jahren sorgfältig gehütet worden ist, längst verschwunden ist. Das ist die Frage des »Korporatismus«. Die Probleme, auf die der »Korporatismus« in den 70er Jahren eine Antwort darstellte, bleiben bestehen. Die korporatistische Strategie ist zurückgestellt worden – eine der Errungenschaften des Thatcherismus; wenngleich eine gesunde Dosis Kinnochismus seine zutiefst undemokratischen Züge wiederbeleben und ihm ein Leben nach dem Tode schenken wird.

In vielen anderen Aspekten der Analyse von Jessop u. a. stimmen wir im Wesentlichen überein. Aber in der grundlegenden Stoßrichtung der Argumentation ist ihr Artikel, denke ich, zwar anspruchsvoll, aber verfehlt. Sie haben ihre eigene Untersuchung und unser allgemeines Verständnis des Thatcherismus-Phänomens dadurch verdreht, dass sie in eine falsch verstandene Konfrontation mit meiner Arbeit und mit dem Begriff des »autoritären Populismus« eingetreten sind. Sie haben das ganze gramscianische Terrain, in dem von Anfang bis Ende die Diskussion über »autoritären Populismus« wurzelte, gründlich fehlinterpretiert. Ich fürchte, sie haben mitunter mehr danach geschielt, Pluspunkte zu sammeln als den Thatcherismus zu zersetzen. Gleichwohl haben sie substanziell zu unserem Verständnis vieler seiner verwirrenden Aspekte beigetragen. Vielleicht sollten wir nun, da der Schall des begrifflichen Gewehrfeuers abgeklungen ist, zur weit wichtigeren Aufgabe zurückkehren, die reale Komplexität des thatcheristischen Phänomens zu begreifen, um es besser zerschlagen zu können.

Aus dem Englischen von Wieland Elfferding und Susan Steiner

New Labours doppelte Kehrtwende

Der Wahlsieg von New Labour 1997 markierte eine politische Gelegenheit. Endlich hatten die Wähler dem Thatcherismus ihre entscheidende Absage erteilt. Doch die 18-jährige Thatcher-Regierung hatte das soziale, ökonomische und politische Terrain der britischen Gesellschaft radikal verändert. Die neue Regierung stand daher vor einer grundsätzlichen Richtungsentscheidung.

Die eine Möglichkeit bestand darin, eine vom Thatcherismus radikal verschiedene Politik anzubieten, die den in den 1970er und 80er Jahren vollzogenen Transformationen Rechnung trug. Eine Politik mit ähnlicher sozialer und politischer Tragweite, aber grundlegend anderen Prinzipien. Zwei strategische Überlegungen sprachen für diese Option. Der Thatcherismus hatte zweierlei unmöglich gemacht; weder konnte eine neue Runde keynesianischer, wohlfahrtsstaatlicher sozialdemokratischer Politik à la Harold Wilson eingeläutet noch eine traditionelle Verstaatlichungspolitik betrieben werden. Vor allem aber hatte der Thatcherismus eine breite Hegemonie etabliert. Diese »Revolution« war nicht nur philosophisch fundiert, sondern stützte sich auch auf eine populare Strategie. Sie gründete in dem radikalen Umbau von Staat und Ökonomie und der Kolonisierung der Zivilgesellschaft durch einen neuen neoliberalen Alltagsverstand. Ihre Auswirkungen waren epochal (in dem Sinne, dass sie ein neues politisches Stadium definierten).

Es war unwahrscheinlich, dass diese Prozesse durch einen bloßen Umschwung in der Wählergunst umgekehrt würden. Die historische Gelegenheit für die Linke erforderte in den ersten Phasen der Machtentfaltung scharfes und phantasiereiches Denken sowie entschlossenes Handeln, um in aller Deutlichkeit und mit Zuversicht eine neue Richtung anzuzeigen. Entscheidend hierfür wäre ein Übergangsprogramm gewesen, einige wegweisende Exempel, populär, aber radikal, wie bspw. Steuererhöhungen, um die Zerstörung des sozialen Gewebes zu beseitigen, eine Erneuerung des staatlichen Bildungssystems und eine Rücknahme der extrem unpopulären Privatisierung der Bahn – symbolkräftig und umgehend umzusetzen.

Als einer der Kritiker des Thatcherismus und regelmäßiger Autor von *Marxism Today* hatte ich mich in den 80er Jahren auf die thatcheristische Rekonstruktion des politisch-ideologischen Terrains konzentriert. Ich glaube, dass wir in diesem Punkt absolut recht hatten – trotz der damaligen Kritik, wir würden die ›ideologische‹ Dimension überschätzen. Was wir möglicherweise *unterschätzt* haben, ist, wie eng diese Phänomene mit viel tiefergehenden globalen Transformationen zusammenhingen, nämlich der Heraufkunft der neuen post-industriellen Gesellschaft, dem Kampf des Kapitals darum, sein Führungsrecht wiederherzustellen, der ›Globalisierung‹ der internationalen Ökonomie (als Ausweg für das Kapital aus dieser Sackgasse), der technologischen Revolution, dem Aufstieg eines neuen Individualismus und der Hegemonie neoliberaler Freihandelsideen. Dies war der Gezeitenwechsel, der in den 70ern über die Welt hereinbrach. Er bestimmt immer noch den Horizont, vor dem sich alle – auch Linke – bewegen müssen.

Die andere Möglichkeit bestand natürlich darin, sich an das thatcheristische, neoliberale Terrain anzupassen. Es gab viele Anzeichen dafür, dass New Labour diesen Weg bevorzugen würde; bspw. Peter Mandelsons Buch und die revisionistischen Ideen, mit denen New Labours Intelligenz in der triumphalen Phase hausieren gingen: »Die Unterschiede zwischen links und rechts sind Vergangenheit«, »Es gibt keine Alternativen (zur neoliberalen Globalisierung)«, »Wir haben nichts dagegen, wenn Leute stinkreich werden« und der ganze Rest waren deutliche Indikatoren des ›Erneuerungsprozesses‹, der in den inneren Kreisen von New Labour voranschritt. Wir hatten keine Illusionen darüber, was die Regierungsübernahme von New Labour und das Regieren als New Labour bedeuteten. Martin Jacques und ich schrieben am Sonntag vor der Wahl 1997 einen Artikel mit dem Titel *Thatcherismus mit einem humanen Antlitz?*, der uns unwiderruflich ins politische Abseits beförderte. Wir wussten, dass die Möglichkeit radikaler Veränderungen, einmal verschenkt, für Jahre, vielleicht für immer verloren sein würde. Wir hatten die starke Vorahnung, dass New Labour bereits strategische Entscheidungen getroffen hatte, die sie auf das zweite Gleis setzen würden.

So kam es dann auch. New Labour hat sich fundamental an das neoliberale Terrain angepasst – aber auf eine signifikante und eigenständige Art und Weise. Die Kritiker sind sich immer noch nicht völlig im Klaren über das Charakteristische dieser Anpassung. Ihre Besonderheit – nicht im Hinblick auf die Bestandteile, sondern in der Kombination der Elemente – wird immer noch nicht vollkommen begriffen. Jedenfalls dauerte es 1997 nur einige Wochen, um die generelle Marschroute offensichtlich werden zu lassen: die fatale Entscheidung, den konservativen Ausgabeprioritäten zu folgen, die höhnische Ablehnung einer umfassenden Umverteilung (»tax and spend!«), die Dämonisierung von Kritikern (»Old Labour«), das neue Autoritätsethos (»Wir wissen, dass wir recht haben«), die quasi-religiöse Atmosphäre der richtigen Gesinnung (»Wer nicht für uns ist, ist gegen uns«), die Umkehrung der historischen Verpflichtung auf Gleichheit, Universalität und kollektive soziale Vorsorge (stattdessen »Reform«, »Fairness«, »Wahlfreiheit«).

Der Wohlfahrtstaat war Labours größte Errungenschaft. Unter Thatcher wurde er attackiert und geschwächt. Aber seine vollständige Zerstörung wurde zur historischen Mission von New Labour. Die Zwei-Klassen-Gesellschaft, die unternehmerische Habgier und die Privatisierung der Armut waren die unausweichlichen Konsequenzen dieses Prozesses, der beschönigend als Modernisierung bezeichnet wird. Wer könnte dagegen sein? Eine große linguistische Operation, die – je nach Adressat variierend – ein wahres Blütenmeer von Dritter-Weg-Gequassel, Doppeldeutigkeiten, Ausflüchten und Verdrehungen hervorbrachte, war von großer Bedeutung für das ganze Unterfangen.

Die kürzlich vom Premierminister aufgestellten Behauptungen, dass die Schul- und Krankenhausreform – also die (Wieder-)Einführung sozialer Auslese und schleichender Privatisierung – »Teil des von Labour geführten historischen Kampfes für soziale Gerechtigkeit« sei, dass die Stiftungs-Krankenhäuser den Bemühungen Nye Bevans um das nationale Gesundheitssystem (NHS) entsprächen und *eigentlich* dazu da seien, den Kommunen Macht zurückzugeben, statt etwa die Tür für private Investitionen zu öffnen, sind nur die aktuellsten und offenkundigsten Beispiele hierfür. Die Schamlosigkeit der Ausflüchte (ein ökonomischer Umgang mit Wahrheit ist zum Prinzip des Regierens geworden) und die tiefe Verachtung der Wähler, die in dieser Praxis endloser Manipulation zum Ausdruck kommt, korrumpiert inzwischen die ganze politische Kultur. Zynismus und politische Apathie sind die unausweichliche Folge – und werden dann von liberalen Kommentatoren in einem weiteren Akt der Heuchelei betrauert. New Labour wiederum geht in Sachen Zynismus so weit, dass man hier sogar die zurückgehende Wahlbeteiligung als Zeichen der Zufriedenheit der Massen deutet.

New Labour verfolgt eine langfristige Strategie, ein Projekt. Es besteht in dem, was man mit Antonio Gramsci als »Transformation« der Sozialdemokratie in eine spezifische Variante des Freihandels-Neoliberalismus bezeichnen kann. Allerdings bleibt es in Mode zu verleugnen, dass ein solches Projekt verfolgt wird. Selbst die Enttäuschten klammern sich verzweifelt an die Hoffnung, dass der gute alte englische Pragmatismus die Oberhand behalten wird. Die Kritiker von New Labour – Roy Hattersley, Frank Dobson, Chris Smith, Bill Morris, sogar Polly Toynbee – bleiben ›loyal‹ (aber wem oder welcher Sache gegenüber eigentlich?). Sie suchen hoffnungsvoll nach Anzeichen, dass New Labour sich von selbst in etwas anderes verwandeln wird – derzeit gerät zwar die zweite Legislaturperiode außer Kontrolle, aber vielleicht passiert es ja in der dritten? Das Hauptargument in diesem Zusammenhang lautet, dass der englische Pragmatismus New Labour dazu verpflichtet, einerseits eine Reihe von Wirtschaftsinteressen zu berücksichtigen, andererseits aber auch die eigenen Wähler zufrieden zu halten. New Labour ist jedoch nicht grundsätzlich pragmatisch, nicht in größerem Maße, als es der Thatcherismus war – was nicht bedeutet, dass nicht beständig die Dinge im laufenden Betrieb zurechtgeflickt würden. Taktisch und kurzfristig war auch Mrs. Thatcher pragmatisch (»Das NHS ist in unseren Händen gut aufgehoben!«), langfristig und strategisch aber war sie anti-pragmatisch. Wie bei dem Bergarbeiterstreik wusste sie, wann sie sich zurückziehen musste, um zu einem späteren Zeitpunkt umso wirkungsvoller zuzuschlagen.

Pragmatismus ist hier die listige und schrittweise Implementierung eines strategischen Programms – flexibel in der Durchsetzungsweise, bereit zu Zugeständnissen, wenn die Opposition stark ist, oder auch dazu, Formulierungen, wenn nötig, taktisch zu revidieren (nachdem Anthony Giddens uns den ›aktivierenden Staat‹ geschenkt und das ›Risiko‹ glorifiziert hat, weist er nun mühelos auf das vergessene Problem der Gleichheit [!!] und des ›absichernden Staates‹ hin – während sich zugleich immer mehr Unternehmen ihrer Rentenbeiträge entledigen). Pragmatismus setzt auf leichte Akzentverschiebungen, um den traditionellen Stammwähler glücklich zu halten und zugleich den gegenwärtigen politischen Wind im Rücken zu haben (»es klingt vielleicht etwas technisch, etwas managerhaft« – so die Parlamentsabgeordneten). Zugleich wird immer wieder auf unflexible ideologische Dogmen rekurriert (»Die grundsätzliche Richtung, in die wir das Land führen, ist genau richtig«). Selbstverständlich wird sich New Labour weiterhin tausende verschiedener Betrugsvarianten und Kniffe ausdenken – das ist die Aufgabe der verbeamteten Politberater von Downing Street 10 und der parteinahen Ideenfabriken (wie IPPR oder Demos). Auf der strategischen Ebene kehrt das Projekt jedoch stets zu den Kernparolen »Vermögensbildung«, »Reform« und »Modernisierung« zurück.

Im Großen und Ganzen ist dabei eine Logik am Werk, die in ihrem Wesen neoliberal ist – wenn auch nicht zu verwechseln mit dem alten Reagan'schen Minimalstaats-Programm oder dem neuen amerikanischen Rechtsaußen-Konservatismus. Der marktfundamentalistische Zug dieser Politik ist nicht zu übersehen. So bemüht sich New Labour national wie global (mittels Institutionen der »Global Governance« wie IWF, WTO,

Weltbank), die Bedingungen für ein effektives Operieren der Konzernökonomie zu sichern. Die Partei hat auf die Durchsetzung sozialer Ziele in der Unternehmenswelt verzichtet. Sie hat die Arbeits- und andere Märkte dereguliert, eine restriktive Gewerkschaftsgesetzgebung verabschiedet und ein relativ schwaches und anschmiegsames Regulationsregime etabliert. Im öffentlichen Personenverkehr zum Beispiel wurden viele Dienste gestrichen und gleichzeitig die Preise angehoben, um die Eisenbahn ›effizienter‹ zu gestalten. Diese Regelung fungierte in der Tat als Förderung ineffizienter Privatfirmen. Sie wurden von den Risiken der Investition befreit, ohne dass dabei eine Lösung für die fragmentierte Struktur der Eisenbahn gefunden werden konnte. Auch bei der neuen Regelung zur Radio- und Fernsehübertragung entstand der Eindruck, als habe sie nur den Zweck, den Weg für den Erwerb und die Monopolisierung der britischen Presse- und Medienkanäle durch Personen wie Murdoch zu ebnen.

Nichtsdestotrotz hat die New Labour Party ihr fundamental neoliberales Programm an ihre Regierungsbedingungen angepasst – diejenigen einer sozialdemokratischen Regierung, die in eine neoliberale Richtung steuert und gleichzeitig versucht, die Belange der traditionellen Arbeiterklasse und des öffentlichen Dienstes wahrzunehmen, um deren Unterstützung zu behalten – mit allen resultierenden Kompromissen und Verwirrungen. Sie modifizierte die klassisch anti-dirigistische Haltung eines Neoliberalismus amerikanischen Stils durch die »Wiederentdeckung des aktiven Regierens«. Dies bedeutet keine Rückkehr zu einer Regierung, wie wir sie kennen, sondern markiert eine Revolution im »Regieren« (vgl. etwa das Papier *Modernizing Government,* Blair 1999). »Governance« (»Regieren«) ist ein weiterer trickreicher New-Labour-Begriff: kein Synonym für Regierung, sondern eine Chiffre für »veränderte Bedingungen von Ordnung und Herrschaft (*ordered rule*)«, vorsätzlich konstruiert, um die Differenz zwischen Staat und Zivilgesellschaft zu verwischen (Rhodes 1996). Dies schließt »eine neue Herrschaftsrationalität« ein, in der »die politische Regierung im Namen einer ökonomischen Logik restrukturiert wird« (du Gay 2002, 17).

›Unternehmerisches Regieren‹, so seine Verfechter, unterstütze den Wettbewerb unter den Dienstleistungsanbietern, begünstige eine Bewegung von der Bürokratie zur ›Gemeinschaft‹, fokussiere nicht nur auf Inputs, sondern auch auf Ergebnisse, verwandle die Klienten in Kunden und dezentralisiere Autorität durch das sog. »teilnehmende Management« (Osborn/Gaebler, zit. n. du Gay 2002, 17f.). Dies ist die Basis der ›Wiedererfindung des Regierens‹, die zum Wahrzeichen von New Labour geworden ist. Tony Blairs ›Revolution‹ zielt weniger auf eine Modernisierung der Wirtschaft (die wird den Konzernen selbst überlassen) als auf eine Modernisierung von Staat, Regierung und Gesellschaft. Es ist schwierig, die neoliberalen Wurzeln dieses Programms zu verbergen. Weit davon entfernt, mit dem Neoliberalismus zu brechen, stellt ›unternehmerisches Regieren‹ seine Fortsetzung dar.

Die fest verwurzelte Orthodoxie von New Labour lautet, dass allein der private Sektor in einer rational messbaren Art und Weise »effizient« sein kann. Der öffentliche Sektor ist definitionsgemäß »ineffizient« und längst überholt, teilweise, weil er soziale Ziele beinhaltet, die jenseits einer ökonomischen Ware-gegen-Geld-Logik stehen. Retten könne man den öffentlichen Sektor nur durch seine Angleichung an den Markt. Dies ist die eigentliche Bedeutung von ›Modernisierung‹. Alan Finlayson zufolge ist ›Modernisierung‹ ein locker performativer Sprechakt in dem Sinne, »dass er nur im Moment seines Gebrauchs Bedeutung generiert und Geltung sichert [...]. Es ist ein Aufwärts-Wort, das die Dinge aufregend, fortschrittlich und positiv erscheinen lässt. [Sein] Gebrauch generiert ferner den Anschein strukturierten und einheitlichen Denkens [...]. Es hilft dasjenige ›natürlich‹ und unhinterfragbar zu machen, was nicht notwendig so ist.« (2003, 67)

Eine zentrale Absicht dieser Orthodoxie ist, permanent zwischen *neuen Schafen* und *alten Böcken* zu unterscheiden. Angestellte im öffentlichen Sektor, die sich dieser Tendenz widersetzen, sind in der Vergangenheit eingemauert, von der Wirklichkeit überholt und ›Feind im eigenen Lager‹. Auch sie hätten einen »Modernisierungsbedarf«. In Wirklichkeit sind diese Arbeiter im Verhältnis zum privaten Sektor deutlich unterbezahlt, und als Sozialpartner sind sie von der Verbesserung der Dienste, die sie leisten, ausgeschlossen. Sie kommen in diesen »Reformprozessen« allein als Objekte, nicht als Subjekte vor. Der Premierminister jedoch rät ihnen, sich stärker als ›soziale Unternehmer‹ zu begreifen! Unterdessen kollabiert das gesamte semantische System des öffentlichen Interesses und der ›öffentlichen Güter‹. Auch dieses System wird für obsolet erklärt. Die linken Kritiker von New Labour und die Medienkommentatoren schämen sich, darauf zu verweisen. Die Behauptung, dass Märkte den einzigen Maßstab für ›soziale Güter‹ bereitstellen – vorgebracht von Hayek, angewendet von Thatcher und wiedererfunden von New Labour –, wird inzwischen mit Köder, Haken und Angelschnur geschluckt. ›Vermarktung‹ im umfassenden Sinn ist gegenwärtig in jeden Bereich der Regierung vorgedrungen. Diese stille Revolution im ›Regieren‹ verbindet den Thatcherismus nahtlos mit New Labour. Sie begründet den Jargon, den die Minister noch im Schlaf nachbeten.

Während der 80er fragten sich skeptische Kritiker, wo die Analyse der thatcheristischen Ideologie die ›reale Welt‹ berühre. Eine der Antworten ist heute mehr denn je gültig: in den Praktiken des (sozialen) Managements. Scheinbar eine neutrale Sozialtechnologie, ist der ›neue Management-Ansatz‹ in Wirklichkeit das Vehikel, mit dessen Hilfe neoliberale Ideen gegenwärtig die Institutionen durchdringen.

Im Fall von New Labour und des öffentlichen Sektors erfolgt dies durch das sogenannte New Public Management (NPM). Dieses beinhaltet die neue Marktförmigkeit von Regierung und Verwaltung, die Transformation von Individuen des öffentlichen Sektors in ›Unternehmer-Subjekte‹ und die Beauftragung des Staatsapparats mit der Mission des ›unternehmerischen Regierens‹. Von zentraler Bedeutung für diese Rekonstruktion des Staates ist die enthusiastische Übernahme des ›Public Choice‹-Ansatzes im öffentlichen Sektor. Dieser Ansatz verschiebt die staatlichen Aufgaben von Leistung zu Gewährleistung und »führt in Großbritannien in den 1980ern zur Einschrumpfung der Dienstleistungen, zur Ausweitung der internen Märkte und zur vorbehaltlosen Privatisierung« (Finlayson 2003, 111). Er ist die Hauptursache des Bemühens, Bürger als Konsumenten zu rekonstruieren.

Dem Einfluss dieses Ansatzes verdankt sich die inzwischen langweilige, weil stets wiederholte Betonung von »Wahlfreiheit« (*choice*), die zu den kardinalen »modernen Werten« in Blairs Diskurs gehört. Der derzeitige Gesundheitsminister John Reid, eine der mächtigsten Figuren des aktuellen Kabinetts, führt das Wort ständig im Mund. Es scheint jenseits des Vorstellungsvermögens von New Labour zu liegen, dass für bestimmte *Individuen* die Freiheit der ›Wahl‹ zwischen besseren und schlechteren öffentlichen Diensten besteht, weil die Regierung nicht *allen* einen angemessenen Lebensstandard garantieren kann oder will. Tatsächlich besteht gar kein öffentlicher Bedarf für mehr Wahlfreiheit im abstrakten Sinn. Zweifellos wären viele Menschen gern in der Lage, eine gute weiterführende Schule für ihre Kinder und im Krankheitsfall ein gut funktionierendes Krankenhaus zu wählen, unabhängig davon, wo sie wohnen und wie arm oder reich sie sind. Ständig zu wiederholen, dass der Wunsch nach mehr Wahlfreiheit weit verbreitet sei, ist eine Form, durch Behauptungen Fakten zu schaffen: das, was man die Menschen glauben machen kann, wird in seinen Konsequenzen ›wahr‹ sein.

Das NPM ›befähigt‹ Beamte, die Prinzipien politischer Unparteilichkeit preiszugeben und – wie Geschäftsführer im privaten Sektor – ihren Arbeitsbereich in tätigerem Stil ›in Besitz‹ zu nehmen. Professionelles Urteil und Berufsethos werden vollständig verschluckt vom Mikro-Management, von Rechnungsprüfung, Aufsicht, Überwachung, Effizienz und Kosten-Nutzen-Kalkül, ungeachtet der Tatsache, dass weder die öffentliche Rolle von Beamten noch ihre Ausrichtung an öffentlichen Interessen in diesem Rahmen angemessen reformuliert oder beurteilt werden kann. Für dieses begrenzte Ziel brauchen wir dann eine Armee von Managern, die wenig vom Inhalt eines bestimmten Bereichs, aber alles über Strategien der Betriebskontrolle wissen – und ein Regiment von Beratern, die ihren Klienten zeigen, wie sie die Rechnungsprüfung kreativ frisieren und die Kontrolleure täuschen können. Weiterhin fördert das NPM die konzertierte Aktion, in jedem Bereich des öffentlichen Lebens Konzernführern Eingang zu verschaffen, um ein förderliches Klima für den Unternehmergeist zu schaffen. In dem Maße, wie von der Wirtschaft ausgeliehene Unternehmensberater sich mehr und mehr im Zentrum der Regierung festsetzen und ihre Repräsentanten sich auf lokaler Ebene freiwillig anbieten, wird das *Großunternehmen zum Modell für den Staat.*

Die ›erzieherische‹ Funktion des Staates kombiniert intensives Mikro-Management und Zentralisierung von Zielen mit strategischen Interventionen, die ›kulturell‹ entfaltet werden. Letztere entsprechen dem neo-Foucault'schen Gouvernementalitäts-Ansatz: Verhalten und Resultate werden nicht durch direkte Zwänge kontrolliert, sondern durch die Zustimmung und die ›Freiheit‹ der Individuen. Die weitreichende Absicht besteht darin, der Bevölkerung einen neuen Habitus einzuprägen: jene Gewohnheiten und Praktiken, deren das Freihandels- und konsumentenbezogene Regieren bedarf, zu einer neuen Form des Alltagsverstands zu machen. Diese Strategie ist auch außerhalb des Staatsapparats effektiv. Langsam, aber sicher werden alle – strampelnd und schreiend bis zum Schluss – zum Manager ihrer selbst. Der Markt und seine Mechanismen werden ihnen als der Modus operandi des Regierens und des institutionellen Lebens eingepflanzt. Ein Nebeneffekt dieser Transformation ist, was Hugo Young vorausschauend als »Ein-Parteien-Regierung« bezeichnete. Medienkommentatoren und die Presse scheinen derzeit keine andere Sprache zu beherrschen, mit der sie öffentliche Fragen behandeln könnten. Sie mögen dieses oder jenes Element des Manager-Ansatzes von New Labour ablehnen, scheinen aber unfähig, die Logik zu identifizieren, aus der diese hervorgehen. Demokratie hat sich in diesem Kontext als praktisches Ideal schon lange verflüchtigt. Außer in dem banalen Sinn von »liberaler Demokratie« hat Blair in zwei Amtsperioden keinen einzigen signifikanten Gedanken zu diesem Thema geäußert. Die Öffentlichkeit scheint den Manager-Diskurs als Ganzes geschluckt zu haben.

Den Markt-Fundamentalismus als den ›neuen Alltagsverstand‹ zu etablieren half, in einer wichtigen Frage den Sieg davonzutragen, die der

Reform des Wohlfahrtsstaats zugrunde liegt: ›Heutzutage‹ besteht die Aufgabe des Staates nicht darin, die weniger Erfolgreichen oder Mächtigen in einer Gesellschaft, die ›natürlicherweise‹ große Ungleichheit in Reichtum, Macht und Möglichkeiten produziert, zu unterstützen, sondern den Individuen zu helfen, selbst Vorsorge für ihre Bedürfnisse zu betreiben, für Gesundheit, Erziehung und (Aus-)Bildung, Transport, Wohnen, Arbeitslosenversicherung, Renten usw., kurz: die Privatisierung sozialer Bedürfnisse in Gang zu setzen. Diejenigen, die können – die neue Mittelschichts-Mehrheit –, müssen. Die auf der Strecke Gebliebenen müssen gezielt, aber minimal unterstützt und zur Vermögensbildung angespornt werden, damit diese Last nicht die Produktion des Wohlstands in Gefahr bringt. Das ist es, was wir gewöhnlich als Zwei-Drittel-Gesellschaft bezeichnet haben und was nun als Zwei-Klassen Gesellschaft wieder aufgetaucht ist. New Labour sagt natürlich, sie könne ein solches Phänomen nicht erkennen.

New Labour sendet widersprüchliche Signale aus und ist daher als Regime schwer zu charakterisieren. Die Partei spricht ständig mit gespaltener Zunge. Sie kombiniert wirtschaftlichen Neoliberalismus mit der Verpflichtung auf aktives und aktivierendes Regieren. Bedeutsamer noch ist, dass New Labours verbissene Ausrichtung auf die weitgesteckten, globalen Interessen und Werte des Großkapitals und der Konzernmacht begleitet wird von einem anderen, subalternen Programm eher sozialdemokratischen Charakters, das nebenher läuft. Darauf berufen sich die Leute, wenn sie defensiv darauf beharren, dass New Labour trotz allem nicht neoliberal sei und ein gewisses Maß an Umverteilung hervorgebracht habe. Letzteres trifft sogar zu – allerdings in viel geringerem Maße, als es New Labour für sich in Anspruch nimmt. Tatsächlich ist New Labour ein hybrides Regime, das zwei Stränge kombiniert. Aber der eine, der neoliberale, dominiert. Der andere, der sozialdemokratische, ist ihm untergeordnet. Wichtig ist aber nicht der hybride Charakter des Ensembles als statischer Formation, sondern der Prozess, in dem die beiden Elemente aktiv kombiniert werden – der Prozess des Regierens. Gramsci bezeichnete die langsame, aber sichere Transformation von einem Ding in ein anderes als »Transformismus«. Der untergeordnete Teil ist nicht allein vom dominanten abhängig, sondern wird beständig in ihn transformiert.

Wie können wir den Doppelcharakter von New Labour erklären? Der Politikwissenschaftler Andrew Gamble hat vor langer Zeit darauf hingewiesen, dass linke Parteien an der Regierung oft dem Spiel gegensätzlicher Kräfte ausgesetzt sind – die eine verlangt, ihr Regierungsprogramm zu verwirklichen, die andere, das Nötige zu tun, um die Unterstützung der

Wähler zu behalten und an der Macht zu bleiben. Diese Kräfte konfligieren regelmäßig. New Labours untergeordnetes Programm wird vom zweiten der beiden Imperative bestimmt. Es beinhaltet die notwendigen Kosten, um die Loyalität der traditionellen Unterstützer zu behalten, während das Regierungsprojekt einer ganz anderen Interessenkonstellation dient. Dies geschieht nicht notwendigerweise aus rein opportunistischen Erwägungen. Viele Parlamentarier reden sich selbst ein, dass New Labour immer noch grundlegend den alten Labour-Werten verbunden ist, die sich irgendwie selbst Geltung verschaffen werden, und die Regierung Blair verteidigt ihre massive Abkehr von diesen Werten, indem sie rhetorisch eine verbale Kontinuität konstruiert. Es muss mithin Raum dafür geben, auf diese untergeordneten Zwänge und Wählerschichten einzugehen – vorausgesetzt, man stellt zugleich sicher, dass der Fortschritt in Richtung eines entwickelteren Markt-Staates nicht aus der Bahn gerät. So sieht also der Balanceakt aus, den Blairs Partei vollbringen muss, ihre doppelte Kehrtwende, ihre Quadratur des Kreises.

Es gibt noch eine weitere Überlegung. Das aggressiv neoliberale Bestreben, den Markt-Staat zu etablieren, wie wir es unter Thatcher gesehen haben, hat seinen Preis. Seine Brutalität lähmte viele in der Gesellschaft, manche seiner Unterstützer eingeschlossen. Sogar viele der eifrigsten Konvertiten ließen Frau Thatcher aus wahltaktischen Gründen im Stich. Dagegen bietet die Strategie, sich mit subordinierten sozialdemokratischen Elementen auf den voll entfalteten Markt-Staat zuzubewegen, den Vorteil, dass die Probleme der Zurückgebliebenen und Verlierer angesprochen werden – jener Menschen, die vermutlich am wenigsten von der neoliberalen Marschroute profitieren werden. Die sozialdemokratischen Aspekte tragen auch den sozialen Kosten und Spannungen Rechnung, die der Transformismus hervorbringt. Dies ist zweifellos eine hegemoniale Strategie, auch wenn sie eventuell nicht in der Lage sein wird, ein stabiles hegemoniales Resultat zu etablieren. Sie zielt darauf, Zustimmung zu gewinnen und untergeordnete Forderungen in die dominante Logik aufzunehmen. Einen plausiblen oder pragmatischen Konsens von links bis rechts zu schmieden, einen Teil der alten Anhängerschaft an bestimmten Weggabelungen mitzunehmen, die Opposition zu spalten und zu verwirren, dürfte bedeuten, die neoliberale Gesellschaft und den Markt-Staat auf sicherere, weniger umkämpfte Grundlagen zu stellen. Die Verwirrung, die diese doppelköpfige Strategie auch in den eigenen Reihen stiftet, verbirgt zusätzlich das langfristige strategische Ziel und verhindert die Formierung einer kohärenten und organisierten Opposition. Der sozialdemokratische Weg zum Neoliberalismus mag sich am Ende als das herausstellen, was wir – um Lenin zu parodieren – die beste politische Hülle des globalen Kapitalismus nennen können.

Der untergeordnete, sozialdemokratische Teil des New Labour-Programms beinhaltet ein gewisses Maß an indirekten Steuern und von Umverteilung, Reformen wie die Regelung des Mindesteinkommens, die Steuerkreditregelung für Familien und Anreize zur Arbeitsaufnahme (wobei die große Betonung von Fertigkeiten und Training allerdings vollkommen auf einer Linie mit der neoliberalen Bevorzugung der Angebotsseite liegt). Diesem Element verdanken wir – in der zweiten Legislaturperiode – auch die zunehmende Sorge um die Erbringung öffentlicher Dienstleistungen inklusive einer beträchtlichen öffentlichen Finanzspritze für den Gesundheits- und Erziehungsbereich. Rückblickend behauptet New Labour nun, dass das zweite Element von vornherein ein Ziel für die zweite Amtszeit war, aber die Belege sind nicht überzeugend. New Labour hat systematisch öffentliche Dienste und Umverteilung dämonisiert, »Old Labour« auf die Müllhalde der Geschichte befördert und sich mitleidslos unternehmerisch gezeigt. Das Versagen der öffentlichen Dienstleistungen wurde erst gegen Ende der ersten Wahlperiode zum Thema gemacht, etwa zum Zeitpunkt des Rücktritts von Peter Kilfoyle, als die Desillusionierung unter der traditionellen Anhängerschaft von New Labour ihren Höhepunkt erreichte. Die Kurskorrektur wurde also erst auf Druck von außen auf die politische Tagesordnung gesetzt.

Die ›Hybridisierung‹ von New Labour hat eine politische Vorgeschichte. Sie stammt aus der Clinton'schen Mischungsstrategie. Clinton borgte von den Demokraten wie auch von den Republikanern und steuerte in Richtung Markt. Diese Strategie beeinflusste, vor allem in der ersten Legislaturperiode, das Denken von New Labour stark. Mit Clintons zweitem Wahlsieg wuchs ihr Einfluss noch weiter. Die Essenz dieses Transformations-Spiels beruht auf der selektiven und hierarchisch geordneten Mischung von Elementen aus konträren politischen Repertoires, auf einer Doppelbotschaft an verschiedene Adressaten. Damit wären zum einen die ›radikale‹ Strategie des Regierens, zum anderen der Erhalt der Wählerschaft und die Sicherung einer dritten Amtsperiode gewährleistet. So kommt das zustande, was Philip Bobbit als »sozialdemokratische Variante des Neoliberalismus« bezeichnet, so wie vorher der Thatcherismus in eine »neoliberale Variante des Konservativismus« umgeschlagen war.

Dies ist auch der Grund, warum Image-Kampagnen (»Spin«) ein essenzieller und organischer Teil des Projekts New Labour sind. Sie sind keine einfachen Oberflächenwucherungen, wie einige Kritiker behaupten.

Öffentliche Begleitkampagnen implizieren die Absicht, alles mit günstigen Randbemerkungen zu versehen. Sie können rhetorisch Beliebiges für New Labour verwenden. Ferner sind sie ein Symptom für die Reduzierung von Politik auf PR. Doch die Image-Kampagnen erfüllen auch eine tiefere Funktion, nämlich die Quadratur des Kreises: die Verfolgung eines neoliberalen Projekts, das den globalen Interessen des Unternehmerkapitals und der Reichen zugutekommt – in einer Weise, dass dabei die Zustimmung von Labour-Wählern, Gewerkschaften und weniger Wohlhabenden erhalten bleibt. Diese Volte kann nur gelingen, wenn man beständig einer Tagesordnung eine andere unterschiebt. Die linguistischen Verschiebungen der New Labour-Rhetorik folgen also dem Schema doppelter Adressierung. Sie propagiert das Wort ›Reform‹ mit all seinen positiven Assoziationen – Reformgesetz, Fabrikgesetz, Wohlfahrtsstaat etc. –, bis es in etwas Gegenteiliges umschlägt – Universalisierung des Marktes! Sie maskiert die politische Akzentverschiebung vom Öffentlichen zum Privaten, indem sie die Mehrdeutigkeit von Wörtern wie »Wechsel« oder »radikal« ausbeutet. Das Prinzip der Auswahl, das dazu bestimmt ist, die Selektivität und den privaten Sektor zu stärken, wird als Teil einer Anti-Ungleichheits-Strategie dargestellt. »Spin« mobilisiert die positive Resonanz für ein Konzept – und verwandelt es schließlich zu etwas Konträrem.

Nehmen wir das NHS. Es bleibt »hinsichtlich der Leistungen frei« (eigentlich ist es nicht frei, doch lassen wir das für einen Moment beiseite). Selbstverständlich werden einige öffentliche Krankenhäuser nun von privaten Baufirmen gebaut, deren Realkosten erst zwei oder drei Generationen später errechnet werden können. Und einige Dienste in Stiftungskrankenhäusern werden von privaten amerikanischen oder britischen Pharma- oder Gesundheitsunternehmen erbracht, die ›frei‹ sind, Haushaltsmittel einzuwerben und um Mitarbeiter zu konkurrieren. Wen interessiert es, dass alles dies auf Kosten der allgemeinen sozialen Gesundheitsfürsorge geht und eine Zwei-Klassen-Dienstleistung hervorbringt? Man braucht ja nur die pragmatischen Annehmlichkeiten der angebotenen Dienstleistungen zu betonen, um weitere verschämte und unangenehme Fragen zu Prinzip und Absicht der Reformen zum Schweigen zu bringen. Die Formel »Bereitstellung von Dienstleistungen« lässt vermuten, dass die Mehrheit sich wenig darum schert, in wessen Besitz und unter wessen Kontrolle sich die Gesundheitsfürsorge befindet oder wer von der vorrangigen Erfüllung persönlicher Bedürfnisse eines besitzindividualistischen Konsumenten profitiert. Die Reduktion des Staatsbürgers auf Konsumentenstatus und die Privatisierung der Bedürfnisse sind die unausgesprochenen, aber entscheidenden Fundamente dieser Strategie. Wenn Menschen sich als Teilhaber des NHS begreifen, dann ist es für sie von großer Bedeutung, wer der Besitzer ist und welche Prinzipien die Operationen dieses Systems leiten. Wenn es dagegen nur darum geht, das NHS aus einem individualistischen Blickwinkel, im Sinne pragmatischer Erwägungen wie »Ich brauche ein besseres Bett« oder »Ich möchte schneller drankommen«, zu betrachten, dann kann es ihnen egal sein, von wem die Dienstleistungen produziert werden oder ob Gesundheit zu einem lukrativen Geschäft für den privaten Sektor geworden ist. Dann geht es nur um eine weitere von den vielen marktorientierten Antworten auf Konsumentennachfrage.

Der gegenwärtige Widerstand gegen das Projekt New Labour hat einen anderen Anlass als Sozialpolitik: die Irak-Invasion und Tony Blairs Entscheidung, Großbritannien auf die bedingungslose Unterstützung US-amerikanischer Bestrebungen nach globaler Hegemonie zu verpflichten. Keine Darstellung von New Labour wäre vollständig, würde sie nicht erklären, wie das inländische Programm mit der globalen Forcierung einer neoliberalen Ordnung konvergiert und welche Zwänge und Abhängigkeiten diese Mission in der Außenpolitik mit sich bringt. Die hier vorgeschlagene Darstellung erhebt daher keinen Anspruch auf Vollständigkeit, hat jedoch eine politische Absicht. Das Projekt von New Labour ist eine komplexe politische Initiative, und wir müssen ihre Komplexität besser verstehen. Die Behauptung, dass dieses Projekt schlicht aus tagespolitischen Erfordernissen heraus zusammengeschustert wurde, ist Unsinn. Da es inzwischen ernstzunehmende Kräfte gibt, die sich von der Gesamtausrichtung dieses Projekts absetzen wollen, ist es erforderlich, die einzelnen Punkte der Opposition (Krieg und US-Allianz, Privatisierung, Auslese in der Bildung usw.) zu einer substanzielleren und integralen Kritik umzuformulieren, damit eine kohärente Gegenvision – mitsamt den Instanzen ihrer Verbreitung – entstehen kann. Die verbleibende Zeit von zwei Jahren bis zu den kommenden Wahlen ist gerade genug, um ein alternatives politisches Projekt der Linken zu formulieren. Gelingt dies nicht, so erwartet uns eine dritte Aufführung von New Labours doppelter Kehrtwende oder – Gott bewahre – achtzehn weitere Jahre neoliberaler Konservatismus!

Aus dem Englischen von Yasar Aydin und Katrin Reimer

Bewegung ohne Ziel – The Great Moving Nowhere Show

Was charakterisiert den Kern des Blair-Regimes? Ist New Labour eine radikal neue Antwort auf die zentralen politischen Fragen unserer Zeit? Ist die Perspektive so voller Schwung, ist die Weltanschauung so modern und kohärent, wie das neoliberale Projekt des Thatcherismus es war, nur ganz anders, indem mit dem Vermächtnis und der Logik der Thatcher-Jahre gebrochen wird? Oder besteht das neue Regime aus einer Serie pragmatischer Justierungen und anpasserischer Maßnahmen an ein Terrain, das im Wesentlichen thatcheristisch bleibt? Seit der Amtsübernahme ist New Labour jedenfalls hyperaktiv gewesen: Überprüfung politischer Vorhaben hier, Gesetzgebung da und Erneuerung dort. Ein sorgsamer Audit der Erfolge und Fehler dieser frühen Jahre bleibt der Zukunft überlassen. Dafür wird es einen anderen Anlass geben. An dieser Stelle wollen wir uns an das Bild des Ganzen (das Grundlegende) halten. Wohin geht New Labour wirklich? Hat Mr. Blair ein politisches Projekt?

Der Thatcherismus, von dem Mr. Blair so viel gelernt hat, hatte selbstverständlich ein Projekt. Sein Ziel war es, die politische Landschaft zu verändern, und zwar unumkehrbar: Wir sollten dazu gebracht werden, in seiner Sprache zu denken und zu sprechen, als ob es nichts anderes mehr gäbe. Er hatte eine Strategie – eine Vorstellung davon, wohin er wollte und wie das zu machen sei. Mrs. Thatcher hatte keine Vorliebe für Intellektuelle: Das Wort ›Ideen‹ kam ihr nicht leicht über die Lippen. Trotzdem war alles, was sie tat, beseelt von einer sozialen ›Philosophie‹: Aus der bruchstückhaften Lektüre von Adam Smith hatte sie gelernt, die Individuen als ausschließlich ökonomisch Handelnde zu sehen. Von Hayek lernte sie, dass es unmöglich ist, das gesellschaftlich Gute zu definieren und dass man den Markt nicht für soziale Ziele einspannen kann, ohne auf die abschüssige und glatte Einbahnstraße zum Fürsorgestaat mit fehlgeleitetem Sozialklempnertum zu geraten, mit Abhängigkeiten von der Wohlfahrt und moralischer Degeneration. »So etwas wie Gesellschaft gibt es nicht.« Von den Monetaristen lernte sie den Marktfundamentalismus: Märkte sind ›gut‹ und sie funktionieren auf mysteriöse Weise zum Vorteil aller; es sind selbsttätig entstehende und sich selbst regulierende Wesenheiten; Marktrationalität ist die einzig gültige Art gesellschaftlicher Verrechnung. »Marktkräfte müssen immer Vorrang haben!«

Darüber hinaus wappnete sie sich durch eine entschiedene Analyse der Einzelheiten des historischen Wandels, der die Öffnung für den Thatcherismus hervorgerufen hatte. Aber sie hütete sich davor, einfach die soziologischen Trends auf die politische Leinwand zu projizieren, wie das einige Versionen des ›Dritten Weges‹ tun. Sie nahm niemals an, dass thatcheristische Subjekte bereits in voller Ausprägung draußen vorhanden waren und dass diese einfach nur noch gruppiert und auf ein Ziel ausgerichtet werden müssten. Stattdessen wollte sie neue politische Subjekte produzieren – den Unternehmer-Menschen – eine Mischung aus Altruismus und Konkurrenz. Vor allem wusste sie, dass die Politik als Stellungskrieg zwischen Feinden geführt werden muss, wenn man radikale Veränderungen erreichen will. Sie identifizierte ihre Feinde eindeutig und spaltete damit unbarmherzig das politische Terrain: ›Schlappschwänze‹ gegen ›Starke‹, ›Wir‹ gegen ›Die Anderen‹, ›Die Unsrigen‹ gegen den ›Inneren Feind‹.

Damals, als *Marxism Today* anfing, den ›Thatcherismus‹ als ›Projekt‹ zu diskutieren, taten sich besserwisserische Journalisten und Labour-Analysten zusammen und schütteten Spott über dieser Idee aus – ein Gedanke, der insgesamt zu ›konzertiert‹ und zu ›kontinental‹ war für die empiristische Natur der britischen politischen Kultur. Geoff Mulgan, Direktor bei *Demos*, früherer Autor von *Marxism Today* und heute Mitarbeiter in No. 10 Downing Street, trägt eine ähnliche Ansicht in diesem Heft vor. ›Metapolitische‹ Fragen, sagt er, sind irrelevant – ein Zeichen dafür, dass die sie stellenden linken Intellektuellen hoffnungslos isoliert sind vom ›realen‹ Regierungsgeschäft. Es wäre besser, wenn sie sich – wie *Demos* – damit beschäftigten, konkrete Vorschläge auszuarbeiten, die New Labour dann umsetzen könnte.

Schuldige britische Akademiker auf der Linken sind besonders verwundbar durch diese Art groben Antiintellektualismus. Mulgans Standpunkt scheint unaufrichtig. Innovation in der Politik ist natürlich wesentlich für jegliche politische Strategie – vor allem aus diesem Grund hat Martin Jacques die Idee von *Demos* damals erdacht. Da gibt es viel Raum für Querdenker. Aber – trotz Mr. Blairs Rendezvous mit dem Schicksal – Mai 1997 war nicht der Beginn im ›Jahre null‹. Nicht alle Fragen nach Perspektive und Strategie sind ›gelöst‹. Wie Decca Aitkenhead kürzlich formulierte: Die Blairisten verhalten sich manchmal so, als ob »No. 10 aus lauter einzelnen Bauteilen besteht; welche Maschine aus ihrer Zusammensetzung entsteht, ist dabei aber völlig unsicher«. Tatsache ist, dass man nie weiß, wie radikal und innovativ ein konkretes Programm ist, bis man weiß, welche Strategie damit verfolgt wird und gegen welche Kriterien sein ›Radikalismus‹ gerichtet ist. Ohne strategischen Rahmen könnten die ›konkreten Vorschläge‹ brillant sein oder einfach danebenliegen und völlig verrückt. In den letzten Monaten hat *Demos* uns viel von beidem vorgeschlagen.

Angesichts von New Labours übermäßigem und prahlerischem Ehrgeiz der letzten 18 Monate ist Mulgans Vorstellung, man müsse die Aufmerksamkeit ausschließlich auf pragmatische Effektivität richten, nicht nur falsch, sondern sie liegt merkwürdigerweise neben der zentralen Botschaft und ist völlig asynchron zur Stimme seines Herrn. Es war von Anfang an klar, dass Tony Blair sich selbst in Thatchers Fußstapfen sah, und er hat hart daran gearbeitet, seinen Führungsstil von ihr abzugucken. Mit einigem Erfolg! Nach neueren Umfrageergebnissen sind die Wähler von »dem ihrer Meinung nach starken thatcheristischen Führungsstil« beeindruckt, wenngleich sie sich unsicher sind, ob das mehr ist als »äußerer Schein, eher Public Relations und Fassade«, oder noch besorgter: Sie bezweifeln, dass New Labour »eine wirkliche Veränderung und einen klaren politischen Bruch mit den Tory-Jahren hervorbringen wird«. (*Guardian*, 28.9.1998)

Mr. Blair hat auch sein Vorhaben, alles in Großbritannien ›neu‹ zu machen, nach dem thatcheristischen Projekt der nationalen Selbsterneuerung modelliert. Konsequenterweise öffnet derzeit kein Sprecher von New Labour den Mund, und auch die Journalisten berichten, ohne auf ›das Blair-Projekt‹ Bezug zu nehmen. New Labour, nicht die Intellektuellen, setzt diese ›metapolitische‹ Frage auf die Tagesordnung. Es ist Blair, der von New Labour in apokalyptischer Terminologie spricht: »eine der großen radikalen Reform-Regierungen unserer Geschichte«, »um nicht weniger zu sein als die Modellnation des 21. Jahrhunderts, ein Leuchtfeuer für die Welt«, »zur natürlichen Regierungspartei zu werden«. (›Natürliche Regierungsparteien‹ sind solche, deren Ideen auf allen Ebenen dominieren, die ihre Autorität in alle Domänen des Lebens tragen, deren Philosophie der Veränderung zum Alltagsbewusstsein des Zeitalters geworden ist. In früherer Zeit nannten wir das ›Hegemonie‹.) Mr. Blair verfolgt definitiv Visionen.

New Labours kürzlicher Versuch, dem ›Visionsvorhaben‹ historische Glaubwürdigkeit zu verleihen und damit das ›Gesamtbild‹ einzufangen und zu definieren, ist der ›Dritte Weg‹. Der kommt in unterschiedlichen Aufmachungen und Größen daher. Die intellektuelle Version des ›Dritten Weges‹ stammt von Anthony Giddens, Mr. Blairs einflussreichstem Intellektuellen.

Es werden einige signifikante soziologische Veränderungen skizziert, die scheinbar größere politische Konsequenzen haben. Vielen davon würde man gern zustimmen oder weiter über sie diskutieren. Schließlich ist wirtschaftliche Globalisierung Realität, und sie hat die Handlungsmöglichkeiten und die Reichweite von Nationalstaaten und nationalen Wirtschaftsräumen verändert. Ein neuer Individualismus ist weit verbreitet, und das liegt an zunehmender sozialer Komplexität und Diversifizierung des modernen Lebens, wodurch ein großer Teil des alten Kollektivismus – und der durch diesen bestimmten politischen Programme – untergraben worden ist. Viele Probleme präsentieren neue Herausforderungen oder setzen neue Formen voraus, die durch die alten politischen Ideologien nicht gut bedient werden. Wir müssen wirklich eine neue Verbindung zwischen Märkten und öffentlichen Gütern schaffen, zwischen den Individuen und der Gemeinschaft. Diese soziologischen Veränderungen sind Teil des großen historischen Bruchs – der Anfang der spät-späten Moderne –, den der Thatcherismus als Erster politisch bändigte; hervorgebracht oder in Bewegung gesetzt hat er ihn natürlich nicht. An diesem Punkt begann – vor all den Jahren – die New Times-Analyse von *Marxism Today* und der Aufruf zur Neuformierung der Linken. Bis hierher befinden wir uns in der Tat auf demselben Gelände.

Wenn wir aber von der intellektuellen zu New Labours mehr politischer und mehr strategischer Version des ›Dritten Weges‹ übergehen, befinden wir uns weniger auf dem Feld politischer Strategie als eher in einem »leeren Raum zwischen der vierten Dimension und einer übernatürlichen Erscheinung«, wie Francis Wheen es kürzlich ausgedrückt hat. Der ›Dritte Weg‹ ist euphemistisch als »eine neue Art von Politik« bezeichnet worden. Sein zentraler Anspruch ist die Entdeckung eines mysteriösen Mittelweges zwischen allen existierenden Extremen in jeder Frage. Je genauer man jedoch diese *via media* in Augenschein nimmt, desto weniger sieht sie wie ein Weg zur Lösung der Probleme aus, viel eher wie ein Schleichweg zu ihrer Umgehung. Seine Inhalte klingen wie mit gespaltener oder zumindest mit verletzter Zunge gesprochen. Er wird als neues internationales Modell propagiert, um den herum sich gegenwärtig Mitte-Links-Regierungen der ganzen Welt gruppieren. Wenn er aber nicht auf leidenschaftliche Akzeptanz stößt, dann wird er plötzlich von einem Modell zur einfachen Baustelle. Kann er gleichzeitig heroisch und nur ein Versuch sein? Es ist unentscheidbar, ob sein Ziel die Eroberung der ›radikalen Mitte‹ ist oder die Modernisierung der ›linken Mitte‹ (und man sollte daher nicht überrascht sein, wenn Jungwähler seine Positionsverschiebung als eindeutig Mitte-Rechts ansehen). Angeblich stammen seine Inhalte sowohl aus den Repertoires der Neuen Rechten wie von der Sozialdemokratie – zugleich beide transzendierend und jenseits von Rechts und Links positioniert. Diese windelweichen Formulierungen kann man beim besten Willen nicht als Projekt mit klarem politischem Profil bezeichnen.

Soweit man seine Forderungen überhaupt identifizieren kann – bieten sie eine korrekte strategische Perspektive? Die Tatsache – die der ›Dritte Weg‹ so stark herausstellt –, dass viele traditionelle Lösungswege der Linken historisch verbraucht erscheinen, dass ihr Programm radikal erneuert werden muss und dass es neue Probleme gibt, die über ihren analytischen Rahmen hinausgehen, bedeutet nicht, dass ihre Prinzipien keinen Beitrag zur politischen Erneuerung der Linken leisten können. Die Reform des Wohlfahrtsstaates ist nur eines der vielen Gebiete, auf denen es eine fortwährende Debatte zwischen zwei klar miteinander konkurrierenden Modellen gibt, die sich aus zwei großen Traditionen ableiten lassen, die das politische Leben bestimmt haben: die Version links der Mitte, die nach neuen Formen gesellschaftlicher Solidarität, gegenseitiger Interdependenz und kollektiver sozialer Vorsorge gegen Marktungleichheit und Instabilität sucht, und die neoliberale Version, die niedrige Steuern vorschlägt, eine wettbewerbsbezogene Sicht der Natur des Menschen, marktmäßige Versorgung und Individualismus. Können die ›harten‹ Entscheidungen zum Wohlfahrtsstaat, die New Labour während der vergangenen 18 Monate getroffen hat, wirklich ›jenseits von Links und Rechts‹ liegen? Oder ist das eine Nebelkerze, die geworfen wird, um die wirklich harten Fragen politischer Prinzipien zu umgehen und völlig ungelöst zu lassen?

Einer der zentralen Gründe für die semantische Ungenauigkeit des ›Dritten Weges‹ – gemessen an der gehäuften wahllosen Nutzung problematischer Adverbien wie ›zwischen‹, ›über‹ und ›jenseits‹ – ist sein Bestreben, allumfassend zu sein. Er hat keine Feinde. Jeder kann dazugehören. Der ›Dritte Weg‹ tut so, als gäbe es keine gegensätzlichen Interessen mehr, die nicht ausgeglichen werden könnten. Er hat daher eine ›Politik ohne Feinde‹ im Blick. Damit wird suggeriert, dass gegensätzliche Interessen durch irgendein transzendentales Wunder ›harmonisiert‹ worden sind, aber auf einer höheren Ebene, nicht in den Niederungen der Politik: so zum Beispiel das Verbot von Tabakwerbung und Formel 1, die private Autolobby und John Prescotts Gesetzentwurf, eine ethische Außenpolitik und der Waffenverkauf an Indonesien, Mediendiversifizierung und die konzentrierte, auf globale Dominanz gerichtete Politik von Rupert Murdochs Medienimperium. Dazu muss man deutlich sagen, dass ein Projekt zur radikalen Transformation und Modernisierung der Gesellschaft, mit dem keine realen Interessen tangiert werden und das keine Feinde hat, nicht als ernsthafte politische Unternehmung bezeichnet werden kann.

Der ›Dritte Weg‹ ist hartnäckig auf mehr individuelle Verantwortung aus, nimmt es aber in dieser Hinsicht mit Unternehmen nicht so genau.

»Unternehmen«, so argumentiert Blair in seinem bei den Fabiern erschienenen Heftchen »Der Dritte Weg«, »werden Wege finden, mit ihren Arbeitnehmern den Reichtum zu teilen, den ihr Know-how hervorbringt«. Tatsächlich? Der ›Dritte Weg‹ ist in Wirklichkeit Zeuge einer beschleunigten Zunahme von Ungleichheit und weigert sich, zur Kenntnis zu nehmen, dass es möglicherweise strukturelle Interessen gibt, die verhindern, dass wir eine ausgeglichenere Verteilung von Reichtum und Lebenschancen erreichen. Wie Ross McKibbin kürzlich bemerkte: Obwohl die meisten Leute »überzeugt sind, dass die Gesellschaft Fairness als allgemeine Grundlage haben sollte«, glauben sie zugleich auch, »dass die Reichen und Mächtigen zur Akzeptanz dieser Forderung nur durch politische Aktionen gezwungen werden können«. Der Diskurs über den ›Dritten Weg‹ enthält allerdings, um zu verwirren, keinerlei Bezugnahme auf Macht.

Mr. Blair orientiert uns stattdessen andauernd auf ›Werte‹. Wenn man aber fragt, ›was für Werte‹, hört man nur lautstarke Plattitüden. Er kann sehr beredt über Gemeinschaft, über eine fürsorgliche Gesellschaft, in der die Starken die Schwachen unterstützen, und über den Wert, Herausforderungen gemeinsam zu meistern, sprechen. Problematisch wird es, wenn diese kommunitaristische Seite der Blair'schen Philosophie unmittelbar zusammentrifft mit der gleichermaßen authentischen, felsenfest modernisierenden, zielgerichteten und moralisierenden Seite des Blairismus. In der Praxis ist es schwierig, überzeugt an die ›Politik der Gemeinschaft‹ zu glauben und gleichzeitig unerschütterlich an der Ansicht festzuhalten, es sei die Aufgabe der Regierung, »den Individuen zu helfen, sich selbst zu helfen«, insbesondere wenn die Einzelmaßnahmen einander so oft widersprechen. Übrigens hat kürzlich der *Guardian* in einem Leitartikel festgestellt: »Eine besondere Eigenschaft einer Mitte-Links-Regierung besteht nicht in ihren Werten, sondern darin, dass sie über die Jahre mit den Ergebnissen des Marktes – so notwendig er auch ist – unzufrieden ist.«

Deshalb können wir aus den Indifferenzen und doppeldeutigen Formulierungen des ›Dritten Weges‹ kaum klare Leitlinien zur Einschätzung des politischen Blair-Projekts herauslesen. Um eine Antwort auf unsere ursprüngliche Frage zu erhalten, müssen wir uns die gesamte Arbeit von Blair ansehen, die maßgeblichen Tendenzen vom Gezeitenwechsel des politischen Tagesgeschäfts trennen und versuchen, aus der Praxis die unterliegende politische Logik, Philosophie und strategische Richtung ans Licht zu bringen.

New Labour bezeichnet in einer umfassenden Interpretation von Globalisierung diese als einzigen bedeutsamen Faktor, der unsere Welt verändert und durch den eine unüberwindliche Schwelle zwischen der alten und der neuen Labour Party gelegt worden ist, zwischen ›Heute‹ und der gesamten Vergangenheit. Das ist u. E. entscheidend, weil New Labour sich damit an eine bestimmte Definition der Globalisierung bindet, die sowohl den äußeren Horizont als auch die dubiose Legitimität des gesamten Blair'schen politischen Projekts liefert.

New Labour versteht Globalisierung in sehr vereinfachten Begriffen – als ein einziges widerspruchsfreies, in nur eine Richtung weisendes Phänomen, das überall dieselben Eigenschaften hat und überall zu den gleichen unausweichlichen Ergebnissen führt. Trotz Giddens' scharfer Kritik behandelt New Labour Globalisierung so, als handelte es sich dabei um eine selbstregulierende und unerbittliche Naturgewalt – die Weltwirtschaft als Wetterbericht. In seiner Rede auf dem Labour-Parteitag porträtierte Mr. Blair die Weltwirtschaft als eine sich so schnell bewegende Kraft, ihre Finanzströme als so gigantisch und so rasend, die Geschwindigkeit, mit der sie ein Drittel der Weltwirtschaft in eine Krise geworfen hat, als so rapide, dass ihre Operationen jetzt faktisch außerhalb der Kontrolle der Nationalstaaten und vielleicht sogar auch von regionalen und internationalen Institutionen liegen. Ermüdet findet er sich definitiv damit ab: »So ist eben die Welt«. Seine Antwort lautet: »den Wandel managen«. Uns scheint aber, dass er in Wirklichkeit meint, dass wir »uns selbst so managen müssen, dass wir uns an den Wandel anpassen, den wir auf andere Art nicht kontrollieren können« – eine ähnlich wirkende, aber in der Substanz ganz andere Suppe.

Das ist der Grund für die Passivität der Blair-Regierung – die eigentlich eine zentrale Rolle in Europa und eine führende Position in den G7 etc. hat – gegenüber der aktuellen Krise in Asien, Russland und anderswo. Sie wiederholte noch vor kurzem die falsche Versicherung, dass die asiatische Krise kaum spürbare Auswirkungen auf Großbritannien haben werde. Angesichts des immer offensichtlicher werdenden Gegenteils hat sie einen überraschenden Mangel an Flexibilität an den Tag gelegt. Sie scheint damit zufrieden zu sein, dauernd das Mantra zu wiederholen: »Das Ziel wirtschaftlicher Stabilität und geringer Inflation wird niemals aufgegeben oder modifiziert werden. New Labour wackelt nicht«, was zunehmend so klingt, als ob in einem verzweifelten Kampf nicht der gegenwärtige, sondern der vergangene Krieg gewonnen werden soll.

Die Blair-Regierung hat eindeutig versagt, indem sie den Vorteil der sich rasch ändernden Begriffe in der makroökonomischen Debatte nicht dazu genutzt hat, in der internationalen Gemeinschaft frühzeitig eine effektive und entschlossene Führung zustande zu bringen. Mittlerweile verlässt ein Land nach dem anderen das neoliberale Schiff und denkt das Undenkbare:

dass der unregulierte Fluss von Geld und Kapital, unterstützt und angetrieben durch abgehobene Körperschaften und neue Technologien, das ganze Gebäude zum krachenden Einsturz bringen wird, wenn er den ›unsichtbaren Händen‹ der makroökonomischen Kräfte allein überlassen wird. Ihre verspäteten Vorschläge zur Reform des IWF sind weit davon entfernt, radikal zu sein. Paradoxerweise führen die Hohepriester des globalen Neoliberalismus – Jeffrey Sachs, Paul Krugman und George Soros – den Rückzug in Richtung Regulierung an, nicht Blair und Brown!

New Labour scheint durch die neoliberale Lehre verführt worden zu sein, dass ›der globale Markt‹ ein automatisches und sich selbst ins Werk setzendes Prinzip sei, das weder besondere soziale noch kulturelle, politische oder institutionelle Rahmenbedingungen benötigt. Es kann unter allen Bedingungen überall angewandt werden. New Labour scheint daher, wie jeder neoliberale Eiferer, verwirrt, dass japanische Banker sich einfach nicht wie Wall-Street-Banker verhalten und dass Chrash-Programme (sic!) zur Einführung ›des Marktes‹ in einer staatssozialistische Gesellschaft wie Russland ohne Transformation seiner politischen Institutionen und Kultur – eine sehr viel langsamere und komplexere Operation – eher eine kapitalistische Mafia hervorbringen als Adam Smiths Händler und Transporteure. Andrew Marr benennt das scharfsinnig: »Es liegt an der Politik, du Dummchen!«

Da die Globalisierung eine Lebenstatsache ist, zu der »es keine Alternative gibt«[1], und nationale Regierungen keine Hoffnung haben können, auf ihre Abläufe irgendeinen regulierenden oder ordnenden Einfluss ausüben zu können, hat sich New Labour mithin von einer aktiven Einflussnahme auf die Wirtschaft weitgehend zurückgezogen (»Langfristig gesehen ist Keynes tot!«). Stattdessen hat sie tatkräftig dazu beigetragen, die Gesellschaft an die Erfordernisse der globalen Wirtschaft anzupassen, indem sie die Bürger dazu erzog, selbstgenügsam und auf sich selbst vertrauend zu handeln, um erfolgreicher auf dem globalen Marktplatz zu konkurrieren. Der strategische Rahmen von New Labours wirtschaftlichem Repertoire bleibt im Wesentlichen neoliberal: Deregulierung der Märkte, Umgestaltung des öffentlichen Sektors durch den New Managerialism, fortgesetzte Privatisierung öffentlicher Güter, niedrige Besteuerung, Beseitigung von ›Behinderungen‹ der Marktflexibilität, Institutionalisierung der Kultur privater Vorsorge und persönlichen Risikos und Privilegierung der Werte Eigenverantwortung, Wettbewerbsfähigkeit und unternehmerische Dynamik in ihrer moralischen Wertedebatte.

1 Anmerkung des Übersetzers: Ausspruch Thatchers vor fast 20 Jahren zur Legitimation ihrer eigenen Politik.

Der homo oeconomicus oder – wie er neuerdings genannt wird – das Unternehmersubjekt und der mündige Verbraucher haben die Idee des Bürgers und des öffentlichen Raums ersetzt. Im Jahresbericht der Regierung wurden wir dreist daran erinnert: »Menschen sind nicht nur Bürger, sondern auch Verbraucher.« Die wichtigsten Risse in diesem neoliberalen Gebäude waren der gesetzliche Mindestlohn und die Arbeitszeitdirektive – Verpflichtungen, die aufzugeben für New Labour zu niederträchtig gewesen wäre. Sie hat aber den Mindestlohn so niedrig angesetzt wie überhaupt politisch durchsetzbar und dabei den Sektor mit dem größten Risiko struktureller Arbeitslosigkeit – junge Leute zwischen 18 und 21 Jahren – ausgeschlossen.

Die Unabhängigkeit der Bank von England mag eine gute Idee gewesen sein. Aber nur naives Vertrauen in wirtschaftliche Automatismen kann erklären, warum das zugleich bedeutete, ihre Wirksamkeit auf nur eine wirtschaftspolitische Dimension zu beschränken – die Inflation – mit nur einem Instrument ökonomischen Managements – dem Zinssatz. Das legt nahe, dass Labour insgeheim von der neoliberalen Ansicht verführt worden ist, die Wirtschaft so weit wie möglich wie eine Maschine zu behandeln, die den ökonomischen ›Gesetzen‹ ohne Intervention von Menschen gehorcht. In der Praxis geht an strategischer Kontrolle verloren, was man an Glaubwürdigkeit gewinnt, indem man sagt: »Die Regierung hat nichts damit zu tun! Steigende Zinsraten, eine überbewertete Währung, zurückgehende Auftragseingänge und wachsende regionale Arbeitslosigkeit haben nichts mit uns zu tun. Es handelt sich um unglückliche ›Tatsachen des Lebens‹, mit denen man sich einfach abfinden muss. Man kann den globalen Trends nicht trotzen.« Ob New Labour es zugibt oder nicht, damit wird die Erreichung des Inflationsziels automatisch höher eingestuft als alles andere. Die Ironie dabei ist, dass genau diese gesamte Struktur neoliberalen wissenschaftlichen Schwindels gerade auseinanderfällt. Wirtschaften sind keine Maschinen. Veränderungen in einem Sektor haben Folgewirkungen anderswo. Die Ausgleichszahlungen der Hedge-Fonds, die die große Seifenblase der Märkte der Futures, Options und Derivative aufrechterhalten haben, sind dabei sich aufzulösen. Die berüchtigte monetaristische ›natürliche Arbeitslosenrate‹, die es Banken und Regierungen ermöglicht hat, zwischen den erforderlichen ›Kosten‹ der Arbeitslosigkeit und einer bestimmten Höhe der Inflationsrate eine Beziehung herzustellen, ist in Misskredit geraten. Die Bank von England selbst sagt, dass »sie nicht direkt gemessen werden könne und sich im Laufe der Zeit ändere«. Die Federal Reserve opferte sie vor langer Zeit auf dem Altar der Jobs und des Wachstums.

An der ›Heimatfront‹ scheint das Politik-Repertoire auf den ersten Blick vielfältiger, aber es tendiert doch dazu, demselben Gleis zu folgen. Die stärkste Betonung liegt auf der Angebotsseite. Es gab viele erwähnenswerte sozialdemokratische Interventionen. Aber die Schlüssel-Losungen – »Ausbildung und Training; Training und Ausbildung« – zielen in letzter Instanz weniger auf Chancen für alle in einer eher egalitären Gesellschaft, sondern mehr auf die Bereitschaft zu mehr Flexibilität auf dem Arbeitsmarkt und auf Weiterbildung von Leuten, damit sie »auf ihr Fahrrad steigen«[2], wenn ihre Jobs aufgrund irgendeines unvorhersehbaren Ereignisses auf dem Weltmarkt verschwunden sind. New Labour hat so gut wie keine Industriepolitik – und kann sie auch nicht haben. Aber sie kann enorme moralische Energie aufbringen – und tut das auch, um eine Veränderung der ›Kultur‹ herbeizuführen und eine neue Art von Subjekten heranzuzüchten, mit warmer Kleidung geschützt gegen die kalten Winde, die vom globalen Marktplatz hereinblasen.

Auf diese Quelle müssen wir auch die Re-Moralisierung der Arbeitsethik zurückführen und die Restauration jener diskreditierten und obszönen viktorianischen Nützlichkeitsunterscheidung zwischen Armen, die ›Anspruch auf Hilfe‹ haben, und den übrigen. Der New Deal subventioniert Training, und Bildungsminister David Blunkett kritisiert Klassengrößen und versucht, Kindergartenplätze für alleinerziehende Eltern bereitzustellen, die willens sind, sich einen Arbeitsplatz zu suchen – sehr lobenswert und längst überfällig. New Labour wird aber nicht aktiv Arbeitsplätze schaffen, obwohl die gesamte Reform des Wohlfahrtsstaates eng mit Arbeit und bezahlter Beschäftigung verbunden ist. Da man auf die Schaffung von Arbeitsplätzen im privaten Sektor setzt, kann man lediglich moralische Ermahnungen von sich geben. Von daher rührt das Paradox, dass Innenminister John W. Straw Eltern allein verantwortlich macht für das Missverhalten ihrer Kinder, während das Welfare-to-Work-Programm darauf besteht, dass jeder, der sich bewegen kann und staatliche Hilfen in Anspruch nimmt, seine Kinder allein lassen, aus dem Krankenbett aufstehen, seine Behinderung überwinden und aus dem Ruhestand zurückkommen muss, um zu arbeiten. Noch niemals seit der Abschaffung des Arbeitshauses ist Arbeit so leidenschaftlich und zielstrebig aufgewertet worden.

Soziale Ungleichheit ist eines der kritischsten Definitionsprobleme in der nationalen Politik und ein entscheidender Test für den Unterschied zwischen dem Blair-Projekt und dem Markt-Fundamentalismus. Laut

2 Anmerkung des Übersetzers: Geflügeltes Wort von Thatchers Arbeitsminister Tebbit.

Giddens in seinem Buch *Der Dritte Weg* (2000) ist die »Kluft zwischen den am höchsten und den am niedrigsten bezahlten Lohnarbeitern [...] größer, als sie mindestens fünfzig Jahre lang war. Während es der großen Mehrheit der arbeitenden Bevölkerung effektiv besser geht als vor zwanzig Jahren, verminderten sich die Realeinkommen der Ärmsten um 10 Prozent.« (124) Das ist kein Zufall. Die Entwicklung folgt einer Periode mit höchst intensiver Ausweitung der ›Marktwirtschaft‹. Das ist eben das Ergebnis von Märkten, wie Will Hutton sagt: eine 40/30/30-Gesellschaft, zu der die Märkte auf ›natürliche Weise‹ führen, wenn sie sich selbst überlassen bleiben. Hinzu kommt, dass die Qualität der Armut sich verändert hat: Sie ist ungleicher geworden, und ihre Ursachen haben sich vervielfacht. Der Begriff ›soziale Exklusion‹ richtet die Aufmerksamkeit auf diese Unterschiede und unterstreicht die Tatsache, dass Einkommen und wirtschaftliche Faktoren keineswegs die einzigen Gründe dafür sind, dass einzelne Gruppen vom Mainstream der Gesellschaft ausgegrenzt werden. Es gibt aber klare Ausweichmanöver in Giddens' Argumentation und ihrer Anwendung durch New Labour bei der Frage, welche Bedeutung Einkommen und wirtschaftliche Situation für die ›soziale Exklusion‹ haben und was man dagegen tun kann. Giddens' nüchterne Feststellung, dass »Exklusion [...] sich nicht auf Grade der Ungleichheit« bezieht (123), erscheint wie ein Satz auf der Suche nach einem ›nicht nur‹, das ihm abhandengekommen ist.

Diese Probleme stehen im Zentrum von New Labours Doppeldeutigkeit bei der Reform des Wohlfahrtsstaates. Monate nach der ›großen Debatte‹ und nach einem unglücklichen und misslungenen Beginn der Umsetzung wissen wir kein bisschen mehr darüber, was Mr. Blair wirklich zum Wohlfahrtsstaat vorschlägt oder was er sich vorstellt: Will er den Wohlfahrtsstaat so transformieren, dass er seine breiteren sozialen Zwecke effektiver erreicht, oder versucht er, in die Geschichte als der Politiker einzugehen, der den Mut hatte, den Wohlfahrtsstaat aufzulösen? Bisher war dieser die Basis für soziale Schlichtung zwischen den Begüterten und den Armen, die die kapitalistischen Gesellschaften des 20. Jahrhunderts relativ stabil und frei von sozialer Gewalttätigkeit gehalten hat. ›Reform‹ ist das Schlüsselwort, die Maskierung, durch die dieser klaffende Mangel verdeckt werden soll.

Er sagt, Wohlfahrt erreiche nicht diejenigen, die sie am dringendsten benötigen. Wie wahr! Aber daraus folgt nicht, dass zielgerichtetere Verteilung als solche die korrekte Gesamtstrategie ist. Er sagt, Großbritannien kann das mit Blick auf die globale Ökonomie nicht aufrechterhalten. Aber er vergisst die Tatsache, dass das Vereinigte Königreich bei den Ausgaben für soziale Sicherheit ungefähr an 15. Stelle in der Welt steht. Er behandelt das gegenwärtige Niveau der Reichtumsverteilung als Naturgesetz, nicht als politisches Ergebnis. Er glaubt, Wohlfahrt sei schlecht für uns, korrumpiere unsere Moral und verführe zu Kriminalität. Aber die Information über das gegenwärtige Ausmaß von Missbrauch ist eine der umstrittensten sozialstatistischen Aussagen, und dem Amt zur Bekämpfung von Missbrauch gelingt es nie, die fehlenden Millionen herbeizuzaubern.

Es gibt genauso viele Hinweise dafür, dass die wirklich Armen von den Unterstützungszahlungen nicht anständig leben können und dass daher viele in die Kriminalität getrieben werden, wie es Hinweise für die Behauptung gibt, dass Millionen von Menschen absichtlich dauerhaft als Obdachlose von Sozialhilfe zu leben. Er verspricht den Armen keine soziale Gerechtigkeit (die Brücke wäre zu breit), sondern »soziale Fairness«. Aber sein eigentliches Bild vom Bürger ist das eines einsamen Individuums, vom Staat ›freigesetzt‹ und den Gefahren des globalen Wetters allein trotzend, gewappnet gegen unkalkulierbare Risiken, privatversichert bis zum Stehkragen für jegliche Eventualität – Geburt, Arbeitslosigkeit, Körperbehinderung, Krankheit, Ruhestand und Tod – wie jene schlanken urbanen ›Lebenskünstler‹ auf ihren Mountainbikes, die durch unsere Straßen geistern mit Schokoriegeln, Evian-Flasche und Verbandszeug im Rucksack. Der Mensch als ›armes nacktes Tier‹, isoliert und im Kampf mit den Elementen.

Mr. Blair verkauft seine Wohlfahrtsstaatsreform als Fortsetzung des Geistes von Beveridge, aber das ist einfach nicht wahr. Beveridge verstand, dass die Wohlfahrtssysteme den breiteren sozialen Rahmen einerseits abbilden, andererseits selbst tiefgreifende Wirkungen auf ihn ausüben. Er wusste, dass das Prinzip der ›Sozialversicherung‹ nicht nur effizient war, sondern zugleich eine Art Bestandssicherung des Bürgerrechts, und dass ›Universalismus‹ trotz aller Kosten Grundlage dafür war, die Reicheren der Gesellschaft in kollektive Formen der Wohlfahrt einzubinden. Er antizipierte Galbraiths Argument, dass das ganze System in Gefahr gerät, sobald sich die Reichen willentlich aus der kollektiven Versorgung herauskaufen könnten. Warum sollten sie weiterhin einen Service bezahlen, den sie nicht mehr nutzten? Diese potenzielle ›Revolte der Eliten‹ ist natürlich ein kritisches politisches Problem im Rahmen der Wohlfahrts-Reform. Die Schaffung eines zweigleisigen Systems, in dem sich die Reichen eine private Versorgung kaufen, hilft, die politische Schwelle gegen Umverteilung zu zementieren. Sie zerstört das öffentliche Interesse zugunsten privater Lösungen, die durch die Ungleichheiten des Reichtums diktiert werden. Der dann übrigbleibende Rest des öffentlichen Versicherungssektors wird auf Grund gesetzt, dauernd in der Krise und bar jeder Investition, und jene, die außen vor gelassen werden, werden weiter an die Ränder der Gesellschaft getrieben.

Dieses ›Gesetz‹ hat sich im Erziehungswesen bereits manifestiert – und New Labour weigert sich systematisch, dem entgegenzutreten. Es ist zu einem modischen Zeitvertreib der Mittelschichten geworden, ihre Kinder aus den öffentlichen Schulen herauszukaufen und in Privatschulen unterzubringen; und die New Labour-Führer selbst akzeptieren das leichten Herzens und unterscheiden sich damit keinen Deut von irgendeinem normalen unreflektierten thatcheristischen besitzgierigen Individuum. »Zielgerichtetere Verteilung«, »Selektivität« und »Bedürftigkeitsprüfung« hat Mr. Blair heimlich zu den »großen Prinzipen seiner Reform« gemacht. Das wird, so sicher wie die Nacht auf den Tag folgt, unausweichlich dazu führen, die bereits bestehenden Ungleichheiten zu vertiefen, Marginalisierung und soziale Exklusion zu erhöhen, die Gesellschaft in zwei unüberbrückbare Lager zu spalten und soziale Integration und Reziprozität weiter zu fragmentieren.

Von daher die gedämpfte Konfusion, die das Harriet Harman/Frank Field-Fiasko umgibt.[3] Field schlug sich mit den Besten von New Labour in Begriffen eines selbstgerechten Moralismus über Armut und die Sehnsucht, dem Menschen gute Taten für ihre Seelen angedeihen zu lassen. Sein methodistischer Geist ist fest verbunden mit der Phantasie vom großen Dämon »Missbrauch« und dem Wertlosen »Arbeitsscheu«. Aber er verstand, dass die Prinzipien von beitragsbasierter Sozialversicherung und »Universalismus« bewahrt werden müssen, wie auch immer sie in der Form verändert werden, dass ein Netzwerk freier Träger nur eingeführt werden kann, wenn sie reguliert werden, unterstützt und legitimiert durch den Staat. Er glaubte, dass Hilfezahlungen nicht eine Restversorgung, sondern einen anständigen Lebensstandard für diejenigen garantieren müssen, die die Bedingungen dafür erfüllen, und dass die Kosten des Übergangs von einer Form der Versorgung zu einer anderen staatlich getragen werden müssen. Das waren die ›undenkbaren‹ Gedanken, deretwegen er entlassen wurde. Die Debatte darüber, »wie viel, in welcher Form, mit welchen Auswirkungen«, muss daher erst noch geführt werden. Auch Leistungsansprüche für alle Schichten, Kombinationen von öffentlich/privaten beitragsgestützten Lösungen etc. müssen debattiert werden. Es gibt jede Menge Arbeit für *Demos*. Aber erst,

3 Anmerkung des Übersetzers: Field wurde als Sozialminister 1998 wegen Differenzen mit Blair entlassen.

wenn die Prinzipien der Reform offen und gründlich besprochen worden sind.

Es ist charakteristisch für den Stil des Blair-Projekts, dass ›große Debatten‹ angekündigt werden, die in Wirklichkeit nicht stattfinden. Statt einer offenen und klaren Darlegung von Alternativen wird massiv schönrednerische Öffentlichkeitsarbeit betrieben; Politik-Foren werden durchgeführt, um über die Köpfe von vielen missbrauchten ›Experten und Kritikern‹ hinweg unmittelbar zu besonders ausgewählten Mitgliedern der ›großen britischen Öffentlichkeit‹ zu sprechen. Offiziell spricht man Einladungen zur Teilnahme an den Beratungen aus. Aber diese Offenheit existiert faktisch nicht, da Mr. Blair überzeugt ist, selbst recht zu haben – Hugo Young nannte das »seine unbefrachtete Unschuld, Rationalität mit großen Augen und unbeschwerter Glaube an sich selbst«.

Wenn es schwieriger wird, dann werden die von ihm normalerweise nicht sehr hoch gehaltenen Parteigetreuen zusammengerufen, um die Botschaft zu vernehmen, nicht um ihre Ansicht zu äußern. Die Labour Party als eine Organisation, innerhalb deren solch grundlegende Strategiefragen durch eine Debatte breitere Resonanz in Beziehung zum Alltagsleben und zu den Alltagserfahrungen der gemeinen Bevölkerung erfahren könnten, um sie anschließend zu verändern oder um breitere Zustimmung zu gewinnen, ist schonungslos kastriert worden. Eine erschreckende und unterwürfige Uniformität der Ansichten hat sich über die politische Szene verbreitet, erzeugt durch eine machtvolle Zentralisierung politischer Autorität, mit Jungtürken in ihren Zwanzigern, die die böswillige Gesinnung in den Hinterzimmern der Ministerien überstrahlen; der ganze Kram wird von Millbank aus überwacht und gegenwärtig durch einen tieffliegenden Autoritarismus zementiert.

Die Labour-Parlamentarier haben sich – mit einigen ehrenvollen Ausnahmen – durch die Hoffnung auf Bevorzugung blenden lassen und sind am unterwürfigsten von allen. Kritiker, die an der Eingangstür willkommen geheißen werden, werden durch Unterstellungen systematisch diskreditiert und an der Hintertür als ewig gestrig oder schlicht hirnverbrannt verleumdet. All diejenigen, die den Loyalitätstest nicht bestehen, werden mit dem rituellen Hasswort ›Intellektueller‹ belegt, zusammengekehrt zu einem unterschiedslosen Haufen – jene, die nach einer Neuformierung der Linken riefen, als Mr. Blair – metaphorisch gesprochen – noch zusammen mit trotzkistischen Tagedieben in seiner politischen Wiege lag; und das Ziel des gesamten Wettschießens wird als ›Old Labour‹ markiert. »Bring mir den Kopf von Roy Hattersley«.

Gegen eine Mehrheit der Linken argumentierte *Marxism Today*, dass die Anstrengung, die Labour Party auf die Höhe des späten 20. Jahrhunderts zu bringen und viele ihrer traditionellen Verhaltensweisen und Programme zu transformieren, zwar traumatisch, aber notwendig war. Aber die Reduktion der Partei auf einen Lautsprecher ist eine ganz andere Sache. Das entlarvt das Ausmaß, um ein Wort von Martin Kettles zu borgen, in dem das Demotische über das Demokratische im New Labour-Projekt triumphiert hat. Der Versuch, durch Verschleierung zu regieren (durch das Management der äußeren Erscheinung allein), wobei man ›glänzt‹, weil man seine Ansicht nicht klarmachen kann, New Labours systematische Bevorzugung der Medienrealität gegenüber den strengeren politischen Realitäten, das dauernde Übertreiben der ›harten Maßnahmen‹, die dann doch nicht durchgezogen werden, das alles sind Teile desselben Phänomens. Es handelt sich nicht um einen oberflächlichen Stil, der uns nicht so liegt, sondern es geht um das Zentrum des Blair-Projekts.

Trotz aller Versprechungen über Dezentralisierung und Partizipation, der Verpflichtung zu Devolution[4] und Verfassungsreform – die sicherlich bedeutsam sind – beschleicht einen das merkwürdige Gefühl, dass New Labour die Rituale des demokratischen Lebens immer ermüdender findet und praktisch, wenn auch nicht formal, glücklich wäre, sich in die Richtung eines direkten plebiszitären und an Referenden orientierten Regierungsstils zu bewegen. Das Projekt wird zunehmend eher populistisch als populär. Es ist nicht der Populismus von Mrs. Thatchers neoliberaler Rechter, gleichwohl handelt es sich um eine spezielle Variante des autoritären Populismus – korporatistisch und im Führungsstil von oben nach unten dem Management verpflichtet und mit moralisierender Attitüde gegenüber denjenigen, die Wohltaten empfangen. Sie ist ebenfalls zutiefst manipulativ in der Art, wie sie die oktroyierte Autorität als Möglichkeit darstellt, »uns zu eigener Stärke zu verhelfen« – ein weiterer Triumph für die »Verbraucherdienstleistungen«.

Ähnliches kann über New Labours Vorstellungen darüber gesagt werden, wer genau die politischen Subjekte sind, in deren Sinn die Blair-Revolution durchgeführt wird. Viele von uns begrüßten Blairs Wahl zum Führer der Labour Party mit demselben Optimismus wie die Nominierung von Bill Clinton. Nicht weil wir mit allem, was er glaubte, übereinstimmten oder weil wir genau wussten, was er wirklich glaubte, sondern weil er Mitglied der Generation war, die die Thatcher-Reagan-Ära ebenso durchlebt hatten

4 Anmerkung des Übersetzers: Parlamentsbildung in Schottland und Wales.

wie die 60er Jahre und die sozialen und kulturellen Revolutionen unserer Zeit. Wir hofften, er würde aufgrund dieser spätmodernen Erfahrungen sensible Antworten geben – auch wenn wir mit vielen Details nicht einverstanden sein würden. Wie falsch haben wir gelegen. Das Blair-Projekt ist ›Modernisierung‹, aber modern nur in sehr eingeschränktem Sinn.

Seine zentrale Botschaft in der Vorwahlzeit war »Englands Mitte« – eine grundlegend traditionalistische und rückwärtsschauende kulturelle Investition. Sein Diskurs zu Familie, zu sozialen Werten und zur Ungleichheit bleibt von Grund auf konventionell. Englands Mitte verfügt über einige Stimmen. Aber in der Charakterisierung des politischen Projekts von New Labour ist es die Vorratskammer für englischen Traditionalismus, hoffnungslos konservativ und engstirnig. Wie Jonathan Freedland uns kürzlich erinnert hat, ist Englands Mitte nur in der Vorstellung ein Ort, eine »ausgedachte Gemeinschaft«, die immer irgendwo südlich des Zentrums des Landes liegt, niemals nördlich, wenngleich Peter M. Mandelson[5] kürzlich einen Anspruch auf den ›Mann aus Hartlepool‹ angemeldet hat. Englands Mitte besteht aus gut ausgebildetem Büro- und Aufsichtspersonal mit Eigenheim, nicht aus Handarbeitern oder Personal des öffentlichen Dienstes. Sie ist überzeugt vorstädtisch, antiurban, familienverbunden, strotzend von Selbstvertrauen und Achtbarkeit. Ihre kulturellen Ikonen, so argumentiert er, sind »Nachbarschaftswache, Gordons Gin, Enid Blyton, Ford Mondeo, [die Sitcom-Figur] Hyacinth Bucket, [die BBC-Antiquitäten-Sendung] *The Antiques Roadshow*, Nescafé Gold, Acacia Avenue, Pfadfinder und Schokoladenkuchen, Nigel Kennedy und die Heilsarmee.« Ihre Stimme ist die *Daily Mail*.

Seit der Wahl haben wir weniger von »Englands Mitte« gehört, dafür mehr von »dem Volk«. Das ist der große Gesellschaftskörper von Unbekannten, die Jungs aus Essex, die ›Babes‹, *hommes et filles moyens sensuels*. »Das Volk«, sagt Jonathan Freedland, ist ein Subjekt im Sinne von Phrasen wie »die Prioritäten des Volkes«, die Lotterie als »das Geld des Volkes«, die »Prinzessin des Volkes«. Das Volk sind eindeutig nicht die »arbeitenden Klassen« oder »die Unterklassen« oder die »Klassen der Schwätzer« oder die Handarbeiter oder, wenn man sich einmal erinnern will, die Mitglieder der Labour Party. Seinen Wünschen muss geschmeichelt werden, man muss ihm eher »den Hof machen« als es »repräsentieren«. Es spricht nicht, man spricht zu ihm. Wenn es nicht GMTV oder Sky Sport ansieht, findet man es in Brennpunkt-Gruppen. Das Volk, bemerkt Nick Sparrow, »besteht

5 Anmerkung des Übersetzers: Einer der Hauptarchitekten von *New Labour*.

aus denjenigen, auf die es alle fünf Jahre ankommt«. Ihre Stimme ist *The Sun*.

Dann gibt es noch die Geschäftsleute. Je länger New Labour an der Regierung ist, desto dichter kuschelt man sich an die Geschäftswelt an und erfindet sich dabei in vollständig korporatistischer Verkleidung neu. Mr. Blair ist andauernd in ihrer Gesellschaft zu sehen. Visuell ist er ausschließlich mit dem Erfolg verbunden, ein überzeugter Anhänger von Berühmtheit, der modernen Form der Erfolgsstory. Man sieht ihm deutlich das Unbehagen an, wenn er mit Armen zusammen ist. Zweifellos benötigt eine Labour-Regierung die Unterstützung der Geschäftswelt. Aber New Labours hartnäckige Hofierung der neureichen Geschäftsleute ist schon fast kriecherisch. Geschäftsleute können keine Fehler machen. Ihr Logo schmückt die Namensschilder jedes Parteitagsdelegierten (»Wir dienen der Gemeinschaft landesweit« – im Namen von Somerfield Supermarkets). Ihre Werbung wird in Kürze in jeden Klassenraum gebeamt, der mit dem nationalen Ausbildungsnetz verbunden ist. Ihre Expertise wird in jedem öffentlichen, regulierenden oder beratenden Gremium benötigt. Sie sind die »Vermögensproduzenten«, deren Einkommen jenseits aller Kontrollen ist, diktiert durch irgendein außerirdisches »marktübliches Gehalt«: die Leute mit dickem Portemonnaie, die in Steuerparadiesen investierenden »Patrioten«, die Mercedes Benz- und Don Giovanni-Leute, die einen Fuß in jedem Options-Deal haben und ein Luxusappartement in jeder Großstadt der Welt. Die Tatsache, dass sie – zurückhaltend beurteilt – die am wenigsten gebildeten, spießigsten, antiintellektuellsten, am kurzfristigsten denkenden und bestechlichsten Geschäftsleute der westlichen Welt sind, spielt offenbar keine Rolle.

In dem unklugen Versuch, sich den Geist der neuen britischen kulturellen Wiederbelebung anzueignen, kam es – temporär – zu »Cool Britannia«. Aber das war kurzlebig. Der erforderliche Aufwand erwies sich als zu hoch, der Schwung war zu wild und unkontrollierbar, die Rhythmen zu laut, die Mode zu transparent, die Kultur zu multikulti, zu voll mit cleveren kreativen Leuten, zu »Black British« oder »Asiatisch Cross-Over« oder »British Hybrid« für Labours eher nüchternen, korporativ-geschäftsmäßigen englischen Stil. Das war eindeutig nicht die Moderne, auf die hin Großbritannien ›modernisiert‹ werden muss.

Schließlich ist während der letzten Wochen ein ›Feind‹ auf der Bühne von New Labour aufgetaucht. Das sind die ›Intellektuellen‹ oder, wie Mr. Blair sie charmanterweise charakterisiert, die »Klassen der Schwätzer«. Kürzlich hat er erklärt, er selbst sei »niemals Mitglied der Klassen der Schwätzer« gewesen. Eingefleischte Kritiker und Flügelkämpfer, »unterschlagen diese Leute alles, was ihnen passt, und klagen dann über die 10 Dinge, die ihnen nicht passen.« Es gelang ihm dabei kaum, einen ärgerlichen Ton in der Stimme zu vermeiden. Die »Spottabteilung«, wie er sie betitelte, hält die verbotenen Foren von *Radio 4*, von *Guardian*, *Observer*, *Newsnight* und *Channel 4 News* besetzt. Sie befinden sich außerhalb einflussreicher Kreise, »unterhalb des Radars«. Es ist offenkundig, dass die Leserschaft von *Marxism Today* fest zu den niederen Kreisen dieses Lagers zu rechnen ist.

Diese Darstellung wird unvermeidlich als unfair und selektiv bezeichnet werden. Warum wird nichts zu all den guten Dingen gesagt, die New Labour auf die Schiene gesetzt hat – Frieden in Nordirland, die Übernahme der Menschenrechte in die britische Rechtsprechung, der Mindestlohn, steuerliche Erleichterungen für Familien, Bereitstellung von mehr Kindergartenplätzen, das Bauprogramm für Schulen und Krankenhäuser, der Dammbruch beim Euro-Skeptizismus, die Erfolge beim Aufbau von Länderparlamenten, die Verfassungsreform?

Natürlich begrüßen wir diese Initiativen. In Summe kann man da auf ein beträchtliches Maß an Unterstützung durch uns rechnen. Es gibt noch viel mehr, was in die richtige Richtung weist und das wir unterstützen sollten, auch wenn es bei der konkreten Umsetzung Kontroversen gibt. Dazu gehören die Vorschläge zur Stadterneuerung, die Anstrengungen, an einige der tief verborgenen Ursachen für die soziale Exklusion in Gemeinschaften heranzukommen, und die generelle Verpflichtung zur Verbesserung der Standards im Erziehungswesen, wenngleich man bezweifeln möchte, ob es der beste Ansatz zur Erreichung dieses Ziels ist, den Hauptkombattanten des Thatcherismus, Chris Woodhead, zur Einschüchterung und Beschimpfung auf Schulen und Lehrerschaft loszulassen.

Der Erdrutschsieg vom Mai 1997 ist eine enorme historische Gelegenheit gewesen, um New Labour zur Bewältigung der schwierigen Aufgabe herauszufordern, sich dem komplexen historischen Wandel zu stellen und gleichzeitig eine alternative politische Strategie anzubieten, anders als und im Bruch mit dem neoliberalen Projekt. Dies war die erste internationale politische Antwort auf die Krise der ›Neuen Zeiten‹ (vgl. Hall 2000b). Sie darf nicht die einzige bleiben. Historische Gelegenheiten sind aber nicht von Dauer. Und sie kommen nicht wieder und geben einem eine zweite Chance. Beim Behandeln der großen Fragen zum Blair-Projekt mussten wir daher erbarmungslos selektiv vorgehen, um die längerfristigen Tendenzen identifizieren zu können: Was ist für uns sein theoretisches Grundgerüst, die ordnende ›Philosophie‹?

Das Bild ist ambivalent. Man hört immer noch Gegenargumente. New Labour bleibt weiterhin eine Art Rätsel, und Mr. Blair erscheint, trotz oder wegen seiner nicht endenden Anstrengungen, ein Projekt mit Worten auf den Weg zu bringen, paradoxerweise zugleich mutig und zaghaft. Nachdem man aber den Atem angehalten und die Daumen gedrückt hat, muss man jetzt einmal die Tatsachen aussprechen. New Labour steht vor einer kaum zu bewältigenden historischen Aufgabe, hat aber die Herausforderung nicht vollständig angenommen. Stattdessen hat man nach einfachen – ›dritten‹ – Auswegen gesucht und dabei alle schwierigen Fragen nur handwerklich geschickt seziert und die Schwierigkeiten feiner ausgearbeitet. Vielleicht kommt es so zu einer halbwegs vernünftigen Labour-Regierung, für die man unter ›normalen‹ Umständen dankbar gewesen wäre. Die Zeiten jedoch und die Aufgabe sind außergewöhnlich. Und je stärker die ›Spin Doctors‹ den Ballon aufblasen, desto deutlicher merkt man, wie viel heiße Luft darin ist.

Was wir nach Thatcher wussten war, dass die Neue Rechte eine Antwort auf die neuen historischen Bedingungen hatte, obwohl ihr Versuch, sie ins Werk zu setzen, zu einem völligen Desaster geführt hat. Hatte aber die Linke eine Antwort? Die Linke war leider nicht in Form, als New Labour an die Regierung kam. Tatsache aber ist, dass Blair in ihren Hoffnungen und Traditionen offenbar nicht stark verwurzelt ist. Er ist in gewisser Weise ein moderner Mann, ohne Scheu gegenüber einigen der Veränderungen, die unsere Welt heute charakterisieren. Politisch aber ist er im Wesentlichen eine post-thatcheristische Figur, und zwar in dem Sinne, dass seine Erfahrung mit dem Thatcherismus anscheinend die ihn gestaltende und formende politische Erfahrung war.

Sosehr er daher auf der Suche nach einem neuen Fundament ist, das ihm Standfestigkeit gibt, kann er doch den Imperativen eines weichen christlichen Humanismus nicht widerstehen; diese Melodie kommt ihm ungezwungener über die Lippen als die der linken Mitte. Er ist ein fähiger und cleverer Politiker und ist zu einem cleveren, ja sogar ein wenig charismatischen Führer geworden. Zurzeit sonnt er sich gerade in der Macht, die ihm der Erdrutschsieg verliehen hat. Und weit davon entfernt, seine Prinzipien zu verraten, ist er offenbar vollkommen und ehrlich von der Richtigkeit seiner Handlungen überzeugt. Er wird viele wichtige Anpassungen an die von ihm übernommene Erbschaft vornehmen und hat das auch schon getan. Er vertritt auch eine genuine Humanität, die man bei Thatcher nicht für einen Penny hätte finden können. Beide sind ähnliche Figuren, aber sie sind nicht gleich.

Die Wahrheit, mit der schwer umzugehen ist, besteht m. E. aber darin, dass das Blair-Projekt, wenn wir es als Gesamtprojekt und auf die Kernaussagen hin betrachten, sich immer noch auf dem Terrain bewegt, das der Thatcherismus definiert hat, und nicht über dessen Grenzen hinausgekommen ist. Mrs. Thatcher hatte ein Projekt. Blairs historisches Projekt ist es, uns daran anzupassen. Das ist erst die Hälfte der Aufgabe, die seinerzeit in *Marxism Today* diskutiert wurde: die Modernisierung.

Aber die andere, schwierigere Hälfte – die Ausarbeitung einer genuin modernen Antwort der Linken auf die Krise unserer Zeit – ist weitgehend aufgegeben worden. Weder auf globaler noch auf nationaler Ebene sind die vom Thatcherismus installierten zentralen Parameter seiner ›Wende‹ radikal verändert oder umgekehrt worden. Das Projekt der Erneuerung steht daher eigentlich noch am selben Punkt, an dem es stand, als *Marxism Today* seine letzte Ausgabe publizierte. Mr. Blair hat wohl ein paar Worte des Liedtextes gelernt. Traurigerweise hat er aber die Melodie vergessen.

Aus dem Englischen von Ulrich Meditsch

»Die soziale Frage soll nicht gestellt werden« Ein Interview

Der jamaikanisch-britische Kulturtheoretiker Stuart Hall über den Neoliberalismus von New Labour, die Wahlen in England und die Ausgrenzungsmentalität von Europa

Was treibt Tony Blair an, für eine dritte Amtszeit zu kandidieren?

Tony Blair und die Labour Party sind besessen von der langen Herrschaft des Thatcherismus. Deshalb wollen sie mit allen Mitteln an der Macht bleiben. Aber Blair hat auch ein Projekt, das er verwirklichen will. Er glaubt, dass der Wohlfahrtsstaat durch den Neoliberalismus endgültig unterminiert worden ist. Und er glaubt, man könne sich nur noch auf die neue Epoche einstellen und eine Gesellschaft so verändern, dass sie in den kalten Winden der globalen Konkurrenz besser bestehen kann. Das heißt: eine Gesellschaft mit abgespecktem Sozialstaat, in der unternehmerische Werte dominieren, in der nicht mehr von Rechten gesprochen wird, sondern von den Wahlmöglichkeiten des Konsumenten.

Das scheint ein vollkommen rechtes, neoliberales Programm zu sein.

New Labour ist eine hybride Konstruktion, zwei politische Projekte in einem. Da ist einerseits die sozialdemokratische Agenda, die den Kapitalismus zu dämpfen versucht, beispielsweise mit dem Mindestlohn. Ich bestreite nicht, dass das eine wichtige Errungenschaft ist. Aber insgesamt dominiert die zweite, die neoliberale Agenda. In ökonomischen Belangen ist Finanzminister Gordon Brown, innerparteilich ein Rivale Blairs, ebenso neoliberal wie dieser: Er ist für einen flexiblen Arbeitsmarkt, unternehmerische Tugenden und technokratisches Managertum. Gordon Brown hat die sogenannten Public-private Partnerships durchgesetzt, bei denen der Staat sich von der Privatwirtschaft die Infrastrukturprojekte bauen lässt, um ihr die Profite und langfristig auch die Infrastruktur zu überlassen.

Wo und wie äußert sich dieses Konzept?

Besonders aufschlussreich ist der Bereich, in dem ich gearbeitet habe, die Erziehung. New Labour bewegt sich weg vom Anspruch einer durch den Staat garantierten Aus- und Weiterbildung und favorisiert private Anbieter. Wenn man in der Schule wieder Selektionsmechanismen einführt, dann werden die Reichen auswählen, und die Armen bleiben zurück. Es entsteht ein Zweiklassensystem. Der Erziehungsminister hat von kommunalen Schulen gesprochen, die nicht dem Standard entsprächen und durch private Betreiber aufgemischt werden sollten. Dabei würde allerdings das Recht auf Erziehung aller aufgegeben.

So weit ist es aber noch nicht.

Nein, die Regierung muss langsam vorgehen. Es gibt starken Widerstand gegen dieses Projekt, nicht so sehr politischer, mehr sozialer Art. Die Leute mögen sich heftig über den staatlichen Gesundheitsdienst beklagen, aber eine Mehrheit kann sich immer noch nicht vorstellen, privat für die Gesundheitsvorsorge zu bezahlen. Deshalb versucht Blair, ihr plausibel zu machen, mehr privat, individualistisch zu denken statt sozial und kollektiv. Die Leute sollen sich die Frage stellen: Wie wird meine Pension einmal aussehen? Und nicht: Wie ist eine Gesellschaft beschaffen, die auf eine kollektive Altersvorsorge verzichtet? Die soziale Frage soll nicht mehr gestellt, sondern in viele Fragen des individuellen Konkurrenzverhaltens aufgesplittet werden. Doch weil alles in eine PR-Sprache eingekleidet wird, hat das Misstrauen zugenommen. Der zweite wichtige Grund für dieses Misstrauen ist der Irak. Irak kam aus heiterem Himmel. Das haben die Leute nicht erwartet, und jetzt laden sie alle Frustrationen über Labour auf den Irak-Krieg ab. Irak ist ein Totem für die Art, wie die Regierung den Leuten etwas vorgemacht, sie angelogen hat. Eine ganze Mixtur von Gefühlen wird auf Irak projiziert. Das Thema dient als Blitzableiter.

Ein erfolgreicher Blitzableiter lenkt tatsächlich ab.

Natürlich. Das ist auch die Schwäche, weil damit die breitere politische Diskussion nicht geführt wird.

Also wird Labour die Wahlen dennoch gewinnen.

Ja. Ziemlich sicher. Das hängt mit der Schwäche der Opposition zusammen. Angesichts der Tatsache, dass New Labour das Terrain rechts der Mitte besetzt hat, kann Michel Howard, der arme Führer der Konservativen, nur noch zum rabiaten Neokonservativen werden. Wie kann man ein drakonischeres Regime bezüglich der inneren Sicherheit lancieren, als es New Labour getan hat, mit der Abschaffung der Geschworenenverhandlung, Inhaftierungen ohne Gerichtsverfahren, der Aushöhlung der Verteidigerrechte?

Warum können die Liberaldemokraten als dritte Partei den Durchbruch nicht schaffen?

Weil sie Angst davor haben, nach links zu rücken. Sie wollen nur das Terrain zwischen Links und Mitte-Rechts besetzen. Sie sind gut in Fragen öffentlicher Dienste und der Bürgerrechte. Aber ökonomisch sind sie so neoliberal wie Gordon Brown. Das ist der Grund, warum die britische Politik am Zerfleddern ist. Wie soll man Politik mit zwei oder zweieinhalb Parteien machen, die sich gleichen wie Twiddle Dee und Twiddle Dum, die Zwillinge aus *Alice im Wunderland*?

Ich glaube, die Differenz zwischen links und rechts liegt heute in der Frage des Staates: Wie weit soll der Markt unreguliert bleiben? In welchem Maße soll der Markt, obwohl wir nicht ohne ihn auskommen, aus bestimmten Bereichen wie Gesundheitswesen und Umweltschutz ausgeklammert werden? Wie weit soll er im Hinblick auf übergeordnete soziale Ziele gezähmt werden?

Ich rede ja nicht von der Revolution, ich rede nur vom gemäßigten Modell einer gemischten Wirtschaft mit privaten und öffentlichen Sektoren, so dass öffentliche Aufgaben nicht nur einen Kosten- oder Nachfragefaktor darstellen, sondern ein zentrales Kriterium eines menschenwürdigen Konzepts. Der Markt funktioniert prima, um CDs zu verkaufen – ich will doch keine staatlich geführten CD-Läden. Aber Gesundheit funktioniert nicht wie CDs. Das muss politisch verhandelt werden: Wo sollten öffentliche Erwägungen Vorrang vor dem Markt haben? Gibt es Sektoren und Aspekte des Lebens, wo man den Markt draußen halten sollte?

Wie steht es um die realpolitische Stärke solcher Vorstellungen?

Die sogenannten Rebellen innerhalb der Labour Party agieren alle als Einzelmasken. Auf lokaler Ebene passiert dagegen einiges. Schottland hat sich seit der beschränkten Selbstverwaltung einigen dieser neoliberalen Tendenzen entgegengestellt. Bürgermeister Ken Livingstone versucht in London, ein Gefühl zu wecken, dass die Stadt eine Gemeinschaft mit bestimmten sozialen Bedürfnissen ist. Es gibt Bestrebungen, die lokale Demokratie zu stärken. Ansonsten bleibt die Opposition amorph. Die Anti-Kriegs-Bewegung, die groß und wichtig war und ist, weil erstmals Muslims in beträchtlicher Zahl am politischen Leben teilgenommen haben, geht nicht über den Protest hinaus.

Man muss allerdings auch sagen: New Labour ist an der Macht, am Drücker, dominant, aber noch nicht hegemonial im Sinne von Antonio Gramsci. Das heißt, es hat noch nicht den freiwilligen Konsens der Leute gewonnen.

Welche Rolle spielen die Intellektuellen in dieser Situation?

Blair will keinerlei Diskussion. Er denkt, wie Bush: Entweder bist du für uns oder gegen uns. New Labour versucht, die intellektuelle Debatte zu instrumentalisieren, Ideen zu managen. Blair liebt nur Intellektuelle, die sich mit ihm verbünden, etwa Anthony Giddens, den ich als Person und Theoretiker schätze, der sich jetzt aber als Lord im Oberhaus der Parteidisziplin unterwirft.

Warum gilt das Wort Intellektueller in England noch als anrüchig?
Nun, das ist eine lange Geschichte. Das entspringt einer langen Tradition und einer frühen erfolgreichen Lösung des religiösen Konflikts, die später durch einen politischen Kompromiss abgelöst wurde. Danach hat niemand mehr Ideen besonders ernst genommen. Der Diskurs über Urteile ist in England, anders als in Frankreich oder Deutschland, nicht philosophisch, sondern moralisch. Die Mehrheit der geistigen Figuren in England im 19. Jahrhundert waren Literaten, nicht Philosophen: Dickens, George Eliot, Trollope. Urteile werden erzählerisch vorgetragen, als moralische Urteile über das richtige Verhalten und die richtige Art zu leben. Auch heutzutage würden es kulturelle Kommentatoren ablehnen, sich als Intellektuelle zu bezeichnen. Sie sind entweder Schriftsteller oder Kulturwissenschaftler.

Ich halte mich für einen Intellektuellen. Das zeigt, dass ich, nach 54 Jahren in England, im Innersten immer noch nicht ganz englisch geworden bin. Ich kann die Engländer in- und auswendig lesen, aber indem ich mich als Intellektuellen verstehe, bleibe ich ein insiderischer Outsider. Ich bin interessiert am Zusammenspiel, an der Diskussion über Ideen und daran, Ideen auf die Welt anzuwenden. Ich glaube, dass es immer noch eine Verwendung gibt für das, was Edward Said den öffentlichen Intellektuellen nennt, der aus intimer Sachkenntnis seines bestimmten Gebiets spricht, aber sich in einer weiteren Öffentlichkeit zu öffentlichen Fragen äußert.

In welchen Bereichen können die öffentlichen Intellektuellen intervenieren?

Nicht der Bereich definiert den Intellektuellen, sondern die Rolle. Und die Rolle besteht immer darin, so zu sprechen, dass ein breiteres, nicht akademisches Publikum, das sich für Ideen interessiert, die Werkzeuge bekommt, um die aktuelle Situation durchzudenken. Deshalb habe ich während meines ganzen Lebens immer wieder in die Politik interveniert. Ich wollte nie in die Politik gehen, ich will niemanden vertreten, aber ich kann die Politik, im weiteren Sinne, einfach nicht sein lassen. Deshalb greife ich im akademischen wie im politischen Bereich ein.

Eines Ihrer Hauptthemen war die Analyse des Rassismus. In Kontinentaleuropa haben spätestens seit dem Mord am holländischen Filmemacher Theo van Gogh die innerethnischen Spannungen zugenommen.

Es gibt da eine bedrückende Entwicklung, die aber nicht ganz unerwartet kommt, und zwar in zweierlei Hinsicht. Erstens bin ich, langfristig gesehen, pessimistisch bezüglich des Ausmaßes, in dem sich in Europa wirklich eine postkoloniale Mentalität durchgesetzt hat. Ich behaupte nicht, dass die Politik sehr stark auf Differenzen beruht, seien es religiöse, sprachliche, ethnische oder kulturelle Differenzen. Und dies sowohl in Ländern mit langer kolonialer Vergangenheit wie Großbritannien oder Holland oder mit kurzer wie Deutschland. Es geht nicht darum, dass die Europäer Fremde hassen, Punkt. Das stimmt so nicht. Es ist eher so, dass Rassismus und Multikulturalismus gleichzeitig existieren, sich gleichzeitig entwickelt haben.

In England sind viele junge Weiße mit Schwarzen und Asiaten gemeinsam zur Schule gegangen, lieben Reggae-Musik, finden den Schwarzen Streetstyle cool; sie glauben, dass das Leben in London halt so ist, in einer großen multikulturellen Stadt, die ihre Energie gerade aus der Vielfalt bezieht. Und gleich daneben gibt es viele Junge, auch aus der Arbeiterklasse, ohne große Perspektiven, die sich durch Differenz und Vielfalt unterdrückt fühlen.

Das ist der Hintergrund, die Glut eines nicht erledigten Kolonialismus und Rassismus, und so können spezifische Ereignisse, etwa der 11. September oder ein sich politisierender Islam, als Katalysatoren wirken. New Labour hat es aufgegeben, sich mit dieser Frage auseinanderzusetzen, sondern sie mit einer verschärften Asylpolitik angeheizt.

Ist der Multikulturalismus denn keine soziale Realität?

Einerseits schon. Aber das genügt nicht. Man hat an ein Nullsummenspiel geglaubt: Wenn der Multikulturalismus zunimmt, nimmt der Rassismus ab. Aber es kann eben beides miteinander geben. Die Leute können vom einen ins andere wechseln, je nach Situation. Man hat durchaus Anstrengungen gemacht, um Einwanderer einzugliedern; aber diese Anstrengungen waren offenbar ungenügend und konnten, ja mussten nach dem 11. September und dem Irak-Krieg zu einer neuen Polarisierung führen.

In der kontinentaleuropäischen Diskussion wird wieder der Begriff Assimilation gebraucht. In einem früheren Artikel haben Sie geschrieben, dass Assimilation als Konzept längst erledigt sei.

Assimilation wurde in den 1970er Jahren beerdigt und ist jetzt wieder auferstanden. Und wie! Der Multikulturalismus hat akzeptiert, dass die Leute sich weder völlig in eine Gesellschaft einfügen noch sich völlig separieren. Jetzt wird wieder Wert auf vollkommene Assimilation gelegt. Nehmen Sie die Forderung, dass Einwanderer die Sprache des Gastlandes lernen. Das scheint ein vernünftiges Postulat. Aber es braucht viel Zeit, um eine Sprache richtig zu lernen. Asylbewerber, die nicht wissen, ob sie hierbleiben oder nicht, werden das nicht in null Komma nichts tun. Man muss in eine Gesellschaft einbezogen sein, um die Vorteile eines Spracherwerbs zu sehen. Viele Frauen aus Indien, Sri Lanka und Pakistan, die mit der ersten Einwanderung nach England kamen und in der Ecke eines Ladengeschäfts saßen und für ihre Ehemänner sorgten, können immer noch nicht Englisch. Die zweite Generation kann die Sprache natürlich. Aber das ist nicht der Punkt. Der Punkt ist, dass die Leute sich widersetzen, einen Teil ihrer Kultur zu verlieren, indem sie ihre Sprache verlieren. Also sollte man sie ermutigen, zwei Sprachen zu sprechen, und nicht die einseitige Assimilation erzwingen.

Stattdessen hat der »Krieg gegen den Terror« einen sozialen Autoritarismus hervorgerufen. Mit den gegenwärtigen Gesetzen, die dank des Widerstands des Oberhauses immerhin befristet werden konnten, können erstmals seit dem Mittelalter wieder Verurteilungen ohne ordentliches Verfahren erfolgen. Und die Gesetze gegen sogenannt antisoziales Verhalten versuchen eine soziale Malaise einzig mit strafrechtlichen Mitteln zu lösen. Ich bin tief beunruhigt über den Abbau der Zivilrechte und zornig über das generelle Schüren eines Klimas der Angst.

Das Interview führte und übersetzte Stefan Howald

Die Stadt zwischen kosmopolitischen Versprechungen und multikulturellen Realitäten

Die folgenden Überlegungen konzentrieren sich auf die zeitgenössische ›globale/multikulturelle‹ Stadt, wie sie sich in den letzten Jahren als neuer Typ urbaner Anordnung herausgebildet hat. Sie beziehen sich großenteils auf das Vereinigte Königreich und dabei insbesondere (aber nicht ausschließlich) auf London. Das globale/multikulturelle Modell ist nicht völlig neuartig; es wurde auf gängige historische Stadtformen aufgepfropft. Allerdings sind die gesellschaftlichen und räumlichen Anordnungen Londons wie auch anderer Metropolen im Verlauf der letzten Jahre einer deutlichen Umgestaltung oder ›Übersetzung‹ unterzogen worden durch vielerlei Kräfte, von denen ich hier zwei in den Vordergrund rücke: Globalisierung und Migration. Ich möchte darlegen, weshalb die zwei Begriffe ›global‹ und ›multikulturell‹, die oft in ganz verschiedene Richtungen zu zielen bzw. sich auf unterschiedliche Realitäten zu beziehen scheinen, in meinem Verständnis eng zusammengehören; und ich will diskutieren, wie sich die zugrunde liegenden Globalisierungs- und Migrationsprozesse aufeinander beziehen. Mein spezielles Augenmerk liegt dabei auf der neuen gesellschaftlichen und räumlichen Gliederung, die sich als Folge der Überlagerung von neuen Globalisierungsformen und Migrationsmustern – zusammen mit den dafür typischen Spannungen und Konflikten – herausbildet.

Städte sind das Produkt – der materielle und räumliche Ausdruck – ihrer Zeit. Im 19. und 20. Jahrhundert waren die großen englischen Städte Motoren der industriellen Produktion sowie Handels-, Kommerz- und Finanzzentren. Einige waren darüber hinaus, als Monumente des Empires, eingelassen ins Geflecht imperialer Machtentfaltung und kolonialer Handelsbeziehungen der Nation. Im Gefolge der Konzernmacht wandelten sie sich später zu Schauplätzen modernistischer Ästhetik, was sich aufgrund der Verlagerung der Weltmacht nach Westen in New York und anderswo in den Vereinigten Staaten deutlicher niedergeschlagen hat als in Europa. Aber das entspricht heute ebenfalls nicht mehr dem Bild westlicher Städte, auch wenn die gegenwärtigen Veränderungen langsam, komplex und höchst ungleich vor sich gehen.

Am Wandel sind viele Kräfte beteiligt, von denen ich hier drei hervorheben möchte, Zuerst den ungleichen Übergang von industrieller zu postindustrieller Ökonomie bzw. Gesellschaft. Die heutigen Städte verkörpern diese Verschiebung hin zu einer Dienstleistungs- und Informationsgesellschaft, führen aber gleichzeitig auch die Erschütterungen lebhaft vor Augen, die mit dem De-Industrialisierungsprozess unweigerlich einhergehen. Die zweite Kraft ist die Globalisierung. Natürlich hat dieser Prozess in der Geschichte verschiedene Formen angenommen. Eine Art Globalisierung ereignete sich, seit Europa gegen Ende des 15. Jahrhunderts aus seinen Grenzen ausbrach und damit begann, den Weltmarkt aufzubauen und annähernd die gesamte übrige Welt zu erforschen, zu erobern, durch Handel und Seeüberlegenheit zu unterwerfen und schließlich zu kolonialisieren. Demgegenüber wird die Globalisierung, um die es mir hier geht, von den neuen Formen einer ›globalen‹ Ökonomie repräsentiert, die sich Mitte der 1970er Jahre herauszubilden begann, basierend auf dem multinationalen kapitalistischen Unternehmen und einem verstärkten Kapitalfluss. Der dritte Faktor ist die Migration. Sie wird oft als Nebeneffekt, als bloße und unbeabsichtigte Folge eines allgemeineren ›Globalisierungs‹-Prozesses gedeutet. Dagegen möchte ich hier die miteinander verknüpften, aber zugleich auch trennenden Beziehungen zwischen den neuen Globalisierungsformen und Migrationsmustern genauer erkunden. Vor allem ist mir an der Frage gelegen, wie die ethnische, soziale und kulturelle Diversität, die sich durch Migration unweigerlich einstellt, das Gesicht der modernen Stadtlandschaft verändert und die für sogenannt ›globale‹ Städte so typischen gesellschaftlichen Spaltungen und Konflikte neu anordnet.

Die Völkermigration ist, was ihr Ausmaß, ihre Zusammensetzung, ihre Richtung und ihre Diversität betrifft, ein Phänomen von Weltgeltung. Mehr Menschen sind ›unterwegs‹ auf dem Globus als je zuvor in der modernen Geschichte – angetrieben von hartnäckiger Armut, Unterentwicklung, Hunger und Arbeitslosigkeit, von der modernen Allgegenwart von Krankheit bzw. schlechter Gesundheit, von ökologischer Verheerung und Umweltzerstörung oder von Bürgerkrieg, ethnischer Säuberung, Religions- bzw. Stammeskonflikten. Die Städte der entwickelten Welt üben auf diesen Strom von Menschen eine magnetische Anziehungskraft aus, wodurch die Strömungsrichtung, wie wir sie aus der jahrhundertealten Geschichte imperialer Städte kennen, sich umkehrt. Es ist unerlässlich, dass wir die weitreichenden Konsequenzen dieser globalen Bewegung besser verstehen lernen, als wir es gegenwärtig tun – ihre Verbindung mit den sich herausbildenden Anordnungen ökonomischer und geopolitischer Macht, die neuen Konfliktmuster, die davon in Gang gesetzt werden, und ihre Auswirkungen auf ein breit gefasstes Streben nach Gleichheit und sozialer Gerechtigkeit.

Der bedeutende und führende afroamerikanische Bürgerrechtler W.E.B. Dubois hat einst prophezeit, das Hauptproblem des 20. Jahrhunderts werde das Problem der Trennung zwischen Menschen verschiedener Hautfarben sein. Die Ereignisse der letzten Jahre geben Anlass zu der Frage, ob dereinst Historiker im Rückblick auf das 21. Jahrhundert nicht vielleicht versucht sein könnten zu sagen, dessen Problem sei der oft bestrittene, aber offenkundige ›Zusammenprall der Kulturen‹ (Huntington 1996) gewesen, worin die Trennung zwischen Menschen verschiedener Hautfarben weiterhin eine bedeutsame (wenngleich modifizierte) Rolle spielt und wovon die Weltmigration ein wichtiges Symptom ist. Eine Frage, die vom ›Zusammenprall der Kulturen‹ aufgeworfen wird, ist das, was ich andernorts die ›multikulturelle Frage‹ genannt habe (Hall 2004a). Sie springt umso mehr ins Auge, als sich der ›Zusammenprall‹ in diesem Fall in den Metropolen der entwickelten Welt ereignet.

Die multikulturelle Frage lautet etwa so: Wie stehen die Chancen, in unseren Städten einvernehmliche, vielfältige, gerechte, stärker integrative und egalitäre Formen des Zusammenlebens hervorzubringen – und zwar unter Gewährung voller demokratischer Mitbestimmungs- und Bürgerrechte für alle auf der Grundlage der Gleichheit bei gleichzeitigem Respekt für die Unterschiede, die sich unweigerlich einstellen, wenn Angehörige verschiedener Religionen, Kulturen, Geschichten, Sprachen und Traditionen zusammenleben und sich denselben Ort teilen müssen? Können sie das bewerkstelligen, ohne – sozial, räumlich, politisch – in sich bekriegende und umkämpfte Enklaven zu zerfallen bzw. ohne missionarische Strafkampagnen der Mächtigen, welche damit die Differenz tilgen und alle möglichst nach ihrem eigenen Bild umformen wollen? Wie können geteilte, reziproke Lebensformen entstehen, wo doch zwischen den verschiedenen Elementen krasse Ungleichheit besteht bezüglich Macht, Anerkennung sowie materieller und symbolischer Ressourcen?

Diese Fragen müssen beantwortet werden, und zwar sowohl im Hinblick darauf, was Städte sind oder zu werden im Begriff sind, als auch darauf, mit welchen Vorstellungen wir uns auf sie beziehen und sie darstellen. Obwohl dies zwei Aspekte mit unterschiedlichen Praxisformen sind, möchte ich sie nicht scharf voneinander abheben. Wie Benedict Andersons ›imaginierte Gemeinschaften‹ (*imagined communities*) sind Städte immer beides, nämlich sowohl sozial, ökonomisch und kulturell verfasst wie auch im Imaginären angeordnet durch Repräsentationsregime. Dass Städte immer auch räumliche Gebilde sind, dass ihre Anordnung im und durch den Raum sowohl eine Tatsache der sozialen Organisation darstellt (die städtische

Ökonomie) wie auch ein Repräsentationsregime (Architektur und Raumplanung), macht sie zu kritischen Zonen der Vermittlung. Es liegt wohl auf der Hand, dass die Art, in der Städte vorgestellt werden, durchaus sehr reale Auswirkungen auf das Leben in ihnen hat und umgekehrt. Ihre räumliche Ausprägung verleiht der Stadt eine bestimmte Einsehbarkeit, macht sie ›lesbar‹. Man kann so weit gehen, die Stadt unter bestimmten Gesichtspunkten als ›Repräsentationsmaschinerie‹ zu verstehen, dank ihrer ziemlich einzigartigen Rolle, in der sie gesellschaftliche Beziehungen im Raum verkörpert. Sie setzt in der Sphäre des Urbanen eine komplexe Reziprozität zwischen ›sein‹ und ›sehen‹, leben und schauen in Gang; begriffliche Pionierarbeit auf diesem Feld wurde von Charles Baudelaire und Walter Benjamin, den Theoretikern des *flâneur*, geleistet.

Städte sind seit jeher gespalten; gespalten durch Klasse und Wohlstand, durch Eigentumsrechte und Verfügungsgewalt, durch Inbesitznahme und Gebrauch, durch Lebensweise und Kultur, Race und Nationalität, Ethnizität und Religion, soziales Geschlecht sowie sexuelle Orientierung. Die Schablone dieser sozialen Unterteilung kann über die unterschiedlichen Zonen der städtischen Kartografie gelegt werden: Die Wohlhabenden und die Reichen, die Besitzenden und die Zugehörigen, das Unternehmertum und die Mittelschicht, die Angehörigen der freien Berufe und die Kleriker, die Handwerker und die Armen, die Unterklassen und die Ausgestoßenen, sie alle haben schon seit je verschiedene Stadtgebiete bewohnt. Die Grenzlinien zwischen diesen Räumen dagegen sind nie unverrückbar gewesen. Sie gehen ineinander über und überschneiden sich an ihren unsichtbaren Rändern, sie verschieben und verändern sich mit der Zeit. Oft werden Grenzlinien eher beiläufig statt offiziell gezogen und aufrechterhalten. Die verschiedenen Zonen, und mögen sie noch so klar unterschieden sein für diejenigen, die darin unterwegs sind und sie zu ›lesen‹ wissen, sehen weder einheitlich aus, noch sind sie sozial homogen. Unterschiede schieben sich vor, schleichen sich ein, verschwimmen ineinander. Sie schieben sich übereinander und bilden den komplexen Überlagerungs-Effekt einer Matrix oder eines Palimpsests. Dieses Neben- und Übereinander kann sich vervielfachen – unter anderem ist es diese Dimension, die für den besonders raschen Wandel heutiger Städte verantwortlich gemacht wird. Dennoch, auch wenn die Grenzlinien oft nicht fassbar sind und sich komplexen kulturellen und sozialen Codes verdanken, die nur für jene lesbar sind, die sie tagtäglich in den banalen Routinen des Alltags verwenden, so unterteilen sie die Stadt doch in tendenziell deutlich abgehobene (wenn auch nicht klar umrissene oder abgeschlossene) Cluster.

Andererseits bringen Städte auch Elemente zusammen, setzen sie durch Kontakt und Tausch zueinander in Bezug; sie verbinden verschiedene Lebenswelten und Zeitordnungen zu Raum-Zeit-Kombinationen, die Michail Bachtin ›Chronotopoi‹ genannt hat. Städte fungieren als räumliche Anziehungspunkte für unterschiedliche, aber zusammenlaufende Ströme menschlicher Aktivität. Daher haben sie eine sehr lange Geschichte als Handelszentren, als Märkte und mithin auch als Stätten kulturellen Austauschs und sozialer Komplexität. Das bildet die Grundlage für ihren oft ungeplant sich einstellenden ›Kosmopolitismus‹. Diese Konvergenzpunkte mit ihren Passagen und Querungen sind ebenso bedeutsam wie die räumlich definierten und gesellschaftlich aufrechterhaltenen Unterschiede. Städte trennen und vereinen. Sie verdichten die Differenz. Sie sind fest eingelassen in diesen doppelten Rhythmus von Einbezug und Ausschluss, Nähe und Trennung, Bestand und Veränderung.

Dieser Aspekt ist unter den neuen ›globalen‹ Bedingungen beträchtlich verstärkt – und auch modifiziert – worden. Uns stellt sich heute die Frage, wie sich diese komplexen Impulse von Homogenität und Diversität auswirken und wie die Kartografie der zeitgenössischen Stadt sich derzeit unter dem Einfluss von Globalisierung und Migration allmählich neu zusammensetzt. Dafür ist die Metapher des Palimpsests besonders angemessen: Man muss sich dabei eine Schicht über die andere gelegt vorstellen, während die Umrisse einer noch älteren Figur sich weiterhin behaupten und durch die jüngere Patinaschicht zur Oberfläche vordringen. Zugleich macht es heute den Anschein, als wären die alten, hierarchischen Ordnungsweisen des städtischen Raums in entscheidender Hinsicht für immer verschwunden (vgl. Sassen 1996). Gary Bridge und Sophie Watson (2002) drücken das folgendermaßen aus:

> »Globale Städte sind das Resultat von Transaktionen, die den Raum auf eine Weise fragmentieren, dass wir von ihnen nicht mehr als von ganzen Städten sprechen können – was wir stattdessen haben, [sind] Stadtteile, die hochglobalisiert sind – und daneben Teile, die vollständig [vom Globalisierungsprozess] ausgenommen sind […] In diesem Sinn haben gewisse Teile der Stadt mehr gemein mit Teilen anderer globalisierter Städte oder auch mit anderen nahe gelegenen Städten als mit dem Stadtteil, an den sie [unmittelbar] anschließen. Solche Auf- und Abwertungen des Raums treten nebeneinander auf und nehmen vielerorts ein extremes Ausmaß an. Gleichwohl vereinen städtische Zentren enorme Macht und potenziell weltweiten Einfluss auf sich […] Die abgewerteten Sektoren, die sich hauptsächlich auf die Arbeit von Frauen und Immigranten stützen, stellen ein vielfach umkämpftes Terrain dar, Kämpfe, die keine klaren Grenzen kennen.« (255)

Einige der treibenden Kräfte hinter diesen Veränderungen hängen ohne Zweifel mit den neuen Formen der Globalisierung zusammen, die sich Mitte der 1970er Jahre herausbildeten. Sie spiegeln die neue Arbeitsteilung wider, die aus dem allgemeinen Niedergang der Industrie im entwickelten Westen hervorging, und die Transnationalisierung, die es den westlichen Konzern- und Finanzzentren erlaubte, über die von den neuen Finanz- und Kommunikationstechnologien ermöglichten ›Raum-Zeit-Verdichtungen‹ mit weniger entwickelten Teilen der Erde verbunden zu bleiben (vgl. Harvey 1989). Es handelt sich dabei um eine Arbeitsteilung, die der neuen dienstleistungs- und kommunikationsorientierten Wirtschaft besser entspricht. Diese verändernden Kräfte gehen zusammen mit der Dominanz transnationaler Konzerne und der erneuerten Macht des Finanzkapitals, dem raschen Takt globaler Finanzflüsse, Währungsumstellung, Ausbreitung einer globalen Konsumkultur sowie Medien, die – großenteils aus dem Westen – die Bilder vom ›guten Leben‹ vermitteln. Dies sind die Triebkräfte des derzeit hegemonialen, auf Deregulierung, freien Markt und Privatisierung setzenden neoliberalen Wirtschaftsregimes, das in anderem Zusammenhang zu Recht auch ›Washingtoner Konsens‹ heißt, denn im Vereinigten Königreich hat sich ihm New Labour voll und ganz als Junior-Partner verschrieben. Diese Kräfte bestimmen die tatsächliche und substanzielle Bedeutung des irreführenden Begriffs des ›Globalen‹ und machen seinen Gehalt aus.

Sie sind ihrerseits wiederum eingelassen in eine erdumspannende Strategie, deren Ziel es ist, die Welt, insbesondere den sich entwickelnden ›Süden‹, den Zwillingsgöttern der neoliberalen Revolution zu öffnen – freie Märkte und liberale Demokratie –, die nach Francis Fukuyamas (1992) Lesart die gesamte Geschichte innerhalb eines einzigen erdumspannenden Systems, einer einzigen Weltordnung, zu Ende gebracht habe. So sieht das derzeit herrschende Weltsystem aus, ökonomisch basierend auf dem freien Spiel der deregulierten Marktkräfte, einer globalen kapitalistischen Durchdringung, der Privatisierung öffentlicher Güter, einem Monopol auf knappe oder wertvolle Ressourcen, der Demontage von Wohlfahrts- und Gesundheitsprogrammen und dem Lockvogel eines ›freien Handels‹ zwischen höchst ungleichen Partnern auf einem von Grund auf schiefen Spielfeld.

Die Entkolonialisierung, zu Ende des Zweiten Weltkriegs oftmals als ›Freisetzung der kolonialen Welt‹ gepriesen, wurde von drei Phasen einer Neudefinition der Beziehung zwischen dem Westen und dem Rest der Welt bestimmt. In der ersten Phase, im Kontext des Kalten Krieges, wurden die Grundlagen einer neokolonialen Abhängigkeit zwischen der entwickelten und der unterentwickelten Welt gelegt. In dieser Phase wurde die schwierige Problematik, unabhängige postkoloniale Staaten auf der Basis einer autonomen Wirtschaft aufzubauen, als Ringen zweier verfeindeter Lager interpretiert und diesem untergeordnet: Der Kalte Krieg wurde größtenteils von Stellvertretern auf postkolonialem Terrain ausgefochten. In der zweiten Phase wurden den Entwicklungsländern vom Westen via internationale Organisationen Strukturanpassungsprogramme auferlegt, gekoppelt mit einer vom Bankensystem vermittelten massiven Verschuldung. In letzter Zeit nun, seit dem Zusammenbruch des Sowjetimperiums und dem Aufstieg der USA zur einzigen hegemonialen Supermacht, ist es einer unheiligen Allianz aus weltumspannender Macht der Konzerne, darin verstrickten einheimischen Eliten sowie legal und illegal operierenden Armeen gelungen, die Armen dieser Welt und die Gesellschaften des Südens als offene Märkte, Speicher knapper Ressourcen und Reservoirs billiger Arbeitskräfte zu benutzen. Sie fallen demjenigen globalen Konzern zu, der für ihre Ausbeutung am besten positioniert ist unter dem schützenden Dach einer ›global governance‹, einer Art globaler Ordnungspolitik internationaler Gremien wie IWF, Weltbank und WTO, deren Katastrophen mit humanitärer UN-Hilfe bzw. von NGO-, Wohltätigkeits- und Entwicklungshilfe-Programmen aufgekehrt werden.

Während frühere Globalisierungsphasen sich der Eroberung und des Handels, kaufmännischer und seefahrerischer Überlegenheit, direkter Kolonialisierung, Investitionen der Imperialmacht oder Herrschaftsmandaten bedienten – die in den Metropolen alle ihre unauslöschliche Spur hinterlassen haben –, bedient sich das neue System eines doppelten Repertoires: Routinemäßig und ›aus der Ferne‹ wirkt es über Marktkräfte und ein geopolitisches und globales Wirtschaftsmanagement; doch hinzu kommt, in Krisenmomenten, eine strategische Militärintervention am entfernten Ort. Eine der hauptsächlichen, nicht beabsichtigten Konsequenzen dieser ›neuen Weltordnung‹, die allerdings keinesfalls auf eine bloß ökonomische Logik zu reduzieren ist, besteht darin, die ›freie‹ Reproduktion der weltweiten Ungleichheiten sicherzustellen. Die Welt hat natürlich fasziniert auf die militärischen, strategischen und geopolitischen Konsequenzen dieser Prozesse geblickt, insbesondere was die führende Rolle der USA im Nahen Osten, den Ölstaaten am Golf, Afghanistan und im Irak betrifft. Die Rolle der von Amerika ausgehenden verdeckten Interventionen – die seit dem Ende des Zweiten Weltkriegs ein konstantes Merkmal des geopolitischen Systems darstellen – hat in der neuen Situation alleiniger Dominanz die Form einer offenen und systematischen Strategie angenommen, die sich auf eine überwältigende militärische und wirtschaftliche Macht stützen kann.

Die zivile Ziele treffende Katastrophe vom 11. September 2001 hat zweifellos einen neuen Brennpunkt geschaffen und die Herzen verhärtet, und der ›Krieg‹ gegen einen allgemeinen Terror hat viele Staaten – teilweise allerdings bloß halbherzig – in die Einflusssphäre eines neuen ›humanitären Interventionismus‹ hineingezogen. Aber nur wenige haben versucht, den Hass und die Ressentiments, die den fundamentalistischen Angriff auf die Macht und die Werte des Westens befeuern, mit den vom neoliberalen ›Welt-System‹ angetriebenen ungeheuren weltweiten Ungleichgewichten zwischen den Reichen dieser Welt und den Armen und Marginalisierten in Verbindung zu bringen.

Michael Hardt und Antonio Negri (2002) argumentieren in ihrem vielbesprochenen Buch *Empire*, in dem sie die entstehende neue Weltordnung als imperial bezeichnen, dass die ›informellen Netzwerke des Imperiums‹ sich nicht mehr direkt auf die Macht von Nationalstaaten bezögen. Dies kann zwar eine gewisse Gültigkeit beanspruchen: das neue System ist tatsächlich wesentlich transnational. Aber im Bestreben, das radikal Neue der Gegenwart herauszustreichen, im Übereifer, den selbsterhaltenden und systemischen Charakter der Globalisierung hervorzuheben, überdehnen die Autoren diesen Aspekt, wenn sie von einem ›System ohne Zentrum‹ sprechen. In den radikalen Begriffen, worin sie das Thema vorantreiben, ist diese Behauptung zugleich wahr und unwahr. Auch noch in einem transnationalen System bleiben die großen westlichen Nationalstaaten die Hauptakteure, selbst wenn dies mehr und mehr in Partnerschaften mit größeren regionalen Gruppierungen oder ›Koalitionen‹ geschieht. Es trifft auch zu, dass sie immer weniger unabhängig vom sie tragenden globalen System handeln können, weil ihre Rolle in diesem System gerade den Einsatz darstellt, auf dem ihre Macht zunehmend beruht. Für die Entwicklungsländer könnte man sagen, dass ihr Problem die Unfähigkeit ist, starke und unabhängige Nationalstaaten herauszubilden – wo solche Staaten hingegen reüssiert haben wie z.B. in Südostasien, waren der starke Staat und eine unabhängige nationalstaatliche Politik das Geheimnis ihres Erfolgs.

Im Gegenteil legt die Post-9/11-Situation doch gerade nahe, dass in der sogenannten neuen Weltordnung die USA als allein übrig gebliebene Supermacht über überwältigenden Einfluss verfügen. Sie machen ihn weniger nach alter kolonialistischer Art geltend – wozu sie, nach dem gegenwärtigen Desaster in Irak zu urteilen, auch hoffnungslos ungeeignet wären –, sondern eher als globaler Nationalstaat: das verknüpfende Machtzentrum eines ausgreifenden globalen, geopolitischen, ökonomischen, militärischen und strategischen Netzwerks, das gleichwohl stark von amerikanischen kulturellen Werten und nationalen Interessen geprägt bleibt. Die USA sind also ein Ausnahmefall: ein reicher und mächtiger Nationalstaat und auch der führende ›Marktstaat‹ (vgl. Bobbitt 2002) mit einem gewaltigen inneren Markt, einer produktiven Wirtschaft, fortgeschrittener Technologie, Land und Rohstoffen; aber sie sind auch ein Staat, dessen erdumspannende Macht gleichwohl von seinem transnationalen Charakter und seiner weltweiten ökonomischen, kulturellen, geopolitischen und militärischen Reichweite abhängt. So sieht der ›neue Imperialismus‹ aus, der die Welt umgestaltet.

Das alles hat seine Auswirkungen auf globale/multikulturelle Städte, die an dieses neue System der Weltmacht durch weltweite Konzernstrukturen angeschlossen sind und nicht mehr in ihrer früheren Funktion als Niederlassungen riesiger industrieller Unternehmen, Zentren imperialer Einbettung, nationaler Größe und kolonialer Herrschaft. Die typische neue Skyline wird mehr und mehr beherrscht von den Konzern-Hauptquartieren global aufgestellter transnationaler Unternehmen, umgeben von ihren ausgegliederten, zudienenden Trabanten für Finanzdienstleistung, Marketing, Banking, Investition, Werbung, Design und Informationstechnologie. Die urbane Architektur, worin sich diese Verschiebung am beispielhaftesten widerspiegelt, sind die Konzerntürme aus Glas und Stahl nach Art der Londoner Canary Wharf, funktional präsentierte transparente Würfel oder von Architekten erdachte gurkenförmige Hülsen, wie sie heute die Finanzzentren und Stadthorizonte rund um den Globus beherrschen: die Konzern-›Schluchten‹ der Londoner City in der Gegend von Bishopsgate und Liverpool Street anstelle des säulengesäumten Glanzes des Natural History and Science Museum, von Victoria and Albert Museum, Imperial College oder Royal Albert Hall, diesen imperialen Zeugen viktorianischer und edwardianischer Grandeur mit ihren Satelliten in South Kensington, den trendigen Straßen, neo-georgianischen Stadthäusern und großen Einkaufs-Emporien.

Seit Mitte der 1970er Jahre sind die hier beschriebenen Kräfte mit rasch stärker werdender Intensität auf der ganzen Welt aktiv geworden, um die gesellschaftlichen, politischen und wirtschaftlichen Auswirkungen der ›Entwicklung‹ gezielt in Richtung Neoliberalismus, freie Marktwirtschaft, Deregulierung, Freihandel und ›trickle-down‹[1] zu lenken. Sie haben die Politik vormals entwickelter Wohlfahrtsstaaten radikal verändert, indem sie den geschichtlichen Kompromiss zwischen Kapital und Arbeit beendeten, der

1 Anmerkung der Herausgeber: Mit ›trickle down‹- bzw. Durchsicker-Effekt wird die Vorstellung ausgedrückt, dass Armut durch Wirtschaftswachstum quasi automatisch beseitigt würde.

die unmittelbare Nachkriegsära sozialdemokratisch geprägt hatte; stattdessen drängten sie diese Staaten zum ›Modell des Marktstaats‹ (nach Philip Bobbitts Ausdruck) und alle größeren politischen Parteien und Regierungen zu dem, was man eine Mitte-rechts angesiedelte ›Einparteien-Politik‹ genannt hat. Dies sind die Kraftlinien, die das innen- und außenpolitischen Vorgehen sowohl der ›mitfühlenden‹ Neokonservativen in den USA wie der hybriden britischen Variante von New Labours neoliberalem Modernisierungsprogramm eines ›Dritten Wegs‹ zusammenhalten (vgl. Hall 2004b). Sie verknüpfen die sogenannte ›Reform-Agenda‹ in der Innenpolitik des Vereinigten Königreichs mit der neuen Doktrin eines ›humanitären Interventionismus‹ sowie möglichen Präventivschlägen auf geopolitischer und strategischer Ebene. Diese neue Weltordnung muss global abgesichert werden für die liberale Demokratie und freie Marktwirtschaft – wo nötig verteidigt mit der Einschüchterungsstrategie der Schockstarre (shock and awe) bzw. ›dosierter Gewalt‹, wie Mao Tse Tung und Präsident George W. Bush das auf je eigene Art ausgedrückt haben.

Mittlerweile haben die Versprechungen, die abgegeben wurden, um die Armen mit ihrem globalen Schicksal auszusöhnen – Erhöhung des Lebensstandards, ausgeglichenere Verteilung von Gütern und Lebensaussichten, die Chance, mit der entwickelten Welt ohne Benachteiligung in Konkurrenz zu treten, fairerer Anteil am Reichtum der Erde – sich als auf der ganzen Linie leer erwiesen. Sowohl die Durchsicker-Theorie zur Umverteilung des Reichtums als auch der mit Händen zu greifende utopische Blödsinn einer ›Weltwirtschaft mit nur Gewinnern‹ haben sich für weite Teile der ›Entwicklungs‹-Länder der Welt als bloße Ausschussware der gestern herrschenden Denkungsart erwiesen. Das Produkt des zyklischen Wirtschaftsaufschwungs hat sich ins Nichts verflüchtigt, während die Konjunktur abfällt und Sturmwolken aufziehen. Zu Hause hat man den Abschwung großenteils unbeschadet überstanden, ebenso die Verbündeten in den neuen Staaten, man konnte von der massiven Inflation bei den Shareholder Values profitieren, auch wenn es ein paar, wie etwa Enron, erwischt hat, bevor sie in Deckung gehen konnten.

Die Armen der Welt hingegen, sie sind nicht entkommen. Die Schere in der Verteilung der wirtschaftlichen, gesellschaftlichen und kulturellen Ressourcen auf der Welt hat sich gnadenlos weiter geöffnet. Der Habitat-Bericht der UNO, der die noch nie da gewesene Zuwachsrate der Verstädterung erläutert, hat kürzlich berichtet, dass die Zahl der Städtebewohner in den 1990er Jahren weltweit um 36 Prozent zugenommen habe: In Asien gibt es 550 Millionen Bewohner städtischer Slums, in Afrika sind es 187

Millionen, in Lateinamerika und der Karibik 128 Millionen. Die urbanen Wahrzeichen dieses Prozesses sind die neuen Megalopolen der Entwicklungsländer mit ihren von der Finanz gebildeten Stadtzentren im Stile New Yorks – wie gleißende Inseln aus Glas schweben sie über einem vertitablen Meer armutsgebeutelter und drogengeplagter Favelas. Und sogar die dreißig reichsten Länder der Erde weisen weitere 54 Millionen Arme aus. Globalisierung, so war im *Guardian* vom 10.10.2003 zu lesen,

> »hat die soziale und körperliche Gefährdung der Slumbewohner mitverursacht und dramatisch verschlimmert [...] Die Globalisierung hat eine Unzahl neuer Unwägbarkeiten hervorgebracht und die Armen haben kaum einen Nutzen davon [...] Die herrschenden neoliberalen Doktrinen [...] haben ausdrücklich eine Zunahme der Ungleichheit gefordert, einschließlich der Reduktion der staatlichen Sozialausgaben, der Privatisierung dessen, was unter Kontrolle des Staats war, einer Reformierung der Regulationen und einer Abschaffung von Planungsrestriktionen.«

Die rasch wachsende Ungleichheit zwischen den Begüterten und den Habenichtsen, die auf globaler Ebene nicht zu übersehen ist, stellt sich auch in den reichsten Gesellschaften der entwickelten Welt wieder her. Nach der langen Periode eines Ausgleichs der Einkommens- und Wohlstandsunterschiede nach dem Zweiten Weltkrieg – in der Ära des umverteilenden Wohlfahrtsstaats – begannen diese Ungleichheiten nach 1980 exponentiell zuzunehmen. Gegenwärtig ist die Kluft zwischen Arm und Reich im Vereinigten Königreich breiter als zum Zeitpunkt des Regierungsantritts von New Labour 1997. Das eine Prozent der reichsten Amerikaner besitzt mehr als 40 Prozent des landesweiten Vermögens. Sogar im Vereinigten Königreich beträgt die vergleichbare Zahl nicht weniger als 18 Prozent, und die oberen 20 Prozent sind verglichen mit den unteren 29 Prozent in einem Verhältnis von 9,6 zu 1 reicher; in den Vereinigten Staaten beträgt dieses Verhältnis 11 zu 1 (*The Guardian*, 5.11.2003). Gleichzeitig verfügen Millionen von US-Amerikanern über keinerlei Gesundheitsversicherung und in Großbritannien fallen mehr als 3 Millionen Kinder unter die gegenwärtig restriktiv definierte Armutsgrenze, und das zu einem Zeitpunkt, da die Bekämpfung von Kinderarmut eines der erklärten Reformziele ist.

Gleichzeitig haben sich jene Kräfte, die den armen Ländern des Südens permanent nachteilige Handelsbedingungen in Form von Investitionsmodellen mit Freihandel aufdrängen wollen, zusammengefunden, um eine neue Verhandlungsrunde der Welthandelsorganisation aufs Gleis zu setzen, die vom heftigen, aber verspäteten Widerstand einiger Entwicklungsländer beim Treffen von Cancun 2003 nur verzögert werden konnte; es sind dieselben Kräfte, die sich auch für das Recht transnationaler Konzerne (v. a. in den Bereichen Energie, Pharma, Biotechnologie und Agro-Business) einsetzen, grundlegende öffentliche Einrichtungen aufzukaufen, die Gen-Sequenzen natürlicher Produkte patentieren zu lassen, subventionierte Billigwaren zu verschleudern, einheimische Produzenten auszuschalten und Taglöhner zu einem nicht subsistenzdeckenden Lohn einzustellen. Es ist keine westliche Ökonomie bekannt, die unter den Bedingungen eines solchen Regimes sich erfolgreich zum Wohle einer Mehrheit der Bevölkerung hätte entwickeln können. Der Aufschub ist nur auf Zeit, die großen ökonomischen Kräfte sind fest auf eine Rückkehr zu ihrem Fahrplan für Privatisierung und Freihandel eingeschworen.

Auf Marktkräfte als einzige Triebkräfte einer globalen wirtschaftlichen und gesellschaftlichen Entwicklung zu bauen hat weitere unüberwindliche Probleme zur Folge, die das gesellschaftliche Leben indirekt stark belasten: Umwelt- und Ökologie-Katastrophen, die Zerstörung des fragilen Gleichgewichts einheimischer Wirtschaftsweisen, Krankheitsepidemien, die massive Ausbeutung ländlicher Niedriglohnarbeit, die Zerstörung von kleinteiliger Landwirtschaft und Selbstversorgung sowie den Einbruch der Welthandelspreise. Daraus resultiert eine rasche und nicht-nachhaltige Verstädterung und – gekoppelt mit zusammenbrechenden postkolonialen Staatsregimes, inneren Unruhen und einer Militarisierung ethnischer Konflikte – das Phänomen der Massenmigration. Diese globalen Katastrophen bilden den unsichtbaren Unterbau für die in Veränderung begriffene Kartografie von Globalisierung/Migration und tragen kräftig zur nur allzu augenfälligen Krise der metropolitanen Stadt bei.

Migration erweist sich zunehmend als (überall auftauchender) Joker im Globalisierungsspiel, als unterirdischer Strom, der die Krise eines Teils des Weltsystems mit den Wachstumsraten und dem steigenden Lebensstandard des anderen Teils verbindet. Die Logik der Globalisierung besagt, dass jedes Wachstumselement über die Freiheit verfügen muss, sich fließend über jegliche regulative Grenze hinwegzusetzen, wovon auch die des Nationalstaats nicht ausgenommen ist: Kapital so gut wie Investitionen, Waren, Technologien, Währungen, Profite, kulturelle Botschaften und Bilder, alles fließt. Ideologisch gesprochen, müssen alle Hindernisse beseitigt und der Fluss offen gehalten werden. In Tat und Wahrheit aber verhält es sich ganz anders: Alle einflussreichen Befürworter von Freihandel und offenen Investitionsgrenzen schaffen es, in Wirklichkeit ihre eigenen selektiven vorteilhaften Regimes durchzusetzen, soweit das in ihrem nationalen Interesse ist. Wenn das Modell hingegen perfekt funktioniert, so gibt es dabei eine einzige Ware – nämlich die Arbeitskraft – die am Ort bleiben, deren Bewegungsfreiheit genauestens kontrolliert werden muss. Wie sonst könnten die transnationalen Konzerne ihre ›Marktvorteile‹ ausnutzen gegenüber Billigarbeit, Niedriglohnbedingungen, Steuervergünstigungen und vorteilhaften Investment-Regimes der Entwicklungsländer? Was wäre, wenn – mal angenommen – Tausende Arbeiter aus Bangladesch, Indonesien, der Republik Kongo oder Guatemala ihre Ein-Dollar-Jobs einfach hinschmeißen könnten, um dann im Hochlohnsegment der Hightech-Wirtschaft in den Städten der amerikanischen Westküste aufzutauchen? Die Tatsache, dass im Vereinigten Königreich kleine Kontingente spezialisierter und gesuchter Arbeitskräften (wie z. B. Computertechniker und Krankenpfleger) sowie arbeitslose Saisonarbeiter ohne Ausbildung, die bereit sind, unter schockierenden Bedingungen unterhalb des Mindestlohnminimums zu arbeiten (wie z. B. Erntearbeiter, Küchenhilfen und Bauarbeiter) in bestimmter und kontrollierter Zahl zur Einreise ermuntert werden – abgestimmt auf die unberechenbaren Ausschläge des Arbeitsmarktes –, spricht keineswegs gegen dieses allgemeine Modell.

Dennoch, und trotz der Logik des Systems, hat eine nie da gewesene Explosion weitgehend ungeplanter Migration von Menschen über den ganzen Globus stattgefunden. Ob sie vor den Auswirkungen der Massenarmut flüchten, vor Unterernährung oder Arbeitslosigkeit; ob sie auf der Suche nach besseren wirtschaftlichen und persönlichen Möglichkeiten sind; ob sie von politischer Gewalt vertrieben wurden, von Regierungswechsel, Verfolgung, religiösem Konflikt, ethnischer Säuberung oder Bürgerkrieg – es sind diese als ›Wirtschaftsflüchtlinge‹, Asylbewerber und Flüchtlinge stigmatisierten Menschen, welche die heimatlosen Mengen bzw. ›Multitudes‹ der modernen Metropole bilden. Beim Versuch, den Folgen der Globalisierung und der neuen Weltordnung zu entkommen, ist ihnen jedes Mittel recht – ob legal oder nicht –, sie wählen bisher unbekannte Routen, verbergen sich in den unwirtlichsten Nischen, verpfänden, was sie besitzen, an die Schlepper, gehen lebensgefährliche Verpflichtungen mit Bandenführern und Zuhältern ein, benutzen ihre Familienverbindungen, um die handfesten Hindernisse zu umgehen, die gesetzlichen Einschränkungen, die Immigrationsbestimmungen, die von den metropolitanen Gewalten machtvoll aufgerichtet werden. Sie sind die Überzähligen des globalen Systems, der globale Bevölkerungsüberschuss, die *sans-papiers* der modernen Großstadt, die sich mitten in der Nacht über Grenzen schleichen, sich auf Ladebrücken verstecken oder unter Zügen, um dann lautlos in den verborgenen Tiefen der Stadt unterzutauchen. Dies ist das menschliche Gesicht der neuen Globalisierung ›von unten‹. Die globalen Städte der entwickelten Welt sind die Schleusentore dieser neuen Flut.

In den früheren Phasen wurden die Probleme religiöser, sozialer und kultureller Differenz weitgehend auf Distanz vom Mutterland des imperialen Systems gehalten. Fernab des täglichen Einsatzes der Sklaven in den Plantagen oder des Mineralienabbaus irgendwo in den Tropen konnten sich die liberal aufgeschlossenen Bürger der Hauptstadt mit dem Gedanken trösten, dass – sobald einmal der volle Gewinn aus dem Sklavenhandel abgeschöpft war – Britannien jene Schiffe unnachgiebig verfolgte, die sich noch immer diesem schändlichen Geschäft widmeten. Auf solch trügerischem Boden ist ein großer Teil der nationalen Selbstzufriedenheit errichtet. Heute aber dringen die neuartigen Differenzen, deren tiefer wirkende Ursachen skizziert worden sind, direkt bis ins Herz der metropolitanen Stadt vor, versetzen den gesellschaftlichen und politischen Raum ihrer urbanen Zentren in helle Aufregung, fordern sie heraus, unterminieren sie, bringen ihr lang austariertes Klassengleichgewicht zum Einsturz und untergraben ihren relativ homogenen kulturellen Charakter. Sie kratzen an der Idee, wonach der Nationalstaat einzige Quelle und rechtskräftiger Hüter der Menschenrechte bzw. der Vorstellung eines umfassenden demokratischen Bürgertums sein soll. Sie versetzen die aufwühlende Thematik der globalen Armut, des gesellschaftlichen und religiösen Pluralismus und der kultureller Differenz mitten hinein in die weitgehend zur Ruhe gekommenen monokulturellen Räume der westlichen Metropolis. Dies führt einen epistemischen Bruch herbei und eine neue gesellschaftliche Problematik – die des postkolonialen Paradigmas.

Die globale Stadt hat sich aufgrund dieser Kräfte tiefgreifend verändert. Sie haben massive Auswirkungen auf das räumliche, soziale und kulturelle Gefüge zu einer Zeit, da die alte materielle Ökologie sich im Niedergang befindet und die sozialen Schichten, deren wechselseitige Beziehungen im Schmelztiegel von Industrialisierung, Massenproduktion, Demokratisierung und imperialer Hegemonie geschmiedet worden sind, sich hinsichtlich ihrer Orientierung, ihres Lebensentwurfs und ihres Lebensstils im Wandel befinden. Industrielle Fertigung ist in Großbritannien allgemein im Niedergang, und Produktion im großen Maßstab prägt nicht mehr die Stadtzentren, bestimmt nicht mehr ihre Wirtschaft und gibt auch nicht mehr, wie einst, Art und Tempo des gesellschaftlichen Lebens vor. Heute haben wir es oft mit Stadtteilen zu tun, wo soziale Unterprivilegierung, wirtschaftliche Verdrängung, allgegenwärtige Arbeitslosigkeit, Degradierung der Milieus sowie Hoffnungslosigkeit zu einer defensiven Mobilisierung von Differenz führen – und damit zu ethnischen Spannungen, klasseninterner Gegnerschaft, Race-Konflikten, sozialer Entfremdung und Unruhen.

Im Gefolge der Spannungen von 2001 zwischen Weißen Anwohnern und muslimischen Jugendlichen in nordenglischen Industriestädten wie Bradford, Oldham und Burnley hat Arun Kundnani (2001) festgestellt, dass dort früher die Textilindustrie als durchgehender Faden gedient hat, um die Weiße und asiatische Arbeiterklasse zu einem einzigen sozialen Gewebe zu verbinden. Mit deren Zusammenbruch war dann jede Gemeinschaft gezwungen, sich nach innen zu orientieren und sich selbst zuzuwenden. Hinzu kamen der lange Trend ethnischer Entmischung in den Wohnquartieren und an den Schulen, ein Zusammenbruch der Kommunikation zwischen den Gruppen, Rivalitäten um die knappen Finanzmittel zur Stadtsanierung sowie schlechte lokale Verwaltungsdienste, wie es Herman Ouseley (2001) in seinem Bericht zur sozialen Zersplitterung in Bradford aufgezeigt hat. Verstärkt wurde dies alles noch durch die Angst vor Differenz und Wandel, den vom Rassismus geschürten Hass und durch die Zunahme der Islamophobie sowie durch ein generelles Versagen politischer Führung. Die Vertreter asiatischer Gemeinschaften haben nicht selten den Kontakt zu den jüngeren Generationen verloren. Die Weiße Arbeiterklasse als Teil der politischen Heimat der Labour-Partei fühlt sich vom Modernisierungsprojekt unter New Labour immer stärker abgeschnitten und öffnet sich – auch mangels einer politischen Führungsarbeit, die die lokalen Abwehrhaltungen in einen größeren Kontext stellen könnte – den Verlockungen rassistisch mobilisierender Minderheitsparteien wie z. B. dem National Front oder der British National Party.

Professor Ash Amin (2002a) unterscheidet aufgrund ausgiebiger Stadtforschung zwei Typen von Wohngegenden als charakteristisch für solche degradierten Stadtteile:

> »Erstens sind da die heruntergewirtschafteten inneren Stadtteile, wo sich der Konflikt abspielt zwischen der alten Weißen Arbeiterklasse, die einer goldenen und ethnisch homogenen Vergangenheit nachtrauert, und nicht-Weißen Immigranten, die ihr Recht auf diesen Ort oft auch gegeneinander behaupten […] Der zweite Typus besteht aus sogenannten ›White flight‹-Vorstädten und -Siedlungen[2], geprägt von einer aufstrebenden Arbeiter- sowie einer selbstbezogenen Mittelschicht, die sich gegen einen Vorgang verwahren, der ihnen als Ersetzung einer anheimelnden ›White Nation‹ durch ein Land fremder Menschen und Kul-

2 Anmerkung der Herausgeber: Als ›White flight suburbs‹ werden Vorstädte bezeichnet, wo sich jene Leute neu ansiedeln, die aus multi-ethnischen Innenquartieren wegziehen.

> turen erscheint. Hier werden dann die paar Immigranten und Asylbewerber, die sich zufällig niedergelassen haben, von verunsicherten Familien, White Youth-Anhängern und nationalistischen/faschistischen Aktivisten drangsaliert, deren Angst vor asiatischer und Schwarzer Vermischung allerdings selten auf eigener Erfahrungen beruht.« (3)

Beide Wohngegenden sind in der neuen globalen/multikulturellen Stadt zu finden: Gibt der erstere Typ den momentanen Stand der Dinge in vielen sogenannten Innenstadt-Gebieten wieder, so ist der letztere eher typisch für Londoner Vororte wie Eltham, wohin Stephen Lawrence und seine Freunde in jener Nacht gerieten, als sie auf der Suche nach einem Bus, der sie nach Hause bringen sollte, von fünf Weißen Jugendlichen ermordet wurden. Dazwischen gibt es landauf, landab zahlreiche gemischte Wohngegenden, die nach Jahren geduldigen Aushandelns relativ stabil erscheinen, auch wenn sie weiterhin unterirdisch und unsichtbar »von Vorurteilen und Konflikten zwischen ihren verschiedenen ethnischen Gruppen durchzogen« sind (7).

Anstatt wie einst die Werkstätten der Welt zu sein, sind die englischen Städte zu Dienstleistungszentren geworden, zu Motoren der Finanzinvestition und Spekulation, zu Konsum-Verteilzentren der globalen Ökonomie. Eine nach der anderen sind große Städte wie Leeds, Manchester, Bristol, Birmingham, Liverpool und Newcastle und ebenso natürlich Teile von London zu transparenten, von Lichthöfen umspielten Weltstädten aufpoliert worden, überragt von den gläsernen Konzern-Hauptquartieren global ausgerichteter Unternehmen. Und rund um die Sitze von Konzernriesen unter anderem aus dem Investment-Banking, der Unterhaltungsindustrie, dem Konsumgüterhandel oder dem Technologiesektor gruppieren sich die wuchernden Satelliten ausgegliederter Dienstleister, darunter sowohl ›Produktions-Dienstleistungen‹ (Finanzdienste und Investitionen, Personalwesen, Marketing, Öffentlichkeitsarbeit, Werber und Medienberater, Computer- und Design-Agenturen), die für die notwendigen Schaltkreise sorgen, um die globale Ökonomie einzubinden, wie auch Konsumenten-Dienstleistungen, womit dazu passende kulturelle Vorlieben und Lebensstile alimentiert werden.

Die Führungskräfte in ihren Anzügen, diese gepflegten und getönten, in Limousinen daherkommenden ›Helden‹ der Konzerne, deren pralle Gesichter die Wirtschaftsseiten der seriösen Zeitungen und Zeitschriften zieren, gehören entweder einer neuen globalen Unternehmerschicht an oder haben sich, wo sie noch Überbleibsel einer alten, verstaubten Führungsschicht sind, neu auf Vordermann gebracht. Zu Hause sind sie in New York, Los Angeles, Hongkong, Moskau, Kuala Lumpur, Tokio oder Peking genauso wie an der Bishop's Avenue in London, auf ihren Landsitzen in Hampshire oder auf ihren in Saint-Tropez Station machenden Jachten. Die Lücke zwischen den obersten Chefs und den eingesetzten Geschäftsführern hat sich verkleinert, denn alle setzen sie mit derselben Hingabe auf ›Business‹, ›Gewinnorientierung‹, ein dominant gesetztes Investieren in die Pflege des ›Shareholder Value‹ sowie maßlose sechs- oder siebenstellige Gehälter, die noch um astronomisch hohe Jahresboni, großzügige Deals mit Aktienoptionen, private Gesundheitsvorsorge sowie eine satte Alters- und Pensionsplanung vermehrt werden. Schaut man nur auf die Einzelnen, so scheinen sich Aufstieg und Fall in erstaunlicher Regelmäßigkeit abzuwechseln, und auf den kometenhaften Aufstieg folgt, wie die Nacht auf den Tag, Skandal und Absturz; aber als Klasse gesehen haben sie sich als Geschäftsführer des neuen globalen Kapitalismus auf Dauer eingerichtet.

Viele der wohlhabenderen Manager wohnen inzwischen überhaupt nicht mehr in der Stadt, oder wenn, dann vermehrt in geschlossenen Enklaven und Zweitwohnsitzen. Auch sie sind verstärkt kosmopolitisch ausgerichtet und bei der Arbeit und zum Vergnügen unablässig auf Reisen. Während sie stilvoll und bequem über den Globus schweben, bleiben sie durch die Schaltkreise sekundenschneller Kommunikation mit den mobilen transnationalen Eliten in Verbindung. Im Gegensatz zu ihren Vorgängern kennen sie sich besser aus mit Dingen wie Business und Finanzierung, Marketing und Öffentlichkeitsarbeit, Management-Buy-out und Markenpflege als mit Produktion, Konstruktion und der konkreten Herstellung. Auch sie sind überall zu Hause, und dies umso mehr, seit ›Anderswo‹ sich vom ›Hier‹ immer weniger unterscheidet. Sie widmen sich der Profitmarge und dem Aktienwert, der Umstrukturierung der Kernbereiche und der Eingliederung anderer Firmen durch Fusion oder Übernahme. Sie haben sich knallhart und ohne jegliches Schamgefühl auf Gehaltsvereinbarungen eingestellt, die ihnen jenseits kalkulierbarer Leistungserträge ein festes Einkommen in schwindelerregender Höhe für Skiferien und Privatschulgebühren garantieren. Ihre Ehefrauen haben alle Hände voll damit zu tun, den Nachwuchs in Allrad-Autos, Großraumlimousinen oder Geländewagen zu exklusiven handverlesenen Privatschulen zu chauffieren, den Startrampen zum Erfolg. Im Nordwesten von London ist Fitzjohn's Avenue unter Taxifahrern berüchtigt – von den extrafeinen Immobilienmaklern als ›Hampstead Borders‹ mit dem noblen Hampstead assoziiert –, wo es auf einer halben Meile verkehrsreicher Straße gut und gern zwölf bis fünfzehn private Primarschulen und Kindertagesstätten geben dürfte. Dieser Schulweg ruft regelmäßig eine Armee von Jeeps auf den Plan, die mit ihren ausladenden Stoßstangen die Zufahrten versperren, am Bordstein warten oder munter rückwärts in den Gegenverkehr hinausstechen.

Was den Lebensstil anlangt, so trifft sich diese neue globale Managerklasse zunehmend mit den Neureichen, den Self-made-Tycoons, den Promis und der neuen ›Protzokratie‹, für die die herausragenden Orte der Stadt als Bühne fungieren, als Spielwiese und Fotostaffage. Sie sind – nach der Beschreibung von Geordie Greig, Herausgeber des *Tatler*[3], der es wissen muss – »protzig, locker, witzig, nichtsnutzig und unglaublich leichtfertig« (*The Observer*, 6.6.2004). Angetrieben von einer an Veblen gemahnenden Wiederbelebung des demonstrativen Konsums sind die Neureichen ebenfalls eher einer globalen statt nationalen Routenplanung und Tagesordnung verpflichtet: Filmfestivals, Boutique-Eröffnungen, Preisverleihungen, Premierenabende, Renntermine etc. Sie ersetzen Tweed durch Bling, d. h. konservative Tradition durch Schickimicki, und sie sind Meister darin, den anderen die neuen Formen eines urbanen Stils und Status vor Augen zu führen: ›Status‹ nicht als Alternative zu ›Klasse‹, wie im alten Karl-Marx-gegen-Max-Weber-Dialog, sondern Status als kultureller Signifikant der Neureichen, als Materialisierung des gesellschaftlichen Erfolgs. Auch sie prägen der globalen Stadt mehr und mehr ihre Vorlieben, Ideen und ihren Lifestyle auf.

Die ›Kreativen‹, die dieser Welt der Konzerne und Prominenz zudienen, unterscheiden sich sowohl durch Herkunft wie Einstellung deutlich von den in höhergestellten Berufen tätigen Angehörigen einer älteren Mittelschicht. Sie sind individualistischer, konsumfreudiger, kulturbeschlagener, Lifestyle-bezogener, unternehmerischer und hedonistischer. Meist kommen sie von weiter unten in der Gesellschaftsordnung und sind im Schnellzugtempo im Aufstieg oder Karrieresprung begriffen. Hier und eher nicht höher oben in der Hackordnung der Stadt beginnen sich die neuen asiatischen und afrokaribischen Mittelschichten ihre elegante Nische zu schaffen. Die Orte, an denen sie wohnen möchten, die Formen des Lifestyle, die sie anstreben, und die Freizeitbeschäftigungen und Unterhaltungen, auf die sie setzen, sind sehr verschieden vom älteren, eher puritanischen Geschmack. Sie, die nicht daran denken, in die Vorstädte zu ziehen, um dort ein ruhiges, Leben in ehrenwerter Umgebung zu führen (später mal eine ausgebaute Scheune

3 Anmerkung der Herausgeber: *Tatler* ist ein britisches Hochglanzmagazin für Mode und Lifestyle.

oder zwei auf dem Land zu haben für die Wochenenden, das schon), sind die Vorhut des neuen urbanen Lebens – sie treiben die Gentrifizierung in älteren Arbeiterwohnvierteln, im Hafengebiet mit seiner Kleinindustrie und den Warenlagern voran, kolonisieren rasch die leerstehenden Lagerhallen, die sie in Lofts umgestalten, oder zentral gelegene ›Logen‹. Gutes Essen, Kunstgalerien, elegante Cafés und Fitnessclubs gehören unabdingbar zu diesem Lebensstil. Sie sind die Wegbereiter eines grellen und gestylten globalen Konsumismus, die eifrigen Leser exklusiver Hochglanzmagazine und Promi-Beilagen, sie sind die glücklichen Auserwählten, die sich kulturell an jede kleine Verschiebung oder Schwankung im globalen postmodernen Geschmack und Design sofort anpassen.

Am anderen Ende der Skala stehen die armen Gegenden, die um dieses vibrierende ›globale‹ Zentrum herum liegen. Bis vor kurzem bildeten einige davon noch ›the inner city‹, also die Innenstadt. Aber während die Zentren immer trendiger werden und vom urbanen Nachtleben mit seinen Clubs vereinnahmt, sehen sich ihre bisherigen Bewohner vermehrt in die Außenbezirke vertrieben. Für London heißt das Harlesden, Cricklewood, Wembley, Southall, Tottenham, Haringey und Tower Hamlets – Schauplatz von *White Teeth* oder *Brick Lane*.[4] Das sind die gemischten Wohngebiete, wo der neue Multikulturalismus sich jeden Tag in zigtausend Begegnungen bewähren muss. Die besseren Wohnmöglichkeiten sind hier heiß begehrt von qualifizierten Berufsleuten, denen die stark anziehenden Immobilienpreise im Nacken sitzen. Dabei handelt es sich charakteristischerweise um stark bzw. gleich mehrfach benachteiligte Gegenden mit schlechten Schulen, scheußlichen Wohnsiedlungen, heruntergekommenen und mit Bretterwänden vernagelten Hauptstraßen, hoher Kriminalitäts- und Drogenrate und trostlosen Reihenhäusern. Nicht selten sind sie baufällig, schlecht unterhalten und bieten düstere Lebensbedingungen. Zunehmend sind das auch die Gegenden, in denen sich die Immigranten bei einer der Einwanderungswellen niedergelassen haben: sei es während der ersten (afrokaribischen), der zweiten (vom indischen Subkontinent her: Inder, Pakistani und Bangladescher), der dritten (westafrikanischen, türkischen und griechisch-zypriotischen), der vierten (nordafrikanischen: Somalia, Sudan, Marokko und Algerien etc.), der fünften (aus Bosnien, Albanien, Kosovo), der sechsten (aus Afghanistan, dem Irak und dem Mittleren Osten) oder der siebten (aus dem post-sowjetischen Osteuropa).

4 Anmerkung der Herausgeber: *White Teeth* ist ein im multikulturellen Norden Londons angesiedelter Roman von Zadie Smith (2000). Der Roman *Brick Lane* von Monica Ali (2004) spielt unter Immigranten aus Bangladesch im Osten von London.

In diesen Gegenden trifft die Weiße Bevölkerung – die sich vom Wandel bedroht und von den politischen Programmen der Modernisierung und des Multikulturalismus im Stich gelassen fühlt, denn sie verfügt nicht über die erforderlichen unternehmerischen und ›kreativen‹ Fähigkeiten der neuen Dienstleistungsgesellschaft – auf die ›Gemeinschaften der ethnischen Minderheiten‹ in ihren verschiedenen Ausprägungen, sei es als Jugend-Cliquen, die in der Armutsfalle sitzen, verschleiert bzw. mit Turban oder auch aufstrebend, mit sozialer und beruflicher Mobilität. Tante-Emma-Läden und Gemüsehändler, Marktstände, Plattenläden, Zeitungskiosks, Kleintaxi-Unternehmen, kleine Flickbuden und Hinterhof-Autowerkstätten, Cafés und Nachtimbisse bilden in diesen Enklaven der Stadt den kleinen ›Motor‹ des örtlichen Gewerbes. Auch die Innenstadt bildet, wie die Stadtplaner betonen, eine dienstleistungsorientierte Wirtschaft, hier gibt es Marktplätze, Tausch, einen vitalen Handel von Gütern und Dienstleistungen und das Nutzen von Nischen – allerdings passiert das im Vergleich mit dem, wovon weiter oben die Rede war, auf einem viel beschränkteren und kleinteiligeren Niveau und bloß am Rande.

Ab und zu stößt man auf kleine Ausbeuterbetriebe. Es handelt sich dabei um patriarchalische Nischen, wo zugezogene Besitzer über eine Belegschaft v. a. aus zugezogenen weiblichen Arbeitskräften verfügen, die hier zu verschwindend kleinem Lohn arbeiten, um leicht variierte Designerprodukte herzustellen, nachgeahmte Markenware und gefälschte Modeartikel für den Straßenverkauf. Familien- und Frauenarbeit bilden das werktätige Rückgrat in diesen Kommunen. Einige (v. a. Schwarze Frauen und gebildete Asiatinnen der zweiten Generation) schaffen es aufgrund ihres enormen Einsatzes durch zusätzliche Schulung oder Ausbildung, auch in der Wirtschaft, der Gemeindeverwaltung bzw. in den Gesundheits- oder Fürsorgeeinrichtungen Fuß zu fassen, wofür sie erhebliche persönliche wie finanzielle Opfer bringen. Wenn die Männer eine feste Anstellung außer Haus und außerhalb eines Ladens haben, so meist im Transportbereich. Die Neuankömmlinge der letzten Jahre sind in überwältigender Mehrzahl Illegale: sogenannte Wirtschaftsflüchtlinge oder Asylsuchende, die zu Löhnen unter dem Existenzminimum in Cafés oder auf Baustellen arbeiten, wenn sie nicht gewaltsam ins Sexgewerbe gezwungen werden. Das wirtschaftliche Überleben und die familiäre Stabilität werden unter solchen Bedingungen zu einer heiklen und schwierigen Gratwanderung; gefragt sind legale und notfalls auch illegale Überlebensstrategien – Sich-Durchschlagen, auch an der Grenze des Erlaubten, heißt hier die Devise.

Einige dieser Gegenden dienen weiterhin als ›Übergangszonen‹, wo verschiedene Gruppen miteinander interagieren und langsam so etwas wie eine multikulturelle Diversität sichtbar wird. Man begegnet an der Straßenecke Gruppen, die Schwarz und Weiß zusammengesetzt sind, in den örtlichen Clubs und Kneipen gibt es Mixed-Race-Paare, und der asiatische Kleinladenbesitzer und Gemüsehändler gehört ganz einfach zum Ort; eine multi-ethnische und multikulturelle Realität wird als normale Form des ›Lokalen‹ akzeptiert. So hat der Parekh-Bericht zur *Zukunft eines multiethnischen Großbritanniens* beobachtet,

> dass Post-Migrationsgemeinschaften zwar eigenständige kulturelle Formationen sind, aber nicht losgelöst vom Rest der britischen Gesellschaft [...] Diese Gemeinschaften sind keine separaten Enklaven und haben das auch nie sein wollen. Sie sind nicht fest in unwandelbare Traditionen eingeschlossen, sondern interagieren auf jeder Stufe mit dem Mainstream des gesellschaftlichen Lebens, indem sie ihre überlieferten Überzeugungen und Werte im Lichte ihrer mit der Migration gemachten Erfahrung ständig neu anpassen und verändern (Parekh 2000, 27).

Les Back (1996) hat aufgezeigt, wie in einigen vorwiegend Schwarzen Gegenden von Südlondon und anderswo unter jungen Leuten so etwas wie ein eigenständiger kultureller Synkretismus im Entstehen begriffen ist, mit Musik und einer urbanen Straßenmode als entscheidenden Schnittstellen, wo sich also nicht bloß ein neuer urbaner ›Ethno-Stil‹ unter Schwarzen und asienstämmigen Jugendlichen manifestiert, sondern auch ein Segment Weißer ›Möchtegerns‹ mitgezogen wird, das Südlondoner Estuary-Englisch bzw. die Gassensprache spricht und auf Garage- bzw. Drum-and-Bass-Musik steht. Die seit längerem bestehenden Gemeinschaften, die eine Art Waffenstillstand mit der dominanten Gesellschaft ausgehandelt haben und gut funktionieren, ohne darüber den Zugang zu den Gewohnheiten und Werten der eigenen Gemeinschaft preiszugeben, sind in vielerlei Hinsicht ebenfalls Teil eines sich international abzeichnenden Trends bzw. einer globalen städtischen Formation. Hier haben wir es nun mit Globalisierung von unten zu tun. Insbesondere die synkretistischen Formen Schwarzer und asiatischer Stadtkultur sind eingelassen in informelle und weitgehend unsichtbare kulturelle ›Ströme‹, die in Form von Musik, Mode und Street-Style sowie Drogen global zwischen den Städten kursieren: von Kingston nach Brixton und Harlesden, nach Queens und Brooklyn in New York, Manchester, Compton bei Los Angeles, Atlanta und in die Club-Szenen von Berlin, Stockholm und Warschau.

Aber es gibt auch andere Muster, die sich verstärken könnten. Zu Recht warnt Amin, dass »inter-ethnisches Verständnis durch kulturelle Hybridisierung nicht schon garantiert ist« (2002b, 9). Es gibt Gebiete, wo die Gemeinschaften der ›Gastgeber‹ bzw. der ethnischen Minderheiten relativ abgekoppelt nebeneinander herleben und sich im Alltag im Sinne eines ›Leben und leben lassen‹ begegnen. Anderswo wiederum, womöglich gar nicht weit entfernt, zerfallen die verschiedenen lokalen Bevölkerungsgruppen, ob jung oder alt, in eine stumme, aber widerstrebende Absonderung, eine feindliche gegenseitige Abwehrhaltung. Hier hat im Milieu der Weißen städtischen Arbeiterklasse eine kampfbereite Englischtümelei um sich greifen können, und wer als Außenseiter wahrgenommen wird – wobei Hautfarbe nur ein Kriterium unter mehreren ist –, gerät tatsächlich in Gefahr. Dies gilt insbesondere für kürzlich angekommene ›Asylanten‹. Seit der moralischen Panik um die Politisierung des Islam, 9/11 und dem Krieg gegen den Terrorismus lauert die Islamophobie nur knapp unter der Oberfläche, und junge muslimische Männer und Frauen sind besonders verletzlich.

Es ist offensichtlich, dass sich uns selbst schon bei einem groben und impressionistischen Versuch, die Verbindungen zwischen den sich wandelnden sozialen und räumlichen Anordnungen der Stadt sowie den neuen bzw. entstehenden Kräften der Globalisierung aufzuzeigen, ein ungleich komplexeres Bild der ›globalen Stadt‹ bietet; nämlich das einer Stadt mit mannigfaltigen und sich überlappenden Räumen und entsprechend komplexen Mustern der Interaktion und Verteilung von Aktivitäten, Ressourcen und Haltungen. Verschiedene Praxen teilen sich in dieselben urbanen Räume. Allerdings sind auch die Abgrenzungen heftiger geworden und tiefer verankert. Die heutige Realität ist – und das nun schon seit geraumer Zeit –, dass der Multikulturalismus zusammen mit dem Rassismus voranschreitet. Und tatsächlich lässt sich in gewisser Hinsicht sagen, dass sich diese Tendenzen weiter verstärken, festigen und ausweiten, auch wenn sie sich an der Oberfläche der Städte nicht so deutlich manifestieren. Die globale Stadt ist heute eher ein verschlungenes Netzwerk von Differenzen, deren jede jederzeit als potenziell explosive Trennungslinie wirksam werden kann. In der globalen/multikulturellen Stadt »konstituieren sich« – so haben Bridge und Watson (2002) aufgezeigt – »Identitäten und Differenzen auf vielfache und komplexe Weisen in vieldeutigen Räumen, sie changieren und verschieben sich und kreieren dabei andersartige Räume in der Stadt mit neuen Rändern und Grenzen.«

Die Geschichte des Nachkriegs-Rassismus ist mit Bezug auf die Migration bisher nicht sorgfältig genug aufgearbeitet worden. Die verbreitete, öffentliche Wahrnehmung der Migration – im Schatten von Dekolonialisierung und dem ›Ende des Empires‹ – war in den frühen Nachkriegsjahren tief in die Hinterlassenschaften von Sklaverei, Vertragsknechtschaft und Kolonisation verstrickt – grob gesagt, richtete sie sich noch immer am imperialen Zusammenhang aus. Das schloss auch die Unterordnung der kolonisierten Ökonomien unter die Interessen der Metropole ein – eine Tatsache, die in ›imperialen‹ Städten wie Bristol, Cardiff oder Liverpool klar zutage trat – und spiegelte sich in der symbolischen Rolle wider, die die imperiale Vorstellung bei der Konstruktion der britischen Identität als überlegener bzw. herrschender Race gespielt hat. Diese zivilisatorische Überlegenheit bleibt als weiterhin wirkungsmächtiger Faktor auch mit dem post-imperialen Bewusstsein fest verknüpft. In den frühen Konfrontationen zwischen Einheimischen und Migranten stand sie noch ganz im Vordergrund, aber als die Migrationsströme zunahmen und eine umfangreichere und auch zunehmend dauerhafte Niederlassung sich abzeichnete, vollzog sich eine bedeutende Verschiebung. Dem abwertenden Repertoire von Race und Hautfarbe wurden weitere Dimensionen ethnisierend ausgelegter Verschiedenheit hinzugefügt, die eher mit kulturellen Differenzen zu tun hatten – geschichtliche, religiöse oder sprachliche; in Gewohnheiten bewahrte, in der Kleidung, im familiären Umgang oder in den Familienwerten – ein ethnisierend artikuliertes System, das als ›neuer Rassismus‹ bekannt geworden ist. Seither hat sich die Rassisierung der Differenz zunehmend auf die zwei Repertoires der Biogenetik und der Kultur abgestützt (Hall 2004a). In letzter Zeit sind die Migrationsströme ins Vereinigte Königreich, die mit neuen Entwicklungen der Globalisierung einhergehen, noch vielfältiger und unterschiedlicher zusammengesetzt. Weit davon entfernt, die auftretenden Spannungen zu mildern, ist damit neben den älteren, auf Race abhebenden Repertoires ein komplexeres System sich überlagernder Kultur-Differenzen ins Spiel gekommen. Vor diesem Hintergrund haben Michel Wieviorka und andere den Begriff ›differenzieller Rassismus‹ (*differential racism*) herausgearbeitet; d. h. ein Rassismus, dessen rassisierte Differenzen in komplexer Weise in Bezug auf verschiedene Gruppen, aber auch zwischen ihnen, artikuliert werden.

Welche Versprechungen für eine gerechte und fortschrittliche Antwort auf die Fragen sozialer Gerechtigkeit, Gleichheit und Vielfalt halten nun also diese neuen städtischen Muster und Formationen bereit? Die Aussichten sind nicht optimistisch. Gewiss gibt es eine Art ›Kosmopolitismus‹ in den neuen Räumen und Formationen der globalen/multikulturellen Stadt, weil diese Räume inzwischen eng mit der weiten Welt verbunden und auf ihre Netzwerke und Vermittlungen ausgerichtet sind.

Allerdings hat diese Form von kosmopolitischer Haltung klare Grenzen. Ihr hauptsächlicher Effekt besteht darin, innerhalb der Stadt jene Teilungen zu reproduzieren, die die Globalisierung in ihren derzeitigen Formen weltweit vornimmt. Obwohl der Begriff ›Globalisierung‹ stark vom positiven Beiklang einer früheren Version des ›Internationalismus‹ profitiert, hat er allgemein nur sehr wenig mit einer umfassenderen und stärker egalitären Verteilung der Reichtümer und Ressourcen des Planeten unter die Menschheit zu tun. Globalisierung ist weltumspannend in ihrem Ausmaß, global in ihrer Funktionsweise. Sie erzeugt jene größere Interdependenz zwischen den verschiedenen Teilen des Globus, auf die sie sich stützt. Dabei bildet sie mit den von ihr erzeugten Eliten jedoch ein System, das auf Herrschaftsverhältnissen beruht, angetrieben von den Imperativen und Interessen der entwickelten westlichen Welt und gegründet auf die gewaltigen Macht- und Wohlstands-Ungleichgewichte zwischen den Reichen und Armen dieser Erde, deren entscheidendste Dimension noch immer diejenige zwischen dem Westen mit seinen Subalternen und dem Rest der Welt ist. Ihre Haupteffekte bestehen darin, diese Unterteilungen und Differenzen in der globalen Stadt zu reproduzieren und auszunutzen. Trotz ihres impliziten Versprechens einer besseren Zukunft für alle ist Globalisierung damit ein höchst widersprüchliches System. Gewissermaßen als Überschuss-Effekt des Systems, als eine seiner unbeabsichtigten Folgen, ist Globalisierung nämlich zugleich das Terrain einer Vervielfältigung von Differenzen, die sich nicht mehr in eine einzige einheitliche Formation hineinzwängen lassen. Dieser Widerspruch zwischen dem Drang zu politischer, ökonomischer und kultureller Homogenisierung auf der einen Seite und einer weltweiten Zunahme der Differenz auf subalterner Stufe auf der anderen bleibt durch die heutige Form der Globalisierung völlig ungelöst.

Natürlich werden jetzt alle immer stärker hineingezogen ins globale Netz von Investition, Konsum und Technik. So gesehen ist eine weltweite kulturelle Homogenisierung im Vormarsch. Die neuen urbanen Eliten und die mit ihnen verbundenen Stadtteile bewegen sich in diesem Einflussbereich. Aber die Ressourcen, Möglichkeiten und Aussichten zur Lebensgestaltung sind nicht schon deshalb ausgeglichener oder gleich über den Globus oder die Stadt verteilt, weil das System inzwischen kein richtiges oder effektives ›Außen‹ mehr kennt. Die Arbeiter, die in Ostafrika mit der Produktion von Stangenbohnen für die Supermärkte des Westens beschäftigt sind, sind ins globale Produktionssystem fest eingelassen, ohne dass dies irgendeine ausgleichende Wirkung auf ihre miserablen Löhne zeitigte; und die Holzfirmen mögen auf ihrem Weg durch die Wälder Amazoniens zwar die einheimische Bevölkerung ins Netz der Globalisierung ziehen, aber gleichzeitig zerstören sie auch ihre Lebensgrundlagen und Ökosysteme und verschleudern weltweite Ressourcen.

Eine Zeitlang erschien am anderen Ende der Skala eine Art ›praktischer Multikulturalismus‹ als gangbare Alternative. Das war Globalisierung von unten – gegen den Strich und gegen die Logik, ja oft sogar im Widerspruch zu einer Globalisierung von oben – obschon, wie wir bereits aufgezeigt haben, unzweifelhaft ihre Effekte aufgreifend bzw. artikulierend. Dabei handelte es sich allerdings keineswegs um Kosmopolitismus in irgendeinem einfachen Sinn, sondern diese Haltung wurzelte in der Bedeutsamkeit und der Hartnäckigkeit von Differenzen, die sich einer Angleichung an einen weltweiten kulturellen Konsumismus nach westlichem Muster verweigerten. Eine Zeitlang jedenfalls hatte es den Anschein, als handelte es sich dabei um genuine Differenzen, welche die geschichtlichen Routen, Erinnerungen, Verläufe und Traditionen bewahrten, die die Menschen und ihre Lebensweisen inmitten der schrecklichen Schicksalsschläge und Verwerfungen der Migration gestärkt hatten. Dabei war es nicht nötig, sich diesen Differenzen in einer starren, essentialistischen, doktrinären oder fundamentalistischen Weise zu verschreiben; vielmehr wurde es unter bestimmten geeigneten Umständen möglich, sie in einem ›Tausch‹ bzw. einer Übersetzung zu umfassenderen Mustern zu erweitern im Zuge einer Entwicklung, bei der Menschen mit unterschiedlichen Geschichten, die auf verschiedenen Wegen in die westliche Metropole gekommen waren, die Bedingungen anzunehmen und auszuhandeln lernten, unter denen sie untereinander denselben Ort beanspruchen konnten. Das gab Anlass zur Hoffnung, dass daraus schließlich Formen eines ›verorteten Kosmopolitismus‹ hervorgehen würden.

Je stärker jedoch die Globalisierung an weltweite ökonomische, militärische und geopolitische Systeme angekoppelt wird, desto mehr entsteht daraus in ihrer dominanten Form ein integriertes, expansionistisches und missionarisches System. Es nötigt jedermann, sich einzuordnen, und strebt durch Assimilierung oder erzwungene Gleichschaltung nach Allgemeingültigkeit; sein Anspruch auf Universalität wird in dem Sinne ›wahr‹ gemacht, als das System in seinen konkreten Operationen und Auswirkungen universal bzw. global gehalten ist. Die Interventionen rund um den Globus werden nicht mehr bloß zur Absicherung westlicher Interessen vorgenommen, sondern (in Präsident Bushs Worten) im Namen der ›westlichen Werte‹ und um der Menschheit ›Freiheit‹ zu bringen, nämlich indem alle Welt ›genauso wie wir‹ gemacht wird.[5] Auch im Vereinigten Königreich ist der vorübergehend zur Staatsdoktrin erhobene Multikulturalismus im Kontext des ›Kriegs gegen den Terrorismus‹, des Irak-Abenteuers und einer steigenden Zahl von Immigranten in den letzten Monaten von Sprechern im Umfeld von New Labour als Ideal desavouiert und untergraben worden. Still wird es derzeit zu Grabe getragen. Im Gleichschritt mit der europaweiten Errichtung von Barrieren gegen die Migration, der Verschärfung der Maßnahmen gegen illegale Immigranten und einer systematischeren Überwachung der Grenzen kommt verbreitet eine Assimilationsdoktrin zum Vorschein bzw. zum Tragen, die es im Vereinigten Königreich seit den 1970er Jahren nicht mehr gegeben hat. Paradoxerweise gibt sie nicht selten vor, im Namen des sozialen Zusammenhalts zu handeln. Und natürlich haben sich die Feinde dieses globalen Universalismus weltweit desto mehr auf ihre Differenzen versteift, und so werden sie inzwischen als Antithese zur ›Modernität‹ (bzw. der westlich dominierten Globalisierung) gehandelt, d.h. als urtümlich, essentialistisch, unübersetzbar und fundamentalistisch.

Vor dem Hintergrund dieser Vorgänge und Kräfte wird die globale/multikulturelle Stadt derzeit räumlich und gesellschaftlich umgeordnet; dabei wird sie selbst mehr und mehr zu einem entscheidenden Ort für die Austragung der genannten widersprüchlichen Tendenzen, Konflikte und Verlaufsformen. Die Stadt kann die umfassenden Widersprüche des Globalisierungsvorgangs, den sie widerspiegelt und verkörpert, allerdings nicht von sich aus auflösen. Aber sie wird weiter eine empfindliche Aufzeichnungsschablone abgeben für den Vorgang einer panoptischen Neuordnung der Macht unter dem weiterhin prägenden Einfluss des ›Globalen‹.

Aus dem Englischen von Thomas Barfuss

5 Eine umfangreichere Darstellung dieser Entwicklung in den USA – einschließlich der Auswirkungen auf Überwachung und Gerechtigkeit in den amerikanischen Städten – bietet Patricia Williams (2006).

»Jeder muss ein bisschen aussehen wie ein Amerikaner«

Über die Bedeutung des Kulturellen für das Verstehen der Gesellschaft[1]

Stuart Hall und Bill Schwarz im Gespräch

In Ihrem Artikel ›Bewegung ohne Ziel‹ [in diesem Band] schrieben Sie, dass sich Frau Thatchers Regierungszeit weniger durch ihre Siege auszeichnet als dadurch, dass sie für lange Zeit den Ton in der Politik vorgeben werde, gleichgültig wer die Regierung stelle. Sie sollten recht behalten.

Das ist eine interessante Geschichte, weil ich glaube, damals begriffen zu haben, welch tiefgreifenden Umbruch der Thatcherismus für die politische Kultur bedeuten würde. Eigentlich war es ein Ergebnis unserer Arbeit am CCCS (Centre for Contemporary Cultural Studies) zu Race, Gewalt/öffentliche Unsicherheit und Verbrechen, veröffentlicht in *Policing the Crisis* (Hall u.a. 1978). Mit dieser Arbeit wollten wir verstehen, was in Großbritannien in den 1970er Jahren passierte, wobei Race wie ein allgemeines Raster fungierte – eine Art wiederkehrendes Motiv. Es ging nicht nur um Race, aber irgendwie standen Race und Verbrechen im Zentrum dessen, worauf sich der Thatcherismus stützen und an denen er die sozialdemokratischen Einstellungen messen konnte, die sich während des Krieges und in der Nachkriegszeit herausgebildet hatten. Es war nicht nur eine Frage des politischen Siegs, es war ein tiefgreifender Umbruch der politischen Kultur. Und wenn die Linke die Tiefe dieses Umbruchs nicht begreifen würde, wäre sie darin gefangen – sie wäre gezwungen, auf einem Terrain zu agieren, das sie nicht selbst vorgegeben hätte. Und genau das ist meines Erachtens geschehen.

Seitdem stellt der Thatcherismus für mich nicht nur ein britisches Phänomen dar. Er steht am Beginn dessen, was wir heute Globalisierung nennen, einer neuen historischen Situation, des Wiedererstarkens des internationalen Kapitals nach der Epoche des Kalten Krieges und des Wohlfahrtsstaats. Das konnte nur unter der Bedingung geschehen, dass der neue Staat des entfesselten Marktes – eines Staats, wie er derzeit unter der Obhut von New Labour gedeiht – mit einer weitreichenden Trans-

1 Überarbeiteter Auszug eines Gesprächs zwischen Stuart Hall und Bill Schwarz in der Queen Elizabeth Hall im Februar 2007; manche Fragen kamen auch aus dem Publikum.

formation globaler Verhältnisse und Beziehungen einhergeht. Ich sehe den Thatcherismus jetzt eher im Zusammenhang seiner geopolitischen Bedeutung, als Beginn einer neuen Ära. Der Neoliberalismus bedeutet eine neue Epoche, welche die vorherige ablöst, die am Ende des Zweiten Weltkriegs entstanden und selbst dann von einer sozialdemokratischen Perspektive dominiert war, wenn die Konservativen die Regierung stellten. Diese Perspektive wurde weltweit zurückgedrängt. Wir befinden uns jetzt in einer völlig anderen Situation.

Diese neue historische Situation, die neoliberale Globalisierung, ist ein internationales Phänomen und hat auch zu einer Militarisierung der Beziehungen zwischen dem Westen und dem Rest der Welt geführt.

Ja, die Globalisierung hat viele Aspekte, aber worauf es mir jetzt ankommt, ist ihre widersprüchliche Natur. Einerseits ist sie ein weltumspannendes, planetares Projekt; sie setzt sich über die Grenzen des Nationalstaats hinweg, der für das politische Leben in den Industriegesellschaften während der letzten zwei- bis dreihundert Jahre bestimmend war (obschon es auch früher Phasen der Globalisierung gab, beispielsweise während der Kolonialzeit). Andererseits bietet die Globalisierung die Chance für etwas, das wir einmal Internationalismus nannten – da es sich allerdings nicht mehr zwischen Nationen abspielt, können wir den Begriff auch nicht mehr verwenden. Die Globalisierung will den westlichen Lebensstil auf den gesamten Planeten ausdehnen, ist jedoch gleichzeitig Quelle und Basis stark zunehmender Abgrenzung. Und darin liegt der Widerspruch der weltweiten McDonaldisierung, wie es manche nennen – dem Überstülpen westlicher Konsumformen, westlicher Werte, westlicher Lebensart, der westlichen liberalen Demokratie, des westlichen Kapitalismus etc. über den ganzen Globus, über eine Gesellschaft nach der anderen. Das soll nicht heißen, dass es Leute gibt, die gewissermaßen planmäßig vorgehen. Doch damit die Globalisierung in der herrschenden Form auch wirklich funktioniert, muss sie jeden Einzelnen in ihren Bann ziehen. Jeder muss ein bisschen aussehen wie ein Amerikaner. Gerade deshalb ist das Fernsehen von so entscheidender Bedeutung. Denn Sie verstehen erst wie ein Amerikaner zu gehen, wenn Sie lange genug ferngesehen haben. Wenn man genug fernsieht, weiß man sogar in Timbuktu, wie man als Schwarzer wie ein Amerikaner geht oder wie man als Afrikaner wie ein Amerikaner geht. Das ist die eine Seite des globalen Projekts.

Die andere Seite ist jedoch, dass die Globalisierung Menschen zur Flucht zwingt und so verschiedene Kulturen auf widersprüchliche Weise zusammenwürfelt. Manchmal hat das ganz schreckliche Auswirkungen. Menschen werden aus ihrer Heimat vertrieben, in fremde Länder verstreut, in Flüchtlingslagern untergebracht. Sie sitzen unter Flugzeugen, um woandershin zu kommen, wegzukommen, ein neues Leben zu finden. Auch das ist Globalisierung – Globalisierung von unten. Doch diese Menschen sollen sich eigentlich nicht bewegen, sie sollen bleiben, wo sie sind, niedrige Löhne akzeptieren und so Teil der Weltwirtschaft werden. Stattdessen gehen sie, schnappen sich ein Boot und rudern einem besseren Leben entgegen. Klar – was sollen sie sonst tun? Sie zeigen ihnen, wie das schöne Leben aussieht und wo es zu haben ist, und schon sind sie unterwegs. ›Wirtschaftsflüchtlinge‹ sind lediglich Menschen, die ein besseres Leben haben wollen. Menschen werden auch durch Armut und Bürgerkrieg vertrieben. Das ist die andere Seite der globalen Gesellschaft – die Unterseite, das Leben am unteren Ende.

Und unsere gegenwärtige Politik in dieser neuen historischen Situation befindet sich im Spannungsfeld dieser beiden Formen der globalen Gesellschaft. Sie resultiert aus der Spannung zwischen den der Globalisierung innewohnenden Möglichkeiten einerseits und der ungeheuren Barbarei und allen damit verbundenen Gefahren andererseits.

Sie betrachten also die Dimensionen des Multikulturellen in der Globalisierung. Doch seit etwa zehn Jahren befassen Sie sich mehr und mehr mit Kunst, insbesondere der Schwarzen bildenden Kunst. Können Sie uns etwas über Ihre Hinwendung zum Bildhaften sagen? Glauben Sie, dass die Schwarze bildende Kunst in Großbritannien zurzeit eine herausragende Stellung bei der Betrachtung von Fragen einnimmt, die mit Race und Vertreibung zu tun haben?

Lassen Sie mich zunächst ein paar Worte darüber sagen, wie die beiden Dinge zusammenhängen. Wie Sie wissen, mag ich den Begriff Multikulturalismus nicht, doch interessiere ich mich für die multikulturelle Frage. Und aus meiner Sicht heißt das Folgendes: Wie können Menschen aus verschiedenen Kulturen, mit verschiedenen Sprachen, unterschiedlicher Herkunft, unterschiedlichen Glaubensrichtungen, einer jeweils anderen Geschichte, Menschen, die entweder direkt miteinander zu tun haben, weil sie am selben Ort ihren Lebensunterhalt bestreiten müssen oder weil sie, digital vermittelt, in ein und derselben Welt leben – wie können wir friedlich zusammenleben, ohne in Stämme auseinanderzufallen, die sich bis aufs Blut bekriegen, ohne darauf zu bestehen, dass die anderen genauso aussehen und das Gleiche glauben und denken müssen wie wir – sich also assimilieren müssen? Wie können wir die tatsächlich existierende, komplizierte Diversität auf diesem Planeten fassen; was unterscheidet die Gesellschaften voneinander? Durch unterschiedliche Geschichtsverläufe, unterschiedliche Kulturen, ist über große Zeiträume hinweg eine bunt zusammengewürfelte Welt entstanden. Doch jetzt stürzen die Barrieren ein. Die Menschen sind gezwungen zusammenzuleben. Die multikulturelle Frage ist folgende: Wie können sie das schaffen, ohne das, was sie ausmacht, ohne ihre Identität aufzugeben? Das nenne ich Differenz.

Ich glaube, nicht völlig anders zu sein als du, aber was ich geworden bin, bin ich auf einem anderen Weg geworden als du. Wir müssen also erkennen, dass uns eine jeweils andere Geschichte hervorgebracht hat, die diesen Austausch ermöglicht. Ich kann nicht so tun, als sei ich du. Ich weiß nicht, welche Erfahrungen du gemacht hast. Ich kann mir nicht deinen Kopf zerbrechen. Unser Zusammenleben muss also auf Austausch basieren, auf Verständigung. Ich will nicht du sein. Du sollst nicht ich sein. Ich will dich nicht einverleiben. Ich will nicht darauf bestehen, dass du aufhörst, du zu sein, und wie ich wirst. Also: Wie machen wir jetzt weiter? Fragen der Demokratie, der Gleichheit, der Differenz müssen gelöst werden. Multikulturalismus ist der heikle Weg, die Probleme zu bewältigen, die die Globalisierung geschaffen hat.

Und das ist nur das jüngste der multikulturellen Probleme, die durch die Globalisierung entstanden sind. Das gleiche Problem hat sie auch schon vor zwanzig, dreißig, hundert Jahren hervorgebracht. Damals bestand die multikulturelle Frage darin, wie Schwarze und Weiße in der Karibik oder Asiaten und Afrikaner in Ghana zusammenleben können. Wir stehen vor einer neuen Form derselben Frage, hervorgebracht durch eine neue Form der Globalisierung. Sie ist jetzt in jenen Gesellschaften angekommen, die in den letzten zweihundert Jahren glaubten, zwischen sich und den anderen unüberwindbare Grenzen ziehen zu können, sie aus der Ferne regieren oder ihr Leben und Wirtschaften aus der Distanz steuern zu können. Besonders interessieren mich dabei die Auswirkungen auf die europäischen Gesellschaften, da diese die am weitesten ›entwickelte‹ Lebensform darstellen. Wie wirkt es sich auf sie aus, mit Differenzen leben zu müssen, mit Menschen, die sich anders kleiden, anders sprechen, andere Erinnerungen haben, ein anderes Leben führen, eine andere Küche haben?

Wir können uns über Folgendes streiten: Wenn ich meine Burka aufgebe, wirst du den Union Jack aufgeben? Wofür wäre ich bereit zu sterben? Welche Differenz ist mir so wichtig, dass ich dafür kämpfen, dich dafür umbringen würde? Oder bin ich willens, einen Kompromiss zu finden? Bin ich gewillt, mit dir zu verhandeln, um einigermaßen in Frieden leben zu können? Dieser Versuch des Ausgleichs wird einen ordentlichen Krach geben. Bilden Sie sich nicht ein, dass es in der Form des sozialen Zusammenhalts geschehen wird, wie man das heute zu nennen pflegt. Nichts Zusammenhaltendes wird sich daran finden lassen. Jede Form demokratischen Lebens – und ich spreche nicht von politischer Demokratie – ist ein großer, inszenierter Streit. Weil es wirkliche Differenzen gibt und Menschen daran festhalten. Deshalb müssen sie Wege finden – schwierige Wege –, sich über ihre Differenzen zu verständigen, denn die Differenzen werden nicht verschwinden.

Darüber kann man sich auch politisch streiten. Und mich interessiert die Politik des Verhandelns, durch die eine multikulturelle Gesellschaft in Zukunft möglich wird. Aber mich interessiert auch, wie das Andere, wie Differenzen in den Köpfen der Menschen funktionieren. Und wenn man mehr darüber erfahren möchte, wie Differenz in den Köpfen funktioniert, müssen Sie sich der Kunst zuwenden, der Kultur. Sie müssen sich dorthin begeben, wo die Leute träumen, wo sie fantasieren, wo sie mit Symbolen arbeiten. Sie müssen einen Umweg machen – um die Sprache des direkten Beschreibens herum zu einer Sprache des Imaginären. Solange wir das kolonisierte Imaginäre, das die Köpfe eines beträchtlichen Teils der britischen Bevölkerung beherrscht, nicht dekonstruieren können, werden wir auch nie mit Differenz multikulturell leben. An einer ›direkten‹ Argumentation war ich schon immer interessiert, genauso wie an einer indirekten. Daher ist mein Interesse für die bildende Kunst keine Überraschung. Kultur hat mich schon immer interessiert, weil sie das Gebiet der Umwege, des Indirekten ist.

Natürlich ist die reale Welt, die historische, die politische Welt von immenser Bedeutung für die Kultur. Dennoch können wir keineswegs behaupten, dass Kultur diese andere Welt lediglich widerspiegelt. Beide sind miteinander verbunden, aber auf einer unbewussten, tiefer liegenden Ebene. Wir können nicht einfach die eine Welt entschlüsseln und eins zu eins in die andere übertragen. Wir müssen einen Schritt zurück und durch das Imaginäre gehen, um in den Bereich des Kulturellen zu gelangen. Manchmal wird behauptet, die Kulturwissenschaft glaube, Kultur sei alles. Doch das denke ich überhaupt nicht. Ich glaube, sie ist sehr wichtig, absolut grundlegend, aber eine Sache unter vielen. Wie kann man heutzutage leben, ohne an Kapital oder Krieg interessiert zu sein? Natürlich ist Kultur nicht alles, aber sie ist eine Dimension von allem. Alles existiert und wird zugleich imaginiert. Und wenn man sich auf ein Gebiet begibt, wo tiefe Gefühle eine Rolle spielen, die kaum zu verstehen sind, muss man sich die Kultur anschauen. Die Menschen verstehen nicht, was sie an Differenz so erschreckend finden. Sie wissen nicht, was sie an Leuten nicht ausstehen können, die nicht wie sie selbst aussehen. Was ist es? Was beunruhigt sie? Irgendwie ergreift es sie im Innern, und mit vernünftigen Argumenten kommt man da nicht hin. Haben Sie schon mal versucht, jemandem zu sagen, er solle seine rassistischen Vorurteile aufgeben, weil sie irrational seien? Das können Sie vergessen. Wenn Sie sich also für eine Gesellschaft interessieren, die schmerzhaft zu lernen beginnt, mit Differenz umzugehen; wenn Sie erkennen wollen, wie diese Gesellschaft das Andere als etwas Entgegengesetztes konstruiert, dann müssen Sie verstehen, wie Kultur funktioniert. In der Kunst werden Dinge auf eine Art gesagt, wie man sie in anderen Bereichen nicht sagen kann. Deshalb interessieren mich Menschen, die zwar hier leben, aber aus einer anderen Kultur kommen, einen anderen Lebensweg hinter sich haben als die hier Geborenen. Mich interessiert, was sie sich vorstellen, wie sie es sich vorstellen, wie sie sich selbst darstellen, und zwar bildhaft, in der bildenden Kunst, wie sie sich verorten. Und mich interessiert die Gesellschaft, die einen besseren Zugang hat zu diesen Visionen, Träumen, Albträumen, Traumata und Ängsten. Darum die bildende Kunst.

Was halten Sie von der These, Differenz zu ignorieren und sie sich stattdessen zu eigen zu machen, den Schwerpunkt auf Gemeinsamkeiten und gemeinsame Erfahrungen zu legen?

Mit einer Antwort darauf sind ziemlich große und schwierige Fragen verbunden. Ich dachte immer, dass wir im Grunde alle Menschen seien, dass man die Differenzen außer Acht lassen und die Gemeinsamkeiten finden sollte. Natürlich sind wir alle Menschen, aber an einem bestimmten Punkt meines Lebens bin ich leider zu dem Schluss gekommen, dass unsere gemeinsame menschliche Natur nicht ausreicht. Was uns voneinander abhebt sind in der Tat die Eigenheiten, die Besonderheiten unserer historischen und anderer Erfahrungen. Es gibt einen Satz von Karl Marx – warum zögert man, Marx zu zitieren? –, in dem er zwar zustimmt, dass wir alle Menschen sind, Sklave und Sklavenhalter, dass jedoch, wie er sagt, die gesellschaftlichen Kategorien wichtig seien, in welche die Menschen eingeteilt würden. Die Unterscheidung zwischen Sklave und Sklavenhalter ist historisch von Bedeutung. Da wird es problematisch.

Hier entstehen die Konflikte um Wohlstand und Eigennutz. Und in analytischer Hinsicht ist das wichtiger als das zwar richtige, jedoch chaotischere Verständnis für unsere Gemeinsamkeiten. In mancherlei Hinsicht war das schwer für mich zu akzeptieren, und es ist der schwierigere Weg. Allerdings bin ich überzeugt, dass Differenz nicht verschwindet. Sie lässt sich nicht ausradieren.

Doch ist sie nicht absolut. Sicherlich gibt es Dinge, die wir teilen; außerdem müssen wir allgemeine Formen finden, um ein Leben zu führen, in dem wir uns nicht gegenseitig umbringen, unterdrücken oder den anderen erniedrigen. Aber diese allgemeinen Formen müssen die Vielfalt menschlicher Geschichte, menschlicher Kultur, der Sprachen und so weiter gelten lassen. Schwieriger, aber auch ehrgeiziger ist das Bestreben, diese Differenzen zu erkennen und allgemeingültige Formen für sie zu finden, so dass das Fremde, der Fremde, das Andersartige, Äußere nach und nach von uns aufgenommen werden kann, ohne so werden zu müssen wie wir. Es ist ein schwieriges Unterfangen – aber meines Erachtens funktioniert die Welt nun mal so. Und ich finde, wenn es so ist, sollten wir diesen Weg gehen. Obwohl ich lange anderer Ansicht war, glaube ich heute, dass es das kompliziertere, schwierigere, aber ehrgeizigere Ziel ist.

Ich will nicht, dass andere so sind wie ich. Warum sollten sie auch? Ich glaube nicht, dass ich mir selbst alles geben kann, was die Welt zu bieten hat. Ich muss bereit sein zu erkennen, dass ich mir nicht selbst genügen kann. Vom Augenblick der Geburt an, vom Augenblick des Eintretens in die Sprache bin ich angewiesen auf alles, was anders ist als ich. Andernfalls wäre Liebe nur Selbstliebe, Narzissmus, würde sich nie vom Spiegelbild abwenden. Das wäre nicht genug. Wir sind vom Anderen abhängig – um uns zu ernähren, uns selbst zu erkennen, eine Sprache zu erlernen. Was unser Menschsein, unsere Menschlichkeit ausmacht – und das ist es, was sie meinen –, ist die gegenseitige Bezugnahme aufeinander, auf das, was nicht wir sind, was anders ist als wir, was sich von uns unterscheidet. Und ich hoffe, dass wir, bevor wir uns gegenseitig zerreißen, ein kleines bisschen Menschlichkeit finden werden, gerade so viel, dass nicht das eintreten wird, was Hobbes den Krieg aller gegen alle genannt hat. Aber dieses bisschen Menschlichkeit genügt mir nicht mehr.

Könnten Sie uns etwas über die frühen 1960er Jahre erzählen? Die Zeit der Neuen Linken, als wir ernsthaft und engagiert für unsere politischen Ansichten eintraten, aber auch das Vergnügen nicht zu kurz kam – wir unterhielten uns über das Kino, über gutes Essen. Mich würde interessieren, was Sie damals beeinflusst hat und wie es dazu kam, dass Sie sich der Kulturwissenschaft zuwandten.

Das war eine sehr wichtige Zeit für mich, und zu den wichtigsten Dingen gehörte die Erkenntnis, dass politische und ökonomische Fragen im engeren Sinn auf dem Kulturellen beruhen und davon abhängig sind. Die Politik musste erweitert werden, um sich mit kulturellen Fragen befassen zu können. Es zählte also nicht nur der Umstand, dass wir gerne ins Kino gingen, uns für *Blick zurück im Zorn* interessierten, gerne ins Theater gingen und was sonst noch; diese Dinge waren für uns konstitutiv für politische Subjektivität. Man kann kein politisches Subjekt sein – ein politisches Programm haben, sich politisch engagieren, sich mit den unterdrückten, ausgebeuteten Klassen identifizieren usw. –, ohne sich Gedanken darüber zu machen, welche Ideen und Vorstellungen solchen Strukturen zugrunde liegen und sie legitimieren. Wir waren der Meinung, dass Kultur konstitutiv sei, genauso konstitutiv wie die Ökonomie. Dass die Dinge bestimmt seien durch das Kulturelle, das Politische und das Ökonomische. Dass man alle drei im Zusammenhang betrachten müsse, um überhaupt irgendeine Situation oder historische Lage begreifen zu können. Darum waren Leute wie Raymond Williams so wichtig für uns, als die Neue Linke noch jung war.

Für viele mag es überraschend klingen, doch die Kulturwissenschaft bedeutete für mich weniger eine berufliche Laufbahn als die Fortsetzung der Politik an anderer Stelle. Ich habe mich dafür entschieden, weil ich die genannten Fragen weiterverfolgen wollte. Ich betrachtete die Kulturwissenschaft – anfangs jedenfalls, später wurde etwas anderes daraus –, als eine Möglichkeit, innerhalb eines akademischen und intellektuellen Rahmens die gleiche Art Fragen weiterzuverfolgen, die Mitte der 1950er Jahre den Ausgangspunkt für die Entstehung der Neuen Linken bildeten.

Was Sie ansprechen, gehört also zu den wichtigsten Beiträgen der Neuen Linken. Ich würde sogar noch weiter gehen. Keiner von uns erkannte damals, dass es sich ebenfalls um eine neue historische Situation handelte, eine Situation, in der Kultur eine überaus wichtige ökonomische, politische und soziale Rolle zu spielen begann, und zwar in Gestalt der Kulturindustrie. Diese wurde – und wieder benutze ich einen marxistischen Ausdruck – Teil der materiellen Produktion. Für das Verständnis von Gesellschaftsformationen, auch der globalen Gesellschaft, ist das Kulturelle mittlerweile von genauso integraler Bedeutung wie das

Ökonomische. Das Ökonomische ist kulturell bedingt, das Kulturelle ist ökonomisch bedingt. Das meine ich, wenn ich von einer Neubestimmung des Politischen spreche, nicht von politischer Parteinahme oder dem Interesse am Kino, sondern von einer Erweiterung des Begriffs des Politischen um das Kulturelle.

Nicht zu vergessen ist außerdem die neue und überaus wichtige Erweiterung des Politischen in den 1960ern, insbesondere der Feminismus, der das Politische um eine Vielzahl neuer Gebiete erweiterte – die Politik der Familie, des Schlafzimmers, die Politik der Sexualität, der Ernährung. Als die Neue Linke in den 1950ern und später darüber diskutierte, dass alles Politische kulturell bedingt sei, kam uns das nicht in den Sinn. Nicht einmal annähernd dachten wir so weit.

Könnten Sie noch etwas über gutes Essen sagen, über die Freude am Vergnügen?

Man muss wissen, dass Vergnügen keiner politischen Richtung oder Partei zugeordnet werden kann. Es ist wichtig, um die sehr explosive, keine Grenzen kennende Natur des Vergnügens zu wissen. Es ist auch Teil der Geschichte, wie ich immer wieder die Perspektive wechseln musste. Kultur musste ich neu denken, Geschlechtlichkeit musste ich neu denken, Differenz musste ich neu denken – und noch immer bin ich dabei, Perspektivwechsel vorzunehmen. Ich musste das Wesen des Vergnügens erst kennenlernen. Ich glaube nicht, dass Vergnügen irgendetwas mit Politik zu tun hat – als politische Kategorie ist Vergnügen sehr irreführend. Ähnlich dem, was ich vorhin schon über Kunst gesagt habe, greift Vergnügen Ihre persönlichen Sätze und Wahrheiten in einer Art und Weise an, auf die Sie wenig Einfluss haben, die Ihnen kaum bewusst ist oder der rationalen Kontrolle Ihrer Wünsche und Absichten unterliegt. Es hält sich an keine Grenzen. Beispielsweise stellt es eine Verbindung zu Leuten her, die Ihnen eigentlich nicht genehm sind. Es bringt Sie dazu, Ihren Feind zu lieben, oder lässt Sie in Leuten etwas sehen, mit denen Sie Streit haben. Vermutlich hat sich mein Leben gerade durch die Einsicht verändert, dass sich innerhalb des politischen Territoriums, das von Gegensätzen lebt, gegensätzliche Positionen niemals völlig ausschließen. Das geht nicht. – Politik wäre nichts, wäre sie nicht voll von Leuten mit unterschiedlichen Positionen. – Und die Frage des Vergnügens gehört zu der Einsicht, der zufolge niemand seinen politischen Gegner als sein Spiegelbild betrachten kann.

Was entgegnen Sie jenen, die einwenden, dass das neoliberale Projekt ebenfalls kulturelle Differenz und die vielen verschiedenen Besonderheiten fördern will? Dass uns der neoliberale Kapitalismus unsere eigenen fadenscheinigen Vorstellungen von Differenz vorgaukelt, während er gleichzeitig diese Unterschiede aushöhlt, wann und wo er nur kann.

Ja, das ist eine der schwierigsten und verwirrendsten Fragen, die mir zu denken gab. Denn natürlich liebt die Warenwelt des Kapitalismus die Differenz über alles, blüht richtiggehend auf dabei. Ehe Sie es sich versehen, ist auch schon eine neue Marktnische entstanden, über Nacht quasi. Eben deshalb ist die verstärkte Zunahme von Differenz eine komplizierte Angelegenheit, weil Sie sich dabei einem Aspekt des Systems nähern, den Sie in Frage stellen wollen.

Ein Großteil meiner Arbeit kommt dem Gegenstand gefährlich nahe, gegen den ich eigentlich kämpfe. Ich bin dem Thatcherismus nahe gekommen – manchmal könnte man meinen, ich halte den Thatcherismus für das Beste seit Erfindung des Rads –, weil er den Kampf um politische Hegemonie weitaus besser verstanden hat als die Labour-Partei. Ich bin der Differenz nahe gekommen, die ja im Grunde nichts anderes ist als ein Aspekt des modernen Konsumismus. Und die Kulturwissenschaft kommt dem Starkult und dem Warencharakter von Kultur sehr nahe. Sie mögen Popkultur, und kaum haben Sie sich das klargemacht, ist der Unterschied verschwunden zwischen dem Warencharakter derselben und den Dingen, die Sie daran so schätzen. Ich kann diese Frage nicht prinzipiell beantworten. Das heißt, ich weiß nicht, welches allgemeine Prinzip zugrunde liegt. Allerdings weiß ich, wie vorzugehen ist. Ich weiß, dass ich mich einer Sache nähern muss, gegen die ich argumentieren will. Ich muss verstehen, worum es geht. Es hat damit zu tun, dass sich jeder beliebige Untersuchungsgegenstand nicht einfach polarisieren lässt. Selbstverständlich ist ein großer Teil der Popkultur nichts anderes als die kommerzialisierte Wiederholung von Formeln, aber gleichzeitig gehören Gefühle und Erfahrungen dazu, die in der herrschenden, der hohen Kultur, keinen Ausdruck finden und ohne die man eigentlich nicht verstehen kann, wie gewöhnliche Leute denken und fühlen. Daher ist die Popkultur eine komplizierte Kombination aus Warenform und für Erfahrung Bedeutungsvollem. Hohe und populäre Kultur kann man nicht voneinander trennen. Die Trennlinie muss innerhalb der Popkultur selbst liegen. Sie müssen sich auf das untersuchte Feld begeben, um herauszufinden, wo die Unterscheidung liegt. Also muss ich mich mit Differenz befassen, um zu sehen, welche Unterschiede von keinerlei Bedeutung, welche bloße Wiederholung oberflächlicher Markennamen sind – Sie kochen eine Suppe, ja Sie kochen tausend verschiedene Suppen, und es ist nicht von Bedeutung. Das sind Differenzierungen, die keinen Unterschied machen. Man muss näher herangehen, um zu verstehen, warum Unterscheidungen dieser Art anziehend auf uns wirken, warum sie angenehm sind. Und um jene Unterscheidungen zu erkennen, die tatsächlich einen Unterschied machen, die Differenzen wirklicher Erfahrungen sind, Differenzen gelebter Geschichte. Ich kann also nicht außerhalb des zu bearbeitenden Feldes stehen. Ich kann keine Unterscheidungen treffen und Beurteilungen vornehmen, ohne dem zu untersuchenden Gegenstand gefährlich nahe zu kommen. Ich muss mich der Gefahr der Anpassung aussetzen, um ihn wirklich kennen zu lernen.

Aus dem Englischen von Ines Langemeyer und Markus Weidmann

Zur Deutung der Krise

Stuart Hall und Doreen Massey erörtern Ansätze zum Verständnis der gegenwärtigen Krise

Doreen *Ein nützlicher Ansatz unter den verschiedenen Möglichkeiten, die derzeitige Krise zu verstehen, ist es, sich die Gegenwart als eine Konjunktur vorzustellen – dies hat sich schon in den 1970er und 1980er Jahren unter anderem in* Marxism Today *als sehr fruchtbar erwiesen, wo dir eine führende Rolle bei der Analyse des Thatcherismus zukam.*[1] *Es wird wohl das Beste sein, wenn wir zu Beginn darüber nachdenken, was mit konjunktureller Analyse gemeint ist und inwiefern sie sich von anderen Ansätzen unterscheidet.*

Stuart Dabei geht es zum Teil um eine Periodisierung. Eine Konjunktur ist ein Zeitabschnitt, in dem die verschiedenen sozialen, politischen, ökonomischen und ideologischen Widersprüche zusammenlaufen, die in der Gesellschaft wirksam sind, um ihr ein spezifisches, charakteristisches Gepräge zu verleihen. So bildete die Nachkriegs-Ära mit Wohlfahrtsstaat, öffentlichem Eigentum und steuerlicher Umverteilung eine Konjunktur; und die neoliberale Periode der Marktkräfte, wie sie von Thatcher und Reagan entfesselt worden ist, eine andere. Wir haben es hier mit zwei unterschiedlichen Konjunkturen zu tun, die durch die Krise der 1970er Jahre getrennt sind. Eine Konjunktur kann lang dauern oder kurz, denn es ist nicht die Zeit oder simple Faktoren wie ein Regierungswechsel, wodurch sie sich definiert, auch wenn das natürlich seinerseits gewisse Auswirkungen hat. Eher denn als evolutionäres Dahinfließen verstehe ich Geschichte als eine Bewegung von einer zur anderen Konjunktur, und die treibende Kraft ist dabei gewöhnlich eine Krise, in der die Widersprüche, wie sie in jedem geschichtlichen Moment am Werk sind, sich verdichten oder, wie Louis Althusser das genannt hat, »zu einer Einheit des Bruchs verschmelzen«. Krisen sind Augenblicke eines potenziellen Wandels, dessen Verlauf nicht vorgegeben ist. So kann es sein, dass sich die Gesellschaft zu einer bloßen Version derselben Sache hinbewegt (von Margret Thatcher zu

1 Ein Schlüsseltext für diesen Analyseansatz war *Policing the Crisis* (Hall u. a. 1978).

John Major?) oder zu einer leicht umgestalteten Version (von Thatcher zu Tony Blair); oder aber die Umgestaltung erfolgt radikal. Antonio Gramsci und Althusser, auf die wir bei dieser Art zu denken zurückgreifen können, waren zuallererst an solchen übergreifenden, zum Bruch führenden Krisenmomenten (wie 1917) interessiert, wo die ›organischen‹ gesellschaftlichen Verbindungen – insbesondere die ökonomische Struktur – eine grundlegende Umgestaltung erfuhren. Aber auch bei Gramsci, der die konjunkturelle Ebene für weniger bedeutsam als die organische hielt, findet sich durchaus die Vorstellung einer Konjunktur im weiteren, methodologisch verstandenen Sinn: Konjunktur als Möglichkeit, bedeutsame Übergänge zwischen verschiedenen politischen Momenten sichtbar zu machen, sie also als ein allgemeines Analysesystem einzusetzen, das auf jede beliebige historische Situation anwendbar ist. In dieser Weise verwende ich heute den Begriff. In *Policing the Crisis* haben wir versucht, die Nachkriegszeit – trotz ihrer vielen widersprüchlichen Aspekte – als Konjunktur aufzufassen, die vom sogenannten sozialdemokratischen Nachkriegs-Kompromiss bestimmt wurde. Dieses politische ›Arrangement‹ zerbrach in den krisenhaften Umbrüchen der 1970er Jahre. Thatcherismus, Neoliberalismus und Globalisierung, eine Ära der dominant gesetzten Marktkräfte also, führten eine brutale ›Auflösung‹ der Widersprüche herbei und eröffneten eine neue Konjunktur.

Es fragt sich nun, ob sich auch die gegenwärtige Situation in dieser Weise betrachten lässt. Wann wäre der Anfang anzusetzen? Hat sie sich im Durchgang durch eine Krise entwickelt? Welcher Art ist diese Krise? Ist sie bloß ein Übergang? Werden die Dinge dabei in einer Weise transformiert, die nicht sehr tief geht und zurückmündet ins ›business as usual‹? Haben wir es mit einer sogenannten passiven Revolution zu tun, wobei keine der sozialen Kräfte ihren politischen Willen durchzusetzen vermag und die Sache ohne Lösung dahinschlittert? Die Regierung von John Major war so ein Moment, in dem die vom Thatcherismus eingeführten Neuerungen zwar auf Schwierigkeiten trafen, aber bei fehlendem Druck von unten schließlich von den herrschenden Klassen noch einmal so zusammengeflickt werden konnten, dass die Tories noch ein paar Jahre an der Macht blieben.

Doreen *Ein Grund, weshalb wir die strukturelle Charakteristik der gegenwärtigen Konjunktur genauer verstehen müssen, liegt also, wie du gesagt hast, darin, dass nicht von vornherein schon feststeht, was passieren wird und mit welchem Ergebnis. Eine solche Analyse kann uns also einen Anhaltspunkt liefern, um die Bandbreite möglicher Entwicklungen besser abzuschätzen.*

Stuart Das sehe ich auch so. Sie zwingt dazu, eine Vielzahl von Aspekten zu berücksichtigen, um das gesellschaftliche Kräftespiel ebenso abzuschätzen wie die eigenen Möglichkeiten zur Intervention, oder wie eine solche möglichst wirkungsvoll vorzunehmen wäre. Geht es in dieser Krise tatsächlich um eine Verschiebung im Gefüge der gesellschaftlichen Kräfte? Und falls nicht, wie können wir die Krise von einem Ende mit Kompromiss auf einen radikaleren Bruch hin bewegen, ja vielleicht sogar zu einer revolutionären Lösung bringen? Voraussetzung dafür ist allerdings eine schonungslose Analyse, um was für eine Art Krise es sich handelt.

Doreen *Die andere Sache, die mir ins Auge fällt – wie du habe ich Gramscis Gefängnishefte und Althusser wieder hervorgeholt: Es ist wichtig, sich die Dinge als komplexe Momente vor Augen zu halten, wo verschiedene Teile der Gesellschaftsformation auch unabhängig voneinander und in unterschiedlicher Weise krisenhaft werden können, aber es kommt der Punkt, wo sie sich verdichten. Auch wenn dieser Moment dann als große Wirtschaftskrise auftritt, ist er in gewisser Weise eben auch eine philosophische und politische Krise – könnte es zumindest sein, wenn wir die entsprechende Erzählung zu fassen kriegten. Aus diesem Grund ist es so wichtig, dass wir uns nicht bloß aufs Ökonomische beschränken.*

Stuart Ja, auf keinen Fall. Es ist jetzt nicht der Zeitpunkt, sich auf ökonomischen Determinismus zurückzuziehen, so verführerisch das auch sein mag in einer Situation, wo die Krise ihren Ursprung doch in der Wirtschaft zu haben scheint, mit dem Zusammenbruch des internationalen Finanzsystems und der Banken. Dennoch wird jede seriöse Krisenanalyse auch ihre anderen ›Daseinsbedingungen‹ ins Auge fassen: beispielsweise die ideologischen – wie der Markt-Fundamentalismus sich als Alltagsverstand in der Wirtschaft etabliert hat, und das nicht nur im Westen, sondern weltweit; oder politisch – die Art, wie sich New Labour von seinen politischen Wurzeln losgemacht hat, um als zweite Partei des Kapitals herauszukommen, was einer Umgestaltung der politischen Landschaft gleichkommt; oder gesellschaftlich – wie im Konsum-Kapitalismus ›Klasse‹ und andere gesellschaftliche Verhältnisse in einer Weise neu angeordnet wurden, dass sie zersplittern, wodurch das gesellschaftliche Potenzial an Wählern oder Akteuren, die einen Wandel herbeiführen könnten, ausgehöhlt wird.

Gramsci, der sein ganzes Leben gegen den ›Ökonomismus‹ gekämpft hat, ließ in dieser Sache keinen Zweifel aufkommen: Für ihn gibt es keine Krise, die ausschließlich ökonomisch wäre. Sie ist stets vielfach ›überdeterminiert‹. Andererseits ist an eine Krise und ihre Lösung nicht zu denken, ohne sich mit dem zu befassen, was er den ökonomischen Kern genannt hat. Wir können die Art, in der der Finanzsektor seine Dominanz über die gesamte Ökonomie ausgedehnt hat, nicht ignorieren, und insbesondere auch nicht seine zentrale Bedeutung für die neuen Formen eines globalen Kapitalismus. Und dennoch müssen wir die Krise in ihrer ganzen Komplexität ansprechen. Es ist schwierig, hier die richtige Balance zu finden, aber wie du gesagt hast, sind Krisen eben immer ›überdeterminiert‹. Verschiedene gesellschaftliche Ebenen, Wirtschaft, Politik, Ideologie, Alltagsverstand usw., greifen ineinander oder ›verschmelzen‹. Wäre es nicht so, dann könnte es eine ungelöste ideologische Krise geben, ohne dass politische Inhalte mitschwingen; oder eine, deren Bezug zum ökonomischen Wandel nicht offensichtlich wäre. Es ist ja gerade die Definition einer konjunkturellen Krise, dass diese ›relativ autonomen‹ Bereiche – die verschiedenen Ursprungs sind ebenso wie sie von verschiedenen Widersprüchen angetrieben werden und sich zudem nach ihrem eigenen Zeitmaß entwickeln – dennoch im selben Moment vereint oder verdichtet werden. Dann haben wir eine Krise, einen Bruch, ein ›Verschmelzen des Bruchs‹.

Doreen *Als du das jetzt so dargelegt hast, ist mir in den Sinn gekommen, dass das vielleicht gerade eins der Dinge ist, die die Tories, die Neoliberalen, New Labour mit eingeschlossen, hingekriegt haben, nämlich die ökonomische und die philosophische Krise möglichst auseinanderzuhalten. Es gab ja eine Zeit, als die Finanzkrise zuerst in die Schlagzeilen geriet, wo die Leute anfingen, ihre Sicht des Wirtschaftens zu hinterfragen und Alternativen zu erwägen – so gab es zum Beispiel eine deutliche Verschiebung der Investitionen hin zur Kooperative, die Gespräche kreisten wieder mehr um die Bildung von Genossenschaften, die Argumentationen liefen dahin, dass wir von all dem Individualismus und der Gier loskommen müssten. Und dennoch sitzen wir heute hier und Cameron kann verkünden, das wahre Problem sei das Defizit der öffentlichen Hand und der aufgeblähte Staat. Die Wirtschaftskrise wird schlecht und recht behoben, zumindest für den Moment, und das hält man für das einzige Problem. Die Implosion der neoliberalen Ideologie steht nicht mehr auf der Tagesordnung. Es ist, als hätten sie diese zwei Momente wiederum voneinander abgekoppelt.*

Stuart Für einen kurzen Augenblick gab es wirklich Leute, die sagten: »Dieses Wirtschaftsmodell funktioniert nicht mehr.« Aber dann scheint sich die Trennung zwischen dem Ökonomischen und dem Ideologischen wieder durchgesetzt zu haben. Das ist typisch für unsere Epoche. Schon ganz früh hat New Labour verkündet, dass keine größeren ideologischen oder ökonomischen Fragen mehr offen seien; es gehe nur mehr darum, »die Gesellschaft zu managen«. Während sich der Neoliberalismus von New Labour darin vom Thatcherismus abhob, ist er aber tatsächlich eine bloße Variante derselben Sache geblieben. Der Thatcherismus richtete sich gegen den Staat, während New Labour die »Wiederentdeckung« einer »aktiven Regierungsform« für sich reklamierte. New Labour erklärte, dass die Ausweitung der Marktwirtschaft bei ihnen besser aufgehoben wäre als bei den Tories, die zunehmend Schwierigkeiten bekamen; und dass sie durch das Verwischen der Trennung von privat und öffentlich sowie durch eine Privatisierung zahlreicher öffentlicher Aufgaben, die sich profitabel betreiben ließen, einen gewaltigen politischen Gegenschlag vermeiden könnten, während sich der Staat darauf beschränkte, die Folgen dieser Politik technisch zu managen. Es gelang New Labour auf diese Weise wirklich prächtig, diese ganze Frage neu zu verpacken, so dass eine ideologische oder politische Wahl nirgends vorgesehen war. Was jedoch geschah – sicherlich im Moment des Abschwungs, vielleicht schon etwas vorher – war, dass einige dieser Zusammenhänge immer offener zutage traten. Allerdings hat Labour darin versagt, sie aufzunehmen oder in die Form einer das ganze System einbeziehenden Krisenerzählung zu bringen. Da New Labour nämlich mit dem Finanzsektor einig geht, dass es sich vor allem darum handelt, das globale Kapitalsystem funktionstüchtig zu halten, kann man es dabei bewenden lassen zu sagen: »Auf lange Sicht geht es einzig darum, zum business as usual zurückzukehren.«

Doreen *Und dann können wir immer noch die Aufmerksamkeit ablenken, indem wir Minister und Parlamentarier ins Gebet nehmen wegen ihrer Spesen und so fort. Dann sind sie die Buhmänner, nicht die Banker.*

Stuart Politik bringt nicht selten das Spektakel hervor, das von dem ablenken soll, was wirklich wichtig ist. Der Aufruhr um die Spesen der Parlamentsmitglieder steht sicher damit in Zusammenhang. Und in einer Zeit, wo New Labour es erklärtermaßen »ganz locker nimmt, wenn die Leute stinkreich werden«, erstaunt es natürlich nicht weiter, dass auch die Parlamentsmitglieder ihr Schäfchen ins Trockene bringen wollen. Dennoch bin ich überzeugt, dass die tiefe öffentliche Entrüstung, die mitunter irrationale Wut, die die Spesen der Parlamentarier ausgelöst haben, zu einem beträchtlichen Teil daher rühren, dass die Leute nicht an die Schuldigen herankommen können. Tatsächlich haben ja viele Menschen keine wirkliche Vorstellung davon, was es bedeutet, stinkreich zu sein in unserer Gesellschaft. Diejenigen, die es wissen, die Banker, die obersten CEOs, die Hedge-Fonds-Manager, agieren global, verwalten ihre Bankangelegenheiten off-shore, führen ein extravagantes Leben ohne Einschränkungen und zahlen sich exorbitante Löhne und Boni aus dafür, dass sie auf katastrophale Weise danebenliegen. Und dann wird die Wut auf die Parlamentsmitglieder abgeleitet – was nicht heißen soll, dass es da nicht auch welche gegeben hat, die ihren Schlund nicht voll genug haben bekommen können.

Doreen *Ich stimme dieser Einschätzung zu und möchte als weiteren Grund noch anfügen, dass wir die Parlamentarier bezahlen und uns daher berechtigt fühlen, sie zu kritisieren – sie sind uns gewissermaßen Rechenschaft schuldig. Dagegen fallen die Banker unter die Rubrik*

Marktkräfte, und als Folge der letzten dreißig Jahre sitzt es tief in uns drin, die Marktkräfte als etwas Natürliches anzusehen, das nicht einfach so kritisiert werden kann – weder moralisch, ethisch noch politisch. Wir erfahren das Finanzsystem als etwas, das völlig außer Reichweite einer Intervention steht. Das ist ein Teil der Entmächtigung, ja es bezeichnet genau das ideologische Moment in der Politik, wie man sie uns hinterlassen hat.

Stuart Ich halte die ideologische Dimension für entscheidend – wie der ganze politische Diskurs ›gereinigt‹ worden ist in einer Weise, dass öffentliches Interesse, Gemeinbesitz, öffentliche Güter, Gleichheit, Umverteilung des Reichtums, auch die hartnäckigen Fakten über Armut und Ungleichheit usw. samt und sonders ›unaussprechbar‹ gemacht worden sind. Das ist ein Beispiel dafür, wie Ideologie durch Entnennung eine der Vorbedingungen für die Existenz der Politik und Wirtschaft beisteuert, und damit auch der Krise. Der Thatcherismus hat es zu einem Bestandteil des Alltagsverstands gemacht, dass das öffentliche Interesse in der Rechnung nicht auftaucht. ›So etwas wie Gesellschaft existiert nicht‹. Was sich rechnet, ist individuelles Eigen-Interesse, und die unsichtbare Hand des Marktes wird das dann für die Gesellschaft als ganze schon richten, oder wenigstens tropfenweise etwas nach unten sickern lassen. Die große Neuerung besteht hier natürlich darin, dass dies auch die Philosophie von New Labour geworden ist.

Doreen *Diese Philosophie ist inzwischen tief in den Menschen verankert – »da ist nichts zu machen, der Markt wird's schon richten«. So betrachten wir im Innersten die Welt.*

Stuart Es funktioniert zugleich auf der Ebene des Alltagsverstands und der, mit Gramsci ausgedrückt, philosophischen Ebene, also etwa bei jener neuen Ökonomie, die angeblich allseits nur Gewinner kennt, bei den mathematischen Formeln, die es den Investoren ermöglichen sollen, aus den Profiten noch einmal Profit zu schlagen, bei der Illusion einer Wirtschaft, in der jeder vorwärts macht. Gramsci würde darauf hinweisen, dass eine Hegemonie sich nur dann einstellt, wenn die Ideologie den Alltagsverstand ergreift oder ›hegemonisiert‹; wenn eine Sache also so absolut selbstverständlich geworden ist, dass sie für die gewöhnlichen Leute zur einzigen Weise wird, sich die Welt zurechtzulegen und zu bestimmen, was gut ist und was nicht, was sie unterstützen sollen und was nicht, was ihnen nützt und was der Gesellschaft nützt.

Doreen *Noch bevor wir überhaupt sprechen, noch bevor wir überhaupt denken, ist da der Rahmen, in dem wir uns bewegen.*

Stuart Genau. Allerdings glaube ich nicht, dass die Philosophie der Regierenden zwingend auch in den Alltagsverstand eingeht. Das braucht seine Zeit und eine gewisse Beschlagenheit auf dem Feld des Politischen. Hegemonie muss errungen werden, sie bleibt ein unabschließbarer Prozess.

Doreen *Sie erfordert eine Menge Arbeit. Und Arbeit, die ganz klar getan werden muss. Und sie wissen das ja auch. Als ich über die City of London geforscht habe, also das Finanzzentrum, da war ich erstaunt über die Berge von Materialien, die sie da produzieren (Massey 2007). Berichte, Studien, Interviews fürs Radio, fürs Fernsehen und was nicht alles, um uns ja davon zu überzeugen, dass wir ohne sie schlicht am Ende wären. Dass sie in Sachen Wirtschaft das Huhn sind, das goldene Eier legt. Auch jetzt gerade legen sie sich wieder mächtig ins Zeug, um die Belegschaften des privaten Sektors und des öffentlichen Diensts auseinanderzudividieren. Labour bemüht sich nicht in derselben Weise darum, etwas in den Herzen und Köpfen der Menschen zu bewegen. Man hört da allenfalls auf Zielgruppen. Aber man geht nicht hinaus zu den Leuten und versucht, einen neuen Alltagsverstand zu erschaffen, eine neue Erzählung – zum Teil sicher auch, weil man das gar nicht will, aber auch …*

Stuart Man weiß da wahrscheinlich gar nicht, worauf ein neuer Alltagsverstand sich überhaupt abstützen ließe.

Doreen *Man hat sich so daran gewöhnt, sich auf eine sogenannte ›natürliche Basis‹ abzustützen, dass man gar nicht weiß, wie eine aus eigener Kraft hervorgebracht werden könnte. Vielleicht ist das der Ort, um ein paar Worte zum Begriff der Hegemonie zu verlieren, der ja verknüpft ist mit dem Denken von Konjunkturen, und über jene Perioden, in denen sich eine bestimmte Politik hat etablieren können.*

Stuart Nicht jede politische Kraft oder Philosophie, die zu einer bestimmten Zeit das Sagen hat, erzielt auch breite Zustimmung.

Es trifft also nicht immer zu, dass die politische Philosophie an der Macht zugleich von jedermann im Mund geführt wird, als käme sie ganz selbstverständlich von innen heraus. Erst wenn sie so auftritt, ›dass die Dinge schlicht und einfach sind‹, erzielt sie Zustimmung und geht in den Alltagsverstand ein. Wenn das geschieht, hat das politische Regime, die politische Philosophie eine Form der Kontrolle erlangt, die beständiger ist, tiefer verankert und auf Dauer gestellt. Natürlich kann man regieren, indem man seine Herrschaft durchsetzt, indem man den Leuten befiehlt, was sie zu tun haben, mittels Propaganda, indem man unliebsame Kritiker in ein Arbeitslager steckt und die Grenzen bewacht. Aber Hegemonie reicht viel tiefer. Meiner Meinung nach ist es entscheidend, wenn man wirklich verstehen will, wie Hegemonie sich absichert, dass man beispielsweise erkennt, wie sie dem Sprechen über Klasse, das wir einst so selbstverständlich im Mund führten, den Anschein von etwas verliehen hat, das nicht mehr anwendbar ist. Das hat nichts damit zu tun, dass Klasse an Bedeutung verloren hätte oder verschwunden wäre oder dass die Klassenstruktur unverändert geblieben wäre oder was immer. Aber wenn man den Blick auf die Bühne der Politik richtet, so erscheinen da die Klassen eben nicht von vornherein schon in vereinigter Form. Sie mit anderen gesellschaftlichen Kräften zusammen zu einem ›geschichtlichen Block‹ zu vereinen gehört zur Politik. Die Weisen, wie Menschen und Gruppen in ein hegemoniales Projekt sich einordnen (darin ›artikuliert‹ werden), sind höchst komplex. Wenn das Finanzkapital das Industriekapital in die Enge treibt, können wir dann noch immer vom Kapital als einer einheitlichen Größe reden? Es gab Leute aus der Arbeiterklasse, die dem Thatcherismus widerstanden haben, andere wiederum haben sich in den Sattel geschwungen und selbständig gemacht. Was heißt das nun fürs Klassenbewusstsein? Bei der Hegemonie geht es darum, Zustimmung zu erlangen durch komplexe Artikulationen der verschiedenen gesellschaftlichen Kräfte, die nicht notwendig mit simplen Klassenbegriffen zusammenfallen.

Doreen *Und es geht genau um eine solche Art der Anrufung der Menschen, sich mit ihren Interessen in deine Geschichte einzubringen. Und das ist es auch, worum sich im Moment gerade Cameron bemüht, man kann das oft schon an seiner Wortwahl erkennen. Oder etwa Thatcher, die den Leuten erlaubt hat, ihre städtischen Sozialwohnhäuser zu kaufen – das war eine perfekte Methode, sie mit hereinzuziehen.*

Stuart Und so weiter und so fort. Diese Arbeit muss getan werden, bis ein Grad an Unbewusstheit erreicht werden kann, der die Leute vergessen lässt, dass es Ideologie ist, was aus ihnen spricht. Die Ideologie wird ›naturalisiert‹, sie erscheint einfach natürlich. ›Marktkräfte‹ war natürlich ein hervorragender Ersatzausdruck für ›das kapitalistische System‹, weil er so viel entnannt hat, und da wir tagtäglich den Markt benützen, erscheint es umso plausibler, dass wir alle schon seit je ein begründetes Interesse daran hätten, ihm alles zu überlassen. Man hat uns damit quasi zwangsverpflichtet. Nun, wenn dieser Punkt einmal erreicht ist, dann sind die politischen Kräfte, die diesem Projekt angehören, und die philosophischen Aussagen, die in den Alltagsverstand eingegangen sind, nur mehr sehr schwer zu verdrängen – es ist nicht mehr möglich, sie einfach abzuwählen oder von der Macht zu vertreiben.

Doreen *Und es geht hier ja auch nicht bloß um Logik. Voraussetzung ist eine alternative Art, die Menschen anzusprechen.*

Stuart Du musst sie auf alternative Art breitenwirksam ansprechen können, teils weil Ideologie ja nie einfach Unsinn ist, sondern stets auf einer realen Basis aufliegt. Die Leute wissen, dass viele Staatsbetriebe äußerst ineffizient gewesen sind, während einige der privatisierten Industrien auf ihre Weise effizienter waren. Aber natürlich ist das mit sozialen Kosten verbunden. Aber von diesen Kosten spricht niemand. Bloß von ›Effizienz‹ wird gesprochen. Wie ist diese Verschiebung zustande gekommen? Indem der Markt konstant mit positiven Attributen wie Freiheit und Wahl versehen worden ist – woraus sich die Notwendigkeit einer privatisierten Wirtschaft ableitet; das ist die Logik dahinter. Man kann dabei zuschauen, wie solche Verbindungsketten ins alltägliche Denken und Sprechen der Leute hineingeschmiedet werden, ebenso in die politische Debatte, die Argumentation, den Mediendiskurs, die Theorie. Die Menschen haben das Gespür dafür verloren, woher dieser ganze Diskurs gekommen ist und was er unterschlägt. Wenn das passiert, kann man das so auffassen, dass sie dem Diskurs unterworfen worden sind. New Labour hat das genau verstanden. Die Logik hinter dem ›Spin‹[2] war es, Begriffe aus ihren bisherigen Assoziationszusammenhängen herauszulösen und ihre Bedeutung zu verschieben. Dieser Prozess lässt sich unter anderem da betrachten, wo sie ›Gleichheit‹ aus dem Vokabular verbannten, um fortan von Fairness zu reden; oder von freien Märkten anstelle von ›Kapital‹; oder als sie ›Gesellschaft‹ aufgaben und stattdessen dieses schwammige Allerweltswort ›Gemeinschaft‹ zu verwenden begannen. Alle diese Sprachverschiebungen dienten dazu, eine Form des Bewusstseins zu dekonstruieren, die für das politische Denken der Linken lange bestimmend gewesen ist.

Doreen *Schleichende kleine Verschiebungen, die an allen möglichen Orten ansetzen.*

Stuart Auch das ist Teil einer Konjunktur-Analyse, die Beschreibung eines komplexen Feldes von Macht und Zustimmung unter Berücksichtigung von je verschiedenen Ausdrucksebenen – politisch, ideologisch, kulturell und ökonomisch. Es geht darum nachzuvollziehen, wie das alles jene Macht entfaltet, die mit ›Hegemonie‹ umschrieben werden kann.

Doreen *Wenn wir uns also zum Beispiel die heutige Kultur im Vereinigten Königreich ansehen, sollten wir sie genau so analysieren, indem wir nämlich versuchen nachzuvollziehen, wie sie beteiligt ist am Zustandekommen einer bestimmten Art des Alltagsverstands.*

Stuart Denk bloß mal an den Promi-Kult und wie er gewöhnliche Leute in den Glauben hineingezogen hat, auch sie könnten reich und berühmt sein. Daraus ergeben sich sehr reale Konsequenzen, wenn du eine Konjunktur-Analyse der Gegenwart erstellen willst. Natürlich ist es, gerade weil es ja der Finanzsektor war, der zusammengebrochen ist und uns in die Krise gestürzt hat, jetzt sehr verführerisch zu sagen, »suche bloß nicht in der Ferne, Dummkopf, am Ende läuft's doch wie immer auf die Ökonomie hinaus«: als wäre alles auf simple Weise ökonomisch determiniert. Aber wenn du dich nur darauf konzentrierst, ohne diese

2 Anmerkung der Herausgeber: ›Spin‹ meint eine oft mit New Labour in Verbindung gebrachte Form manipulativer Öffentlichkeitsarbeit.

anderen Umstände zur Kenntnis zu nehmen, die das alles erst ermöglicht haben, dann könntest du nicht wirklich verstehen, wie die Macht in dieser Situation funktioniert und was denn genau in die Krise gerät.

Doreen *Und du würdest dich auch darum bringen, an allen Fronten agieren zu können.*

Stuart Ja, genau. Denn sobald du verstehst, warum sie auf diese Weise ›führend‹ geworden sind, kannst du auch erkennen, wo und vor allem wie eine Gegen-Intervention anzusetzen hätte. So ist es zum Beispiel unwahrscheinlich, dass du radikal und entscheidend intervenieren kannst, solange du nicht wirklich bereit bist, die Vorstellung zu dekonstruieren, der zufolge die Marktkräfte die Hüter der individuellen Freiheit seien und die effizienteste Weise, die Wirtschaft zu organisieren; solange du also diese Sache mit dem Markt nicht auftrennst, worin eine ganze Reihe von Vorstellungen verknüpft sind, die das institutionelle Leben und die Wirtschaft, das Alltagsbewusstsein und den Alltagsverstand strukturieren.

Doreen *Aber würdest du sagen, dass die Finanzwirtschaft eine entscheidende Rolle spielt für die Konjunktur, wie wir sie gerade durchschritten haben – wenn sie denn wirklich zu Ende ist? Ist die Finanz-Konstellation beim Kern jenes Typs von Hegemonie anzusiedeln, die wir seit an die dreißig Jahren erleben? Ich glaube, dass es so ist und dass gewisse Denkweisen sich daraus erklären, in verschiedener Weise.*

Stuart Das glaube ich auf jeden Fall. So wie ich die gegenwärtige Konjunktur sehe, ist sie mit dem Zusammenbruch des Wohlfahrtsstaats und der keynesianischen Nachfragesteuerung entstanden und des ganzen Denkens, das sich daran geknüpft hat. Jene Phase war geprägt vom Versuch, die Produktivität des industriellen Sektors anzuheben – Wilsons ›Weißglut der Technik‹, ›Arbeiter mit Hand und Kopf‹, die korporatistische Steuerung des Staats zwischen Kapital und Arbeit. Labours letztes Aufbäumen. Die 1970er Jahre sind eine Zeit des Umbruchs, und der Thatcherismus überführt diese Krise in eine neue Konjunktur. Diese neue Konjunktur der Marktkräfte lässt sich in zwei Phasen unterteilen: das thatcheristische Niederreißen von allem, was mit dem Wohlfahrtsstaat in Zusammenhang gebracht wird, die Marktkräfte wüten lassen, den Staat privatisieren, eine hohe Arbeitslosigkeit, die Gesellschaft so lange traktieren, bis sie die neue Ordnung akzeptiert. Schließlich, als selbst die Tories davon ausgehen, dass das Ende der Fahnenstange erreicht ist, sorgt merkwürdigerweise ausgerechnet eine gewandelte und völlig vereinnahmte New Labour-Partei für ein anderes, humaneres Gesicht. Trotzdem sind die beiden Phasen als ein und dieselbe Konjunktur anzusprechen, nämlich als Triumph des Neoliberalismus. Ich bin mir bewusst, dass das Wort nicht angemessen ist, aber es ist das einzige, das wir haben, um die Charakteristik des ganzen Bogens zu bezeichnen. Ob hingegen das Finanzkapital in der ersten Zeit so dominant ist, da bin ich mir nicht sicher.

Doreen *Ich habe in jener Zeit für den GLC[3] gearbeitet. Die Debatten, die wir in unserem Teil des GLC führten, unsere Auseinandersetzungen darüber, was zu tun sei, drehten sich dabei stark um die Zukunft Londons, und London als Finanzzentrum war da natürlich auch Thema. Was damals, in dieser frühen Zeit des Thatcherismus, vor sich ging, war eine Zerschlagung der Produktionsbasis, mit allen Konsequenzen. Das und der Big Bang[4]. Zu jener Zeit wurden also zumindest einige der Vorbedingungen für die wirtschaftliche Umgestaltung geschaffen.*

Stuart Ich halte das für sehr wichtig. Der Triumph des Finanzkapitals über das Industriekapital ist ein Thema seit den 1970er Jahren, und seine Vorgeschichte reicht noch viel weiter zurück. Denk einmal an die Vormachtstellung des Finanzkapitals und der City in den 1890er Jahren, in Verbindung mit dem Höhepunkt der imperialistischen Expansion? Dass das Finanzkapital sich durchsetzt, scheint sowohl den alten wie den neuen Formen der Globalisierung tief eingeprägt.

Doreen *Ja, das ist eine längere Geschichte. Wir zwei erinnern uns noch an Wilsons Versuch, einen staatlichen Plan für Produktion und Arbeit aufs Gleis zu setzen, und ein Departement für Wirtschaftsangelegenheiten. Und was ist passiert? Das alles ist vollständig in*

3 Anmerkung der Herausgeber: GLC (Greater London Council) ist die Verwaltungsbehörde von Greater London.

4 Anmerkung der Herausgeber: Die Deregulierung des Finanzmarkts 1986.

der Versenkung verschwunden, weil es schlussendlich die Finanzwirtschaft ist, worauf es ankommt. Und das ist Teil einer zwei Jahrhunderte währenden Geschichte in diesem Land, mindestens. Dennoch ist die Vorrangstellung der Finanzwirtschaft und die Art dieser Vorrangstellung in diesem letzten Zeitabschnitt, den dreißig oder vierzig Jahren, von denen wir hier sprechen, anders und schroffer – teilweise wohl wegen des Niedergangs des industriellen Sektors. Und natürlich, ganz entscheidend, wie du richtig gesagt hast, auch globaler.

Stuart Also müssten wir in unserer Erzählung diese zwei Dinge auseinanderhalten – die zentrale Stellung von Finanzwirtschaft und Finanzinvestition in der City allgemein sowie auf der anderen Seite die besondere Art und Weise, in der sich das Finanzkapital in der Zeit der Globalisierung seit dem Thatcherismus auf Kosten anderer Bereiche des Kapitals zum zentralen Element entwickelt hat. Man mag den Kapitalismus auf der grundlegendsten Ebene als eine einzige Sache auffassen, aber er hat eben auch seine Konjunkturen, und eine Analyse ist auf solcherlei historische Differenzierungen angewiesen.

Doreen Ja, und es wird auf diesem Gebiet auch gearbeitet, und ich finde, wir sollten das für unsere politische Analyse nutzen. Einige dieser Arbeiten beziehen sich etwa darauf, wie der reine Tausch anstelle einer Produktion für den Markt in den Mittelpunkt rücken konnte – teilweise weil der industrielle Sektor plötzlich über keine Stimme mehr verfügte, ebenso wenig wie die Gewerkschaften. Aber etwas, worüber wir uns auch im Klaren sein sollten, ist, dass die City – hier mit Großschreibung[5] – nicht von der Globalisierung fett geworden ist, sondern von Privatisierung und Deregulierung. Wer hat denn von der Privatisierung des Rentensystems profitiert? Und wer hat massiv Profit gemacht mit all den staatlichen Verfahren zur Auftragsvergabe, den PPIs und PFIs[6], unter welchen Namen sie auch immer figurierten? Und so hat sich in der City ein besonderer Typ von ökonomischem Denken herausgebildet, der sich aufs Ganze gesehen zwar nicht groß von jeder anderen Form von Kapitalismus unterscheidet, aber dessen Fokus eben doch deutlicher auf

5 Anmerkung der Herausgeber: D. h. jener Teil von London, der synonym für den Finanzplatz steht.

6 Anmerkung der Herausgeber: Formen öffentlich-privater Partnerschaften.

der Finanz liegt und der sich nicht um die praktischen Details und die Dinger selbst zu kümmern braucht, seien es nun Textilien oder Bergbau. In gewissem Sinn könnte man von einer reinen Form des Tauschs sprechen.

Stuart Es ist eine Art Tausch von einem Tausch von einem Tausch: man verdient Geld am Geldverdienen. Der Boden dessen, was die Leute früher die ›reale Wirtschaft‹ genannt haben, wird nur noch gestreift. Ab und zu berühren die Kalkulationen zwar noch kurz die Realität, aber dann sind sie schon wieder weg. Aber sollten wir uns nicht vor allem auch ansehen, wie die Finanzwirtschaft die ganze Wirtschaft bestimmt, nicht bloß die City? Die ganze durch Globalisierung verbundene Welt hat sich immer stärker der Finanzwirtschaft zugewandt, weil die Globalisierung in hohem Maß abhängt vom transnationalen Kapitalfluss, der neuen globalen Arbeitsteilung und der räumlichen Abtrennung der Investitionen von Konsum und Produktion.

Doreen *Und die Unternehmen des industriellen Sektors fungieren selber ebenfalls als Finanzfirmen. Der Geldfluss und die Zahlungsmittelbestände, die ganze Art, wie sie funktionieren, sind davon durchdrungen.*

Stuart Dies erklärt auch, weshalb eine Panne in dieser Sphäre sofort auf alles andere ausstrahlt.

Doreen *Und weshalb dabei zumindest potenziell auch die ideologische Seite aufgesprengt werden könnte – wir wollen es jedenfalls hoffen. Aber im Moment wird das schön unter dem Deckel gehalten, und da müssen wir ansetzen.*

Stuart Für einen kurzen Augenblick lag die Krise des neoliberalen, auf dem Washington-Konsens fußenden Wirtschaftsmodells offen zutage. Plötzlich verzogen sich die Wolken und die Menschen erkannten – nicht bloß die Gier und eine neue internationale Superklasse, die sich an diesem Tauschgebilde bereicherte – sondern etwas über den Markt: Märkte korrigieren sich nicht selbst, sie sorgen nicht für die effizienteste Allokation, sie sind nicht ein Ort von Gleichheit und Freiheit. Und schlussendlich musste der Staat dem Kapital zu Hilfe eilen. Und dennoch, wenn du das in eine alternative Erzählung einbringst, so scheint sie einfach im

Sand zu verlaufen. Es klingt nur zu vertraut in den Ohren der Linken. Warum also hat sich diese Erzählung bisher nicht durchgesetzt?

Doreen *Vielleicht ist das Teil des Problems, dass die Linke einiges davon schon so lange sagt. Aber analysieren und selber wissen genügt eben nicht. Wie kriegen wir es in die öffentliche Debatte? Wo sind die gesellschaftlichen Kräfte, die es aufgreifen könnten? Die Labour-Partei ist absolut unfähig dazu. Sie hat sich der neoliberalen Erzählung angeschlossen. Deshalb ist sie nicht dazu bereit. Wie wir schon sagten, Labour hat keine Ahnung, wie das anzugehen wäre.*

Stuart Hinzu kommt, so glaube ich, dass man jene Kräfte dort für beständiger hält als die Krise. Die Krise, so denken sie, geht vorüber, aber das Finanzkapital bleibt.

Doreen *Und Labour hat sich wirklich der Idee verschrieben, dass die Finanzwirtschaft unsere Trumpfkarte sei; und nicht etwa – in ihrer jetzigen Form – eine zerstörerische Kraft, hierzulande und weltweit. Man glaubt dort allen Ernstes, das Huhn in Händen zu halten, das goldene Eier legt.*

Stuart Aber sprechen wir von der Globalisierung. Ohne sie wäre das Bild unvollständig. Immanuel Wallerstein hat einmal argumentiert, dass der Einfluss, den die Umverteilung des Reichtums und das Erstarken von Labour in den 1970er Jahren auf die Profitrate und den Führungsanspruch des Kapitals gehabt hat, das Kapital dazu bringen würde, andere Auswege zu suchen; und mit dem Aufstieg multinationaler Unternehmen zeichnete sich schließlich als Lösung die globale Ausrichtung ab.

Doreen *Als wir zu Beginn der Thatcher-Jahre an einer solchen Analyse herumstudierten, blieb sie größtenteils national ausgerichtet – so verstanden wir damals Hegemonie, und es gab ja auch gute Gründe dafür. Aber das ist inzwischen anders. Und es geht auch nicht nur um ein empirisches Zurechtrücken: Globalisierung bedeutet, dass das Hegemoniekonzept insgesamt heute nicht mehr gleich funktioniert.*

Stuart Ich stimme mit dir darin überein, dass Hegemonie in einem gramscianischen Sinn in einer Situation, die über das Nationale hinausgeht, neu durchdacht werden muss. Und ich bin mir nicht sicher, wie leicht sich das auf Begriffe bringen lässt, aber wenn ich mir vorstelle, worauf sich die Führungsposition der USA im neuen globalen System stützt – ideologisch, kulturell, ökonomisch, militärisch und in bestimmter Weise auch politisch –, dann glaube ich schon, dass sich dabei abzeichnet, wie das im globalen Rahmen funktioniert. Aber woran ich eigentlich gedacht habe, ist, ob die Globalisierung nicht auch eine Dimension dessen ist, weshalb das Finanzelement so mächtig ist.

Doreen *Ich glaube, dass das mitspielt, und Großbritanniens Anteil an dieser Konstruktion ist kaum zu überschätzen, insbesondere die Rolle, die die City bei der Einführung der Privatisierung weltweit gespielt hat – all die Typen, die von hier und aus den USA nach Moskau hinübergefahren sind, um zu verkünden, dass Demokratie dasselbe sei wie die Einführung der Marktwirtschaft.*

Stuart Eine Weise, wie die Vorrangstellung der Finanzwirtschaft mit der Globalisierung zusammenhängt, besteht in einer sozialen Arbeitsteilung, bei der die Finanzmacht im Zentrum der ›entwickelten‹ Welt verbleibt und dort das Kapital akkumuliert, während ein Gutteil der physischen Herstellung der Güter und der Ressourcen sich in den Entwicklungsländern abspielt. Diese neue Arbeitsteilung muss ja die Vormacht des Finanzkapitals verstärken.

Doreen *Was ich auch interessant finde, ist, dass die Krise, auch wenn das Finanzkapital dadurch nicht vom Sockel geholt wird, doch in mancherlei Hinsicht dem Auftrieb verliehen hat, was sich schon vorher abzeichnete, nämlich einem Aufsplittern der Hegemonie und ökonomischen Dominanz der USA. China und Russland gehen in eine andere Richtung. Wenn das noch immer Kapitalismus ist, so jedenfalls nicht einfach neoliberal. Dann ist da die G20, die ihren Anspruch anmeldet, und die BRIC-Staaten*[7]*. Das alles wird nicht von einer Einzelstimme dominiert. Zudem gibt es positive Alternativen, von Lula bis Morales, die in Lateinamerika ihre ganz andere Stimme erheben. Die ganze Sache ist also viel unausgeglichener und differenzierter. Und es gibt jede Menge Kampagnen, die aufzugreifen versuchen, was die City auf der ganzen Welt tut,*

7 Anmerkung der Herausgeber: Brasilien, Russland, Indien, China.

es tut sich also auch hier etwas. Und das bringt uns wieder zurück zur Frage nach den gesellschaftlichen Kräften – die Labour-Partei dürfte da wohl kaum mit gutem Beispiel vorangehen.

Stuart Zugegeben, und dennoch bleibt die Labour-Partei eine wichtige Arena, wo diese widersprüchlichen Dinge verhandelt werden, deshalb können wir sie nicht einfach ignorieren. Sie beherrscht das politische Terrain, auf dem du tätig werden musst; sie ist ein entscheidender Schauplatz, weil sie eine Art Knotenpunkt bildet, an dem die übergreifende Balance der sozialen und politischen Kräfte sich herstellt. Wohl oder übel bleibt sie für die britische Politik zentral. Die Auseinandersetzung um die gesellschaftlichen Kräfte wird ja oft so verstanden, als wäre Labour so vereinnahmt, dass es überhaupt nicht drauf ankäme, was damit passiere.

Doreen Das müssen wir anpacken. Es steht im Raum und wir kommen nicht drum herum. Aber es kommt auch darauf an, über die Grenzen von Parlaments- und Parteipolitik hinauszublicken, um das Potenzial der gesellschaftlichen Kräfte zu erkennen. Ein offensichtliches Beispiel dafür liefert im Moment gerade die grüne Bewegung.

Stuart Ich sehe es auch so, dass die Ökologie/Klima/Umwelt-Thematik einer der Orte ist, wo sich zahlreiche nicht-traditionelle gesellschaftliche Kräfte finden lassen. Es gibt da eine große Bewegung, die auch schon einen gewissen Einfluss auf den Alltagsverstand hat. Im Moment beeinflusst sie sogar die politische Strategie, zudem richtet sich eine ihrer Spitzen gegen den Marktfundamentalismus.

Doreen Und der grüne New Deal ist für unseren Zusammenhang gleich mehrfach interessant: Einmal handelt er von einer Vielzahl von Krisen – Finanzkrise, Ölkrise, Klimawandel –, zwar leicht abweichend von der Art, wie wir darüber denken, aber dennoch höchst interessant. Zweitens als allerdings erst grob umrissener Versuch, sich an all jene unterschiedlichen gesellschaftlichen Gruppen zu wenden, die vom Einfluss speziell der Finanzindustrie am schlimmsten betroffen sind, an all die klassischen potenziellen Akteure, die du dir vorstellen kannst, auch wenn sie in ganz verschiedener Weise eingebunden sind – soziale Bewegungen, und nicht bloß Gewerkschaften, sondern auch Kleinunternehmen, das verarbeitende Gewerbe, auch mit regionaler Verankerung, Sachen in der Art. Und mir scheint, das ist der einzige Ort, wo es wirklich noch jemanden gibt, der zumindest ansatzweise der Frage nach möglichen Allianzen nachgeht, die sich vermittels ihrer gemeinsamen Interessenlage zusammenschweißen ließen gegen jene Art Verbindung von Politik, Philosophie und Ökonomie, mit der wir es nun schon dreißig oder vierzig Jahre zu tun haben.

Aus dem Englischen von Thomas Barfuss

Eine permanente neoliberale Revolution?

Das Ende des schuldengetriebenen Aufschwungs, die Bankenkrise seit 2007 und ihre Folgen, das Ende von New Labour und der Machtantritt einer Koalition aus Konservativen und Liberaldemokraten: Wie können wir diese außergewöhnliche politische Situation in Großbritannien begreifen? Was für eine Krise ist dies? Haben wir es mit Ernsterem als einem bloßen Schlagloch im Wirtschaftsmodell des Trickle-Down, des Win-Win, des Endes des klassischen Wirtschaftszyklus zu tun, das dem globalen Kapitalismus sein Gepräge gegeben hat? Kündigt die Krise ›business as usual‹, die Vertiefung der gegenwärtigen Trends oder die Mobilisierung gesellschaftlicher Kräfte für einen radikalen Kurswechsel an? Ist dies der Beginn einer neuen Konjunktur?

Die Ökonomie nimmt sicherlich einen zentralen Platz ein, aber wie schon Gramsci betonte, sind konjunkturelle Krisen niemals allein ökonomische oder in letzter Instanz ökonomisch bestimmte Krisen. Sie entstehen, wenn eine Reihe von Kräften und Widersprüchen, die in unterschiedlichen und maßgebenden Praxen und Orten einer Gesellschaftsformation wirksam sind, sich zur selben Zeit und im selben politischen Raum verdichten und wechselseitig verstärken und, wie es bei Louis Althusser heißt, »zu einer Einheit des Bruchs verschmelzen«.

Der Fokus der Analyse richtet sich hier auf die Momente der Krisen und der Brüche. Die Verdichtung von gesellschaftlichen Kräften und der darauf aufbauende, spezifische Charakter ›historischer Kompromisse‹ und die sozialen Konfigurationen, die sich daraus ergeben, verkörpern in der Summe eine neue ›Konjunktur‹. Im Folgenden stelle ich die These auf, dass es sich bei der gegenwärtigen Situation in der Tat um eine Krise handelt, d. h. um einen neuen, unaufgelösten Bruch in derjenigen Konjunktur, die wir als den ›langen Marsch der neoliberalen Revolution‹ bezeichnen können. Jede Krise seit den 1970er Jahren war anders, entstand aus spezifischen historischen Konstellationen. Nichtsdestotrotz scheinen ihnen, betrachtet man sie zusammengenommen, einige gemeinsame Grundeigenschaften und eine ähnliche allgemeine Stoß- und Entwicklungsrichtung innezuwohnen. Paradoxerweise waren es gegensätzliche politische Regimes, die auf verschiedene Weisen dazu beitrugen, das Projekt auf breiterer Grundlage zu entfalten.

Annäherung an einen vorläufigen Begriff

Als Begriff ist die Bezeichnung Neoliberalismus unbefriedigend. Manche Intellektuelle kritisieren, dass er zu viele verschiedene Aspekte zusammenwirft, um noch eine zusammenhängende Einheit zu stiften; durch seinen Reduktionismus rücken innere Komplexität und geohistorische Spezifik aus dem Blickfeld. Obwohl ich mit dieser Kritik sympathisiere, bin ich der Auffassung, dass es genügend gemeinsame Eigenschaften gibt, die dem Begriff eine vorläufige begriffliche Einheit verleihen, immer vorausgesetzt, man vergisst nicht, dass es sich hierbei um eine erste Annäherung handelt. Sogar Marx vertrat die Ansicht, dass eine Analyse auf verschiedenen Abstraktionsebenen Begreifen ermöglicht und das kritische Denken häufig mit einer »chaotischen Vorstellung eines Ganzen« (MEW 13, 631) beginnt. Freilich müssen wir dann weitere Bestimmungen hinzufügen, um das »Konkrete im Weg des Denkens [reproduzieren]« zu können (632). Darüber hinaus bin ich überzeugt, dass die Bezeichnung des Neoliberalismus auch politisch unabdingbar ist, damit dem Widerstand gegen seinen Vormarsch Inhalt, Fokus und Stoßkraft verliehen werden kann.

Bei der Suche nach den Leitideen des neoliberalen Modells können wir nur an einem Faden des Komplexes ziehen. Auch wenn dies anachronistisch erscheinen mag, beruht der Neoliberalismus auf der Idee des ›freien Besitzindividuums‹. Der Staat gilt als tyrannisch und unterdrückerisch, er soll niemals über die Gesellschaft regieren und den freien Individuen diktieren, was sie mit ihrem Eigentum machen. Er darf nicht versuchen, eine freie Wirtschaft zu regulieren, und muss sich davor hüten, das Naturrecht, Profite zu machen und persönlichen Reichtum anzuhäufen, zu beeinträchtigen. Die Unternehmerinteressen dürfen unter keinen Umständen durch staatliches ›social engineering‹ beeinträchtigt werden. Die Antwort lautete daher, der Staatsintervention durch die globale Investition auszuweichen. Dem Neoliberalismus zufolge ist es ein Irrweg gewesen, als der Wohlfahrtsstaat unter dem Eindruck der Reaktion der Arbeiterklasse auf die Große Depression sowie der popularen Mobilisierung des Zweiten Weltkrieges seine Aufgabe darin sah, in die Wirtschaft einzugreifen, umzuverteilen und soziale Ungerechtigkeit zu bekämpfen. Dies sei ein Versuch, die ›natürliche‹ (sic) Verbindung zwischen gesellschaftlichen Bedürfnissen und der Fähigkeit des Individuums, für deren Befriedigung zu bezahlen, aufzuheben. Seine Wohltaten, seine utopische Sentimentalität hätten dabei das moralische Gefüge der Nation zerstört, die persönliche Verantwortung erodieren lassen und die alles entscheidende Pflicht der Armen zur Arbeit untergraben. So erlegte der Wohlfahrtsstaat einer auf der individuellen Gier und dem Eigeninteresse fußenden Ökonomie soziale Zwecke auf, was aber einem Angriff auf die fundamentalen Mechanismen des Konkurrenzkapitalismus gleichkam. Die Funktion des liberalen Staates sollte sich darauf beschränken, die Bedingungen zu gewährleisten, unter denen profitträchtige Konkurrenz stattfinden kann, ohne in den Hobbes'schen »Krieg aller gegen alle« umzuschlagen.

Tatsächlich hatte der Wohlfahrtsstaat tiefe Breschen in das Hoheitsgebiet des privaten Kapitals geschlagen. Diesen Nachkriegskompromiss zurückzudrehen und die Prärogative des Kapitals wiederherzustellen war seit langem das Ziel seiner Gegner, und zwar seit Churchill in den 1950er Jahren davon träumte, die bisherigen Kontrollen in einem riesigen Feuer zu verbrennen. Die Krise der späten 1960er und der 1970er Jahre war die Chance für den Neoliberalismus, und sie wurde vom Margret Thatcher- und Ronald Reagan-Regime mit beiden Händen ergriffen.

Der Neoliberalismus ist auch für die Geopolitik von heute von entscheidender Bedeutung. Strukturanpassungsprogramme haben die Entwicklungsländer gezwungen, die Kräfte des Marktes zu entfesseln, ihre Ökonomie dem Freihandel und ausländischen Investitionen zu öffnen und dabei die ›liberalen‹ Tugenden von Parlamentswahlen in Mehrparteiensystemen, Rechtsstaatlichkeit und ›good governance‹ zu implementieren. Dies ist die ›Liberaldemokratie‹, von der Francis Fukuyama behauptete, sie markiere das Ende der Ideologie und die Erfüllung des Kampfes für das gute Leben. Und westliche Supermächte haben regelmäßig und weltweit in andere Länder (militärisch) interveniert, um dieses Modell zu verteidigen.

Der Neoliberalismus existiert in mehreren Varianten. Er ist kein einheitliches System. Ferner sind längst nicht alle Kapitalismen neoliberal. Schon zwischen den Varianten in den USA und in Großbritannien bestehen entscheidende Unterschiede. Die europäischen sozialen Marktversionen unterscheiden sich deutlich von den angelsächsischen Marktkräftevarianten. Die ›Tiger‹-Staaten in Südostasien operieren auf einem Geschäftsmodell substanzieller Staatseinmischung, ohne die sie nicht in der Lage gewesen wären, solch hohe Wachstumsraten zu erzielen und die Asienkrise zu überstehen. Das Gleiche gilt für diejenigen lateinamerikanischen Länder, die ein deutliches Wachstum aufweisen. Die Staaten der ehemaligen Sowjetunion wurden zum Testfeld einer besonders bösartigen Version des Neoliberalismus, wo die Privatisierung von öffentlichem Eigentum eine räuberische Oligarchenklasse und ein kleptokratisches Modell hervorbrachte, die den Staat aushöhlten. Bevor Lateinamerika in jüngerer Zeit den Weg radikalerer, sozialerer Alternativen einschlug, waren sie die Ersten gewesen, die von den Monetaristen durch den Fleischwolf gedreht wurden. Die Version des chinesischen ›Staatskapitalismus‹ verbindet einen repressiven und dirigistischen Einparteienstaat mit äußerst geschickten strategischen Eingriffen in unregulierte Weltmärkte und Währungsmanipulation.

Der Neoliberalismus ist also nicht aus einem Guss. Er verbindet sich mit anderen Modellen und modifiziert sie. Er belehnt, entwickelt und diversifiziert sich und ist dadurch kontinuierlich im Fluss. Daraus folgt, dass wir es hier mit einer langfristigen Tendenz, nicht aber mit einer teleologischen Zielperspektive zu tun haben. Und doch gewinnen neoliberale Ideen, Politiken und Strategien geopolitisch und im globalen Maßstab an Boden.

Vom klassischen zum neuen Liberalismus

Historisch betrachtet wurzeln die neoliberalen Ideen in den Prinzipien der Wirtschafts- und politischen Theorie des ›klassischen‹ Liberalismus, die sich im Zusammenhang mit der Einhegung der Allmende, der Agrarrevolution, d.h. der Entstehung von (Waren-)Märkten in Bezug auf Land, Arbeitskraft und Agrarprodukten und die Entstehung der ersten Handels-Konsum-Gesellschaft im 18. Jahrhundert herausbildeten. Diese Entwicklungen vollzogen sich wiederum auf der Grundlage der britischen Erfolge im Krieg, der Seeherrschaft über die kontinentalen Konkurrenten, der Ausweitung des Handels (insbesondere des Ostasienhandels), der Eroberung Indiens und des Aufstiegs der kolonialen Sklaven-Plantagenwirtschaft.

Die Wurzeln des politischen Liberalismus liegen in den Kämpfen der im Zuge dieser Entwicklungen aufsteigenden Klassen gegen die Tyrannei der monarchischen, aristokratischen und traditionellen Mächte. Engländer seien, so behaupteten sie, frei geboren, und England sei die wahre Heimat der Freiheit. Ihren Anspruch auf eine führende Stellung in der Gesellschaft und eine breitere politische Repräsentation gründeten sie auf dem Konsens der freien, besitzenden Männer in einer Staatsform mit begrenzter Macht. Im 19. Jahrhundert folgten die Industrialisierung und der Aufstieg der Manufakturen: die ›Disziplinierung‹ der Lohnarbeit, das Fabriksystem, der Triumph des Freihandels, die Urbanisierung und die Entstehung industrieller Slums, als Großbritannien zur ›Werkstätte der Welt‹ wurde. Schließlich konsolidierten sich als Grundlage einer kapitalistischen Konzernwirtschaft die Familienunternehmen zu Aktiengesellschaften, die die Binnen- und imperiale Wirtschaftsexpansion dominierten. Auf der Grundlage dieser Entwicklung konnte sich Großbritannien zum Zentrum des größten und weltumspannendsten Imperiums der Moderne entwickeln. Dabei entstand eine liberal-imperiale Klasse – die ›Herren der Schöpfung‹ – mit der Mission einer globalen ›Zivilisierung‹.

Freilich schlugen radikale Strömungen, die unter dem geräumigen Dach des Liberalismus einen prekären Unterschlupf gefunden hatten, allmählich einen anderen Weg ein: die Jakobinerclubs, der Radikalismus, Peterloo, die Chartistenbewegung, die Kämpfe um die Ausweitung des Wahlrechts zugunsten der besitzlosen Klassen, Genossenschaften und utopische Gemeinschaften, die frühen Gewerkschaften und Freundesgesellschaften. Dieser Widerspruch erzwang ein ›Zeitalter der Reform‹ – Kämpfe zur Ausdehnung des Wahlrechts, gesetzliche Beschränkungen der Arbeitszeit sowie der Kinder- und Frauenarbeit, die katholische Emanzipation, die Abschaffung der Sklaverei, die Abschaffung des Koalitionsverbots und der Agrarzölle; und auch die schrittweise Emanzipation der Arbeiterklasse vom Liberalismus.

Diese Entwicklungen in einem Zeitraum von über zwei Jahrhunderten bilden den Kern des klassischen liberalen politischen und ökonomischen Denkens der heutigen Träume des Neoliberalismus. Damit ist er aber mit den gleichen Antinomien und Ambivalenzen behaftet wie der alte Liberalismus. Die politischen Ideen der ›Freiheit‹ werden für die ökonomischen Vorstellungen vom freien Markt eingespannt – eine der Bruchlinien des Liberalismus, die auch im Neoliberalismus wieder auftritt. Wie Edmund Burke einmal ironisch kommentierte: »It would be odd to see the Guinea captain [of a slave ship] attempting at the same instant to publish his proclamation of Liberty and to advertise its sale of slaves.« Aber genau diese Aufspaltung kennzeichnet die Praxis des Liberalismus: ›Fortschritt‹ und gleichzeitig die Notwendigkeit, jede ›Bedrohung von unten‹ unter Kontrolle zu halten; Toleranz, Reform, Moderierung und repräsentative Regierung für die englischen Staatsbürger – koloniale Gouvernementalität, Disziplin und Gewalt für aufsässige ›fremde‹ Indigene in den Kolonien; Emanzipation und Unterwerfung; diejenigen, die in London nur ›frei‹ sein konnten, hatten auf den westindischen Inseln immer noch Sklaven zu sein; die Freiheit für wenige und eine niemals endende Anwärterstellung zur Freiheit für alle anderen. Dieselben Brüche finden wir zwischen der universalistischen Sprache der ›Menschheit‹ und der ›Kompetenz‹ und des Diskurses über Frauen, der von der Partikularität getrennter Sphären gekennzeichnet ist; eine ›Weltmission‹ auf der Grundlage eines unüberbrückten Grabens zwischen den Zivilisierten und den Barbaren; und heute das ›sanfte‹ Antlitz des ›mitfühlenden Konservatismus‹ und David Camerons »Big Society«

einerseits und die brutalen Einschnitte, Arbeitszwang und das Evangelium der Selbstverantwortung andererseits.

Der Niedergang der klassischen liberalen Ideen begann gegen Ende des 19. Jahrhunderts. George Dangerfield (1961) nennt die Suffragetten, die Gewerkschaften, die Reform des englischen Oberhauses (einer Bastion der alten Aristokratie) und Irland als die entscheidenden Auslöser des »Strange Death of Liberal England«. In einer zunehmend plutokratischen Gesellschaft kam es zur Verschmelzung von Land und Kapital: Industriekapitalisten suchten Standesdünkel in ihrer neuen, ländlichen Umgebung, die alten aristokratischen und Grundbesitzerklassen liebten es, in die Stadt zu fahren und Investitionen zu tätigen, während die Profitraten aus dem Kolonialhandel stiegen. Für die neuen plutokratischen Klassen war – einem alten englischen Sprichwort zufolge – der Weltmarkt ihre Auster. Jedoch verschärfte sich bald die Konkurrenz mit anderen Staaten und es entstand ein Kampf um imperiale Macht, was Wladimir I. Lenin dazu führte, diesen Imperialismus als »die höchste Stufe des Kapitalismus« zu bezeichnen.

Konfrontiert mit der neuen Konkurrenz, insbesondere aus Preußen und Japan, schloss sich der Neue Liberalismus der Staatsintervention an und schmückte sich mit dem Begriff ›community‹ (einem bequemen Ersatz für den der Klasse). Die Sozialversicherungsreformen der liberalen Regierung von 1906–1911 (unter der Führung der beiden Verdammten des englischen politischen Systems, Lloyd-George und Churchill) legten das Fundament für den Wohlfahrtsstaat: Maßnahmen gegen die Arbeitslosigkeit, soziale Absicherung der ökonomisch Schwachen und der Kampf gegen die Armut, den man mit John M. Keynes und William H. Beveridge verbindet. Dies ist eine Geschichte, die Nick Clegg und die Liberaldemokraten, die sich unter gelegentlichen Unmutsäußerungen doch mit aller Kraft an den Rockzipfel ihres mächtigeren konservativen Bündnispartners klammern, gerne vergessen oder nie begriffen haben.

Die Phase von den 1880er bis zu den 1920er Jahren war eine entscheidende Wasserscheide: In dieser Zeit erlebte ein neuer Kapitalismus seinen Aufstieg, die kapitalistische ›Massengesellschaft‹ – Massenproduktion, ›Fordismus‹, Märkte für Massenkonsum, eine Integration der Massen in einer subalternen Position in das System, das auf Marktmechanismen beruhte, politische Massenparteien und Industriegewerkschaften, Massenmedien, Massenkultur, neue Vermarktungsmethoden, Konsumentenforschung, embryonale Formen der heutigen Lifestyle-Marktsegmentierung usw. Die ›Managerrevolution‹ – eine Interessengemeinschaft zwischen Aktieninhabern und den Topmanagern des Kapitals – schuf nicht bürgerliche Unternehmer, sondern den Investor und die Managerklasse riesiger multinational geführter, weltumspannender kapitalistischer Konzerne.

Der Neoliberalismus eignet sich die klassischen liberalen Ideen im großen Maßstab an, wobei er jede mit einer stärkeren Marktorientierung akzentuiert und begrifflich neu gestaltet. Klassische liberale Prinzipien wurden radikal verändert, um sie an einen modernen, globalen, postindustriellen Kapitalismus anzupassen. Indem diese Ideen in verschiedene, diskursive Formen übersetzt und an neue historische Kontexte angepasst werden, unternimmt der Neoliberalismus eine gigantische Transcodierung, ohne dabei die Nabelschnur zu jenem begrifflichen Grundwortschatz, aus dem er schöpft, zu kappen. Die ideologische Arbeit der Desartikulation und Reartikulation, der Auflösung und Neuzusammensetzung funktioniert, weil diese Ideen als Spuren ohne Inventarverzeichnis (vgl. Gramsci 1991ff., Bd. 6, H 11, 1376) wirken: sie sind schon lange in soziale Praktiken und Institutionen eingeschrieben und im Habitus des Alltagslebens und des Alltagsverstands sedimentiert.

Zwei ideologische Klaviaturen des Thatcherismus

In Großbritannien war das Hauptangriffsziel des Neoliberalismus der reformistische sozialdemokratisch-keynesianische Wohlfahrtsstaat. Dieser war wiederum von einem dynamischen kapitalistischen Wachstum abhängig, um den Wohlstand zu schaffen, der dann umverteilt werden konnte. Aber das Ziel der Vollbeschäftigung, die sozialstaatlichen Sicherungssysteme, die universelle Gesundheitsfürsorge (National Health Service) und die kostenlose Gesamt- und Hochschulbildung haben das Leben von Millionen Menschen verändert. Dem Staat gelang es, die Kontrolle von einigen Schlüsselbereichen der Daseinsvorsorge (Wasser, öffentlicher Busverkehr und staatliche Eisenbahn) zu übernehmen. Die Verstaatlichung der produktiven Industrie (Automobilindustrie, Energiewirtschaft und Bergbau) glückte jedoch nicht. Für einen kurzen Augenblick – den ›Butler‹-Moment – bestand ein beinahe allumfassender Konsens über die Grundgestalt des keynesianischen Wohlfahrtsstaates. Als aber die Nachkriegsökonomie sich erholte und die USA Großbritannien als die ›paradigmatische Instanz‹ ablösten, traten die inneren Spannungen zunehmend an die Oberfläche. Veränderungen in der Klassenstruktur und die Ausbreitung des Wohlstands führten zu einer Selbstbewusstseinskrise auf der Linken. Das Jahr 1968 entlud eine Lawine des Protests und der Loslösung vom Tradierten. Als Mitte der 1970er Jahre die Inflation dramatisch anstieg, unterwarf der

IWF, der ansonsten ein nützliches Mittel zur Erzwingung von Strukturanpassungsprogrammen in Staaten der Dritten Welt war, Großbritannien einem solchen. Nach der Einführung der Drei-Tage-Woche, um Energie zu sparen, erklärte Premierminister Edward Heath das Land für unregierbar. Der Nachkriegs-›Kompromiss‹ war zerbrochen.

Sobald die Regierung Thatcher 1979 an die Macht kam, begann sie ihren Angriff auf den keynesianischen Staat und ebnete mit den ersten Privatisierungen einer fundamentalen Neuordnung der gesamten sozioökonomischen Architektur den Weg. Mit dem berüchtigten Howe-Haushalt provozierte man eine ›Stagflation‹. Außerdem heckte man einen Plan aus, die Macht der Gewerkschaften – ›des inneren Feinds‹ – zu brechen. Thatcher zwang die Bevölkerung in Richtung neuer, individualisierter, konkurrenzorientierter Lösungen: »Mach dich auf die Socken«, mach dich selbständig oder werde Shareholder, werde Eigentümer deiner sozial gebauten Wohnung, werde Investor in der Eigentümerdemokratie. Für die wichtigsten neoliberalen Ideen hinter der Tendenzwende, die sie der Gesellschaft aufnötigte, prägte sie hausbackene Äquivalente: das Preis-Leistungs-Verhältnis, das Haushalten mit den eigenen Ressourcen, die Sparermentalität, die Geldmenge und den Spaß am Wettbewerb. Hiergegen richtete sich Zorn, Protest, Widerstand. Es gab allerdings auch eine Welle populistischer Unterstützung für die rücksichtslose Ausübung starker Führung.

Der Thatcherismus mobilisierte verbreitete, aber vage Ängste vor dem Wandel der Gesellschaft und organisierte populistische Rufe von ›unten‹ an den Staat ›oben‹, das Land durch die Stiftung von Ordnung zu retten. Wie ich in *Policing the Crisis* gezeigt habe, war diese Orientierung auf eine »Law and Order«-Gesellschaft eine entscheidende Stufe in der widersprüchlichen Entwicklung eines »autoritären Populismus« (Hall u.a. 1978). Dieser zeichnete sich überraschenderweise u.a. dadurch aus, dass Thatcher in den dunklen Zeiten wahlpolitischer Unpopularität sich nicht der Marktrationalität, sondern mit äußerstem Geschick eines archaischen britischen Nationalismus bediente. Während des Falklandkriegs konnte der Thatcherismus, wann immer nötig, auf zwei ideologischen Klaviaturen spielen, die in scheinbar gegensätzlichen Hörerschaften ein Echo fanden: in der Rüstung der Vergangenheit in die Zukunft zu marschieren. ›Der Markt‹ war ein moderner, rationaler, effizienter, praxisorientierter Diskurs – eingeschrieben in den Alltag. Durch den nationalistischen Diskurs mit all seinen imperialistischen Unterströmungen (die Paul Gilroy als seine »Melancholie«, das hoffnungslose Hinterhertrauern nach einem verloren gegangenen Objekt, bezeichnete) spukte die Phantasie nach einer späten Rückkehr der nationalen Symbolik, der Familienwerte, des Nationalcharakters, der imperialen Glorie und des Geistes der Palmerston'schen Kanonenbootdiplomatie.

Ideologie ist immer widersprüchlich. Eine einheitliche, integrierte ›herrschende Ideologie‹ gibt es nicht. Diese Annahme ist ein Fehler, den wir heute wiederholen würden, wenn es uns nicht gelingt, zwischen konservativen und neoliberalen Klaviaturen der Ideologie zu unterscheiden. Ideologie funktioniert am besten, wenn es ihr gelingt, gegensätzliche Gedankengänge und emotionale Besetzungen zu verschmelzen und zu etwas zu gelangen, was Ernesto Laclau als »Äquivalenz-Systeme« bezeichnet hat. Der Gegensatz ist das Metier der Ideologie. Andrew Gamble charakterisierte den Thatcherismus als die Kombination aus ›freiem Markt‹ und ›starkem Staat‹. Viele glaubten, dass hierin der Kern des Scheiterns des Thatcherismus liegen würde. Aber obwohl diese Ideologie unlogisch ist, war sie diskursiv wirksam. Keine Strategie ist so erfolgreich, Konsens herzustellen, wie diejenige, der es gelingt, sich in den widersprüchlichen Elementen des Alltagsverstands, des Lebens und Bewusstseins der Bevölkerung zu verwurzeln. Auch heute ist der Diskurs um Markt, freies Unternehmertum, Privateigentum eng verknüpft mit älteren konservativen Neigungen zur Nation, rassisierter Homogenität, zum Empire und zur Tradition. Die Anrufung der ›Marktkräfte‹ eignet sich dafür, die Macht des Kapitals wiederherzustellen und die Verteilungsillusionen zu zerstören. In heiklen Situationen kann man sich aber auf die Schlagkraft des Imperiums verlassen. ›Das Volk‹ wird auf die Straßen strömen, um der aus irgendeinem südatlantischen Fleckchen Erde heimkehrenden Flotte in Plymouth zuzujubeln; und es wird die Straßen von Wootton Bassett säumen, um die heimkehrenden Toten eines »Kriegs ohne Ende« in Afghanistan zu ehren (wie viele erinnern sich eigentlich daran, dass dies mittlerweile Großbritanniens vierter Afghanistankrieg ist?). Der Thatcherismus war sozial zu verheerend und ideologisch zu extrem, um in seiner Form der ›verbrannten Erde‹ zu triumphieren. Selbst der engste Fanklub des Thatcher-Kabinetts wusste, dass man nicht lange an der Macht bleiben würde. Und doch war es ein ›Überzeugungsmoment‹, den sie nie vergessen werden und zu dem sie gerne in einer konsolidierteren und dauerhafteren Form zurückkehren würden.

New Labours ›liberaler Autoritarismus‹

Paradoxerweise war es Tony Blairs hybrides New Labour, das Labours historischer Agenda den Rücken kehrte und es unternahm, die Sozialdemokratie als ›besten Gewährsmann‹ einer New Labour-Variante des

Neoliberalismus zu rekonstruieren. Hybrid war New Labour deshalb, weil es in Anlehnung an die geschickte ›Triangulation‹ aus Bill Clintons erfolgreichem Wahlkampf um eine zweite Amtsperiode, d. h. an die Idee eines ›Dritten Wegs‹ basierend auf der Vorstellung, von beiden Enden des politischen Spektrums jeweils eine Leitidee zu übernehmen, soziale Reformen mit dem freien Unternehmertum und dem Markt zusammenband. Diese Aneinanderbindung, dieser ›double shuffle‹ machte die besondere Drehung von New Labour aus. Dadurch wurde die Labour Party von Mitte-Links in Richtung Mitte-Rechts verschoben. Unter dem Deckmantel von vagen Allgemeinplätzen wie ›Reform‹ und ›Modernisierung‹ fielen die New Labour-›Heiligen‹ erbarmungslos über ›Old‹ Labour her. Ein substanzieller Teil der Herzkammer der Labour Party verabschiedete sich für immer. Aber die ›Mitte‹, der Pinhead[1], auf dem und um den alle Mainstreamparteien heute herumtanzen, wurde zum privilegierten politischen Zielpublikum.

New Labour schloss sich insbesondere der neuen Managerlehre der Public-Choice-Theorie aus den amerikanischen BWL-Fachbereichen an und hatte daher begriffen, dass die politisch schwierige Ganzprivatisierung nicht unbedingt notwendig war. Derselbe Zweck ließ sich auch erreichen, indem man die Unterscheidung zwischen Staat und Markt unterminierte. Outsourcing, Public-private Partnerships und neue Kriterien für öffentliche Ausschreibungen öffneten dem privaten Kapital vielfältige Möglichkeiten, in den öffentlichen Sektor einzudringen und ihn von innen her auszuhöhlen. Anthony Giddens, ein Pionier des Dritten Wegs, soll Blair einmal gesagt haben, dass sich nichts »dem unaufhaltsamen Vordringen der Marktkräfte« widersetzen könne. »Marketization«, die Unterordnung aller sozialen Vorgänge unter das Marktprinzip, wurde zur zentralen Stoßrichtung des neoliberalen Projekts.

Unter der Parole einer »Managerial Marketization« wurde die Wirtschaft aktiv ›liberalisiert‹ (mit katastrophalen Konsequenzen für die Krise, die bald kommen sollte). Die Gesellschaft wurde eingepfercht in neue Gesetzesvorschriften, Effizienzmessungen, Überwachungen sowie die zweifelhafte Kultur der ›Zielvorgaben‹ und ›Effizienzkontrolle‹. Die Regulierung wurde auf das ›Light-Touch‹-Prinzip umgestellt. Aber die Regulierer besaßen nicht die Kompetenz, den politischen Mut bzw. die Machtposition oder eine alternative Philosophie und saßen oft diesseits und jenseits des Zauns. Die Vorstellung, die sozialen Aufgaben könnten durch eine völlig ungezü-

1 Anmerkung der Übersetzer: ›Pinhead‹ hat die doppelte Bedeutung von Nadelspitze und Holzkopf.

gelte Privatwirtschaft geleistet werden, erwies sich als eine Übung, die an R.H. Tawney erinnerte: »Trying to skin a tiger stripe by stripe«.

Soziale Probleme, die Aufmerksamkeit verlangten, gab es en masse. Diese betrafen insbesondere eine entkoppelte und (Politik-)verdrossene Generation geprägt von Alkohol- und Drogenmissbrauch, Teenager-Schwangerschaften, ungeschütztem Sex, der keinen Gedanken an die Verletzlichkeit einer Frau verschwendet, Respektlosigkeit gegenüber den Alten und einen automatischen Rekurs auf die Aggression als ›Lösung‹. Es gab Probleme, die aus Blairs Beteiligung am ›Krieg gegen den Terror‹ und der in der Sprache des Moralismus verbreiteten Panik vor ›Schläferzellen-Dschihadismus‹ herrührten. Die bemerkenswerteste Tatsache war allerdings New Labours Schwenk in Richtung gesellschaftlicher Disziplinierung und Eigenverantwortung: sein moralgetriebener Gesetzeseifer – Anti-Social Behaviour Orders (ASBOs), Bürgerwehren, Ausweitung der Kameraüberwachung, private Polizei- und Sicherheitsfirmen, das Outsourcing von Razzien, Massenfestnahmen und Ausweisungen von Einwanderern ohne Arbeitserlaubnis, darunter auch Frauen und Kinder, die Inhaftierung von vermeintlichen Terroristen ganz ohne Gerichtsprozess bis hin zur Mittäterschaft bei Deportationen und die Vertuschung der eigenen Involviertheit in Folteraktionen. Trotz des zur Schau gestellten ›Liberalismus‹ setzte sich eine Bestrafungsorientierung durch: längere Haftstrafen, härtere Gefängnisregimes, ein harscheres Jugendstrafrecht. Dieser neue ›liberale Autoritarismus‹ war einer der Joker im neoliberalen Kartenspiel. Von Michael Howard stammt der Ausspruch »prison works«, womit impliziert war, dass die Gegner dieser Auffassung allesamt »Gutmenschen-Spinner« seien. Blair, der keiner von diesen war, pries die »tough love« (später erfand David Cameron den »muskulösen Liberalismus«!). Gewiss ist es nicht das erste Mal, dass das widersprüchliche Janusgesicht des Liberalismus sich so offenbart hat.

Sicherlich hat auch New Labour äußerst wichtige soziale Reformen initiiert, wie z.B. den Mindestlohn, kürzere Wartezeiten für medizinische Behandlungen, Verbesserung des Gesundheitssystems durch höhere Zielvorgaben, Bemühungen, die Kinderarmut zu reduzieren, die Verdopplung der Studierendenzahlen und einige (eher zögerliche) Schritte in Richtung einer Angleichung der Löhne der Geschlechter und der gesetzlichen Verankerung der Menschenrechte. Aber die Triangulation war der Lebenssaft und die dominierende Tendenz von New Labour. Dabei trat der Labour-Autoritarismus immer deutlicher hervor. Beschränkungen der Marktfreiheit waren schrittweise abzubauen: Aspekte staatlicher Planung, Gesundheits- und Sicherheitsstandards in den Betrieben, Gewerkschaftsrechte zur Verteidigung des Lebensstandards, gleicher Lohn für gleiche Arbeit, Antidiskriminierungsvorschriften, Gesetzgebung hinsichtlich sexueller Belästigung, Vergewaltigung und häuslicher Gewalt – alles Auswüchse des ›Sozialen-Hängematte-Staats‹ – waren zu begrenzen oder aufzuweichen. Die Arbeitsmärkte sollten ›flexibel‹ sein – mehr Teilzeit- und befristete Arbeitsverhältnisse, weniger abgesicherte Vollzeitarbeitsplätze; Rentenkürzungen, Beschränkungen der kollektiven Tarifverhandlungsrechte und die Segmentierung der Gehälter und Löhne.

Die öffentliche Ausschreibung und Vergabe der Vorzeigeprojekte von New Labour an Privatunternehmen im Rahmen der Public Finance-Initiative hat den zukünftigen Generationen einen Schuldenberg hinterlassen, der in den nächsten dreißig Jahren zu monströsen Zinssätzen zurückzuzahlen ist. ›Public-private Partnerships‹ wurden für alle Aufträge der öffentlichen Hand zur Pflicht gemacht. Das Outsourcen und die Ausschreibeverfahren lieferten den Staat dem Kapital aus. Private Auftragnehmer waren konkurrenzfähiger, denn sie konnten durch Massenentlassungen Kosten sparen, auch wenn das zu Lasten der Qualität ihrer Dienstleistungen ging. Das Heer von Privatunternehmen, die als Anbieter öffentlicher Dienstleistungen fungierten, war für den Beobachter ein Spektakel. Eine Welle von Beratern überflutete die öffentliche Sphäre, um die dort Beschäftigten in den Methoden kapitalistischer Privatwirtschaft zu ›unterrichten‹. Hochrangige Staatsbeamte gingen den Weg durch die ›Drehtür‹ und mutierten zu Vorstandsmitgliedern der privaten Unternehmen, deren Dienstleistungen sie im öffentlichen Auftrag bezogen. Auf diese Weise wurde der von innen ausgehöhlte Ethos des Staatsdiensts Opfer eines irreversiblen ›kulturellen Wandels‹. Die Verfahren und die Grundannahmen des privaten Sektors wurden nun in den Staat eingebettet.

Wie konnten die neoliberalen Strategen die Agenda von New Labour hegemonial verankern? Befördert wurden zwei populäre diskursive Figuren: zum einen der ›Steuerzahler‹ (ein hart arbeitender Mann, der steuerlich über alle Maßen belastet wird, um den ›Sozialbetrüger‹ und ›Drückeberger‹ zu finanzieren, für den das Leben von Sozialhilfe zur Entscheidung für einen Lebensstil geworden ist), zum anderen der ›Konsument‹ (die glückliche Hausfrau, die als ›freier Mensch‹ auf dem Markt ihre begrenzten Kaufentscheidungen tätigt – insbesondere für diesen Typ wurde die ›Choice-Agenda‹, der Diskurs der Konsumentensouveränität und des individuell abgestimmten Produkts, entworfen). Dabei wurde davon abstrahiert, dass weder die eine noch der andere zugleich ein respektabler Bürger ist, der auf öffentliche Dienstleistungen angewiesen ist.

Der herrschende Marktdiskurs ist natürlich eine Frage der ideologischen Darstellung. In Wirklichkeit funktionieren die Märkte nicht so. Sie funktionieren nicht mysteriös von selbst, wobei sie das optimale Ergebnis hervorbringen. ›Gerecht‹ können sie nur genannt werden, wenn man die himmelschreienden Reichtumsunterschiede zwischen Käufer und Verkäufer ausklammert. Eine ›unsichtbare Hand‹, die das ›Gemeinwohl‹ garantiert, gibt es nicht. Die Märkte erfordern oft die äußere Macht des Staats und seiner Gesetze, um sie herzustellen und zu regulieren. Der Diskurs liefert seinen Subjekten aber eine ›gelebte‹ imaginäre Beziehung zu ihren wirklichen Existenzbedingungen. Damit soll nicht gesagt sein, dass Märkte schlicht konstruierte Fiktionen sind. Im Gegenteil, sie sind in der Tat nur zu real! ›Falsch‹ sind sie nur in dem Sinn, dass sie Teilerklärungen zu Darstellungen des Gesamtprozesses machen. Wir sollten uns aber auch bewusst sein, dass das, was wir für wahr halten, in seiner Konsequenz ›wirklich‹ ist.

In globaler Perspektive vertrat New Labour die Position, dass die Entwicklungsländer dem scharfen Wind des Freihandels und der direkten Auslandsinvestitionen ausgesetzt werden müssten. Der Hauptzweck der ›Weltinnenpolitik‹ sei der Schutz der Märkte und Investitionen und die Gewährleistung der Erfolgsbedingungen für das globale kapitalistische Unternehmertum. Aus dieser Prioritätensetzung ergab sich eine Selbstverpflichtung zu einer neuen geopolitischen Ordnung, steigende Militärausgaben – ›hard power‹ – und die Errichtung eines Netzes von Militärbasen, Vasallenstaaten und befreundeten Diktaturen, von denen viele staatliche Repression, Gewalt, Einsperrung und Folter routinemäßig praktizierten, und, falls nötig, die direkte militärische Intervention im Kostüm der Menschenrechte.

Waren Thatcher und Blair ›weltverändernde‹ geschichtliche Gestalten? Jeder für sich schien emblematisch den historischen Moment, den sie hervorbrachten, zu verkörpern. Beide kamen eindeutig aus der Mittelschicht. Dabei schien Thatcher im ›provinziellen‹ Gantham verankert und nicht Teil des metropolitanen London/Westminster'schen Milieus zu sein, auch wenn ihr Verhalten, ihr Auftreten und ihr Tonfall zunehmend Züge der ›Oberschicht‹ annahmen. Ihre Orientierung an der Respektabilität war zweifellos sehr ›englisch‹. Der unkonventioneller, ›moderner‹ und tüchtiger auftretende, geldgierige, machtorientierte Blair bezog sich zwar auch regelmäßig auf ›britische Werte‹, aber ›respektabel‹ in jenem tröstlichen Sinne war Blair zu keiner Zeit; und er war es immer weniger, je größer seine Ambitionen wurden. Blairs Blick richtete sich nach vorne auf »UKplc«, d.h. auf börsennotierte öffentliche Unternehmen; Thatchers Blick war rückwärtsgewandt auf die ›viktorianischen Werte‹ und eine verschwindende imperiale Vergangenheit. Die Selbstbezeichnung »fortschrittlich« wäre ihr nie über die Lippen gekommen.

Das verbindende Glied zwischen beiden war das Überzeugtsein, der Glaube an sich. Gab es hier ein religiöses Element? Mrs. Thatcher schien sich in der Anglikanischen Kirche wohlzufühlen, besonders religiös war aber auch sie nicht. Alastair Campbell, der Strippenzieher von Blairs New Labour, drückte es so aus: »We don't do God.« Es stellte sich aber doch heraus, dass das für den gewiefteren Blair nicht wirklich galt. Seine ›Religiosität‹ drückte sich allerdings nicht in der Sprache der Religion, sondern in der Sprache der Moral aus. Bei beiden war alles, was sie unternahmen, von einem starken Moralaspekt getränkt: Ein innerer moralischer Kompass immunisierte sie gegen den Gedanken, dass das eigene Handeln womöglich falsch sein könnte. Thatchers Redenschreiber impften ihr den Satz »The lady's not for turning« (»Die Dame kennt keinen Rückzug«) ein; und Blair riet David Miliband, keinen Zoll von der ›Reformagenda‹ von New Labour zurückzuweichen. Die Geschichte würde ihnen und ihren harten, aber mutigen Entscheidungen recht geben.

Das Ende des Blair-Experiments kam unerwartet. Es war das Ergebnis der langen Unterordnung unter die Ziele der US-Außenpolitik. Die »special relationship« hatte dem Vereinigten Königreich die Rolle des geopolitischen Juniorpartners garantiert und im Weltmaßstab einen Platz an der Sonne versprochen. Man stand ›Seite an Seite‹ im Kampf gegen den islamischen Fundamentalismus. Mit der Unterstützung der neokonservativen Lobby (Richard Cheney, Richard Perle, Donald Rumsfeld und Co.) verführte George W. Bush, dem Blair aus unerfindlichen Gründen vertraute, diesen zu einem Krieg mit dem Ziel des Regime-Wandels im Irak. Blairs moralischer Anspruch zerbrach an seiner fadenscheinigen Logik, der Vortäuschung falscher Tatsachen, den Geheimabkommen, den frisierten Dokumenten und der schlechten Geheimdienstarbeit. Sein Ruf hat sich hiervon nie wieder erholt.

Sein Nachfolger, Gordon Brown, änderte den neoliberalen Kurs im Wesentlichen nicht. Gleichwohl war er nie ein besoldeter Verkünder des ›Dritten Wegs‹: Seine Pfarrhausherkunft, seine hohe moralische Ernsthaftigkeit und die Formierung seiner Persönlichkeit im alten Labour-Milieu standen ihm hierfür im Weg. Mit ihm verknüpften sich die positiven Seiten des ›double shuffle‹ von New Labour: öffentliche Investitionen, das Senken der Schulden der Dritten Welt und der Kampf gegen die Kinderarmut. Mit dieser ›Umverteilung im Verborgenen‹ konnte aber die Schaffung einer politischen Basis oder eine prinzipielle Verteidigung des Wohlfahrtsstaates nicht gelingen. Außerdem war Brown ein Bewunderer der Dynamik des amerikanischen Freiwirtschaftskapitalismus. Dem ganz irrigen Glauben, dass die Labour Party irgendwie die Quadratur des Konjunkturkreislaufes entdeckt habe, ging auch er voll auf den Leim. Die Zeichen, dass der Boom nicht ewig anhalten würde, übersah er: den außer Kontrolle geratenen Immobilienmarkt, den Anstieg der Verschuldung des Staates und der privaten Haushalte, die dubiosen Risikogeschäfte, die karrieregeile, junge, grünschnäbelige Aktienhändler erfanden, die unregulierten Raubzüge des Hedge-Fonds- und Private-Equity-Sektors, den Skandal, dass Banken Subprime-Hypotheken in einer Höhe verkauften, die das gesamte Jahreseinkommen ihrer Kunden überstiegen, die Explosion der Aktienwerte, die astronomischen Gehälter und Bonuszahlungen der Manager, die zunehmende Orientierung der Banken auf hochriskante Investitionsaktivitäten, die staatliche Rettung von ›systemrelevanten‹ Banken und das Tempo, in dem die Banken ihre Schrottpapiere beim Staat abluden, als die Krise plötzlich hereinbrach. Alle diese Zeichen hätte ein kluger Wirtschaftstechniker wie Brown sehen müssen. Die internationalen Führungsqualitäten, die er in der Krise zeigte, kamen zu spät. Zudem mangelte es ihm am politischen Charisma, über das Blair noch verfügt hatte; Brown konnte weder die großen Entscheidungen treffen noch Ideen in der notwendigen Alltagssprache ausdrücken. Er sprach zu seinem Publikum in der Sprache des geistreichen Gelehrten und überforderte es in einer Situation mit Zahlen, in der Erklärungen für das große Ganze gebraucht wurden. Schließlich war zum Zeitpunkt der Wahlen, die er schon ein Jahr früher hätte ausrufen müssen, klar, dass die Labour Party verlieren würde. So kam es dann auch.

Die weitreichende Umwälzung der konservativ-liberaldemokratischen Koalition

Die nun regierende konservativ-liberaldemokratische Koalition entsprach voll und ganz der herrschenden politischen Logik der Umgruppierung. Im Geist der Zeit signalisierte Cameron nach dem Vorbild von Blair, dass er entschlossen sei, die Tories zu einer »Partei des mitfühlenden Konservatismus« zu machen.

Viele unterschätzten, wie tief die Spaltung der liberaldemokratischen Seele infolge der oppositionellen Machtlosigkeit war. Die Koalition brachte die neoliberal orientierten Unterstützer des »Orange Book«, die ein Bündnis mit den Konservativen bevorzugten, in Gegensatz zu den »Progressives«, denen sich auch ehemalige Sozialdemokraten angeschlossen hatten, die einer Koalition mit der Labour Party zuneigten. Manchen imponierte das makellose öffentliche Auftreten des liberaldemokratischen Parteiführers und heutigen stellvertretenden Ministerpräsidenten Clegg in den Wahlkampfdebatten im Fernsehen. Dagegen argwöhnten andere, dass dieser Eindruck vielleicht die Folge von Cleggs Substanzlosigkeit sei. Nahezu alle täuschten sich über den Selbstverrat, die Heuchelei und Prinzipienlosigkeit, zu denen die Führung der Liberaldemokraten fähig war. Die Konservativen und die Liberaldemokraten strickten einen schlechten Kompromiss, dessen Details heute vergessen sind. Im Rosengarten von Downing Street Nr. 10 gaben sich Cameron und Clegg den ›Bruderkuss‹ (wobei jener aussah wie eine Katze, die gerade die Sahne aufgeschleckt hat). Die Parteiführung der Liberaldemokraten lieferte der konservativen Parteielite das Feigenblatt und die Bankenkrise das nötige ›Alibi‹. Die Tories ergriffen die Gelegenheit beim Schopfe und trieben die radikalste, weitreichendste (und womöglich irreversible) gesellschaftliche Umwälzung seit dem Krieg voran.

Die Politik der Koalition erscheint oft als inkompetent, und zuweilen sieht es so aus, als ob es nicht gelänge, eine klare Linie zu bewahren und die Dinge zusammenzuhalten. Aus einer anderen Perspektive lässt sich aber die These aufstellen, dass es von allen drei Regimes, die seit den 1970er Jahren das neoliberale Projekt forciert haben, das am besten vorbereitete, weitgehendste, radikalste und ambitionierteste ist. Das am besten vorbereitete, da die Konservativen ihre Oppositionszeit dazu nutzten, einen neuerlichen Machtantritt systematisch anzugehen, und zwar nicht so sehr im Hinblick auf konkrete politische Gesetzesvorhaben als im Hinblick auf die Verknüpfung solcher allgemeinen Vorhaben zur Herstellung eines neuen politischen ›Kompromisses‹. Sie überzeugten sich selbst davon, dass tiefe Einschnitte vorzunehmen sein würden, um die Anleihemärkte und die internationalen Gläubiger zufrieden zu stellen.

Die Gesetzeslawine setzte ohne Vorlauf ein und ist seitdem nicht zum Halten gekommen. Sie beginnt stets negativ (»das Chaos, das uns die Vorgängerregierung hinterlassen hat«), endet aber positiv und schlägt radikale Strukturreformen als Lösung vor. Dabei leugnet man aufs Heftigste die Tatsache, dass das treibende Motiv Ideologie ist. Die Ideologen der ersten Reihe – George Osborne, Andrew Lansley, Michael Gove, Frances Maude, Ian D. Smith, Eric Pickles, Jeremy Hunt – sind, obschon sie als Konvertiten begannen, völlig von neoliberalen Ideen durchtränkt und richten ihre ganze Konzentration darauf, diese Ideen legislativ umzusetzen und damit den Umbau der Gesellschaft festzuschreiben. Sie sind skrupellos in ihren Mitteln und verleugnen die verheerenden Folgen dieses Umbaus. Der verschmitzt lächelnde, clevere und zynische Osborne, »der Lächelnde mit dem Messer hinter dem Rücken«, schwingt die Axt mit tiefsitzendem Hass. Der entspannt auftretende, glaubwürdige und selbstgerechte Cameron führt die koalitionäre Fernsehshow mit der typisch lockeren und selbstbewussten Herablassung der oberen Mittelschicht, die in Eton zur Schule und in Oxford auf die Universität gegangen ist. Er ist die Werbefigur des Projekts, der in die Bresche springt, wenn dessen Aktienkurs abzuschmieren beginnt. Vor langer Zeit hat diese Bande Joseph Schumpeters Diktum übernommen, dass es keine Alternative zur »schöpferischen Zerstörung« gibt; und durch legislative Manöver haben sie sich einen ununterbrochenen Zeitraum von fünf Jahren geschaffen, in dem sie diese Aufgabe vollenden können.

Der weitreichende Charakter der Koalitionsregierung erschließt sich aus der operationellen Breite der zu ›reformierenden‹ Institutionen und Praxen, aus der Waghalsigkeit, mit der Staatsgelder in die Privatwirtschaft ausgeschüttet werden, und aus den Wählerklientelen, die sie direkt brüskieren. »Reform« und »Entscheidungsfreiheit« – Wörter, die schon von New Labour für den neoliberalen Zweck gekapert wurden – sind die zentralen Bausteine ihrer Großen Erzählung. Sie mögen Konservative sein und ihr Personal mag sich zunehmend aus reaktionären Tory-Hinterwäldlern beiderlei Geschlechts zusammensetzen, aber im Kern sind sie kein ›konservierendes‹ Regime. Es ist eine verstörte Labour-Partei, die jetzt mit der (sozial-)konservativen Alternative ihres traditionellen Lohnarbeiterflügels herumspielt. Obwohl die Konservativen und die Liberaldemokraten immer wieder behaupten, nur das »Chaos« der Vorgängerregierung aufzuräumen, läuft der neoliberale Motor auf Hochtouren.

Beschränken wir uns darauf, die neoliberale Logik hinter den Kürzungsmaßnahmen zu verfolgen: *Erstens*, die angegriffenen Bevölkerungsgruppen sind nun alle, die auf den Staat und öffentliche Dienstleistungen angewiesen sind. Für die Reichen hat es nie eine Rezession gegeben. Die Beschäftigten im öffentlichen Sektor werden dagegen Opfer massiver Entlassungswellen, eingefrorener Nominal- und somit sinkender Reallöhne, vernichteter Rentenansprüche und eines steigenden Renteneintrittsalters. Unterstützung für die sozial Schwachen und Bedürftigen wird weggekürzt, um damit die sogenannte ›Sozialstaatsabhängigkeit‹ zu brechen. Sozialleistungen werden beschnitten, die Alten müssen ihre Häuser verkaufen, um Pflegeleistungen zu kaufen, viele Studierende werden sich lebenslang verschulden, um einen Hochschulabschluss zu erwerben. Die Frauen befinden sich dort, wo viele dieser barbarischen Entscheidungslinien sich schneiden. Bea Campbell erinnert uns daran, dass Sozialabbau den Raum verkleinert, in dem Frauen Gehör, Bündnispartner sowie soziale und materielle Unterstützung finden können. Reduziert werden diejenigen Ressourcen, die die Gesellschaft kollektiv für ihre Kinder, Alten und Verletzlichen aufbringt und für die allgemeine Sorge- und Liebesarbeit verausgabt.

Zweitens verwandeln die Privatisierungen die gesamte gesellschaftliche Architektur. Cameron beabsichtigt, das Prinzip, dass öffentliche Dienste mit privaten Anbietern um bessere Dienstleistungen konkurrieren, gesetzlich zu verankern. Die Privatisierungspolitik der Koalition nimmt dreierlei Gestalt an: (1.) direkter Ausverkauf des öffentlichen Eigentums; (2.) Vergabe öffentlicher Aufträge an profitorientierte Privatunternehmen; (3.) eine zweischrittige Privatisierung auf dem Schleichweg, die als unbeabsichtigte Folge ausgegeben wird. So haben z. B. Private Equity-Unternehmen ganz offen private Pflegeheime auf Lease-Back-Basis aufgekauft, um sie mit enormen Profiten weiterzuverkaufen. Die Folge war, dass die neuen Eigentümer – Privatanbieter wie Southern Cross – die Miete nicht mehr zu zahlen in der Lage waren und sich somit gezwungen sahen, die Pflegeheime zu schließen und die Insassen zu zwingen, sich eine neue Bleibe zu suchen. Das ist Privatisierung mit doppeltem Abkassieren.

Drittens die Verlockung des Lokalismus. Gemäß David Camerons »Big Society« sollen mit öffentlichen Mitteln finanzierte »freie Schulen« Eltern »ermächtigen« und so Entscheidungsbefugnisse »an das Volk« zurückgegeben werden. Die von drängenden häuslichen und Pflegeaufgaben in Beschlag genommenen Eltern, die weder die Zeit noch die nötige Erfahrung haben, Schulen zu verwalten, gute Didaktik zu bewerten, ausgeglichene Lehrpläne zu erstellen, die seit der Mittleren Reife keine Zeit mehr hatten, einen guten Roman zu lesen, werden sich natürlich an private Bildungsberater wenden müssen, die die Schulen verwalten können und die ›Vision‹ der Schule definieren. Gibt es ein besseres Beispiel für die Zweischrittlogik der ›unbeabsichtigten Folgen‹?

Viertens, ein heuchlerischer Populismus, bei dem die ›communities‹ gegen die kommunale Demokratie ausgespielt werden: Pickles, der Minister für Kommunalverwaltung, plant die Stadträte dauerhaft vom zentralen Geldvergabesystem abzuschneiden. Gleichzeitig ist der soziale Wohnungsbau stillgestellt: Während der Bedarf nach preiswerten Wohnungen dramatisch ansteigt, werden Wohnzuschüsse gestrichen. Die früher subventionierten Mieten in den Großstädten dürfen sich dem hohen Marktniveau angleichen. Viele Menschen werden sich gezwungen sehen, in günstigere Wohnungen umzuziehen, und verlieren so ihr Freundesnetzwerk, ihre Kinderbetreuung, ihre Familie, ihre Schulen und Schulfreunde. Die Eltern müssen sich nach neuen Arbeitsplätzen vor Ort umsehen, falls es welche gibt, oder längere Pendelzeiten in Kauf nehmen. Die Unterstützung für Arbeitsuchende wird zusammengestrichen. Seit den frühen Tagen von Thatcher hat es keinen solch gewaltigen Angriff auf den Zusammenhalt der Gesellschaft, die sozialen Verhältnisse und das gesellschaftliche Leben mehr gegeben.

Fünftens, die Kürzungen der staatlichen Ausgaben für die Verbesserung der Lebensqualität: Einrichtungen wie Bibliotheken, Parkanlagen, Schwimmbäder, Sportanlagen, Jugendzentren, Gemeindezentren werden privatisiert oder verschwinden ganz. Entweder wird der Privatsektor sich die profitablen Einrichtungen herauspicken oder unbezahlte Freiwillige werden einspringen oder die Türen werden für immer geschlossen. Cameron ist nach allen Seiten offen und schämt sich nicht, sich den Jargon von ›1968‹ anzuverwandeln und von einer »Machtverschiebung zugunsten des Volkes« zu sprechen, während er in Wirklichkeit die Strukturen der lokalen Demokratie zerstört. Die Linke, der Freiwilligenarbeit, lokales Handeln und kommunale Beteiligung schon immer zusagt (und wem gefällt das etwa nicht?), findet sich so wieder einmal ins Niemandsland trianguliert. Das Konzept der ›Big Society‹ ist so leer, dass die Universitäten unter Androhung von Mittelkürzungen dazu verpflichtet worden sind, es an die Spitze ihrer Forschungsagenda zu stellen – vermutlich, damit die Politik herausfinden kann, was in aller Welt damit gemeint sein mag. Es handelt sich um eine Schimäre und eine schäbige, gutsherrenartige, doppelzüngige Einmischung in die intellektuelle Freiheit und Unabhängigkeit der Hochschulen. Das dominante Prinzip ist die Verlagerung der Macht und des Reichtums hin zu denjenigen, die jetzt schon reich und mächtig sind. Während für die Bevölkerungsmehrheit die Einkommen stagnieren oder fallen, haben sich die Reichen alle Erträge des fiebrigen, treibhaus-, blasen- und schuldengetriebenen ›Wachstums‹ der letzten Jahre unter den Nagel gerissen. Der Lohn für hochqualifizierte Arbeitskräfte hat sich mehr als verdoppelt, während der Lohn für unqualifizierte und gering qualifizierte Arbeiter seit den 1970er Jahren sogar gefallen ist. Der Anteil der Armutslöhne hat sich fast verdoppelt. In der ›Big Society‹, so scheint es, ist Gleichheit aus der Mode gekommen.

Ist der Neoliberalismus hegemonial?

Die Frage der neoliberalen Kultur und damit des gesellschaftlichen Konsenses und der Durchdringung des popularen Bewusstseins ist eine zu weitläufige Frage, um sie hier angemessen behandeln zu können. Der Neoliberalismus ist nur einer der operativen Trends in der Kultur. Er sitzt in einem komplexen kulturellen Feld, in dem mehrere Tendenzen miteinander konkurrieren. Trotzdem können wir einige deutliche neoliberale Stränge in ihren Grundzügen identifizieren. Der rote Faden im Folgenden zieht sich durch die Ideen und kulturellen Praxen der Inwertsetzung und des Individualismus.

In einer Kultur, in der neoliberale Ideen eine weitverbreitete geistige Strömung repräsentieren, ist der freie, allgegenwärtige und allumfassende Charakter des ›Reichtums‹ ein dominantes Thema. In zunehmendem Maße ist damit Geld in seiner nackten, materialistischen, ›amerikanisierten‹ Form gemeint, d.h. abgelöst von den alten, respektablen, aristokratischen und Oberschichtskonnotationen und moralischen Einschränkungen, von denen er im britischen Kontext begleitet und durch die er gebrochen war. »Greed is good«, verkündete Michael Douglas in *Wall Street*. »We are extremely relaxed about people becoming filthy rich«, erklärte Peter Mandelson, einer der Architekten des ›Dritten Wegs‹ von New Labour. »Wie viel Knete verdient er?«, »Wie hoch ist sein Bonus?«, »Was kostet diese Gucci-Handtasche oder dieses Paar Jimmy-Choo-Schuhe?«, »Hat er eine Yacht?«, »Oder einen Fußballklub?«, »Wie viel verdienen die zusammen?«, »Wie komme ich da dran?« – das sind die Fragen, die unseren kulturellen Moment beherrschen. Marketing- und Verkaufsmetaphern drohen den öffentlichen Diskurs zu überwältigen. Alles ist zur Ware geworden. Jedes soziale Verhältnis lässt sich kaufen und verkaufen, hat seinen ›Preis‹ und seine ›Kosten‹. Der ›Disziplin‹ dessen, was ›unterm Strich‹ rauskommt, entgeht nichts. Der Tauschwert bestimmt, was als Wert angesehen wird. Eine gigantische Infrastruktur produktiver und finanzieller, globaler Konzerne heizt den Treibhausinkubator der globalen Modetrends an: Bevor sie aber auf dem Markt realisiert werden können, müssen sie zu Signifikanten einer personifizierten Kaufentscheidung werden und deren »Aura« verkörpern. Junge Menschen streben Individualität an, indem sie Variationen derselben Freizeit-›Uniform‹ tragen. Von diesen Trends nähren sich die vielfältigen Industrien der »Sorge um sich« und der Selbstinszenierung: die sanktionierende Unerbittlichkeit der Fitnessstudios, die Fähigkeiten zur Selbst-Promotion, das stilistische ›Gendering‹ und ›Raceing‹, d.h. die geschlechts-

und Race-identitätsspezifische Produktabstimmung der Waren, die kosmetische Chirurgie, die persönlichen Stilberater, die Lifestyle-Werbung, die PR-Industrie. Selbst Bewerbungen werden zu quasi-fiktionalisierten Übungen in der Selbstvermarktung. Manager und Unternehmensvertreter stricken, auch wenn sie schon völlig ausgelaugt sind und ihre wirtschaftliche Lage schlecht ist, vollkommen ungeniert an einem selbstbewussten, ›dynamischen‹, optimistisch nach vorne gerichteten Auftreten. Topmanager und Politiker umtänzeln die eigentlich entscheidenden Fragen. Keiner nimmt ihnen noch ab, dass sie die Wahrheit sagen. Sie erzählen uns das, was sie uns hören lassen wollen.

Es gibt eine Spezialität in der Vermarktung ›technologischer Bedürfnisse‹. Das Handy, die Breitbandverbindung und eine Facebook-Seite gehören heute zu den ›Notwendigkeiten des Lebens‹, auch in Milieus, in denen Millionen sie nicht haben. In der Illusion, dass das Internet, weil es unreguliert ist, ›frei‹ ist, wurden, wie es heißt, Nachrichten, Informationen, Ansichten, Meinungen und Kommentare durch das Internet ›demokratisiert‹ – d.h. gleichgemacht; auf dem Marktplatz der Meinungen sind die Ansichten des einen so gut wie die des nächsten. Wir wissen mehr über die trivialen und banalen Alltagsgewohnheiten anderer Menschen als über den Klimawandel oder die Nachhaltigkeit. Das ›nachhaltigste‹ Subjekt par excellence ist vermutlich die Gestalt des selbstgenügsamen Städtetrotters – mobil, fitnessstudiotrainiert, der Radfahrer im Radfahreroutfit mit den Radfahrerutensilien (Helm, Wasserflasche und anderen Überlebensdingen) griffbereit, gänzlich unbelastet von ›Verantwortungen‹, ungebunden, frei umherstreifend … Die Ansammlung von Leuten, die draußen vor dem Büro zusammenstehen und dem Rauchverbot trotzen, ist keine ›Gruppe‹; sie ist ein Aggregat von Individuen mit nach außen gerichtetem Blick, die alle auf ihrem Handy zu anderen Individuen sprechen. Die Idee ›des Gemeinschaftlichen‹ selbst hat sich ausgedünnt.

Jedes Mal, wenn ein neues, persönlichkeitserweiterndes Gadget auf den Markt geworfen wird, ist dies Anlass für festliche Zelebrierungen im Einzelhandel, und zwar weniger dessen, was es kann, und mehr dessen, was es als Eigenschaft für die Person symbolisiert (die Funktionen von einem Gadget zum nächsten sind häufig Neuauflagen von alten). Wie der Prophet der Apokalypse, Jean Baudrillard, angemerkt hat, ist für die Dinge die symbolische Bedeutung ebenso wichtig wie die eigentliche Funktion. Ihre Wertschätzung bezieht sich heute vor allem auf ihre Bedeutung als Lifestyle-Accessoires, auf ihren symbolischen Wert und ihre Verbindung mit neuen Formen der Befriedigung.

Im Reich der globalen popularen Kultur hat der ikonische Status von Berühmtheiten alles entscheidende Wichtigkeit erlangt. Die Berühmtheit ist eine allseits bekannte Figur, die am besten dafür bekannt ist, allseits bekannt zu sein. Auf ›magische Weise‹ schließen die Berühmtheiten den Graben zwischen Bedürfnis und Begehren (*need and desire*), zwischen der Wirklichkeit der Nichtverfügung über Reichtum und der Phantasie des alles verändernden Erfolgs und dem Traum von der unmittelbaren Teilhabe am Lifestyle der globalen Superreichen. Sie beflügeln die leidenschaftliche Erwartung, dass irgendwann eine Berühmtheit aus dem Nichts auftaucht, uns aus einer neidisch auf uns blickenden Umgebung auswählt und uns damit in einen gottgleichen Status erhebt. Das unkontrollierbare Schicksal wird unverhofft und zufällig mit dem Finger auf uns zeigen und die magische Formel ausrufen: »Sie haben gerade eine Million Euro gewonnen! Kommen Sie zu uns herunter.«

Wie Suzanne Moore beobachtet, sind wir mehr wie Amerika geworden, wo die Aufstiegschancen der Armen trotz des »amerikanischen Traums« kleiner geworden sind. Aber im gleichen Zeitraum ist die Phantasie, dass dies möglich ist, gewachsen. Dass die zunehmende Polarisierung von Reichtum und Armut mit einem ungeheuren Aufstieg der ›Celebrity-Kultur‹ verbunden ist, ist Moore zufolge kein Zufall: »The idea that an ordinary person can become extraordinary and famous, by-passing the normal routes, is a necessary fiction.« (*Guardian*, 9.4.2011)

Der Neoliberalismus will nichts weniger, als einer permanenten Revolution zum Durchbruch zu verhelfen. Ist es denkbar, dass die Gesellschaft auf diese Weise dauerhaft reorganisiert werden kann? Ist der Neoliberalismus hegemonial? Bislang gibt es keine überwältigende Mehrheitssehnsucht nach dem neoliberalen Projekt. Zu beobachten ist freilich eine massive Desillusionierung und Entpolitisierung der Bevölkerung, die Jeremy Gilbert als »disaffected consent« bezeichnet hat.

Obwohl das neoliberale Projekt seine Cheerleader hat, ist die vorherrschende Stimmung ein Skeptizismus. Auch ein instinktiver, allerdings etwas zurückhaltender und unsicherer Egalitarismus ist immer noch am Leben und verankert. Viele Leute fragen, warum die öffentlich Beschäftigten die Banker retten sollen, die die Krise überhaupt erst hervorgerufen haben und denen es noch nie so gut ging wie heute. Sollten die Gehälter und Einkommen der Reichen und Mächtigen nicht ethischen Prinzipien und Grenzen des Anstands unterworfen werden? Die Leute mögen Rupert Murdoch um seinen phantastischen Reichtum und seine Macht beneiden, aber wenn der globale Kapitalismus sein wahres Gesicht zeigt, so wie Murdochs *News International* in dem jüngsten Abhörskandal, dessen Erschütterungen durch die gesamte Gesellschaft zu spüren waren, da artikulierte sich unverhohlene nationale Freude über seinen Fall. Bis heute erhält sich eine gute Portion des gramscianischen ›gesunden Menschenverstands‹ (*buon sensu*): Auch wenn Cameron immer wieder beteuert, dass wir alle im gleichen Boot sitzen, wissen doch alle, dass die Reichen und Mächtigen die einfachen Leute über den Tisch ziehen, sobald sich nur die kleinste Gelegenheit dafür bietet.

Auch wächst mancherorts der Protest, wenngleich er fragmentiert und isoliert ist. Es gibt zurzeit niemanden, der sie zu einer sozialen und politischen Bewegung zusammenschweißen könnte. Die Labour Party scheint Angst zu haben, als zu weit links zu erscheinen, und es mangelt ihr an politischen Ideen und strategischen Perspektiven. Labour ist es nicht gelungen, sich mit den Kräften zu identifizieren, die Widerstand gegen die Kürzungen leisten, oder Unterstützung für einen glaubwürdigen, alternativen Weg zu mobilisieren. Die Labour Party steckt fest zwischen einer alten ›New Labour‹-Agenda, mit der kein Blumentopf mehr zu gewinnen ist, und dem Versprechen eines ›Neuanfangs‹, den niemand zu definieren vermag. Der Politik der Koalition begegnet sie ohne Überzeugung oder Autorität. Überhaupt steckt sie in der Vergangenheit fest: Vieles von dem, was die Koalition jetzt energisch durchsetzen will, begann schon unter New Labour. Die deutlichste Labour-Position scheint folgende zu sein: »Ja, wir werden auch kürzen, aber nicht so viel, nicht so schnell, nicht sofort und nicht alles auf einmal.« Das ist kein heroischer Aufruf zum Handeln, mit dem die Massen dazu zu bringen sind, voller Begeisterung an die Wahlurnen zu drängen.

Gewichtige Experten haben sich gegen die neoliberalen Strukturreformen, gegen die Geschwindigkeit und den Umfang der Kürzungen im Kontext einer fragilen Wirtschaft ausgesprochen. Gnadenlos entblößen die Thinktanks, wer von den Kürzungen profitiert und wem sie schaden – ganz ohne Wirkung. Es gibt Momente des Innehaltens, des Nachdenkens und der 180-Grad-Kehrtwenden – und das kann durchaus noch zunehmen. Wenn die Liberaldemokraten unter der Durchsetzung der Sozialkürzungen ›ächzen‹ und es ihnen nicht gelingt, bei den nächsten Wahlen glaubwürdig gegen ihre eigene Politik Wahlkampf zu machen, wartet auf sie eine Zukunft der elektoralen Auslöschung. Auch könnte die Koalition auseinanderbrechen. Dabei bliebe allerdings nicht ausgeschlossen, dass die Konservativen dann die absolute Mehrheit erreichen könnten, zu der es bei den letzten Wahlen nicht reichte. Möglich ist auch, dass das Vabanquespiel, dass die verheerenden Kürzungen zur Senkung des Haushaltsdefizits rechtzeitig zu den nächsten Wahlen zu einem Wiederaufschwung der am Boden liegenden Wirtschaft führen wird, sich als gescheitert herausstellen könnte, selbst wenn Osborne an eine »expansive Austerität«, was auch immer das heißen mag, glaubt.

Die Tage des konstanten und kontinuierlichen ›Wachstums‹ könnten gezählt sein. Die Umweltkrise könnte der Regierung das Genick brechen, oder auch die Tatsache, dass, wie Larry Elliott anmerkt, seit 2010 »die Realeinkommen [...] zum ersten Mal seit 1982 gesunken sind [...], die Stimmung unter den Verbrauchern schlecht ist, der Einzelhandel über seine Profitkrise stöhnt und die Regierung sich gezwungen sah, ihre Prognosen für das Haushaltsdefizit zu revidieren« (*Guardian*, 7.4.2011). Die Einkommen müssten um 6 % steigen, um die Preissteigerung und die Mehrwertsteuererhöhung auszugleichen. Die Haushaltseinkommen sinken rapide. Das sind keine ökonomischen Aussichten, die die Herzen in der Koalition frohlocken lassen.

Die Eurozone ähnelt momentan offensichtlich einem wirtschaftlichen ›Katastrophenfall‹: die Verschuldungskrise der Nationalstaaten ist notdürftig geflickt, aber nicht gelöst. Noch alarmierender ist, dass die Fähigkeit der bislang stetig wachsenden US-Märkte und die stetig wachsende geopolitische Macht der USA als Rettungsanker allmählich nicht mehr greift. Vor allem gibt es immer unerwartete Entwicklungen, die ganz plötzlich hereinbrechen – wie z. B. der bereits erwähnte Abhörskandal von Rupert Murdochs *News Corp* 2011, der die Cameron-Regierung und die Medien tief kompromittiert hat. Es ist immer schwierig, die Auswirkungen von dem abzuschätzen, was Macmillan einmal mit »Events, dear boy, events« oder was Donald Rumsfeld reumütig mit »Stuff happens!« beschrieb.

So kam es z. B. im August 2011 in vielen Londoner Vierteln plötzlich zu Aufständen und Plünderungen, die sich auch auf andere britische Städte ausbreiteten. Hervorgerufen wurden sie dadurch, dass die Polizei einen Schwarzen tötete, der nach ihrer Darstellung auf sie geschossen hatte. Er hatte tatsächlich eine Waffe, aber die Spurensicherung ergab später, dass sie nie abgefeuert wurde. Die Leute protestierten und forderten eine Erklärung, die jedoch von der Polizei trotz jahrzehntelangem »Community Relations Training« verweigert wurde. Fünf Tage lang wurden Fenster zertrümmert, Läden geplündert. Zwei Nächte lang verlor die Polizei die Kontrolle über die Straße. Zunächst waren es v. a. männliche, Schwarze und arbeitslose Jugendliche, die sich an ihren eigenen Vierteln rächten. Dann kamen von weiter weg viele Weiße Jugendliche beiderlei Geschlechts dazu. Race und Klasse überlagerten sich, ohne sich zu vermischen, aber auf explosive Weise: in einem Konsum-Festival. Die Medien berichteten fasziniert über das Schauspiel, dass Plünderer zu den Läden zurückkehrten, um einen weiteren TV-Flachbildschirm abzugreifen, über die Geschwindigkeit, mit der Handys und andere elektronische Geräte von den Regalen verschwanden, über die Jungs und Mädchen, die stehen blieben, um Kleider und Modeartikel vor dem Abtransport anzuprobieren. Die Jagd ging allmählich in Konsumismus über – eine klassisch liberale Melodie. Obwohl die Zusammenhänge zwischen den Unruhen und den Armutszentren offensichtlich sind, behandelte Cameron sie als »reine Kriminalität«, eine rein moralische Angelegenheit, die nichts mit Sozialkürzungen, Rassismus oder Armut zu tun hat und rein strafrechtlich verfolgt wird. Die Richter richteten sich danach, indem sie für die Störung der öffentlichen Ordnung Gefängnisstrafen verhängten, die um ein Drittel länger waren als gewöhnlich. Die Zerstörungen, Ergebnis unausgesprochener und ungerichteter Wut, führten zu bitteren Spaltungen der lokalen Gemeinden entlang der Generationen. Die Älteren sagten fassungslos: »Aber das ist doch ihr eigenes Viertel – hier leben wir doch!« Aber der Sinn fürs ›Soziale‹ ist eben leider brüchig geworden. Die Familienbindungen bleiben stark, aber sie gewährleisten keine überzeugenden Erzählungen mehr für die Gegenwart. Die Linien der Zugehörigkeit und des Ausschlusses sind nicht mehr so einfach und rational. Auch die Schwarzen Jugendlichen sind gespalten zwischen denen, die darum kämpfen, Jobs am unteren Ende der Skala zu ergattern, und einer Minderheit, die sich in eine getrennte Schwarze Welt zurückgezogen hat, in der Leben, Vergnügen, Musik, Sex und Unterhaltung in sozialen Szenarien der ›Gang‹ (*the posse*) gesucht werden. Wenn Cameron sagt, »society is ›broken‹«, kann man gut im jamaikanischen Ton antworten: »Is who bruk' it?«

Bei der Frage, ob Neoliberalismus hegemonial ist, stoßen wir auf das Problem, dass Hegemonie ein komplizierter Begriff ist und ein unordentliches Denken auslöst. Kein Projekt gelangt je in eine Position der permanenten ›Hegemonie‹. Hegemonie ist ein Prozess, kein Zustand. Kein Sieg ist jemals endgültig. An Hegemonie muss ständig ›gearbeitet werden‹; sie ist zu erhalten, zu erneuern und zu befestigen. Ausgeschlossene gesellschaftliche Kräfte, die nicht konsensual eingebunden und deren Interessen nicht berücksichtigt worden sind, verkörpern die Basis von Gegenbewegungen, Widerstand, alternativen Strategien und Visionen. Damit beginnt der Kampf um ein hegemoniales System von neuem. Sie konstituieren das, was Raymond Williams »das Entstehende« (*the emergent*) genannt hat, und sie sind der Grund, warum die Geschichte nie abgeschlossen ist, sondern als Horizont stets eine offene Zukunft bietet.

Trotz alledem verkörpert der Neoliberalismus im Hinblick auf seine Ziele, seine Tiefe und den Grad des Bruchs mit der Vergangenheit, die Vielfalt der kolonisierten Orte, seine Wirkung auf den Alltagsverstand und die Verschiebungen in der Gesellschaftsarchitektur zweifellos ein hegemoniales Projekt. Das populare Denken und die Kalkulationssysteme des Alltagslebens bieten der Durchsetzung seiner Vorstellungen gegenwärtig nur wenig Reibungsflächen. Aber da er die neuen und alten Widersprüche auch in seiner aktuellen Rekonstruktion nicht loswird, mag sich seine Durchsetzung schwieriger gestalten. Dennoch ist für das neoliberale Projekt die Grundsteinlegung und die Konstruktion der Zukunft auf einem für ihn vorteilhaften Terrain heute mehrere Schritte weitergekommen. Um einen Satz von Marx zweckzuentfremden: »Brav gewühlt, alter Maulwurf.« Fürwahr, leider!

Aus dem Englischen von Ingar Solty und Jan Rehmann

Literaturverzeichnis

Adelman, P. (1972): The Rise of the Labour Party. London

Ali, M. (2004): Brick Lane. Roman. München

Althusser, L., und E. Balibar (1972): Das Kapital lesen. Reinbek

Amin, A. (2002a): Ethnicity and the Multicultural City. Living with Diversity. London

Amin, A. (2002b): The Economic Base of Contemporary Cities, in: G. Bridge, S. Watson (Hg.), A Companion to the City. Oxford, 115–129

Ampuja, M., J. Koivisto (2012): Kulturstudien (Cultural Studies), in: HKWM Bd. 8/I, Hamburg, 432–449

Anderson, P. (1978): Von der Antike zum Feudalismus. Spuren der Übergangsgesellschaften. Frankfurt/M

Anderson, P. (1979): Die Entstehung des absolutistischen Staates. Frankfurt/M

Back, L. (1996): New Ethnicities and Urban Culture. Social identity and racism in the lives of young people. London

Bellocs, H. (1912): The Servile State. London

Blair, T. (1999): Modernising Government. London

Bobbitt, P. (2002): The Shield of Achilles. Harmondsworth

Bonnett, K., S. Bromley, B. Jessop, T. Ling: Authoritarian Populism, Two Nations, and Thatcherism, in: New Left Review 147, 25. Jg., 1984, H 5, 32–60

Booth, C. (1903): Life and Labour of the People of London. 3. aktual. u. erw. Aufl. London

Bridge, G., S. Watson (2002): City Economies, in: dies., A Companion to the City. Oxford, 101–114

Burgess, K. (1980): The Challenge of Labour. London

Clarke, P. (1978): Liberals and Social Democrats. Cambridge

Cowling, M. (1971): The Impact of Labour, 1920–1924. Cambridge

Dangerfield, G. (1961): The Strange Death of Liberal England. New York

Dews, P. (1979): The Nouvelle Philosophie and Foucault, in: Economy & Society, 8. Jg., H 2, 127–171

Dicey, A. V. (1963): Law and Public Opinion in England. London

Dickinson, H. (1977): Liberty and Property. London

du Gay, P. (2002): A Common Power to Keep Them All in Awe. A comment on Governance, in: Journal for Cultural Research, 6. Jg., H 1–2, 11–27

Engels, F. (1962): Der Ursprung der Familie, des Privateigentums und des Staates, in: ders., Werke, Band 21. Berlin/O, 25–173

Engels, F. (1962): Herrn Eugen Dühring's Umwälzung der Wissenschaft, in: ders., Werke, Band 20. Hamburg, 1–303

Engels, F. (1962): Werke, Band 21. Berlin/O

Fine, B., u. a. (1984): Class Politics. London

Finlayson, A. (2003): Making Sense of New Labour. London

Foucault, M. (1976): Überwachen und Strafen. Die Geburt des Gefängnisses. Frankfurt/M

Fukuyama, F. (1992): Das Ende der Geschichte. Wo stehen wir? München

George, D. L. (1933): War Memoirs, Band 1. London

Giddens, A. (2000): Der Dritte Weg. Die Erneuerung der sozialen Demokratie. Frankfurt/M

Gramsci, A. (1971): Selections from the Prison Notebooks, hg. v. Q. Hoare, G. Nowell-Smith. London

Gramsci, A. (1991ff.): Gefängnishefte. Kritische Gesamtausgabe in zehn Bänden, hg. v. W. F. Haug u. a. Hamburg

Halévy, E. (1926): The History of the English People in the Nineteenth Century. Band 5: Imperialism and the Rise of Labour, Band 6: The Rise of Democracy. London

Hall, S., J. Clarke, C. Critcher, T. Jefferson, B. Roberts (1978): Policing the Crisis. Mugging, the State, and Law and Order. London

Hall, S., und A. Hunt (1979): Interview with Nicos Poulantzas, in: Marxism Today, 23. Jg., H 7, 194–201

Hall, S. (1980): Thatcherism. A New Stage?, in: Marxism Today, 24, Jg., H 2, 26–28

Hall, S., D. Hobson, A. Lowe, P. Willis (Hg.) (1980): Culture, Media, Language. Working papers in cultural studies, 1972–79. London

Hall, S. (1982): Popular-demokratischer oder autoritärer Populismus, in: W. F. Haug, W. Elfferding (Hg.), Neue soziale Bewegungen und Marxismus. Hamburg, 104–124

Hall, S., und M. Jacques (Hg.) (1983): The Politics of Thatcherism. London

Hall, S. (1989): Gramscis Erneuerung des Marxismus und ihre Bedeutung für die Erforschung von Race und Ethnizität, in: ders., Ausgewählte Schriften, Band 1: Ideologie, Kultur, Rassismus. Hamburg, 56–92

Hall, S. (1999): Die zwei Paradigmen der Cultural Studies, in: K. H. Hörning, R. Winter (Hg.), Widerspenstige Kulturen. Cultural Studies als Herausforderung. Frankfurt/M, 13–42

Hall, S. (2000a): Das theoretische Vermächtnis der Cultural Studies, in: ders., Ausgewählte Schriften. Band 3: Cultural Studies – Ein politisches Theorieprojekt. Hamburg, 34–52

Hall, S. (2000b): Die Bedeutung der *Neuen Zeiten*, in: ders., Ausgewählte Schriften, Band 3: Cultural Studies. Ein politisches Theorieprojekt. Hamburg, 78–97

Hall, S. (2004a): Die Frage des Multikulturalismus, in: ders., Ausgewählte Schriften, Band 4: Ideologie, Identität, Repräsentation. Hamburg, 188–227

Hall, S. (2004b): Labours doppelte Kehrtwende, in: Das Argument 256, 46. Jg., H 3–4, 483–493

Hardt, M., und A. Negri (2002): Empire. Die neue Weltordnung. Frankfurt/M

Harris, J. (1982): The Partnership of the Webbs, in: New Society, 25.11.1982

Harvey, D. (1989): The Condition of Postmodernity. Oxford

Hay, J. (1978): The Development of the British Welfare State, 1880–1975. London

Hexter, J. H. (1983): The Birth of Modern Freedom, in: Times Literary Supplement, 21.1.1983, 51

Hinton, J. (1973): The First Shop Steward's Movement. London

Hobbes, T. (1984): Leviathan, oder Stoff, Form und Gewalt eines kirchlichen und bürgerlichen Staates, hg. v. I. Fetscher. Frankfurt/M

Hobsbawm, E. (1969): Industrie und Empire, Band 2: Britische Wirtschaftsgeschichte seit 1750. Frankfurt/M

Holton, B. (1976): British Syndicalism, 1910–1914. Myths and realities. London

Hunt, A. (Hg.) (1977): Class and Class Structure. London

Huntington, S. (1996): Kampf der Kulturen. Die Neugestaltung der Weltpolitik im 21. Jahrhundert. München

Kundani, A. (2001): From Oldham to Bradford. The violence of the violated, in: Race and Class, 43. Jg., H 2, 41–60

Jessop, B. (1982): The Capitalist State. Oxford

Laclau, E. (1981): Politik und Ideologie im Marxismus. Kapitalismus – Faschismus – Populismus. Berlin/W

Laclau, E., und C. Mouffe (1985): Socialist Strategy and Hegemony. Towards a politics of radical democracy. London

Lash, Scott (2011): Posthegemoniale Macht: Cultural Studies im Wandel?, in: R. Winter (Hg.), Die Zukunft der Cultural Studies. Theorie, Kultur und Gesellschaft im 21. Jahrhundert. Bielefeld, 95–126

Lenin, W. I. (1959): Werke, Band 31. Berlin/O

Lloyd, E. (1924): Experiments in State Control. Oxford

Macpherson, C. B. (1967): Die politische Theorie des Besitzindividualismus. Von Hobbes bis Locke. Frankfurt/M

Marshall, T. H. (1992): Bürgerrechte und soziale Klassen. Zur Soziologie des Wohlfahrtsstaates. Frankfurt/M

Marx, K. (1961): Werke, Band 13. Berlin/O

Marx, K. (1983): Werke, Band 42: Ökonomische Manuskripte 1857–1858. Berlin/O

Massey, D. (2007): World City. Cambridge

Middlemas, K. (1979): Politics in Industrial Society. The experience of the British System since 1911. London

Mowat, C. L. (1968): Britain Between the Wars, 1918–1940. London

Ouseley, H. (2001): Community Pride Not Prejudice. Report to Bradford City Council. Bradford

Parekh, B. (Hg.) (2000): The Parekh Report. The future of multi-ethnic Britain. London

Pirenne, H. (1928): Medieval Cities. Their origins and the revival of trade. Princeton

Pelling, H. (1965): Origins of the Labour Party, 1880–1900. Oxford

Pigou, A. C. (1918): Government Control in War and Peace, in: The Economic Journal, 28. Jg., H 4, 363–373

Poggi, G. (1978): The Development of the Modern State. London

Pollard, S. (1969): Development of the British Economy, 1914–1967. London

Poulantzas, N. (1973): Faschismus und Diktatur. Die Kommunistische Internationale und der Faschismus. München

Poulantzas, N. (1974): Politische Macht und gesellschaftliche Klassen. Frankfurt/M

Poulantzas, N. (1975): Klassen im Kapitalismus – heute. Hamburg

Poulantzas, N. (1977): Ideologie und ideologische Staatsapparate. Aufsätze zur marxistischen Theorie. Hamburg

Poulantzas, N. (1977): Die Krise der Diktaturen. Portugal, Griechenland, Spanien. Frankfurt/M

Poulantzas, N. (1978): Staatstheorie. Politischer Überbau, Ideologie, sozialistische Demokratie. Hamburg

Pugh, M. (1982): The Making of Modern British History, 1867–1945. Oxford

Ramsden, J. (1978): The Age of Balfour and Baldwin, 1902–1940. London

Rhodes, R. A. W. (1996): The New Governance. Governing without government, in: Political Studies, 44. Jg., H 4, 652–667

Richter, M. (1964): The Politics of Conscience. T. H. Green and his age. London

Roberts, S. (1981): Ordnung und Konflikt. Eine Einführung in die Rechtsethnologie. Stuttgart

Rowntree, S. (1901): A Study of Town Life. London

Sassen, S. (1996): The Global City. Princeton

Saul, S. B. (1969): The Myth of the Great Depression, 1873–1896. London

Scally, R. J. (1975): The Origins of the Lloyd George Coalition. The politics of social imperialism, 1900–1918. New Jersey

Schwarz, B. (1985): The Corporate Economy 1895–1929, in: M. Langan, B. Schwarz (Hg.), Crises in the British State, 1880–1930. London

Searle, G. R. (1971): The Quest for National Efficiency. A study in British politics and political thought, 1899–1914. Oxford

Semmel, B. (1960): Imperialism and Social Reform. English social-imperial thought, 1895–1914. London

Shannon, R. (1974): The Crisis of Imperialism, 1865–1915. London

Skidelsky, R. (1967): Politicians and the Slump. Labour government of 1929–1931. Harmondsworth

Skinner, Q. (1978): The Foundations of Modern Political Thought, Band 1. Cambridge

Smith, Z. (2000): Zähne zeigen. Roman. München

Tawney, R. H. (1943): The Abolition of Economic Controls 1918–21, in: The Economic History Review, 13. Jg., H 1/2, 1–30

Thornton, A. P. (1959): The Imperial Idea and its Enemies. A study of British power. London

Webb, S. (1901): Lord Rosebery's Escape from Houndsditch, in: Nineteeth Century and After, 25. Jg., H 9, 366–386

Webb, S. (1907): The Decline in the Birth Rate. Fabian Tract 131. London

Weber, H. (1977): The State and the Transition to Socialism. Interview with Poulantzas, in: International, 4. Jg., H 1, 3–12

Weber, M. (1976/1922): Wirtschaft und Gesellschaft. Grundrisse der verstehenden Soziologie. Frankfurt/M, 5. rev. Aufl.

Williams, P. (2006): Theatres of War, in: R. Scholar (Hg.), Divided Cities. The Oxford Amnesty Lectures 2003. Oxford, 56–78

Drucknachweise

Der strittige Staat

Engl.: The State in Question, in: Stuart Hall, David Held, Gregor McLennan (Hg.) (1984), The Idea of the Modern State. Milton Keynes, 1–28

Die Entstehung des repräsentativen/interventionistischen Staates, 1880er–1920er Jahre

Engl.: The Rise of the representative/interventionist State, 1880s–1920s, in: Stuart Hall, David Held, Gregor McLennan (Hg.) (1984), State and Society in Contemporary Britain. A critical introduction. Cambridge, 7–49

Nicos Poulantzas: Staatstheorie

Engl.: Nicos Poulantzas: State, Power, Socialism, in: New Left Review 119, 21. Jg., 1980, H 1, 60–69

Popular-demokratischer oder autoritärer Populismus

Engl.: Popular-democratic vs. Authoritarian Populism. Two ways of »taking democracy seriously«, in: Alan Hunt (Hg.) (1980), Marxism and Democracy. London, 157–185

Deutsche Erstveröffentlichung als gekürzte Fassung in: Wolfgang Fritz Haug, Wieland Elfferding (Hg.) (1982), Neue soziale Bewegungen und Marxismus. Berlin/W, 104–124

Die Bedeutung des autoritären Populismus für den Thatcherismus

Engl.: Authoritarian Populism. A reply to Jessop et al., in: New Left Review 151, 26. Jg., 1985, H 3, 115–124

Deutsche Erstveröffentlichung in: Das Argument 152, 27. Jg., 1985, H 4, 533–542

New Labours doppelte Kehrtwende

Engl.: New Labour's Double-Shuffle, in: Soundings 24, 9. Jg., 2003, H 1, 10–25

Deutsche Erstveröffentlichung in: Das Argument 256, 46. Jg., 2004, H 3–4, 483–493

Bewegung ohne Ziel

Engl.: The Great Moving Nowhere Show, in: Marxism Today, 42. Jg., 1998, Sonderausgabe, 9–14

Deutsche Erstveröffentlichung in: Stuart Hall, Eric Hobsbawm, Martin Jacques, Suzanne Moore, Geoff Mulgan, Tod des Neoliberalismus – Es lebe die Sozialdemokratie? *Marxism Today*: Eine Debatte. Supplement der Zeitschrift Sozialismus, 26. Jg., 1999, H 9, 22–40

»Die soziale Frage soll nicht gestellt werden«. Interview mit Stefan Howald

In: Tages-Anzeiger, 27.4.2005

Die Stadt zwischen kosmopolitischen Versprechungen und multikulturellen Realitäten

Engl.: Cosmopolitan Promises, Multicultural Realities, in: Richard Scholar (Hg.) (2003), Divided Cities. The Oxford Amnesty Lectures. Oxford, 20–51

»Jeder muss ein bisschen aussehen wie ein Amerikaner«. Über die Bedeutung des Kulturellen fürs Verstehen der Gesellschaft – ein Gespräch mit Bill Schwarz

Engl.: Living with Difference. Stuart Hall in conversation with Bill Schwarz, in: Soundings 37, 13. Jg., 2007, H 3, 148–158

Deutsche Erstveröffentlichung in: Das Argument 277, 50. Jg., 2008, H 4, 479–486

Zur Deutung der Krise. Stuart Hall und Doreen Massey erörtern Ansätze zum Verständnis der gegenwärtigen Krise

Engl.: Interpreting the Crisis. Doreen Massey and Stuart Hall discuss ways of understanding the current crisis, in: Soundings 44, 16. Jg., 2010, H 1, 57–71

Eine permanente neoliberale Revolution?

The neoliberal revolution. Thatcher, Blair, Cameron – the long march of neoliberalism continues, in: Cultural Studies, 25. Jg., 2011, H 6, 705–728

Deutsche Erstveröffentlichung in: Das Argument 294, 53. Jg., 2011, H 5, 651–671

Veröffentlichungen von Stuart Hall in deutscher Sprache

Schriften. Band I und II. Hamburg 2021, Argument

Vertrauter Fremder. Ein Leben zwischen zwei Inseln. Hamburg 2020, Argument [Familiar Stranger. A life between two islands]

Das Spektakel des ›Anderen‹; in: Andreas Ziemann (Hg.): Grundlagentexte der Medienkultur. Ein Reader. Wiesbaden 2019, Springer-VS, 150-160

Das verhängnisvolle Dreieck. Rasse, Ethnie, Nation; hg. v. Kobena Mercer. Berlin 2018, Suhrkamp [The Fateful Triangle]

Ausgewählte Schriften. Band 5: Populismus, Hegemonie, Globalisierung; hg. v. Victor Rego Diaz, Juha Koivisto, Ingo Lauggas. Hamburg 2014, Argument

Eine permanente neoliberale Revolution?; in: Das Argument. Zeitschrift für Philosophie und Sozialwissenschaften. 53. Jg., 2011, H 5, 651–671

Neue Ethnizitäten; in: Uwe Wirth (Hg.): Kulturwissenschaft. Eine Auswahl grundlegender Texte. Frankfurt/M. 2008, Suhrkamp

»Jeder muss ein bisschen aussehen wie ein Amerikaner«. Über die Bedeutung des Kulturellen fürs Verstehen der Gesellschaft; in: Das Argument. Zeitschrift für Philosophie und Sozialwissenschaften. 50. Jg., 2008, H 4, 479–486

New Labours doppelte Kehrtwende; in: Das Argument. Zeitschrift für Philosophie und Sozialwissenschaften. 46. Jg., 2004, H 3–4, 483–493

Ausgewählte Schriften. Band 4: Ideologie, Identität, Repräsentation; hg. v. Juha Koivisto, Andreas Merkens. Hamburg 2004, Argument

Europas anderes Selbst; in: Frank Frangenberg (Hg.): Projekt Migration. Köln 2003, DuMont, 803–805

Das Aufbegehren der Cultural Studies und die Krise der Geisteswissenschaften; in: Andreas Hepp, Carsten Winter (Hg.): Die Cultural Studies Kontroverse. Lüneburg 2003, zu Klampen, 33–50

Die Zentralität von Kultur; in: Martin Hepp, Martin Löffelholz (Hg.): Grundlagentexte zur transkulturellen Kommunikation. Konstanz 2002, UVK, 95–117

Wann gibt es ›das Postkoloniale‹? Denken an der Grenze; in: Sebastian Conrad, Shalini Randiera (Hg.): Jenseits des Eurozentrismus. Postkoloniale Perspektiven in den Geschichts- und Kulturwissenschaften. Frankfurt/M. 2002, Campus, 219–246

Von Scarman zu Stephen Lawrence. Rassismus und kulturelle Pluralität im heutigen Britannien; in: Karen Schönwälder, Imke Sturm-Martin (Hg.): Die britische Gesellschaft zwischen Offenheit und Abgrenzung. Berlin 2001, Philo, 154–168

Ausgewählte Schriften. Band 3: Cultural Studies – ein politisches Theorieprojekt; hg. v. Nora Räthzel. Hamburg 2000, Argument

Rassismus als ideologischer Diskurs; in: Theorien über Rassismus. Hamburg 2000, Argument, 7–16

Die zwei Paradigmen der Cultural Studies; in: Karl H. Hörning, Rainer Winter (Hg.): Widerspenstige Kulturen. Cultural Studies als Herausforderung. Frankfurt/M. 1999, Suhrkamp, 13–42

»Ein Gefüge von Einschränkungen«. Gespräch zwischen Stuart Hall und Christian Höller; in: Jan Engelmann (Hg.): Die kleinen Unterschiede. Der Cultural-Studies-Reader. Frankfurt/M. 1999, Campus, 99–122

Ethnizität. Identität und Differenz; in: Jan Engelmann (Hg.): Die kleinen Unterschiede. Der Cultural-Studies-Reader. Frankfurt/M. 1999, Campus, 83–98

Kodieren; in: Roger Bromley, Udo Göttlich, Carsten Winter (Hg.): Cultural Studies. Grundlagentexte zur Einführung. Lüneburg 1999, zu Klampen, 92–110

zusammen mit Eric Hobsbawm, Martin Jacques, Suzanne Moore, Geoff Mulgan: Tod des Neoliberalismus. Es lebe die Sozialdemokratie? Marxism Today: Eine Debatte. Supplement der Zeitschrift Sozialismus. 1999, H 1

Wann war ›der Postkolonialismus‹? Denken an der Grenze; in: Elisabeth Bronfen, Benjamin Marius, Therese Steffen, Anne Emmert, Josef Raab (Hg.): Hybride Kulturen. Beiträge zur anglo-amerikanischen Multikulturalismusdebatte. Tübingen 1997, Stauffenburg, 219–246

Zur kulturellen Identität im Kino der afrikanischen Diaspora; in: Marie-Hélène Gutberlet, Hans-Peter Metzler (Hg.): Afrikanisches Kino. Unkel 1997, Horlemann, 136–150

Nachruf auf Raphael Samuel; in: Historische Anthropologie. Kultur, Gesellschaft, Alltag. Köln 1997, Böhlau, 477–481

Einige ›nicht politisch korrekte‹ Pfade durch PC; in: Das Argument. Zeitschrift für Philosophie und Sozialwissenschaften. 38. Jg., 1996, H 1, 71–82

Ausgewählte Schriften. Band 2: Rassismus und kulturelle Identität; hg. v. Ulrich Mehlem, Dorothee Bohle, Joachim Gutsche, Matthias Oberg, Dominik Schrage. Hamburg 1994, Argument

Das Ökologie-Problem und die Notwendigkeiten linker Politik: Ein Interview mit Stuart Hall; in: Das Argument. Zeitschrift für Philosophie und Sozialwissenschaften. 33. Jg., 1991, H 5, 665–674

Ideologie und Ökonomie. Marxismus ohne Gewähr; in: European Journal for Semiotic Studies. 3. Jg., 1991, H 1–2, 229–254

Rassismus als ideologischer Diskurs; in: Das Argument. Zeitschrift für Philosophie und Sozialwissenschaften. 31. Jg., 1989, H 6, 913–922

Ausgewählte Schriften. Band 1: Ideologie, Kultur Rassismus, hg. v. Nora Räthzel. Hamburg 1989, Argument

Die Bedeutung des autoritären Populismus für den Thatcherismus; Das Argument. Zeitschrift für Philosophie und Sozialwissenschaften. 27. Jg., 1985, H 4, 533–542

zusammen mit Wolfgang F. Haug, Veikko Pietilä: Die Camera Obscura der Ideologie. Philosophie – Ökonomie – Wissenschaft. Hamburg 1984, Argument

Pfeifen im Dunkeln; in: Die Neue Gesellschaft. 30. Jg., 1983, H 11, 1006–1012

Die Konstruktion von Rasse in den Medien; in: Das Argument. Zeitschrift für Philosophie und Sozialwissenschaften. 24. Jg., 1982, H 4, 524–533

Labour, Sozialdemokratie, Sozialismus. Interview mit Stuart Hall; in: Das Argument. Zeitschrift für Philosophie und Sozialwissenschaften. 24. Jg., 1982, H 5, 697–704

Popular-demokratischer oder autoritärer Populismus; in: Wolfgang F. Haug, Wieland Elfferding (Hg.): Neue soziale Bewegungen und Marxismus. Berlin 1982, Argument, 104–124

Rasse, Klasse, Ideologie; in: Das Argument. Zeitschrift für Philosophie und Sozialwissenschaften. 22. Jg., 1980, H 4, 507–510

»Here We Rule«. Searching for a whole way of life – Football, Punk and Reggae in Modern Youth Culture; in: Englisch Amerikanische Studien. Zeitschrift für Unterricht, Wissenschaft & Politik. 1. Jg., 1979, 103–119

Ideologie und Wissenssoziologie. Ein historischer Abriß; in: Projekt Ideologie-Theorie: Theorien über Ideologie. Berlin 1979, Argument, 130–153

Die soziale Optik der *Picture Post*; in: Edmund Nierlich (Hg.): Fremdsprachliche Literaturwissenschaft und Massenmedien. Meisenheim 1978, Hain, 203–255

Über die Arbeit des Centre for Contemporary Cultural Studies (Birmingham). Ein Gespräch mit H. Gustav Klaus; in: Gulliver. Deutsch-Englische Jahrbücher 2; hg. v. W. F. Haug. Berlin 1977, Argument, 54–67

Die Gesamtbibliographie der textlichen und medialen Veröffentlichungen von Stuart Hall in englischer Sprache und in anderen Sprachen stellt die Stuart Hall Foundation zur Verfügung: http://stuarthallfoundation.org/professor-stuart-hall-2/bibliography/

Wir danken Christof Ohm für seine Hinweise zur Bibliografie von Stuart Hall.

Einstiege in Gramscis Gefängnishefte

Becker, Candeias,
Niggemann, Steckner (Hg.)
Gramsci lesen
Einstiege in die *Gefängnishefte*
336 S., 17 € [D]
ISBN 978-3-88619-356-1

Es passiert selten, dass wir einem klugen Kopf beim Denken zusehen und davon lernen können. Antonio Gramscis *Gefängnishefte* bilden den Produktionsprozess kritischen Wissens ab, aber auch die Bedingungen der Kerkerhaft, unter denen sie zustande kamen. Ihr fragmentarischer Charakter mit über 2000 Seiten Mosaikstücken verstreut über neun Bände erschwert jedoch einen systematischen Zugang. Wo anfangen? Und wie?

Gramsci lesen ermöglicht einen Einstieg: Der Band enthält 12 Abteilungen mit Auszügen aus den *Gefängnisheften*, die Elemente von Gramscis Gesellschaftstheorie miteinander verschränken. In einer breiten Auswahl an Themen entwickelt Gramsci eine umfassende Perspektive auf den Kampf um Hegemonie – sie beinhaltet ökonomische, politische, ideologische und kulturelle Aspekte, begriffen als ein widersprüchliches Ganzes.

Die Beschäftigung mit Gramsci hilft, gesellschaftliche Verhältnisse in ihren Zusammenhängen und die Kämpfe darum besser zu verstehen, gezielt zu kritisieren und das Gefühl der eigenen Ohnmacht in gemeinsames politisches Engagement zu wenden.

Argument Verlag